兵临城下

中国上市公司并购风云

（1993–2018）

丁建英　著

中国财经出版传媒集团
中国财政经济出版社

图书在版编目（CIP）数据

兵临城下：中国上市公司并购风云：1993-2018 / 丁建英著. —北京：中国财政经济出版社，2018.12（2025.5重印）

ISBN 978-7-5095-8710-2

Ⅰ. ①兵… Ⅱ. ①丁… Ⅲ. ①上市公司-企业兼并-研究-中国 Ⅳ. ①F279.246

中国版本图书馆CIP数据核字（2018）第274271号

责任编辑：尉 敏　　　　封面设计：潜龙大有

中国财政经济出版社 出版

URL：http：//www.cfeph.cn

E-mail：cfeph @cfeph.cn

社址：北京市海淀区阜成路甲28号 邮政编码：100142

营销中心电话：010-88191537

涿州汇美亿浓印刷有限公司印刷 各地新华书店经销

787×1092毫米 16开 27.75印张 464 000字

2018年12月第1版 2025年5月河北第3次印刷

定价：69.00元

ISBN 978-7-5095-8710-2

（图书出现印装问题，本社负责调换）

本社质量投诉电话：010-88190744

打击盗版举报热线：010-88191661 QQ：2242791300

推荐语

TUIJIANYU

（排名不分先后，姓氏音序排序）

做早期投资一个很重要的原则是以终为始。并购是投资退出的重要通道之一，因此我们始终对并购市场保持高度关注。《兵临城下——中国上市公司并购风云（1993—2018）》全面而系统地梳理了过去25年中国上市公司并购重组的主要模式并创新性地构建了一个金字塔全景模型，这对在更广阔的视域内开展早期投资工作极具参考价值，对提高投资回报大有裨益。值得研读。

李竹

英诺天使基金创始合伙人

中国青年天使会会长

清华校友TMT协会荣誉会长

资本强国需要一个强劲的并购市场。经济转型、产业升级，中国的并购大时代潮涌而来！

四分之一世纪的A股并购市场起步虽艰难，但“并购丁”给读者所展开的画面或桥段却如此斑斓。A股并购实践的五级金字塔模型、八大并购形态、三个代表原则抓取的经典案例等等，无不凝聚了作者从感性个案升华到理性实务的巨大心血！

这是一本致敬改革开放40年的情怀之书，这是一本上市公司并购实务操作之书，这是一本干货满满、历史性与实践性耦合而成的有价值之书，更是一本适应中国并购大时代、为A股并购市场立路标的好书！

马方业

经济日报社高级编辑

证券日报社资深副总编辑

无论上市与否，“并购战略”都是企业成长的重要战略选择。针对本土上市公司并购重组，本书总结出A股并购实践的整体框架——五级分类模型，A股并购全貌随之豁然开朗；同时，作者通过一则则生动的并购案例将25年来本土资本市场的并购发展娓娓道来，引人入胜；所选案例亦颇具代表性，描绘真切激扬，解读条理清晰。很显然，这部作品对选择“并购战略”来实现快速成长或产业整合的企业有很强的参考意义和借鉴价值，推荐阅读。

汤和松

襄禾资本创始合伙人

原百度战略投资并购副总裁

上市公司是并购市场的主导力量，公开的财务数据只是复杂的资本运作和市场博弈的瞬间表达，投资人、管理人和股东群体都在观察、理解和力图把控变化，扩大收益。本书作者力图通过几十个经典案例的分析，捕捉规则和模式，这是非常不容易的工作，也是非常有价值的尝试。推荐并期待有更多操作者投入心力，提升对中国并购市场的理解。

王巍

中国并购公会创始会长

中国金融博物馆理事长

并购一直是人们津津乐道的热点话题，风云变幻、充满传奇色彩的并购故事也始终是中国资本市场近三十年发展历程中不可或缺的部分，但无论是学术界还是实务界，对中国资本市场的并购实践还没有相对全面并且成体系的梳理。丁建英在自己从事并购实践多年的基础上，借鉴国际经验、结合自身思考，在这方面做了有价值的尝试，让读者可以在一个大框架下更深入地理解中国资本市场并购的发展历史和内在逻辑。

肖星

清华大学经济管理学院教授、博士生导师、会计系主任

清华大学全球私募股权研究院副院长

毫无疑问，由于科技的迅猛发展和资本的力量，当代企业在发展模式与路径上不断演变，企业并购已经成为公司快速发展的重要手段。近年来中国企业尤其是上市公司的并购活动方兴未艾，风起云涌，本书通过对代表性并购案例的全景式分析介绍，在把一个个精彩画面呈现给读者的同时，也使读者能对中国证券市场的并购规则和具体操作进一步了解和把握，非常值得一读。

徐井宏

亚杰商会会长

中国企业家俱乐部副理事长

清华大学教授

目录

MULU

06 形态六 整体上市

07 形态七 产业并购

08 形态八 财务并购

推荐序一

TUIJIANXU

源于实践，服务实践

丁建英告诉我，他写了一本记述中国资本市场并购重组25年历程的书。我听后非常高兴，但一点也不意外。因为他是一个勤思、善思和深思的人，不仅善于在学习中思考，而且善于在实践中思考。

作为多年在资本市场上从事并购重组的从业者，书中探讨的多种并购类型，如产业并购、财务并购、借壳上市以及协议收购，都有作者的实践经历作基础。他在上市公司或企业集团供职所取得的不俗并购成绩，则有作者“十亿市值靠业务，百亿市值靠并购”等格言式的思考升华作指引。

改革开放40年来，作为产业市场价值的创造者，无论是传统行业还是新兴行业，无论是在企业发展的早期阶段还是发展的中后期阶段，无论是在国内市场还是在全球市场，为了抓住发展机会，获得竞争优势，拓展产业空间，中国企业的并购重组从来没有停止过。

作为资本市场的价值创造主体，上市公司已经成为中国经济发展和产业升级的的主要驱动力量和重要载体。截至目前，沪深两市上市公司数量超过3 500家，总市值接近50万亿元。而上市公司最重要的资本经营活动——并购重组自

1993年发端，在过去25年风云涌动，浪潮迭起。25年来，上市公司并购重组在促进企业发展、优化资源配置和提高市场效率方面持续发挥作用。

并购重组是企业成长的一条重要途径。在企业从创立到发展为大公司的过程中，没有哪一家没有进行过并购重组。我们对中国上市公司中具有长期高速成长公司的成长决定因素研究也发现，并购重组是最显著的因素之一。

然而，迄今为止，国内外还没有一本对25年来中国资本市场上市公司并购重组进行专门研究的书籍。本书做了一个颇有价值和创新的尝试。以上市公司在并购活动中的不同角色为切入点，作者将上市公司的并购重组分成“上市公司收购”和“上市公司并购”两个部分，并分别整理出举牌收购、协议收购、要约收购及定增收购和借壳上市、整体上市、产业并购及财务并购共计八个并购形态和二十四种并购重组模式，最后采用纲目体的体例形成展示A股并购全景的“五级金字塔模型”。传统教科书中所讨论的横向并购、纵向并购和混合并购，在本书的模型中，仅是八种并购形态中的一种。因此，本书极大丰富了我们对中国资本市场上市公司并购的认识。

对代表性案例的分析是本书的另一大亮点。案例的选取皆遵循“代表性行业/代表性公司/代表性案例”的原则，作者从全景模型的框架出发，采撷了25年来数十个典型案例。

一方面，通过对上市公司公告和公开信息数据的解读剖析，对案例发生的相关背景详加介绍，注重对微观操作的细致解析，将并购案例与它所处的宏观政策、产业背景结合在一起阐述，一宗宗并购案被生动完整地呈现出来。

另一方面，把典型案例置于作者提出的并购金字塔模型之下，把单个案例置于八种并购形态中，使我们既能纲举目张，又能触类旁通。

每一种并购形态下的案例基本按照时间顺序编排，同时兼顾并购主体的资本属性、并购方式、并购目的等其他多个维度的线索。书中案例涉及房地产、券商、互联网等十余个行业，具有充分的行业代表性。出现的并购主体来自国有资本、民营资本、外国资本等三大资本力量。若想从并购方式考察，案例涉及现金收购、发行新股收购和换股吸收合并等。并购目的则有收购上市公司壳资源或经营资产、追求战略价值或财务绩效等。

在分析每一种并购形态的出现时，作者都会厘清概念，明辨是非。通过政策法规、学术文献、国内外实践和作者的分析归纳，使各种并购形态的划分和案例分析建立在科学认识的基础上。而每一个案例后专门整理的并购大事记，既体现了作者的周全设计，更是让读者重新回顾案例要点的快捷方式，不失为讲述案例故事的一个点睛之笔。

在改革开放40年之际，回顾梳理中国上市公司并购重组的实践历程并“为之立一个行进中的路标”，形成一部几十万字的专著，确实是一件值得称道的事情。我们创造了历史，自然应该系统、深入、如实地记述和研究历史。

我相信，未来中国资本市场上市公司的并购重组相对于过去只会更多。通过阅读此书，你无论从事哪种工作、专修哪个专业，不仅会为过去25年中国资本市场发生的并购风云所吸引，而且，可以从理解中国资本市场上市公司并购重组的丰富实践中，增进认知和增添智慧，拥抱更加美好未来。

高建

清华大学经济管理学院教授、博士生导师、党委书记

清华大学二十国集团创业研究中心主任

推荐序二

TUIJIANXU

那个风起云涌的大时代

当丁建英师兄把他的书稿发给我的时候，我的心里兴奋了好一阵：太好了，终于有一本我可以好好学一学的书了。

这些年看财经类书籍，很少看到让自己特别兴奋的。要么是非常理论的研究，能用宏观数据的相关性得出漂亮的结论，但总觉得离周遭的真实市场有点远，不免雾里看花。尤其是中国轰轰烈烈的改革开放40年，看了太多从“比较优势”、“人口红利”、“体制改革”等角度宏观论述的书，到最后多数变为各执一词的立场战，让人云里雾里。要么是非常感性的企业描述，文笔漂亮，令人心潮澎湃，但多少像是商业小说，缺了一点宏观的纵深联系。前者多半是宏观研究者，后者多半是记者或公司从业者。很少有一本兼具框架高度和血肉案例的好书，让人把历史真实串联成大图景。

丁建英师兄这本书做到了有高度、有故事。他从一开始就提纲挈领地把中国的上市公司并购分成了八种形态、二十四种模式，其中上市公司收购、上市公司并购这两大类的区分，不仅从形态上让人理解，更从制度变迁和历史的角度，为我们勾勒出中国股市乃至资本市场的演变脉络。收购和并购的具体形态，也呈现出历史发展的趋势性，更从微观映射出中国资本市场发展的曲折。这样有条理、有逻辑的框架，一看就是接受了多年理科训练的思维，也给人清晰广达的视野高度。

而具体行文中，却又不拘泥于概念与法律定义，而是用一个个公司故事把读者带入场景，一起起资本市场上山雨欲来的收购和并购大案写得跌宕起伏，我对一些大事件曾有耳闻，但从未如此清晰地了解其前因后果。当宝能股市上入主万科事件搞得满城风雨，大家对宝能的举牌运作惊呼时，很多人却不知道同样的操作早在90年代上演过数次。嗅觉灵敏的操盘手自从股市开设那一刻，就无时无刻不在寻找诱人的标的，如同寻找待宰的羔羊。我同样听过借壳上市的走俏，但从不了解A股市场这些受人追捧的壳资源从何而来，更少听闻“三无概念股”。A股并购25年，有多少人大赚一笔，由此登堂入室，就也有多少人折戟沉沙，杀得血本无归，一个个资本大鳄不断搅弄中国资本市场风云。

一叶知秋，从上市公司的并购历程，能看得到A股并购市场的蓬勃发展过程；A股并购的25年实践历程，亦映射了中国资本市场从无到有、从小到大的成长过程。中国资本市场的演进历程，则一定程度上折射了中国经济改革40年的激荡进程，中国资本市场的发展历史，可称得上是中国改革开放历史的缩影。一如其他领域的改革，资本市场的改革一样道路坎坷，不管是取得重大成效的股权分置改革，还是当前备受关注的IPO注册制改革，无不充满艰辛曲折和反反复复；而为了激发和提升市场活力,支持上市公司依托并购重组做优做大做强，推动形成有利于经济转型和产业升级的制度安排，上市公司并购重组的市场化改革一直在进行，比如，上市公司收购制度和上市公司重大资产重组制度的完善、并购重组审批的改革、创建良好的并购重组生态环境等。这些重大的资本市场改革在本书中均有所描述，它们所积累的改革和发展经验，也成为中国经济改革宝贵经验的重要组成部分。

读这样一本书，不仅可以了解上市公司，了解并购市场，更可以了解中国资本市场的本质特征，以及中国经济制度改革的艰辛。希望有更多人读到这本书，更希望中国经济改革的脚步不停息，希望早日见到健康良性、繁荣蓬勃的中国资本市场。

郝景芳

清华大学经济学博士、哈佛大学肯尼迪政府学院访问学者
《北京折叠》作者、第74届“雨果奖”获得者
儿童通识教育品牌童行学院创始人

自序

ZIXU

为A股并购立一个行进中的路标

并购之兵，企业之城；兵临城下，激荡纷争。

——本书题记

一

2015年10月的某个晚上，我在清华经管学院的MBA课堂上，向一百余位学生分享中国上市公司的并购实践体悟：十亿市值靠业务，百亿市值靠并购，千亿市值靠核爆业务+并购。尽管北京盛夏的余威刚刚褪去，但课堂上下的讨论依然相当热烈。

在这样教学相长的一次交流中，学生们的全球化视野令人赞叹，他们对西方商业界的并购发展了然于胸，对美国的数次并购浪潮耳熟能详，对美国在线收购时代华纳、惠普与康柏合并，甚至联想收购IBM PC业务这些并购案的来龙去脉亦能娓娓道来；不过略感遗憾的是，他们对中国本土上市公司[①]

① “中国本土上市公司”特指在沪深交易所上市的公司，本书中的“中国上市公司”、“A股上市公司”和“A股公司（含B股公司）”所指意义相同。

的并购却所知有限，即使近年来A股公司已然成为全球资本市场的新晋力量，并在新的史无前例的并购浪潮中担纲主角，他们仍有些许茫然，譬如彼时刚刚收官的中国南、北车合并案也仅因“中国神车”在二级市场的股价狂飙才有所耳闻。当然，对A股并购认知不足的情况在业内也不少见，毕竟其实践历程仅仅20余年，与之相关的一切都在快速发展的中国资本市场中进化丰盈。

对比中、美两国的资本市场发展历程，能够发现两者在市场基础、市场结构、成熟度、发展环境和制度体系等诸多方面存在巨大差异，具体到上市公司层面的并购行为，其动机、模式和操作自然相去甚远。比如，与美国的注册制不同，中国的IPO制度实行的是核准制，因而A股近30年的发展历程中，壳公司的价值从未被市场忽视过；又如，股权分置制度是中国证券市场早期的基本制度之一，这就决定了协议收购是上市公司收购初期的最主要模式，而市场化非常发达的美国，要约收购则占据相当大的比例；还有，上市公司股份在美国早就是风行已久、应用广泛的并购支付工具，但直到2006年定向增发制度才在A股市场得以施行等。

显然，作为一门实践性极强的学科，若要了解中国上市公司的并购，似乎只能从相关的政策法规、公司公告、研究报告以及媒体报道中获取信息，而从海量信息中提取并购的“道”与“术”则几乎是难以轻松完成的任务。从另外的角度讲，这也暴露出国内对A股并购实践总结与研究的薄弱与缺失，事实上，尽管国内并购类文献汗牛充栋：商学院教授出版的并购教科书、投行人士或律师编辑的并购实务、媒体整理成册的并购案例等，但令人不无遗憾的是，系统梳理和全景描述A股上市公司并购实践的著作似乎十分少见。

不过可以肯定的是，如果想在今天快速发展且日益融入全球的中国资本市场有所建树，那么了解本土上市公司并购的历史沿革，建立对本土上市公司并购的系统认知，掌握本土上市公司并购的操盘手法，无疑成为所有市场参与者的必修课之一。

2018年是中国改革开放40周年。

回顾这波澜壮阔的40年，不难发现有若干极具历史意义、直接影响历史走势的重要里程碑。1992年初春，88岁的邓小平走向南中国，凭其巨大的政治气魄和宽阔的历史视野，发表了一系列深刻影响中国当代改革进程的“南方谈话”，譬如“姓社”“姓资”的判定标准，“社会主义的本质是解放生产力”的智慧提炼等，无不推动了深陷进退两难境地的改革进入新的历史阶段。针对证券市场，邓小平则提出："允许看，但要坚决地试"，肯定了股份制和股票市场的改革试点。前证监会主席周道炯曾表示"在中国新生的证券市场生死攸关之际，（'坚决地试'的政治表态）起到了起死回生的作用"。[①]可以说"没有改革开放，就没有资本市场"！

正是在改革开放步入新的历史阶段的背景下，1993年秋，"敢为天下先"的深圳公司——深宝安举牌收购延中实业，首例上市公司收购案爆发，中国上市公司并购重组大幕被拉开，1993年因而被称为"中国上市公司并购重组元年"。从1993年到2018年，中国A股风云激荡的并购实践整整历时25年。根据证监会的最新数据，2018年上半年，A股市场共实施并购重组2 047单，交易金额1.15万亿元，[②]上市公司并购重组已然成为中国资本市场最重要的组成部分之一。毫无疑问，在未来中国市场化改革的纵深进程中，随着中国资本市场的不断发展和完善，上市公司并购重组将日益成熟和形式多样，其优化资源配置、提高市场效率的功能将持续促进企业发展、产业升级和经济结构调整。

因此，2018年，当并购风云25年的整年节点"际会"于改革开放40年的激荡时刻之时，回望与梳理中国上市公司并购重组的实践历程并为之立一个行进中的路标，或许是一个并购实践者纪念与致敬改革开放40年的最佳方式。

于是，怀着这样的一些初衷和一种油然而生的使命感，我决意创作一部以A股并购实践为主题的作品。

二

全球企业并购已有超过百年的历史。从十九、二十世纪之交起，以美国为代表的西方国家先后经历五次大规模的并购浪潮，"江山代有大王出"，每一波浪潮都会诞生一批超级巨型的跨国公司，美国钢铁（USS）、通用电气

① 新京报."坚决地试"股市发轫之端［OL］. 2004-08-23［2018-09-30访问］. http://www.people.com.cn/GB/shizheng/8198/36907/36908/2731887.html.

② 中证网. 证监会：积极推动并购重组市场化改革［OL］. 2018-08-18［2018-09-30访问］. http://www.cs.com.cn/xwzx/hg/201808/t20180818_5859959.html.

（GE）、国际商业机器（IBM）、思科（CISCO）等一代又一代的“并购之王”不断涌现。

与西方成熟的资本市场相比，中国的企业并购起步较晚，但在改革开放之后中国企业亦开始了利用并购优化资源配置和促进企业发展的资本活动。1984年7月，保定纺织机械厂和保定市锅炉厂以承担全部债权债务的方式分别兼并了保定市针织器材厂和保定市鼓风机厂，史称“保定模式”，中国企业并购由此拉开序幕。

根据并购主体上市属性的不同，并购可分为上市公司的并购和一般公司（非上市公司）的并购。一般公司的并购实施起来相对容易，并购双方就可以决定交易成败，但上市公司的并购则不同，交易变量和约束条件均大大增加。证券监管部门、行业主管部门、公众股东都成为并购交易中的重要角色，证券法律法规、第三方机构意见、媒体舆论都会不同程度地影响交易进程，还有牵涉极为广泛的公众利益，均令上市公司的并购在复杂程度、实施周期、影响范围等方面远非前者可比。从这个角度来讲，非上市公司的并购更像是上市公司并购的子集，因此，当我们讨论企业并购时，大多数场景都是以上市公司的并购为讨论对象，本书也不例外。

20世纪90年代初，标志新中国证券市场诞生的沪、深交易所先后开张营业，随后在“保定模式”发生近十年后的1993年，中国的上市公司并购重组得以启幕。

理论上讲，并购可以按照很多标准来划分。比如，按并购双方所处产业链上的关系分为横向并购、纵向并购和混合并购；按并购方对标的方的态度分为善意并购和敌意并购；按照并购支付方式分为现金并购和换股并购等。但这些无一不是教科书上放之四海而皆准的理论分类，当然其局限性也十分明显，任一单一分类仅给出了并购的局部描述，彼此之间并不能形成有机整体。

在A股，无论是监管还是市场对上市公司并购实践也有多种分类。譬如，中国证监会在2009年出版的《中国上市公司并购重组发展报告》一书中将上市公司并购重组划分为十二种类型，[①]但其仍然从并购双方所属行业关系、并购后双方法人地位变化、是否取得目标公司同意及收购形式等不同角度进行划分，与前述分类大同小异。这样的分类依然缺乏整体框架，彼此间的逻辑

① 中国证监会. 中国上市公司并购重组发展报告［M］. 北京：中国经济出版社，2009.

联系也有所欠缺。它所反映出来的现实是，中国的并购分类长期处于“形散神散”的状态中，始终没有一个理论或者模型将各类并购纳入到整体框架中研究讨论。

而事实上，作为并购活动主体，上市公司在并购重组中的角色主要有两种，一种是并购方，另一种是被并购方，依此，上市公司并购重组可形成两大分支：以上市公司为收购目标的并购和上市公司为主体发起的并购。前者在法规上谓之曰“上市公司收购”，相应地，本书将后者称之为“上市公司并购”。依照上市公司控股权的获取方式，举牌收购、协议收购、要约收购和定增收购构成上市公司收购的四个基本方式；按照并购目的划分，上市公司并购在实践中诞生了借壳上市、整体上市、产业并购和财务并购四个基本类型。

尽管分类依据不同，但前述并购方式或类型皆为上市公司并购重组在不同条件下的表现形式，而“形态”有“事物在一定条件下的表现形式”之含义，因此本书将上市公司收购的四个方式和上市公司并购的四个类型合称为上市公司并购重组的八个形态。

1993年9月，深宝安举牌收购延中实业——史称“宝延风波”，宣告新中国首例上市公司收购案爆发；而在收购六年后，深宝安完全退出延中实业，使得该案同时被视为首例上市公司发起的财务并购案。

也是在1993年，上海强生在年底收购了强生集团下属的第五劳动公司，成为中国股市最早期的产业并购案例之一。1994年4月，珠海恒通通过受让棱光实业国家股方式成为第一大股东，开上市公司协议收购先河；次年底，珠海恒通将旗下子公司恒通电表注入上市公司体内，第一例借壳上市案例就此诞生。2003年4月，中国证券市场发生了第一例要约收购案——南钢联合要约收购南钢股份，但该案最终以“零预受、零收购”草草收场。2004年初，TCL集团吸收合并子公司TCL通讯后在深交所IPO，破局国内证券市场整体上市。到2006年，在定向增发的合法身份被正式确立后，全球水泥巨头豪瑞迅速成为定增收购的第一个尝鲜者——成功收购华新水泥。至此，A股并购的八大形态悉数登场。

本书的创作初衷之一是建立A股上市公司并购实践的整体框架，因此，在完整回顾A股并购的25年实践历程后，受我国传统药物学巨著《本草纲目》中“析族区类，振纲分目”的分类方法启发，参考其给药物逐级分类的纲目体系，本书总结构建出“A股并购实践的五级分类模型”。在该模型中，第一级为A股上市公司并购重组，第二级是其两大分支——上市公司收购和上市公司并购，第三级是上市公司收购中的存量收购与增量收购和上市公司并购中的上市类并购与经营类并购，第四级就是前述的举牌收购、协议收购、要约收购、定增收购、借壳上市、整体上市、产业并购和财务并购八大并购形态，各个形态下总计24个并购子模式构成了模型的第五级。第四级“形态为纲”，第五级“模式为目”，纲举则目张，此为五级模型的核心内容。

因五级分类模型整体上形成金字塔结构，以上统下，先总后分，归类分组，先纲后目，故本书形象地称之为：A股并购实践的金字塔全景模型。

不同于一般的理论分类，金字塔模型是根据中国上市公司的并购历程总结归纳出的实践分类，其价值不仅在于输出了A股并购实践的整体框架，同时也揭示了过去25年上市公司并购重组的整体结构变迁与不同并购形态此消彼长的发展脉络（我们将在序篇中详细介绍），主要包括：

（1）上市公司并购重组从上市公司收购时代进入上市公司并购时代；

（2）上市公司收购从协议收购唱独角戏到举牌、协议、要约和定增收购各领风骚；

（3）上市公司收购动机从收购上市公司“壳”资源到谋求上市公司经营性资产；

（4）上市类并购热潮从整体上市风靡一时到借壳上市延续至今；

（5）上市公司并购从上市类并购批量出现到经营类并购成主角。

三

本书定位于这样的一部著作：通过搭建A股并购实践的全景模型和对代表性案例的全景式分析使读者建立对A股并购的整体认知和系统认识，进而对A股并购的游戏规则与实践操作有所了解和掌握！但A股并购案例璨若星河，如果仅仅通过数十个案例介绍就试图展现A股并购全貌，那么必定无功而返。因此本书借鉴《本草纲目》给药物逐级分类的纲目体系，即“以纲挈目”的体例，无疑四两千斤，令这一任务化繁为简。在金字塔全景模型中，“八形态为纲，二十四模式为目”，纲举目张，A股并购全貌豁然开朗。

因而在结构上，全书分上、下两篇，共24章。上篇是上市公司收购，分11章，第1章到第5章介绍形态一举牌收购，第6章至第9章介绍形态二协议收购，第10章讲形态三要约收购，第11章为形态四定增收购；下篇为上市公司并购，分13章，第12章至16章讲述形态五借壳上市，第17章到19章介绍形态六整体上市，第20章至22章讲形态七产业并购，第23章和24两章介绍形态八财务并购。而进入正式章节之前，本书先通过“序篇”介绍上市公司并购重组的整体概况，并提出了本书的核心内容——“A股并购实践的金字塔全景模型”，同时对A股25年并购的五条演进脉络加以阐述，使读者阅读全书前先行建立整体印象。

在内容上，全书按照并购形态分成八个相对独立的模块。在每一模块中，我们首先会对该并购形态的基本概念与历史发展进行综述性的介绍，它们或独立成章，或置入案例；然后就该形态下的若干并购模式遴选出相应的代表性案例，它们主要按时间顺序编排，同时嵌入其他若干线索以求逻辑更加紧密清晰；最后在简明描绘相关的宏观环境、产业与市场背景基础上，具体介绍分析这些并购案例的来龙去脉及操作过程。

案例是本书的主要载体，因此对于案例的选择，本书设定了“三个代表”原则，即代表性行业、代表性公司和代表性案例。所谓代表性行业，是指改革开放40年来对整个中国经济产生重要影响的或新兴成长的行业，比如房地产、互联网等；代表性公司是指某一行业或产业中排名靠前或某细分领域中的冠军公司，比如苏泊尔是中国最大、全球第二的炊具研发制造商，温氏股份是中国最大的畜牧企业、A股农业类最高市值的上市公司；代表性案例则是指因一家上市公司的并购活动会涉及多个类型，那么本书选择它所实施的最具代表意义的那个类型，如格林柯尔收购多家上市公司，也收购很多非上市公司，但焦点无疑是前者。通过遵循“三个代表”原则，本书所遴选的案例一定程度上形成了A股25年并购历史的缩影，相信这样可以起到管中窥豹、一叶知秋的效果。当然，本书个别案例可能不是十分知名，因为有代表性并不意味着知名，知名的原因很多，可能由于是明星企业，也可能由于是明星企业家，例如格力电器拟收购银隆新能源的案例备受市场关注，但该案例仅是一宗十分普遍的产业并购案而已，从并购角度来看并无代表性意义。

尽管本书是一部案例分析式的著作，但我们并没有将目光局限于并购本身。并购虽然是企业经营活动这一亚微观层面的行为，但大多数情况它是企业经营活动和宏观经济环境、中观行业发展、微观企业成长“四观共振”的结果，比如钢铁行业的整体上市、民营企业的产业并购等俱皆如此。反之，单独看并购，不关注背景，很难参透其中精髓，也不能体悟其边界与限制。如果将并购案例隔离它所处的时代背景、宏观政策、产业周期和企业发展阶段，那么分析起来必定苍白无力，暗淡无光。因此，在案例的具体写法上，本书摒弃传统教科书上豆腐块式的案例写法——服务于某并购概念的一小段描述或者一般案例书的八股文式写法，以期避免陷入干涩、枯燥和不活泼的老式漩涡中！并购是核心，但也为抓手，所以本书在案例背景上颇费笔墨，试图将相关的宏观经济、行业、资本市场主题、公司的战略经营等背景交代清楚，这样写法的好处就是令整个并购的来龙去脉清晰地呈现在读者面前，并购活动的发生自然水到渠成。

本书在成书过程上，逐渐形成了如下几个特点：首先是“整体性+逻辑性”，从金字塔全景模型整体看，相信读者对A股并购可以“一览众山小”，而从各个并购及彼此间的发展脉络看，也一定能“横看成岭侧成峰”。其次是“实践性+历史性”，以一线并购实践者的视角，我在写作过程中不断将镜头拉近又推远，力图客观公允地把一宗并购案例“真实、准确、完整”地还原出来；本书对各个并购形态的历程介绍也拼构成了一部简明的A股并购史，不过是分而记之，并非一般意义上的编年史。再次，“信息量+干货率”，本书对多行业、多主题的来踪去迹均加以介绍，如券商传奇、三无概念股的相关信息都记述颇详，同时对并购操作中的关键环节更不吝笔墨，譬如宝能收购万科的杠杆率计算、温氏股份清障“千人持股”成功上市、奥马电器分步交易成功闯关“曲线借壳”等。最后是“创新性+价值性”，从传统典籍的智慧中汲取养料，令金字塔模型的“纲目体系”得以成型，相信这一微创新对中国上市公司并购实践的研究可提供些许价值。

就一个新生事物而言，25年的历史说不上太长，但绝不能说短。“人类认识活动，总是先接触到个别事物，而后推及一般，又从一般推及个别，如此循环往复，认识不断深化。”[①]对企业并购认知亦如此，更何况中国上市公司并购仅有区区25年的历史。所以，最后需要说明的是，本书严格意义上不是一部研究性的著作，相反，它是实践性的归纳总结，算是一次小小的尝试。因此，希

① 百度百科.归纳与演绎［OL］.［2018-09-30访问］. http://dwz.cn/qH6Ru2gr.

望读者不要以苛刻的学术眼光去看待本书，我希望它成为从业者的参考书，可随时调用作者充满诚意的梳理；也希望它成为“从课堂到董事会”的普及读物，为每一位关心中国上市公司并购的读者都带来一点启发。

当然，受作者能力、视野所限，书中偏颇和不足在所难免，诚望朋友们多多指正。

丁建英

2018年11月

于北京

序篇

XUPIAN

从“上市公司收购”到“上市公司并购”

物以类从，目随纲举。

——《本草纲目》

“上市公司并购重组”应该是上市公司并购实践中最频繁使用的概念之一。“并购”的概念比较清晰，乃兼并和收购（Mergers & Acquisitions，M&A）的统称。但“重组”或“资产重组”却被约定俗成为一个边界模糊的、表述上市公司日常经营活动之外的购买、出售和置换等资产交易。简单来讲，如果说并购是一家公司发起的兼并或收购的单向购买行为，那么重组则是包括购买、出售和置换在内的双向交易行为。

尽管“上市公司并购重组”的法律定义始终未正式出现，但在2008年8月《上市公司并购重组财务顾问业务管理办法》开始施行时，办法第二条第一款指出“上市公司并购重组”包括“对上市公司股权结构、资产和负债、收入和利润等具有重大影响”的“上市公司的收购、重大资产重组、合并、分立、股份回购等”活动。①

① 《上市公司并购重组财务顾问业务管理办法》第二条第一款：上市公司并购重组财务顾问业务是指为上市公司的收购、重大资产重组、合并、分立、股份回购等对上市公司股权结构、资产和负债、收入和利润等具有重大影响的并购重组活动提供交易估值、方案设计、出具专业意见等专业服务。

我国现行的法律体系中也没有专门的“并购重组法”或者“并购重组管理办法”，对上市公司并购重组的规范、规定主要体现在《公司法》、《证券法》、《上市公司收购管理办法》和《上市公司重大资产重组管理办法》等四部法律法规中，可谓“四法定江湖”。

《公司法》和《证券法》是上市公司一切经济活动必须遵守的根本大法。《上市公司收购管理办法》和《上市公司重大资产重组管理办法》是由中国证监会制定、分别对上市公司收购和上市公司重大资产重组进行具体系统规范的部门规章，同时证监会亦制定了与之配套的信息披露内容与格式准则。

关于上市公司回购，证监会制定了《上市公司回购社会公众股份管理办法（试行）》；但上市公司合并、分立并没有单独的规章或办法，其操作无疑需要遵守《公司法》等法规。

作为上市公司并购重组法律体系的一部分，证券交易所和证券登记结算公司同步配套了相应的业务规则，对于涉及外资、国资或者特殊行业的并购重组，则需同时遵守商务部、国资委等部门的特定法规。

<table>
<tr><th>规则层级</th><th colspan="3">证券监管规则</th><th>其他规则</th></tr>
<tr><td>基本法律</td><td>《公司法》</td><td colspan="2">《证券法》</td><td rowspan="2">外资相关法律法规</td></tr>
<tr><td>行政法规</td><td colspan="3">上市公司监督管理条例（征求意见稿）</td></tr>
<tr><td rowspan="2">部门规章</td><td>《上市公司收购管理办法》</td><td>《上市公司重大资产重组管理办法》</td><td>回购管理办法（试行）</td><td>国资相关法律法规</td></tr>
<tr><td>配套规则</td><td>配套规则</td><td>财务顾问管理办法</td><td rowspan="2">特殊行业法律法规</td></tr>
<tr><td>自律规则</td><td>交易所业务规则</td><td>登记结算业务规则</td><td>业务部门内控规章</td></tr>
</table>

中国上市公司并购重组法律法规体系简明框架

资料来源：根据相关资料整理。

不考虑实践中与并购关联度不大的上市公司分立、回购，本书中所称的**“上市公司并购重组”主要指上市公司的收购、资产重组、合并等活动。上市公司的收购，即以上市公司为收购目标的并购，法规上谓之曰“上市公司收**

购”；而后二者则是上市公司为主体发起的并购重组，本书简称之为“上市公司并购”。

“上市公司收购”＝收购上市公司

在具体的商业语境中，本是法律概念的“上市公司收购”常常引起普遍的歧义。

“上市公司收购”最令人产生的误解是“名词+动词”的主谓结构，其意自然被理解为“上市公司收购‘某资产’”，即主语（上市公司）对未出现在句子中的宾语发起的谓语（收购）行为。

然而，“上市公司收购”实际上是“名词+名词”的偏正结构，“上市公司”作为定语修饰名词词性的“收购”，即“上市公司的收购”，这正是《证券法》第四章的章标题。因此，“上市公司收购”的内涵实为“上市公司被收购”或“对上市公司的收购”，其通常的定义是，投资者依法购买股份有限公司已发行上市的股份，从而获得该上市公司控制权的行为。

简言之，法律语言的“上市公司收购”，实则商业语境的“收购上市公司”。

1993年9月“宝延风波”拉开上市公司收购的序幕后，中国上市公司收购的实践便席卷整个证券市场，风起云涌，并以一浪高过一浪的发展态势，成为一个长盛不衰的市场主题。

然而，如同社会主义市场经济发展中其他诸多领域所面临的尴尬一样，我国的上市公司收购立法严重滞后于市场实践，而且现行很多并购概念的法律定义在立法层面都是缺失的。譬如市场关注度颇高的举牌收购、对上市公司极具战略价值的定增收购等都没有明确的法律定义，但在市场上却早已大行其道；采用最为广泛、发生数量最多的协议收购以及西方主流的市场化并购方式——要约收购，即使相关立法中的操作规范较为全面，也一样没有清晰的法律定义。

就“上市公司收购”本身的概念，其法律界定也是不断完善起来的，最早可以追溯到1992年4月深圳市政府颁发的《深圳市上市公司监管暂行办法》。该办法以“收购与合并”为章名在第五章专门用十九条规定了上市公司收购的行为与规范，并在第四十七条开宗明义地定义："收购与合并是指法人与自然人或其代理人通过收购，控制一家上市公司（或公众公司）的股份，而获得对该公司控制权的行为。控制权是指拥有一家上市公司25%以上的股份或投票权。"通过对该条文内容和立法者动机的分析不难看出，这实质上就是"上市公司收购"。在对很多并购概念尚不甚了了的中国资本市场早期，该条文将"收购"与"合并"两个不同内涵的概念合二为一来界定上市公司收购的概念虽不准确，但并不影响对相关市场行为的约束。

此后，在证券市场上数个重要的法律法规中均对上市公司收购活动作了明确规定。1993年4月国务院发布的《股票发行与交易管理暂行条例》以及1999年7月施行、2005年10月大幅修订的《证券法》，均在第四章"上市公司的收购"以专章、整章的方式对上市公司收购作了专门规定。据此，上市公司的收购成为一个专门的法律术语，但这些法规并没有对其概念作出明确定义。

2002年9月28日，中国证券市场首部专门规范上市公司收购行为的管理规定——《上市公司收购管理办法》（简称《收购管理办法》）正式出台。《收购管理办法》的颁布无疑是上市公司收购立法方面最具里程碑意义的事件，和《公司法》《证券法》一道构筑成上市公司收购较为完整的法律体系，而且对中国企业并购整体立法体系建设的意义举足轻重。

《收购管理办法》首次对"上市公司收购"作了明确的法律定义，"本办法所称上市公司收购，是指收购人通过在证券交易所的股份转让持有一个上市公司的股份达到一定比例、通过证券交易所股份转让活动以外的其他合法途径控制一个上市公司的股份达到一定程度，导致其获得或者可能获得对该公司的实际控制权的行为。"

2006年8月，《收购管理办法》经历了第一次大幅修订，删除了第二条关于上市公司收购定义的规定。不过，该办法第五条第一款规定："收购人可以通过取得股份的方式成为一个上市公司的控股股东，可以通过投资关系、协议、其他安排的途径成为一个上市公司的实际控制人，也可以同时采取上述方式和途径取得上市公司控制权。"据此，上市公司收购并不限于股份转让，依其他方式取得股份以及通过其他途径成为上市公司的实际控制人，均可认定为上市公司收购。这使得《证券法》第八十五条中未予明确规定的收购上市公司的"其他合法方式"得以明确。显然，与2002年《收购管理办法》的定义相比，上市公司收购的内涵与外延在此时更加丰富。

经过第二次大幅修订的《收购管理办法》于2014年10月颁布施行。此次修订的一个重要变化是，“上市公司的收购及相关股份权益变动活动”取代了“上市公司收购活动”。“相关股份权益变动活动”在第十三条中明确指出为：“投资者及其一致行动人拥有权益的股份达到一个上市公司已发行股份的5%”和“前述投资者及其一致行动人拥有权益的股份达到一个上市公司已发行股份的5%后，其拥有权益的股份占该上市公司已发行股份的比例每增加或者减少5%”等，这实际上就是俗称的“举牌”。

根据定义来看，上市公司收购一定伴随着上市公司控制权转移，但控制权转移的行为未必都是上市公司收购。因此，我们需要对另一个与上市公司收购尽管内涵相同、但外延更为宽泛、同时极易混淆的概念——上市公司控制权转移做一个简单介绍。

《收购管理办法》第八十六条规定：“投资者因行政划转、执行法院裁决、继承、赠与等方式取得上市公司控制权的，应当按照本办法第四章的规定履行报告、公告义务”。严格来讲，这类获取上市公司控制权的方式并不归类于上市公司收购；但其股份权益变动活动所遵循的原则和信息披露义务则与上市公司收购完全相同。因此，上市公司收购连同因行政划转、司法裁决等导致上市公司控制权发生变更的行为均归属上市公司控制权转移的范畴，换言之，上市公司收购是上市公司控制权转移的子集。

过去20余年，中国并购学者对上市公司控制权转移贡献了为数不少的研究成果。有学者研究了1994至2013年中国A股控制权转移的案例情况，①这一期间共发生1 410例除举牌收购和要约收购以外的控制权转移案例，主要有三类八种控制权转移方式。

第一类为非收购形式的控制权转移，在同一国有企业集团内转让、国有股权无偿划转和司法裁决或拍卖三种方式，该类案例数量达489例，占有近35%的比例。第二类为上市公司的存量式收购，数量为851例，所占比例逾60%，主要形式包括：控股股东协议转让上市公司控股权或控股股东本身被协议转让，共计708例；收购方从多个非控股股东收购上市公司股权成控股股东，为50例；管理层收购的59例；收购方通过控制上市公司控股股东的方式间接控股上市公司的34例。第三类则为上市公司的增量式收购，数量仅为70例、占比约5%的

---

① 刘峰，涂国前. 中国上市公司控制权转移的动机研究［J］. 财经研究，2016，42（10）.

定增收购。

存量式收购+增量式收购

在并购类的教科书中，上市公司收购常作广义和狭义之分，而各国证券法中的含义也不尽相同。要约收购以其兼顾市场公平、执行效率和投资者利益而成为备受推崇的最市场化的上市公司收购方式，因而狭义的上市公司收购一般指要约收购。在2002年《收购管理办法》颁布后，不少市场分析人士甚至展望要约收购或成上市公司收购的主流方式，不过后来的客观发展显示协议收购的主流方式地位实难撼动，要约收购案例却历历可数。

把狭义的上市公司收购等同于要约收购，这并不难理解。因为上市公司多为其所在行业或领域的市场领导者，收购上市公司自然成为各国证券市场发展过程中的必然现象。20世纪60年代，在反托拉斯和反垄断的背景下，英、美等国的很多大企业开始跨行业多元化经营，以期抵御风险，实现稳定业绩，并购无疑成为这一扩张过程的有效手段，于是该时期发生了众所周知的美国第三次并购浪潮。这一时期普遍采用的上市公司收购方式便是要约收购，所涉及的上市公司数量十分庞大，规范要约收购的《伦敦城收购与合并守则》和《威廉姆斯法》分别在英国和美国于1968年诞生。自此之后，要约收购成为英、美等国上市公司收购的主流方式之一。近半个世纪后在美国上市的中国公司如完美世界、去哪儿网、优酷土豆等在退市时所采用的方式也尽皆为此。

与英、美国家不同的是，在中国上市公司的并购实践和先后颁布施行的《证券法》与《收购管理办法》中，上市公司收购均取广义之含义，既包括要约收购，也包括举牌收购、协议收购和定增收购等多种方式。

基于上市公司收购的定义及实践，收购方、收购目标、收购目的和收购方式可视为上市公司收购的四大要素。

收购方，即收购主体，可以是个人，也可以是法人或其他经济实体。收购目标是上市公司，但收购的标的物则是上市公司发行的股份，而不是某项具体资产。通常来讲，收购上市公司的目的主要有三个：其一是获取上市公司“壳”资源，收购方要么通过“壳”交易获取投资收益，要么借助“壳”平台实现相关资产的借壳上市；其二为谋求上市公司经营性资产，进行产业整合，实现产业协同；其三则是一些特殊目的，比如私有化。

一般的并购理论研究中，通常有多个角度对上市公司收购进行分类。比如，按照并购方对目标企业的态度可分为善意收购和敌意收购；根据收购行为是否由法律法规强制要求划分为强制收购与自由收购；根据政府扮演的角色划分为政府主导型收购与企业自主型收购等。

相比这些理论层面的分类，实践中更普遍地则是按照收购方式将上市公司收购分为举牌收购、协议收购、要约收购和定增收购四大类型，参照《证券法》和《收购管理办法》等法律法规的具体操作约束，这已形成一种事实上的法律分类。

从1993年“宝延风波”首开举牌收购先河，1994年“恒棱事件”率先破局协议收购，到近十年后的2003年“南钢收购案”拉开中国要约收购序幕，再到2006年豪瑞收购华新水泥正式启幕定增收购，上市公司收购从最初凤毛麟角的市场个案到今天数见不鲜的常规资本运作已整整25个年头。

举牌收购，指收购方直接在证券交易所购买目标公司的股票，从而实现对目标公司控制权的收购。中国股市举牌收购的总体数量较少，1993年至今发生的案例不超过百例，但在上市公司收购的理念普及和制度建设的影响方面，举牌收购和要约收购远超过协议收购。尤其举牌收购因其阳光、市场化和公开透明的特点使市场关注度和影响广泛度更胜一筹。

要约收购，指收购方通过向被收购方所有股东发出要约，在要约期内按照要约条件购买其持有的全部或部分股份，从而实现对上市公司控制权的收购。中国证券市场上要约收购的数量更是稀少，剔除履行要约收购义务外。2003年首例要约收购案以来，真实发生的案例不过40余例，相对协议收购来讲，数量实在少得可怜。

协议收购是指投资者在证券交易场所之外与目标公司的股东就股票价格、数量等方面进行私下协商（相对公开市场而言，而非黑市交易），购买目标公司的股票，以期达到对目标公司的控股或兼并目的。在上市公司收购的基本格局中，协议收购在数量上占据绝对优势。简略统计，从1994年至今所发生的协议收购案例将近千例，大量丰富而精彩的案例注定上市公司收购的主流方式非协议收购莫属。

定增收购，指收购人通过认购上市公司的新发行股份，借由上市公司资本的增加、新老股东权益比例的改变来实现上市公司控制权转移的收购方式。《收购管理办法》第五条第一款规定："收购人可以通过取得股份的方式成为一个上市公司的控股股东"，定增收购在这一规定下成为上市公司收购的基本模式之一。定增收购从2006年诞生至今十余年发生的数量十分有限，不足百例，但其对丰富和完善上市公司收购基本格局的重要意义却无法忽视。需要指出的是，定增收购指收购人以现金认购而不是以资产认购上市公司新增股份，以资产认购且完成上市公司收购的行为实质上就是所谓的"借壳上市"。

分析这四种上市公司收购模式，不难看出彼此间密切的逻辑联系。

第一是存量与增量之别。举牌收购、协议收购和要约收购所收购的股票均来自上市公司现有股票，可称之为存量式收购，而定增收购则是通过认购新发行的股票实现对上市公司的收购。而各种存量式收购方式之间的最大不同在于，协议收购一般是从上市公司大股东手中收购股票，举牌收购的股票通常都来源于中小股东，要约收购则面向目标公司的全体股东购买股票。

第二是收购方对目标企业的态度。举牌收购获取控股权是通过收购中小股东股权的方式来实现，这意味着收购方和原控股股东之间争夺控股权，其行为本身被视为敌意。而协议收购则通过收购大股东的股权实现控股，其行为和大股东是协商进行的，协商自然是善意的。要约收购谈不上善意或敌意，因为对所有股东一视同仁。对于定增收购，尽管不涉及存量股权买卖，但新增发股份的议案需全体股东表决通过，因而其动机必定是善意的才能使收购完成。

第三是收购方式的公开程度。协议收购在西方被称作Privately Negotiated Transactions，可直译为私下协商收购，顾名思义，交易是私下的、协商的、谈判的行为。定增收购由于是向特定对象非公开发行新股实现的收购，自然属于非公开的交易行为。相对来讲，举牌收购和要约收购则为公开收购，无论收购意图，还是收购行为，无不公开披露且对全体股东公平为之。

第四是收购成本与风险大不相同。在不考虑其他因素的情况下，协议收购由于在监管和信息披露等方面相对宽松，且能迅速获得控制权，收购人的收购成本最小，风险也最小。而举牌收购的成本则大大提升，公开市场收购很容易引发股价波动，收购的成本和风险较难控制。与协议收购和举牌收购相比，要约收购的成本居中，尽管交易价格较市价有所溢价，但却主动可控，实际上是有利于降低成本和控制风险的。

“上市公司并购”＝上市公司资产重组＋上市公司合并

对“上市公司资产重组”定义的清晰化过程颇为漫长。

在证券市场早期，上市公司数量屈指可数，资产重组活动寥寥无几，因而尚未成为证券监管机构的监管重点，1993年颁布的《股票发行与交易管理暂行条例》也未对此作出规定，仅将类似行为作为一类重大事件，要求上市公司履行及时报告和公告义务。

与《证券法》对以上市公司为收购对象的收购活动单列章节进行规范相比，《公司法》和《证券法》对于以上市公司为主体的资产重组活动均未加以明确规范。长期以来，相关法律法规体系的缺失，导致上市公司资产重组的监管出现盲点。为了保证相关资产重组活动，尤其是重大资产重组活动能够规范、高效地运作，自1998年以来，监督管理机构先后颁布了一系列关于重大资产重组监管的规范性法律文件。

1998年2月，中国证监会出台了《关于上市公司置换资产变更主营业务若干问题的通知》（证监上字［1998］26号，简称“26号文”），将上市公司资产重组活动正式纳入证券监管范围之中。

2000年6月，中国证监会出台《关于规范上市公司重大购买或出售资产行为的通知》（证监公司字［2000］75号，简称“75号文”），同时废止原“26号文”，该文件首次提出“上市公司重大购买或出售资产的行为”，也就是说，在26号文中，资产重组被明确为“购买或出售资产的行为”。

2001年12月，为使重大资产重组活动市场规范、健康、有序的发展，中国证监会颁布《关于上市公司重大购买、出售、置换资产若干问题的通知》（证监公司字［2001］105号，简称“105号文”），同时废止“75号文”。“105号文”对资产重组进一步明确为“购买、出售、置换资产”的活动，同时对资产重组构成“重大”的计量标准、基本要求和原则、程序和流程等规定也更加清晰具体。

为在新形势下更好地规范和引导资产重组活动，2008年4月16日，中国证监会发布了《上市公司重大资产重组管理办法》（证监会令第53号，简称《重组管理办法》），同时废止原有的“105号文”，这被称为“完善我国证券市场基础性制度建设的又一重大举措”，标志着上市公司资产重组迈入了规范与发展并举的新阶段。

根据《重组管理办法》，资产重组的定义首次得以明确[①]，为“上市公司及其控股或者控制的公司在日常经营活动之外购买、出售资产或者通过其他方式进行”的资产交易，该交易将“导致上市公司的主营业务、资产、收入发生变化”。这里的“其他方式”主要指：置换资产，与他人新设企业、对已设立的企业增资或者减资，受托经营、租赁其他企业资产或者将经营性资产委托他人经营、租赁，接受附义务的资产赠与或者对外捐赠资产。同时，第十一条也清晰规定了重大资产重组的计量标准。[②]

上市类并购 + 经营类并购

从并购动机出发，借壳上市、整体上市，产业并购和财务并购可视为A股上市公司并购的四大类型。与前二者实现非上市资产证券化的并购目的不同，后两者基本上是向独立的第三方进行市场化并购，进而实现产业整合或报表整合的目的，属于经营层面的并购重组。

借壳上市一般是指借壳方通过收购或其他合法方式获得上市公司存量股份、或者通过认购上市公司发行的增量股份取得上市公司控股权，然后将自己所属资产、业务通过置换、合并或出售等方式注入到上市公司体内并成为其主营业务，从而实现借壳方非上市资产和业务的间接上市行为。

---

① 《上市公司重大资产重组管理办法》第二条第一款：本办法适用于上市公司及其控股或者控制的公司在日常经营活动之外购买、出售资产或者通过其他方式进行资产交易达到规定的比例，导致上市公司的主营业务、资产、收入发生重大变化的资产交易行为（以下简称重大资产重组）。

② 《上市公司重大资产重组管理办法》第十一条：上市公司及其控股或者控制的公司购买、出售资产，达到下列标准之一的，构成重大资产重组：（一）购买、出售的资产总额占上市公司最近一个会计年度经审计的合并财务会计报告期末资产总额的比例达到50%以上；（二）购买、出售的资产在最近一个会计年度所产生的营业收入占上市公司同期经审计的合并财务会计报告营业收入的比例达到50%以上；（三）购买、出售的资产净额占上市公司最近一个会计年度经审计的合并财务会计报告期末净资产额的比例达到50%以上，且超过5000万元人民币。

整体上市是指集团公司或母公司借助旗下上市公司通过换股吸收合并、定向增发、现金收购等并购重组方式将未上市的业务和资产注入上市公司而实现的整体上市，或者集团公司或母公司通过换股吸收合并旗下上市公司同时重新发行股票实现的整体上市。整体上市的出现与中国证券市场早期的“分拆上市”关系密切，因果相连。

产业并购，或称产业性并购、向第三方并购，是指不同企业间依据一定的产业逻辑而实施的并购。就上市公司的产业并购而言，一个接受度比较高的定义是，上市公司以自身为主体，以优化产业结构为目的，横向或者纵向并购产业链上的独立第三方企业，甚至是新的业务领域中的企业，突出协同效应，实现跨越式成长的并购方式。

财务并购（或称财务性并购）是一种短期的报表盈利行为，通过收购方和目标企业两者财务上的整合，收购方实现保留配股资格或上市地位的特殊目的、简单合并报表利润提升自身市值或者单纯从目标企业的买卖差价中获得投资性收益。从形式上看，财务并购与产业并购在操作方式、实施过程、审核程序等方面相差不大。

与借壳上市的股权置换式并购、整体上市的资产注入式并购相比，向第三方收购资产的产业并购与财务并购在并购目的和驱动主体等方面与前两者大不相同。

就并购目的而言，借壳上市与整体上市均意在实现非上市资产的证券化，产业并购与财务并购则是公司经营的需要。借壳上市实质上是通过上市公司与收购方的资产互换与股权置换，实现借壳方资产证券化的目的。类似地，整体上市过程中，企业集团的非上市资产通过并购方式注入上市公司体内，集团资产得以全部证券化。而产业并购的目的是通过并购之后的协同效应来提升企业价值，并购双方通过财务协同、管理协同以及文化协同等产生整体效应，在研发、生产、营销的不同环节、不同阶段、不同方面或互补或强化来提升产业价值。财务并购是上市公司通过直接合并目标公司的报表利润，实现保壳、保配的目的，同时，借由并购重组带来的股票价格上涨，企业可以融得更多资金，利益相关方亦可利用二级市场的价差获得收益，而且，未来出售标的公司也可能获得投资性收益。

在驱动主体上，借壳上市与整体上市都是大股东驱动的关联交易行为，产业并购与财务并购的主体则是上市公司本身。借壳上市由原上市公司大股东推动，上市公司形式上是收购主体，但实质角色则是并购对象。整体上市形式上由上市公司收购控股股东的资产，但并购过程仍然由控股股东主导。很显然，这类并购活动的资产交易和收购行为都是在关联方或潜在关联方之间进行的，资产的决策主体和属性在并购前后没有发生变化，加之关联交易在很多情况下是不对等的交易行为，借壳上市或整体上市对企业价值几无提升作用。相比之下，产业并购和财务并购则是上市公司的主动行为，推动并购的不再是股东而是上市公司自身，收购标的是非关联企业的资产或股权，因而这类市场化的交易一定程度上是对等的商业交易。

1993年9月，深宝安举牌收购延中实业，并于六年后退出获得不菲投资收益，从并购方角度来看，这可视为A股最早的上市公司财务并购案。1993年底，上海强生收购强生集团下属的第五劳动公司，旗下出租车规模由100辆扩大至700辆，是为早期的产业并购案例之一。1994年的“恒棱事件”触发A股第一例借壳上市案诞生，在完成协议收购棱光实业后的1995年底，珠海恒通公司将全资子公司恒通电表公司注入上市公司完成电表业务的借壳上市。2004年1月，TCL集团开创性地通过与旗下上市子公司TCL通讯换股合并+同步IPO的方式实现整体上市。

纵观这些案例，它们均肇始于股改之前且发生时间也颇早，但之后上市公司并购一直不温不火，活跃程度较上市公司收购相差甚远。直到股权分置改革完成的2006年，上市公司并购日渐蓬勃发展起来，上市公司并购重组从“上市公司收购时代”过渡到“上市公司并购时代”，尤其是产业并购更成为新并购时代的主角，而引发这一变化的核心因素则在于，上市公司股份作为并购支付工具的革命性举措在股改后得以推出。

发股收购资产 VS. 换股吸收合并

从国外并购市场的历史实践来看，每一次并购支付工具的创新都会推动并购的跨越式发展，甚至催生一次又一次的并购浪潮。譬如在美国市场，股份支付的兴起助推了19世纪末20世纪初的横向并购浪潮和20世纪20年代的纵向并购浪潮；高收益债券的诞生亦直接引发了美国上世纪80年代的杠杆收购狂潮。

现金和股份是两种最常见的并购支付工具，从西方的并购浪潮中能够看到，股份支付以其显著优于现金支付的规模等优势早已成为大规模并购案例中十分成熟而普遍的支付方式。但在国内资本市场，股份直到2008年才正式成为并购支付工具。

股改之前，国内上市公司的并购重组主要采取现金方式来支付对价。股改之后，得益于二元股权结构的消失和全流通制度的施行，上市公司股份具备了充分的市场定价，在定向增发这一再融资工具推出的基础上，股份支付逐渐成为上市公司并购交易的主要支付手段。

2006年5月，随着股权分置改革取得阶段性成果，《上市公司证券发行管理办法》正式颁布，定向增发被正式确立为上市公司的再融资工具。随后，定向增发频繁应用到上市公司的资产重组活动中，直接催生了2006年之后鞍钢集团、中国船舶、东方电气等大批国企的整体上市热潮。

2008年4月，《上市公司重大资产重组管理办法》颁布施行，股份作为支付工具被允许在并购交易中使用。基于此，"发行股份购买资产"成为上市公司最主要的并购方式之一。所谓"发行股份购买资产"，简称"发股收购"，是指上市公司通过新发行的股份作为支付对价向资产出售方购买资产，或上市公司向特定对象非公开发行股份募集资金，再用所募集资金购买该特定对象资产的，亦视同发行股份购买资产。

近十年来，发行股份购买资产在上市公司的重大资产重组活动中始终扮演着极其重要的角色，甚至可以说是后者成功开展的基石，A股市场上绝大部分的借壳上市、整体上市、产业并购和财务并购案例均借助发股收购得以完成，发股收购亦使以上市公司为收购主体的并购逐渐成为上市公司并购重组的主角。

此外需要强调的是，发行股份购买资产的基础在于定向增发，因而"发行股份购买资产"也可称为"定向增发购买资产"。《重组管理办法》推出之前，发股收购只能分步进行，即先向特定对象定向增发融资，再用所募集的资金购买特定对象的资产。《重组管理办法》颁布之后，发股收购省却了募资环节，收购一步到位，股份支付成为真正意义上的支付工具。

事实上，股份作为支付工具的上市公司并购早在上个世纪末就已然开始试点，这就是另一类重要的上市公司并购方式——换股吸收合并。1999年8月，上市公司清华同方完成对鲁颖电子（非上市股份公司）的吸收合并，成为国内第一例换股吸收合并案。

吸收合并，也称"兼并"，是指公司合并之后，合并方存续，被合并方注销，被合并方的资产、负债及所有者权益都集中到存续公司。根据支付方式的不同，上市公司吸收合并主要包括换股式吸收合并（简称换股合并）、现金式吸收合并（简称现金合并）两种。不言而喻，现金合并指合并公司向被合并公司的股东支付现金对价来换取他们持有的目标公司股份；而换股合并则是合并公司发行新的股票，用于和目标公司的股票交换。

凭借无需支付现金的优势，国内上市公司的合并几乎清一色采取换股合并。合并完成后，合并方的股东与以前一样继续持有原公司的股份，被合并方的股东则持有合并方新发行的股份。

换股合并广泛用于整体上市、借壳上市和产业并购的交易中。2004年1月，TCL集团“换股吸收合并+重新IPO”开创了国内换股吸收合并整体上市的先河，上港集团、百联股份、葛洲坝、中山公用等企业通过换股吸收合并的整体上市案纷纷上演。2006年，券商行业爆发集体性的借壳上市潮，几乎全部采用换股吸收合并的方式。在产业并购领域也存在诸多换股合并案例，2010年唐钢股份吸收合并邯郸钢铁与承德钒钛，2014年申银万国与宏源证券的换股合并，2015年中国南车与中国北车的换股合并等。

作为上市公司并购最重要的两种方式，发股收购和换股合并还分别适用一定的独特场景。

其一，标的资产的股东人数是否超过200人。换股吸收合并的对象可以是上市公司，也可以是非上市公司，其股东人数不限，可以为1人，也可以超过200人。发行股份购买资产只能是上市公司向不多于200人的特定对象发行股份以收购其所属资产。当标的资产的股东人数在200人以上时，收购该标的资产的全部权益无疑只能采用换股吸收合并的方式。

其二，标的资产的法人资格是否需要存续。当标的公司具备某一有价值的特定资质，例如特许经营许可，或纳税优惠等，若希望保留标的资产的法人资格，采用定向增发收购资产的方式无疑可以保留该价值；反之，若该标的公司的法人资格并不附有特定价值的资质，则为了提高整合深度和效果，可以考虑采用换股吸收合并的方式。

综上，从并购方式上看，现金收购、发股收购和换股合并是上市公司并购的三个常见方式。在股改前，现金收购几乎一统天下，股改后，现金收购逐渐让位于发股收购，换股合并则一直作为重要的补充方式而存在。本书下篇的案例，全部是基于这三种方式实施的。

金字塔模型全景A股并购

众所周知，中医典籍《本草纲目》是中国古代药学史上篇幅最大、内容最丰富的药学著作，被誉为“东方药物巨典”。它的巨大成就之一就是采取了“析族区类，振纲分目”的科学分类方法，将1 892种药物归入16部之60类中。如此立部分类，使全书结构井然有序，面貌焕然一新，这是对前人药物分类思想的重大突破，在分类学上堪称伟大的科学创举。

并购分类远没有药物分类那般复杂，但并购分类标准众多，并购类型自然琳琅满目，纷乱繁杂，尤其是任一单一分类仅给出了并购的局部描述，并不能形成覆盖全部并购类型的整体框架。同样，中国的并购实践一直没有一个理论或模型将各类并购纳入到统一的框架中研究讨论，长期以来中国的上市公司并购分类便始终处于“形散神散”的状态之中。

因此，借鉴《本草纲目》给药物逐级分类的纲目体系无疑令中国上市公司的并购分类豁然开朗，通过“以纲挈目”的体例，本书得以构建A股并购实践的纲目分类模型，即五级分类模型。**五级模型以上统下，先总后分，归类分组，先纲后目，整体上形成金字塔结构，故我们形象地称之为：A股并购实践的金字塔全景模型，简称：A股并购的金字塔模型**。

具体来讲，金字塔模型的顶端第一级为上市公司并购重组，第二级是其两大分支——上市公司收购和上市公司并购，第三级是上市公司收购中的存量收购与增量收购和上市公司并购中的上市类并购与经营类并购，举牌收购、协议收购、要约收购、定增收购和借壳上市、整体上市、产业并购、财务并购八大形态是为第四级，各个形态下总计二十四个并购子模式构成金字塔模型的底层，即第五级。“八形态为纲，二十四模式为目”，纲举目张，A股并购全貌清晰可见，这正是金字塔五级模型的核心所在。

二十四并购模式具体如下：

形态一：举牌收购（主要收购小股东股权），包括：

① 收购壳公司

② 收购资产

③ 产业资本收购

④ 金融资本收购

形态二：协议收购（主要收购大股东股权），包括：

⑤ 民营资本收购

⑥ 跨国资本收购

⑦ 并购基金收购

形态三：要约收购（收购全体股东股权），包括：

⑧ 部分要约收购

⑨ 强制全面要约收购

⑩ 全面主动要约收购

形态四：定增收购（认购增量股权），包括：

⑪ 现金认购

形态五：借壳上市，包括：

⑫ 合并上市

⑬ 买壳上市

⑭ 重组上市

⑮ 曲线借壳

形态六：整体上市，包括：

⑯ 现金/再融资收购集团资产

⑰ 定向增发收购集团资产

⑱ 集团换股吸收合并上市公司+重新IPO

⑲ 上市公司换股吸收合并集团公司

形态七：产业并购，包括：

⑳ 横向并购

㉑ 纵向并购

㉒ 混合并购

形态八：财务并购，包括：

㉓ 资格并购

㉔ 题材并购

回顾过去25年的实践历程，A股并购一直处于动态的演进过程中，通过金字塔模型我们至少可以在如下五个方面看到上市公司并购重组的整体结构变迁和各并购形态此消彼长的发展脉络。

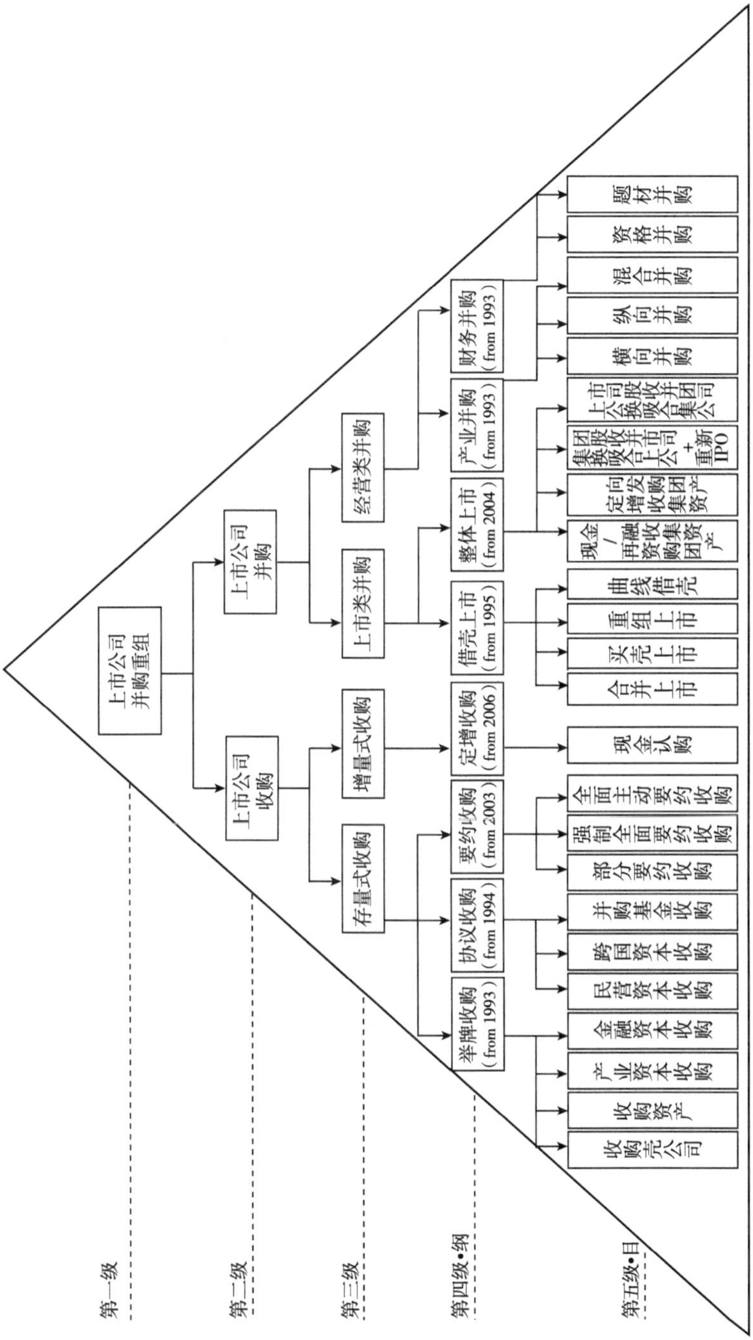

A股并购的金字塔全景模型

- **从上市公司收购时代进入上市公司并购时代**

2005年以前，股权分置问题一直困扰着中国股市的发展。为改变股权结构不合理的状况，实现上市公司全部股权上市流通（即“全流通”）的目的，2005年4月“股权分置改革”启动。后来的事实证明，这相当于一次极为成功的“大手术”，股权分置改革可谓再造中国资本市场，其影响之巨大、意义之深远甚可与设立股市相提并论。

2006年，除了股改的顺利施行，中国资本市场另一具有里程碑意义的事件则是市场经济法律体系的核心——新《公司法》和新《证券法》的实施。正是在这两大背景下，2006年5月《上市公司证券发行管理办法》颁布实施，非公开发行被正式确立为证券市场的一项基本制度，兼具再融资工具和并购支付工具双重功能的定向增发成为中国证券市场革命性的金融工具，中国资本市场随之迎来翻天覆地的大发展。

股权分置改革的实施和定向增发制度的推出无疑使2005～2006年成为中国资本市场发展的分水岭，A股并购重组因而被分割成前后两个历史阶段，其整体结构和发展趋势皆发生重大变化。股改前，上市公司收购从起步、快速发展到调整规范，逐步成为中国资本市场最重要的经济现象之一，而上市公司并购受限于并购支付工具的单一性而在数量、尤其是规模上发展风平浪静。

2006年之后，上市公司收购依然保持数年风头，但在全流通的大背景和一系列资本市场政策的出台之下不可避免地逐渐淡去光芒，上市公司发起的并购重组逐渐步入并购市场的舞台中央，A股并购进入上市公司并购时代，这在2008年《上市公司重大资产重组管理办法》颁布之后体现得更加明显。股份作为支付工具在并购交易中的使用，使几十亿甚至上百亿元的大型并购交易得以轻易实现，2013年开始的轰轰烈烈的市场化并购大潮正是以股份支付为基础的。

- **从协议收购唱独角戏到举牌、协议、要约和定增收购各领风骚**

中国股市设立伊始，绝大部分上市公司的股权处于分置状态，上市公司的控股股东持有的股份无一例外都是非流通的国家股、国有法人股或社会法人股。因此，想要获得上市公司控股权只能通过收购控股股东的国家股或法人股来实现，控股股东法人股的交易也“被迫”只能通过协议转让的方式进行，协议收购自然地成为上市公司收购的主流方式。此外，协议收购的蓬勃发展与彼时“国退民进”的国企改革政策关系紧密，德隆和格林柯尔的案例就是在这样的大背景下诞生的。

尽管举牌收购在股改前的十余年累计发生数量不过20余例，且主要发生在数量极为稀少的“三无概念股”身上；但2005年后，资本市场政策制度日趋完善、机构投资者队伍日渐多元以及社会财富投资配置需求的增加，使得举牌收购日渐活跃，数量和规模亦大幅增加，譬如近年来的险资举牌潮发展成为举牌历史上的现象级事件。

要约收购和定增收购是在一系列政策法规的出台或修订下得以诞生的。2002年，《上市公司收购管理办法》的颁布实施使得要约收购破茧而出。2005年，中国石油全面要约收购旗下三家上市公司成为第一例真正意义上实施的全面要约收购。随后的2007年4月，汇邦旅业部分要约收购中小板公司华邦制药4.17%股份打响了中国股市部分要约收购第一枪。

股改启动后，基于2006年新《证券法》对上市公司非公开发行新股所持的全面肯定态度，2006年5月颁布并施行的《上市公司证券发行管理办法》正式确立上市公司可以非公开发行新股的政策，以定向增发方式收购上市公司的法律通道由此得以打开，增量式收购上市公司的时代随之开启。自此，全流通背景下，协议收购、举牌收购、要约收购和定增收购在上市公司收购市场上各领风骚，协同行进。

- **从收购上市公司“壳资源”到谋求上市公司经营性资产**

在中国证券市场，一家公司需要“过五关斩六将”，并要熬过排队“堰塞湖”，通过证监会核准才能最终上市，其过程可谓艰辛漫长。核准制下的IPO制度使上市公司的“壳”不仅成为直接融资的“特许经营牌照”，更为企业提供资本运营平台，因此A股近30年的发展历程中，尤其是早期，上市公司的“壳”价值不言而喻。这使得收购上市公司“壳资源”的并购目的成为中国并购与国际并购的最大区别之一。本书中，延中实业、爱使股份、四川双马均是并购方垂涎三尺的壳资源。

与“壳资源”相对应的是，在并购方对上市公司业务资产的收购中，并购方追求的要么是战略协同效应，要么是标的资产的价值低估或成长前景。例如，房地产业和商业零售资产一直是各路资本的追捧对象，因为地产公司有“地”，零售企业有“房”，尤其是商业零售上市公司持有的大量房产物业因会计准则或其他原因使之在财务报表上显示的账面价值远低于市场真实价值时，形成了所谓的“隐蔽资产”，2008年茂业系对多家商业公司的收购就是看中后者的资产价值。此外，格林柯尔收购科龙电器、美菱电器，SEB集团收购苏泊尔也都折射出了并购方对优质资产的渴望。

- **从集体式整体上市风靡一时到行业性借壳上市延续至今**

后股权分置时期，最风生水起的并购重组类型莫过于整体上市和借壳上市。发轫于2004年而兴盛于2007年的“整体上市”被认为是股权分置改革后我国证券市场上又一项重大金融革新。股权分置改革解决了非流通股与流通股两类股东之间的利益协调问题，在利益趋于一致的基础上，控股股东资产注入式的整体上市实际上成为股改的必然延续，非上市资产的证券化和上市公司的市值提升均符合控股股东利益，中国船舶整体上市案的顺利实施便是例证。股改后，在政策的引导与支持下，钢铁、房地产、电力、有色金属等行业资本投入大、规模效益明显的国有上市公司纷纷“组团式”展开整体上市，市场甚是喧嚣。例如钢铁行业，到2010年为止，共有近20家钢企完成整体上市。

全流通后，中国A股并购市场的另一个热潮是借壳上市潮，与2013年以来整体上市案例近乎绝迹不同，市场化特征明显的借壳上市一直持续至今。也是凭借股份支付的新并购工具的推出，作为最具市场热度的上市公司并购重组类型，借壳上市从2006年开始呈现出行业性的集体行为，不同时期的借壳方式也大不相同。按时间顺序，主要形成以下几轮借壳浪潮：2006～2007年，券商行业的“合并上市”潮；2008～2010年，房地产企业的“买壳上市”潮；2011～2012年，传媒公司的“买壳上市”潮；2014～2015年，游戏公司的“重组上市”潮；2016年，快递行业延续“重组上市”潮等。

- **从上市类并购风生水起到经营类并购成主角**

在大部分国有企业完成整体上市后，上市类并购更体现为市场化的借壳上市。相较IPO而言，借壳上市可谓“曲径通幽”，是企业快速上市的捷径，因而一度风生水起，但“炒壳”并不为监管层所鼓励。对上市公司并购的主要规范——《上市公司重大资产重组管理办法》，从2008年颁布到2016年“最严”新规，历经三次大、小修订，而每一次修订中对借壳上市的规范都是重中之重，从2011年与IPO标准“趋同”，到2014年“等同”，再到2016年控股权变更的最严认定和收购资产规模判断的指标升级，监管层严厉遏制投机套利的态势十分明确。

相反，政策导向对产业并购为主的经营类重组则大加鼓励，不断松绑。2013年以来，国内经济逐渐进入“新常态”，增速换挡步入稳定中速期。传统企业需要通过产业并购寻求突破和转型，切入新兴行业；而成长型企业面临的竞争日趋激烈，需要通过并购实现跨越式扩张。作为资本市场稳增长、调结构的重要保障手段，监管层频频发声鼓励并购重组发展，并大幅简化行政审批，鼓励基于产业整合的并购重组，产业并购已完成从配角到主角的进化过程，并成为A股现阶段并购重组的主流模式。

从并购活动主体的不同资本属性来看，我国改革开放40年，是国有企业、民营企业和外资企业三种力量此起彼伏、博弈发展的40年，它们不仅在产业市场上交锋开战，在资本市场上亦碰撞较量。无论是作为并购方，还是作为被并购方，不管是上市公司，还是非上市公司，回顾这三种资本力量在A股并购市场的演进之路，无疑使我们更进一步强化对中国上市公司并购实践的系统认知。

- **国有企业：从整体上市、私有化到行业整合**

对国企改革彰显“助推器”作用的资本市场是国资国企改革的主战场之一。中国股市开设之初，宗旨就是为国有企业脱贫解困服务，因而20世纪90年代国有企业分拆上市盛行，但分拆上市所导致的上市公司独立性差、竞争性弱等诸多弊端显而易见。2004年，对解决分拆上市等历史积弊问题效果直接的整体上市出现，随后的近十年，伴随着股权分置改革的完成，国企整体上市大行其道。

在股改期间，中石油、中石化先后启动了对旗下上市公司的全面要约收购，这两宗以终止上市公司平台为目的的收购成为中国私有化上市公司的最早期案例，数年后，东方电气和中国神华亦完成了对旗下上市公司的私有化，但显然，不在乎壳价值的“私有化”行动似乎只能是国家队的“土豪”游戏。

整体上市对国企内部整合的意义明显，而近年来的新一轮国企改革阶段，由监管层驱动的同行业或同领域内不同集团之间的“外部整合”式的产业并购在国企改革全局上更见“疗效”，并成为2013年底以来新一轮国企改革的重点，以中国中车为代表的借助资本市场进行的国企整合渐成主流，为规避行业无序竞争、做大做强龙头企业和提升全球竞争力意义显著。

- **民营企业：从“造系”、借壳上市到并购成长**

从20世纪90年代中期开始，到股权分置改革基本结束的2006年底，中国民营资本造“系”风潮涌动，数年间资本大鳄呼风唤雨，德隆、格林柯尔均是民营资本“造系运动”的集大成者。中国股市独有的“股权分置”结构和“国退民进”的国企改革举措是这场“造系运动”得以席卷资本市场的两大背景，而对上市公司的收购则成为民营资本建系的最主要手段，他们大展财技、低价收购国家股和法人股，以极低成本和最快速度控股多家上市公司，从而构建了自己的资本帝国。

在计划经济体制夹缝中成长起来的民营公司是借壳上市的拥趸，在以主要服务国有经济的早期中国证券市场，它们的上市之路困难重重，直到中小企业板和创业板的推出，民营企业才迎来政策红利。不过，借壳上市始终是曲径通幽的捷径，批量的房地产企业、传媒企业、网游企业和快递企业俱皆展开行业性的集体借壳上市潮。

中小板和创业板的民营上市公司是产业并购的集中发动群体，它们或在市场、生产领域横向并购合并同类项，或上下游纵向并购整合产业链，或多元化并购拓展企业边界，总之，产业整合类并购一直在中小板、创业板公司的并购重组中占据主导地位，一批民营上市公司的业绩借此显著增长，并因成功实施并购成长战略而脱胎换骨。

- **外资企业：从外资收购到跨境并购**

中国的对外开放政策既包括“引进来”，又包括“走出去”。

1992年，外商直接投资打破了绿地投资的单一局面，并购成为外国企业进入中国市场的一条捷径。拥有庞大国内市场和诱人发展潜力的中国企业渐渐成为跨国公司争夺的焦点，而对上市公司的并购，发生在1995年，五十铃与伊藤忠协议受让共25%的北旅汽车法人股成为首例外资并购上市公司案。法国SEB集团对苏泊尔的收购，瑞士豪瑞集团对华新水泥的收购可以说是对外开放“引进来”政策的必然产物。

1999年，中国开启了“走出去”战略。到2001年，我国对外开放跨入“引进来”与“走出去”相结合的新阶段，在中国加入WTO后，中国企业在经济全球化与双向对外开放背景下开始和全球经济展开更为多元的互动，包括海外并购、新建投资等形式的中国对外直接投资成为这一国家战略实施的重要途径之一。巨无霸央企是跨境并购的规模主力，但在交易数量上，近年来民营企业早已遥遥领先于国企和央企，同时民营企业通过巧妙的方案设计已然广泛开展跨境并购交易。

上　篇

剑指上市公司

ENEMY at the Gates

第1章

“敢为天下先”：新中国首例上市公司收购（1993年）

允许看，但要坚决地试。

——邓小平1992年南方谈话

1993年9月，中国股市走得十分“懒散”，毫无生气。

1992年的前十个月，还处于“婴儿期”的中国股市刚刚经历了一场暴涨暴跌牛熊的洗礼，到1992年11月中旬，上证指数跌去千点创下新低386.85点后终于触底反弹，启动了一轮跨年飙涨行情。短短3个月后，沪指就实现了3倍多的涨幅。

1993年2月16日，懵懂而兴奋的投资者依然满怀希望翘首以待，但是，上证指数在开盘创下历史新高1 558.95点后便立即掉头向下，牛市戛然而止。到7月底的低点，上证指数惨遭腰斩，跌幅50.11%。事实上，1 558.95点亦成为中国股市早期近十年难以逾越的高点，直到1999年6月才被突破。

正所谓牛短熊长，1993年2月开启的熊市一直跌了18个月才得以终止，1993年9月恰恰处于下跌中继。不过，就在市场整体低迷的同时，新中国最早上市交易的股票之一——延中实业，却逆势走出了独立行情。

逆势延中股市逞强，时代标本宝安现身

成立于1985年1月的上海延中实业股份有限公司（600601.SH，简称：延中实业），只是上海众多的“街道小厂”之一，从事文化办公用品销售等商贸业务，但却幸运地成为我国第一批股份制试点企业，并继飞乐音响（600651.SH）后成为中国股市第二家上市公司。

飞乐音响和延中实业的股票于1986年9月26日在工商银行上海信托公司静安证券业务部股票柜台挂牌交易，这一天亦成为新中国首个股票交易日。到1990年12月19日上海证券交易所（简称“上交所”）成立，延中实业等原上柜股票转到上交所上市交易。

截至1992年12月31日，延中实业注册资本2 000万元。其中，法人股180万股，占总股份的9%，个人股1 820万股，占总股份的91%。1993年3月公司执行送配计划，每股送红股0.5股，总股本达3 000万股。经过不断发展，1992年底延中实业全年销售收入1 388万元，税后可供分配利润309万元，比1991年增加56.3%，这一营收规模堪称“迷你”。

1993年7月28日，延中实业跟随大盘创下阶段低点8.1元/股后也开始了缓慢反弹，到9月13日，收盘8.98元/股，虽然上升趋势明显，但涨幅却不过10%左右，表现并无异常之处。

随后的9月14日至9月28日，延中实业竟然逆势11连阳，股价最终收于每股12.24元，涨幅达36.3%。而同期沪指大盘不过是在864.38和915.06之间的50点内窄幅整理，没有任何上涨或下跌趋势。9月29日，延中实业终于收出一个小阴线。

惊人一幕出现在9月30日，延中实业早盘低开后旋即出现异常巨额成交。上午11点15分，在没有任何征兆的情况下，延中实业被上交所临时停牌，股价已涨至12.49元。

延中实业临时停牌后，一家远在深圳上市的公司：中国宝安集团股份有限公司（000009.SZ，简称“宝安集团”“深宝安”）发布公告称其全资公司——中国宝安集团上海公司（简称“宝安上海公司”）“于本日已拥有延中实业股份有限公司发行在外的普通股达百分之五以上，现根据国务院《股票发行与交易管理暂行条例》第四章‘上市公司的收购’第四十七条之规定，特此公告。”

一时间，资本市场平地炸响一声惊雷，中国股市首例举牌事件诞生。

下午开盘后，延中实业复牌，由于中国股市在一年前刚刚放开股票交易价格涨跌幅限制（后1996年12月16日再次实施涨跌停制度），股价狂涨，最高升至19.99元，当日报收15.65元，大涨30.12%，换手率高达35.4%。市场一片哗然，股民尽皆目瞪口呆。

1982年11月，宝安集团的前身——深圳市宝安县联合投资公司设立，成为新中国第一家股份制企业。次年7月8日，宝安县联合投资公司向社会公开发行了新中国第一张股票，以这张股票为起点，深圳市国有企业股份制改革拉开序幕。

20世纪80年代后期，深圳市政府在总结宝安集团经验的基础上颁布了《深圳经济特区国营企业股份化试点暫行规定》，该规定成为国企股份制改造的重要依据。随后，深圳共有五家公司实现了股份制改造，成为深圳证券交易所正式成立前便发行并进行柜台交易的股票，这就是众所周知的深圳“老五股”：深发展（现平安银行）、深万科、深金田（现已退市）、深安达（现国农科技）、深原野（现世纪星源）。

新中国第一张股票（来源：宝安集团官网）

1991年6月25日，宝安集团在深交所上市交易，股票简称：深宝安A，总股本为22 503万股。由于深交所当年再无其他上市公司，深宝安与深圳老五股并称“深市老六家”。

经过多年发展，宝安集团逐步形成以房地产为龙头、工业为基础、商业贸易为支柱的产业格局。截至1992年年底，深宝安A总股本26 403万股，总收入77 336万元，税后利润达20 973万元，每股税后利润0.79元，这样的业绩在上世纪90年代初确实惊艳，是当时“全国最大的上市公司”。

作为中国资本市场的早期开拓者，宝安集团缔造了很多开创性的金融传奇，曾连创“新中国第一家股份制企业、发行新中国第一张股票、第一张可转换债券、第一张中长期认股权证”等多项新中国第一。①

宝安偷袭带强攻，延中投诉再起诉

举牌公告后，市场豁然。

据本次事件的主角之一宝安集团董事长兼总裁陈政立（时任总经理）在多年后接受媒体采访时表示，宝安集团为此专门成立指挥部，陈任总指挥，从1993年9月13日开始行动，宝安集团三家关联公司陆续秘密买入延中实业股票。股价虽逐日走高，但涨幅均维持在两毛钱区间内，上涨不超过3%。②到9月29日，宝安上海公司及宝安集团关联企业宝安华阳保健用品公司和深圳龙岗宝灵电子灯饰公司分别持有延中实业4.56%、4.52%和1.57%的股份，合计10.65%。

9月30日是“总攻日”。截至上午11时15分，扣除关联企业间的对倒，宝安系净买入约193万股，此时宝安上海公司已持有479.3万股，占延中实业总股本的15.98%，但此刻宝安集团却讨巧地公告称其持有延中发行在外的普通股“百分之五以上”。

国庆节休市。10月4日，沪市跳空13点高开，中午休市时宝安上海公司再次发出公告，明确持有479.3万股延中实业股票，成为延中实业第一大股东。市场随之反应，午后延中实业跳空高开，瞬间摸高17.10元，当日收盘16.56元。至此，中国上市公司收购第一案正式确立，宝安集团给中国资本市场上了精彩的上市公司收购第一课。

10月6日，宝安上海公司再次出击买进2.73%的延中实业股票，同日，本次收购行动的另一主角宝安上海公司总经理何彬明确表示，宝安将继续收购延中实业股票以保持其大股东地位。下午，延中实业开盘即飚升，成交量放大到1 117万股，收盘21.98元。

10月7日，中国所有财经媒体无不报道“宝延风波”中的收购与反收购事

① 宝安集团官网［2018-09-30访问］. http://www.chinabaoan.com/guanyujituan/jituanjianjie/.

② 陈发青. 陈政立：靠“闯”字走出新路［N］. 深圳商报，2015-10-22.

件，整个中国股市为之沸腾。当天延中实业开盘22.8元，然后直线上涨，瞬间攀上本次收购事件期间的最高价42.20元，闭市时股价收于34.61元。

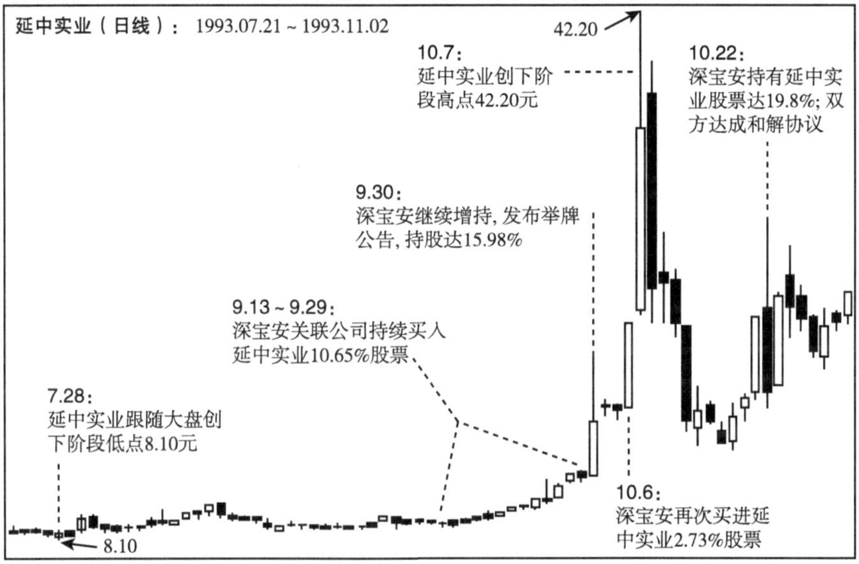

深宝安举牌收购延中实业过程

资料来源：Wind，深宝安A、延中实业公告。

面对宝安在二级市场上的咄咄逼势，时任延中实业董事长的周鑫荣和总经理秦国梁显得异常被动。他们突然发现，“辛苦打拼上市的公司，一夜之间主人就变成了深宝安”。[①]国庆节三天假期，延中实业酝酿反击。

延中实业请施罗德集团香港宝源投资有限公司（简称：宝源公司）——号称在应付敌意收购方面颇有经验——做反收购顾问。不过股价高悬、持股相差悬殊的恶劣形势下，“洋顾问”显然起不到多大作用，所提方案，无一成行。

在商议反收购方案的同时，延中实业发动了媒体攻势。10月5日，延中实业通过媒体对宝安集团持有延中实业股票的合法性提出质疑，指责宝安集团违反举牌规定：**宝安上海公司持股超过5%并未及时公告且未按2%幅度进行增持；公告笼统称超过5%，但未明确公告持股股数**；宝安上海公司注册资本只有1 000万元，收购延中实业超过6 000万元的资金极可能来自国家规定不能买卖

① 段铸. 宝安袭延中：开天辟地第一枪［N］. 中国经营报，2010-01-23.

股票的信贷、拆借等资金。

你来我往。同日，本次收购的另外两位主角相继发声。时任宝安集团董事长的曾汉雄在深圳明确表态，本次收购的目的是成为延中实业第一大股东。这位在宝安公司成立时就执掌帅印的董事长曾是宝安县政府办公室副主任，他立场坚定地表示，希望通过控股来参与延中实业的管理甚至决策。1992年7月才加入宝安集团担任证券部主任的厉伟回应称5%红线是以收市后的交割单为准，其意暗指交易过程无法确定买入比例，深宝安此次收购过程合法；宝安上海公司注册资本的确是1 000万元，但企业经营多年，“凭什么不能拿出6 000多万元”。陈政立也在同日抵沪召开记者会，表达要与延中实业善意合作的意向。

延中实业在舆论战中步步紧逼。尽管深宝安辩解讨巧，但延中实业指责之处尽皆合情合理。对这场风波颇为关注的各大媒体普遍同情延中实业也使得深宝安在口水战中处于下风。

舆论攻势虽然比较热闹，但是最能“打蛇七寸”的似乎还是对深宝安的投诉和起诉。根据秦国梁的描述，延中的策略是紧紧抓住深宝安违规买卖股票这个核心点，先投诉再起诉。10月6日开始向证监会、交易所等监管部门投诉，请求调查深宝安违规买卖股票事件。10月中旬，延中实业向上海法院提起诉讼，指控深宝安违规持有延中实业股票。

裁判入场促和解，宝安退出案落幕

作为中国证券市场的“裁判员”，成立刚刚满1年的中国证监会在案发不久即现身于风波之中。接到投诉后，中国证监会、上海证券管理办公室和上海证券交易所对此展开联合调查。

10月22日，证监会宣布，宝安上海公司所获延中实业股权有效，但该公司及其关联企业在买卖延中实业公司股票过程中存在违规行为，对宝安上海公司及其关联企业作出相应处理：

“（1）按照《股票发行与交易管理暂行条例》第四十七条的规定计算，宝安上海公司及其关联企业最早应当于1993年11月4月方能持有上述比例的股份。宝安上海公司及其关联企业在1993年11月4日前，均不得再行买入延中股票。

"（2）依据条例第三十八条规定，宝安华阳保健用品公司和深圳龙岗宝灵电子灯饰公司于1993年9月30日卖给社会公众的24.60万股延中股票所获得的利润归延中公司所有。对未按规定履行信息披露义务的宝安上海公司给予警告处分，罚款人民币100万元，对其关联企业宝安华阳保健用品公司和深圳龙岗宝灵电子灯饰公司给予警告处分。"

在上海证券管理办公室等监管部门出面调解下，深宝安和延中实业最终达成和解协议。宝安上海公司持有的19.80%的延中实业股票，收益权归宝安上海公司，但表决权的55%则由延中实业董事长行使；深宝安派两名代表进入延中实业董事会，分任副董事长和副总经理，但不能干预延中实业的日常经营管理；深宝安增减持有延中实业股票须征得延中实业董事会同意。至此，"宝安风波"告一段落。半年后，以周鑫荣即将退休为由，宝安上海公司总经理何彬取代周的董事长职位，但包括总经理在内的基本管理队伍没有改变，宝安上海公司正式控股延中实业。

延中实业在深宝安入主次年（1994年），利润迅速增长到2 711万元，较上一年度的1 106万元增加145%，同时，衡量公司获利能力的净资产收益率指标也十分抢眼高达17%，并购的短期效应十分明显。1995～1997年，延中实业进入平稳运行期，三年利润分别是3 042万元、3 354万元、3 378万元。

二级市场上，延中实业的股价在1993年10月7日创下42.2元天价后便进入长达3年冬眠期。直到1996年10月，复权计算的延中股价才第一次突破42.2元的高点。

延中实业进入稳定经营的同期，深宝安却在1995年迎来因前期产业与资本双边扩张而导致的史上"最困难的一年"，当年年报披露5亿元宝安可转换债券连本带息的偿付令其元气大伤。因深感自身战线过长，深宝安开始实施"关停并转、收缩战线"策略，并筹划变现自身拥有的其他公司股权，延中实业就是其中之一。

深宝安从1997年下半年开始减持延中实业股票，先后于1998年的2月18日、3月18日、3月25日、4月7日、4月25日五次发布减持公告。前后共计减持1 036万股，持股比例从19.8%下降到9.8%。虽然历经减持，宝安公司仍是延中实业第一大股东，但去意已决。

就在第一大股东大比例减持股份的同时，延中实业股价不跌反涨，从1998年2月18日的12.1元涨到了4月25日的22.58元。不久之后的5月11日，谜底揭晓：北京大学关联企业浮出水面，北大科技、北京正中广告、北大方正、北大资源发布公告合计持有延中实业股票5.08%，成为延中实业第二大股东。

5月25日，延中实业第十六次股东大会召开，在深宝安的默许下，北大系派出的五名候选人全部进入九人组成的董事会，这意味着北大系成功获取延中实业的控股权，随后将公司更名为方正科技。此举实现了宝安退出、延中实业转型高科技产业和北大方正借壳上市三赢的局面。

随后，深宝安在1999年1月12日、4月6日、5月19日相继发布公告合计减持延中6%的股份。对于剩余的3.98%股份，因为低于5%，减持无须另行公告。而深宝安1999年年报显示其已不再持有延中实业的股票。

1993年，深宝安二级市场收购延中时耗资7 472万元，当年底参与配股耗资2 000万元，累计投资近亿元。根据1998～1999两年八次减持公告测算，深宝安减持股票实现累计收入约4亿元，扣除1亿元成本，宝安实现3亿元左右的净收益。

伴随着深宝安的华丽退出，新中国第一例举牌收购案画上句号。

举牌收购复盘，天时地利人和

1990年，上海证券交易所和深圳证券交易所相继成立，标志着中国证券市场启幕。

从诞生那一刻开始，中国股市便在全体国民质疑与期盼的复杂情感中野蛮生长。尽管过山车般起伏的股市拨动着股民的每一根神经，但是90年代初国人“姓社”“姓资”的意识形态之争还是让刚刚成立的股市充满了随时会“关闭”的不确定性。

转折发生在1992年。1992年被认为是中国改革开放的一个分水岭，其动因在于邓小平南方谈话，提出了判断改革开放“姓社”“姓资”的标准，从这年开始，中国改革开放进入新的历史阶段。针对证券市场，邓小平提出，“允许看，但要坚决地试”，肯定了股份制和股票市场的改革试点。这被称为“智者的”和“时代的”声音破除了思想障碍，推动资本市场发展迈出关键性的步伐。资本市场吃下定心丸，股市合法地位确立。

中国股市在最初的几年间一直处于自我演进发展状态，资本市场体系非常不完善，缺乏统一规范和集中监管。股市运行初期的两年时间里并没有一个专门的证券监管机构。直到1992年10月，中国证监会才正式成立。

证监会成立后一个很重要任务就是起草证券市场的奠基性文件《股票发行与交易管理暂行条例》，该条例1993年4月底正式出台。然而，宝延之争发生后，第四章“上市公司的收购”的规定并不能套用，能够参考的仅是第四十七条277个字，略显粗糙。但最为关键的问题是，针对收购过程中违规操作的处罚并未有任何依据。实际上，对宝安秘不举牌的违规操作，证监会开出的罚单仅100万元。后来中国资本市场发展的20余年，违规成本低成为违规行为愈演愈烈的最主要原因之一，一直饱受各界诟病。就宝延并购案而言，硬币的另一面则是宝延风波的爆发给市场规范化敲响了警钟，一定程度上促进了国内资本市场制度体系的健全与完善。不过，对“上市公司收购”规范具有重要里程碑意义的专门法规——《上市公司收购管理办法》在近10年后才得以颁布。

一定一疏，为宝安北伐之天时。

经过两年多的运行，截至1993年8月底，沪市A股仅有72家公司股票在交易，用今天的股票软件查看，3屏足够显示全部股票行情。这些公司中有一个十分独特的“三无概念股”板块。“三无”（无国家股、无法人股、无外资股）意味着上市公司股份全部为流通股，不存在收购的法律障碍；该板块的另外一个特征便是公司股权结构非常分散，没有具备领先优势的大股东。

延中实业便是一只典型的“三无概念股”，且股本只有3 000万股，仅为深宝安的1/8。延中实业转换经营机制早，束缚少，其经营范围与深宝安同为综合性企业；同时，延中实业员工少，负担小，经营指标上与深宝安相差悬殊，利润不到后者的2%；加之作为公众上市公司，延中实业在公司章程里没有任何反收购条款，不能不说是个重大失误；此外，延中实业仅是静安区的街道小厂，并没有强大的社会关系。这些客观条件都激发了深宝安收购延中实业的热情。

显而易见，“猎物”在深宝安的眼中呈现出**“全流通+股权分散+股本小+束缚少+社会关系弱+规模小+主业类似+无反收购条款”八大诱相**。

延中诱相，成宝安北伐之地利。

“春潮浩荡起鹏城”，深圳一直勇立改革开放的潮头，其勇于开拓和敢于创新的特区精神已彻底地融入到浸染其间的宝安集团这类公司的基因中。敢想、敢试、敢闯、敢干、敢为天下先成为深圳公司最鲜明的标签。

宝延之争的主角们以开创性的动作在资本市场“刷存在”，根据公开资料似乎能清晰地勾勒出他们的角色分工：曾汉雄是决策者，陈政立担任总指挥，厉伟则是收购方案制定者，何彬身处前线。

延中实业的秦国梁曾对上海证券报记者表示“能在那个时代有如此洞见，策划这一并购案的厉伟、陈政立真的是天才。”①陈政立1983年就加入了深宝安，若干年后，陈政立通过宝安集团控股了由中国风险投资之父成思危创办的国字头投资企业——中国风险投资有限公司，成为中国风险投资的先行者之一。厉伟则是著名经济学家、被尊称“厉股份”的厉以宁之子，受家庭熏陶，策划操盘中国证券市场第一起上市公司收购案也就不足为奇了。后来，厉伟创办了知名VC机构松禾资本，成为中国创投界的影响力人物。

后来，谙熟于举牌收购的深宝安在资本市场依然大开大合，1999年故技重施收购上市公司深鸿基（000040.SZ），并更名宝安地产，于2015年退出获利颇丰。

大事记

- 1982年11月，新中国第一家股份制企业——深圳市宝安县联合投资公司设立。
- 1985年1月，上海延中实业股份有限公司成立。
- 1986年9月26日，延中实业在工商银行上海信托公司静安证券业务部股票柜台挂牌交易，这一天成为新中国首个股票交易日。
- 1990年12月19日，上海证券交易所成立，延中实业等原上柜股票转至上交所上市交易。
- 1991年6月25日，宝安集团在深圳证券交易所上市。
- 1993年9月13日，宝安集团三家关联公司开始秘密买入延中实业股票。

① 郭成林. 延中实业：中国资本市场收购第一股［N］. 上海证券报，2010-11-24.

- 1993 年 9 月 14 日至 9 月 28 日，延中实业股票逆势 11 连阳。
- 1993 年 9 月 30 日，延中实业开盘出现巨额成交。上午 11 点 15 分，延中实业临时停牌。中午，深宝安发布举牌公告称，持有延中实业股票达 5% 以上。午后，延中实业复牌狂涨，股价最高升至 19.99 元，收盘 15.65 元，大涨 30.12%，换手率高达 35.4%。
- 1993 年 10 月 4 日中午，宝安上海公司发布公告称，持有 479.3 万股延中实业股票，成为第一大股东。中国上市公司收购第一案正式确立。
- 1993 年 10 月 5 日，延中实业通过媒体对宝安集团持有延中实业股票的合法性提出质疑，指责宝安集团违反举牌规定。
- 1993 年 10 月 6 日，宝安上海公司再次买进 2.73% 的延中实业股票。延中实业开始向证监会、交易所等监管部门投诉，请求调查深宝安违规买卖股票事件。
- 1993 年 10 月 7 日，延中实业股价以 22 元开盘，随后直线上涨，瞬间攀上本次收购事件期间的最高点 42.2 元，闭市时收于 34.61 元。
- 1993 年 10 月中旬，延中实业向上海法院提起诉讼，指控深宝安违规持有延中实业股票。随后证监会、上海证券管理办公室和上交所对此进行联合调查。
- 1993 年 10 月 22 日，证监会宣布，宝安上海公司所获延中实业股权有效，但该公司及其关联企业在买卖延中实业公司股票的过程中存在违规行为，对宝安上海公司及其关联企业罚款 100 万元。随后，深宝安和延中实业达成和解，深宝安派两名代表进入延中实业董事会，分任副董事长和副总经理。半年后，宝安上海公司总经理担任延中实业董事长，宝安上海公司正式控股延中实业。
- 1997 ~ 1999 年，深宝安陆续减持延中实业股票并最终退出延中实业，总计实现 3 亿元左右的净收益。

第2章

壳王之路：爱使股份20年（1994 ~ 2014年）

你方唱罢我登场，城头变幻大王旗。

——网评爱使股份频繁更换实际控制人

中国股市近30年的发展历程中，壳公司的价值从未被市场忽视过。

股权分置时期，国有股和法人股并不能在市场上流通。囿于该流通制度的限制，二级市场上能够举牌的上市公司十分有限，因此，从1993年首次举牌至2005年股改的12年间，那些流通股比例较高、持股相对分散的所谓“三无概念股”自然成为各路资本反复举牌争夺的对象。而这些公司也就成了中国股市最早的一批“壳公司”。

爱使股份，这家成立34年、上市28年的“沪市老八股”、中国证券市场的符号性企业，从1994年到2014年的20年间，因为遭遇5轮10次举牌、7次大股东更换、12次改变主营业务范围①而毫无争议地成为中国股市“壳公司”的“王者”！

① 根据爱使股份历年年报整理。

“三无概念股”之爱使股份

能成为中国股改前的“壳公司”，至少具备三个特点：**全流通——不存在收购的法律障碍；股权分散——收购过程中不会遭遇优势大股东阻击；股本小——收购成本低，付出代价少**。延中实业、飞乐音响、爱使股份、申华实业、兴业房产等公司因为股权结构中没有国家股、法人股和外资股而独具的天然全流通特性成为中国股市早期的“壳公司”，而且他们一度被冠以一个十分“性感”的名字——三无概念股。

20世纪90年代初，我国证券市场从试点迈向正式启动。1990年12月19日，上海证券交易所正式营业，首批挂牌的八只股票分别为：延中实业（600601.SH）、真空电子（600602.SH）、飞乐音响（600651.SH）、爱使股份（600652.SH）、申华实业（600653.SH）、飞乐股份（600654.SH）、豫园商城（600655.SH）和浙江凤凰（600656.SH）。因为这八只股票是新中国最早公开上市交易的一批股票，所以证券市场称其为“沪市老八股”。

无独有偶，深发展（000001.SZ）、深万科（000002.SZ）、深金田（000003.SZ）、深安达（000004.SZ）和深原野（000005.SZ）亦因其在1990年底深圳证券交易所成立前发行并进行柜台交易而成为“深市老五股”。无论是上海“老八股”，还是深圳“老五股”，都因时代赋予的历史烙印和它们的开先河之作使之载入中国资本市场史册。

上海“老八股”中有四只全流通股票。究其源起，1984年十二届三中全会通过《中共中央关于经济体制改革的决定》后，股份制试点开始在全国探索。新生事物，争议难免，而且最为关键的是涉及“姓社”“姓资”的大是大非，于是最早的股份制试点便选择街道企业或乡镇企业，一旦出事可以关门大吉且不会波及国有经济。1984年底成立的飞乐音响、爱使股份和1985年初成立的延中实业作为老八股中最早成立的三家公司，就带有明显的街道企业色彩；而1986年成立的申华实业则是典型的乡镇企业。这四家公司的股票公开发行因带有很强的“试水”性质，反而幸运地造就了全流通；再加上1992年上市的兴业房产（600603.SH），成为2005年股权分置改革前中国证券市场上仅有的五只全流通股票。

今天已很难想象“老八股”尤其是“三无概念股”刚上市时股本之小的可怜程度。1990年底刚转至上交所交易时，“老八股”中除了真空电子总股本达200万股外，其余公司的总股本都仅有几千到几十万股。延中实业实收资本1 000万元，总股本为20万股，每股面额50元；飞乐音响实收资本164.69万元，总股本3.3万股，每股面额50元；申华企业实收资本100万元，总股本1万股，每股面额100元；而爱使股份最为袖珍，实收资本仅40万元，总股本区区8 000股，每股面额50元。

到了1993年底，在“宝延风波”的刺激下，举牌的大鳄和二级市场的炒民联手将这些“三无”股票炒作得鸡犬升天，例如申华企业被万科举牌，飞乐音响被深圳天极光电举牌。之所以“三无”股票如此吸睛，除了全流通和股本小的原因外，还有一个重要原因就是它们的股权极其分散，缺乏优势股东。在当年底的持股结构中，除了飞乐音响第一大股东持股16%外，不考虑新进举牌资本的持股，申华企业、延中实业、爱使股份和兴业房产的第一大股东持股分别为3.74%、1.48%、2.38%和5.56%，股权分散程度之高可见一斑。

五只全流通股票中，飞乐音响是同时保持控股股东和股票简称至今未变的唯一特例，上市20余年间，第一大股东上海仪电集团牢牢掌握控股权，从未出现激烈动荡，仅在2005～2007年短暂地放弃控股权后重新掌舵至今。其余4家全流通上市公司在28年中不断上演控制权更替大戏，而每次控股权的争夺都在市场上引起轰动。由于股权极度分散和股本极度迷你，爱使股份成为控股权变化最为频繁的公司。

1984年12月，上海爱使股份有限公司（简称“爱使股份”）的前身——上海爱使电子有限公司成立。公司最初以电子产品为单一主业，在80年代末开发了适销农村的收录机、室外天线，以及荣获1989年第二届全国部分家电商品“消费者信誉奖”的家用安全自动调压器等电子产品，随后又试制成功了治疗呼吸道的电子气化器和适应小学生使用的多功能视力保护器，并荣获国家专利权。

股份有限公司的设立有发起设立和募集设立两种方式。1985年1月，经中国人民银行上海市分行批准，爱使股份向社会公众公开募集资金30万元，其中法人和个人分别持股12.5万元和17.5万元，成为上海市股份制试点期间少数采用募集方式设立的股份有限公司之一。

1987年4月，爱使股份股票在工商银行上海信托公司静安证券业务部股票柜台挂牌交易。在前一年的9月26日，新中国最早交易的两只股票——飞乐音响和延中实业刚刚完成上柜交易的首秀。1990年12月19日，上海交易所成立，爱使股份与另外七只股票成为首批上市公司，即所谓的“沪市老八股”。

经过1987年4月、1991年8月、1993年3月的三次向社会公开发行或向老股东定向送配股，1993年底爱使股份的股本总额已达到1 080万元。经过九年的发展，爱使股份从初创时期的单纯经营电子产品逐步开始多种经营探索，机电设备、五金交电、汽车客运、百货商场、房地产业等，经营活动由生产经营、集权经营逐步向资产经营、投资经营发展。

而作为一只“三无概念股”，股权极度分散的特性在1993年年报中体现得十分彻底。自然人胡兴平持有爱使股份2.38%的股份，轻而易举地成为第一大股东，前十大股东中有六席为自然人。当时爱使股份总市值约4.7亿元，按照2.38%的持股比例计算，神秘人胡兴平持股市值达1 127万元之巨。尽管胡为第一大股东，但在公司没担任任何职务，且第一大股东地位亦昙花一现，次年便从前十大股东名单中消失。

1994 ~ 2014 年爱使股份经历多轮举牌和大股东更换

举牌时间（或大股东更替时间）	举牌方	第一大股东	实际控制人
1993年底	–	胡兴平	赵坤兴管理团队
1994年06月	辽国发	辽国发	赵坤兴管理团队
1995年底	–	延中实业	赵坤兴管理团队
1996年06月	–	徐汇城开	延中实业
1998年07月	大港油田	大港油田	大港油田①
2000年07月	明天系	明天系	明天系②
2002年03月	新理益	明天系	明天系
2003年06月	明天系	明天系	明天系
2014年11月	–	刘亮及代琳	明天系

注：①大港油田1998年10月成为实际控制人；
②明天系2000年09月成为实际控制人。
资料来源：根据爱使股份公告整理。

大炒家辽国发登堂入室

1993年下半年起，国家针对前两年经济快速发展中出现的货币过量投放、金融秩序混乱、投资需求膨胀等问题采取了一系列严厉的宏观调控措施。在接下来的3年内，中国成功实现了经济的软着陆。受此严厉的宏观经济调控影响，中国股市表现日益低迷，大盘指数一路溃败。沪指从1993年2月16日的最高点1 558.95点一直下跌到1994年7月30日的325.89点，跌幅近80%，景象十分惨烈。

乱世出宵小，名不见经传的辽国发高调亮相。

1994年6月8日收市后，辽宁国发（集团）股份有限公司（简称“辽国发”）发布举牌公告称，该公司已持有爱使股份112.32万股股票，占总股本的2%；同时，辽宁东方证券公司、国泰证券沈阳分公司、南方证券沈阳分公司和中国人民建设银行沈阳市信托投资公司各持有爱使股票44.928万股，即分别拥有0.8%的股权，而这四家机构一致同意将所持爱使股份的表决权全权授予辽国发。由此，辽国发合计拥有爱使股份5.2%的表决权。

1993年颁布实施的《股票发行与交易管理暂行条例》第四十七条规定，**法人持有一家上市公司股份达5%时需要公告，并且在其后增减变化每达2%时亦需公告**。辽国发在首次举牌后继续联手其他机构购入爱使股票。在6月14日、6月23日、7月29日三次发布各增持2%爱使股份的公告，参与这一行动的机构新增了沈阳东宇集团公司、沈阳物资开发股份有限公司和辽宁创立集团三家机构。这样，辽国发及其一致行动人合计持有爱使股份总股本的11.2%，成为无可争议的第一大股东。

与辽国发高调出场频频增持股份形成强烈反差的是爱使股价的跌跌不休和爱使管理团队拒不合作的抵触态度。6月8日辽国发首次举牌公告时，爱使股价收于12.8元；但到7月29日最后一次举牌公告时，爱使股价则近乎腰斩收于6.77元。辽国发在此期间开始与爱使股份管理层进行接触，但后者却拖延、推诿和敷衍，拒绝合作。

显然，虽贵为第一大股东，但辽国发并未实际控制爱使股份，这一方面源于爱使股份原管理团队冷淡抵触的不合作态度致其短时间内无法对公司进行任何举动，另外一个原因则要现实得多，辽国发本无意控制上市公司，高调举牌与在二级市场的投机炒作并无不同。这在后面的行动中得到证实，举牌爱使只是辽国发在股市上的一次小试牛刀，真正一战成名的则是其转战国债市场后作为主角之一参战的中国证券史上赫赫有名的“327国债事件”。

辽国发系一家没有经营金融业务资质的企业。1993年全年的营业收入只有

4 000万元，微不足道的几百万元利润。1994年上半年进入上海证券市场，并逐渐成为中国早期资本市场的大炒家之一，炒作品种十分丰富，包括股票、期货、债券、资金拆借等，金融市场上其身影随处可见。

“327”是一个国债产品，即“92（3）国债06月交收”国债期货合约的代号，对应1992年发行1995年6月到期兑付的3年期国库券。由于保值贴息的不确定性，决定了该产品在期货市场上具备一定的投机价值，并成为当年最为活跃的炒作题材，国债市场聚集了远超股市的资金量。1995年2月23日，以“国字头”企业中国经济开发信托投资公司为首的多头和以“中国证券教父”管金生所指挥的万国证券为主力的空头，以及不断变换角色的草根资本辽国发等三大主角发力爆炒327国债。辽国发最初作为空头主力，在形势对空头极其不利的情况下背弃盟友万国证券，率先空翻多。这直接促使万国证券的孤注一掷，但终究无力回天，最终亏损60亿人民币，濒临破产。

“327国债事件”后，上交所做出一系列严格规定对期货交易进行整顿。这一过程中，数次国债期货风险事件背后都有辽国发的身影。辽国发或公开以客户名义、或隐蔽假借他人身份大量、分散地下单开仓进行国债期货交易，辽国发的名字不断出现在各特大诈骗案、违规案的诉讼当中，涉及金额数百亿元。

回到1994年的股市，无巧不成书，就在辽国发第四次举牌公告后的第二天，中国股市出现了著名的第一次政府救市，沪深指数因而形成的向上跳空缺口被市场以时任证监会主席的名字来命名为“刘鸿儒缺口”。但在八九月股价大幅反弹时，辽国发并未退出爱使股份，原因未明，直到1995年上半年“327国债事件”之后才全部退出，而此时爱使股价一直在低位徘徊。进出之间，辽国发并未获利甚至有稍许亏损。

从辽国发开始，每次争夺爱使股份控股权的都不是无名之辈，彼时便是或日后即将成为中国资本市场响当当的角色。

延中低调入主，大港高调夺壳

1995年底，爱使股份的前十大股东与前一年相比大部分进行了更替，辽国发及其盟友（除辽宁东方证券公司外）尽皆散去不见踪影。此时，第一大股东易主自然为平常之事，但所易之主却令人讶然。1995年年报显示，两年前被深宝安举牌收购的延中实业以1.99%的持股比例成为爱使股份的第一大股东。刚刚经过举牌之战的延中实业此时大量购入爱使股份，多少令人感觉来者不善。

果不其然，1996年6月17日，爱使股份召开第九次股东大会，出席会议的股东代表股权1 780.3578万股，占公司总股本的26.42%。1995年底的第一大股东延中实业已增持股份达总股本的4.99%，与举牌线仅一步之遥。不过第一大股东位置却被另一位不速之客上海徐汇区城市开发集团（简称“徐汇城开”）横刀夺爱，徐汇城开在1996年上半年购入爱使股票亦达总股本的4.99%，且比延中实业多出20股。

爱使股份从1990年上市后，便一直由董事长赵坤兴、总经理郁为军等管理团队控制。即使是来势汹汹的辽国发也未撼动这一局面，直到这次股东大会上形势开始发生变化。显然，无论延中实业和徐汇城开的双雄对决结果为何，原管理团队均再无法控制上市公司。

由于延中实业的上市公司属性以及三年前刚刚经历宝延风波，其在爱使股份的大量社会股东中的影响力、号召力和亲和力远高于徐汇城开，尽管双方持股相当、争夺激烈，但结果并不意外，延中实业一方两人进入新的董事会，而徐汇城开方面则无一人入选。在次日的董事会议上，曾经宝延之争的配角秦国梁此番成为绝对主角，当选爱使股份第四届董事会的董事长，延中实业正式入主爱使股份。

能够在二级市场再融资是上市公司“壳”价值之一。A股的再融资方式主要有三种：配股、增发和可转换债券。1998年以前，配股是上市公司再融资的唯一途径；1998年后，随着《证券法》的首次颁布，公开增发和可转债才成为新选择。

1994年，证监会对**上市公司配股融资首次明确提出了盈利能力的指标性要求：最近三年净资产税后利润率（也称“净资产收益率”）每年都须在10%以上**。所以，如果一家“壳”上市公司具备配股资格，无疑成为市场眼中的肥肉。

1995年爱使股份的净资产收益率为8.6%，延中实业入主后的两年即实现连续两年10%以上的净资产收益率，1996年和1997年分别为10.05%和10.03%，配股资格近在眼前。

肉味引来了群狼，天津大港油田就是其中之一。与前几任入侵者不同的是，大港油田身份富贵，是由原大港石油管理局改制为中国石油天然气总公司所属的国有独资公司。1998年7月1日，大港油田发布举牌公告称，其两家关联企业合计持有606.5万股爱使股份，占公司发行在外的1.21亿股普通股的5.0001%。

勘探开发范围超18 600平方公里的天津大港油田，是共和国继大庆、胜利之后的第三大油田，其勘探开发范围横跨津、冀、鲁25个区、市、县，属于特大型石油天然气勘探开发联合企业，在全国陆上21个油气田中，列第6位，在全国最大的500家工业企业中列第59位。1997年实现主营业务收入72.8亿元，上交税费7.63亿元，其他收入19.42亿元，利税2.06亿元。一串靓丽的数字意味着爱使股份迎来了成立以来最大金主的垂青，不过刚刚进入爱使两年的控股股东延中实业并不这么认为。

除了净资产收益率这一影响配股资格的关键财务指标实现连续两年的成功“保10”外，曾深受被举牌之苦的延中实业对爱使股份所做的第二个贡献就是维护控制权的果断行动。在1998年5月22日的第十一次股东大会上，《爱使股份有限公司章程》得以修改，第67条增加了反收购条款：收购方如要推派代表进入董事会、监事会的，那么需要收购方具有10%以上的股份，并且持有时间超过半年。这意味着对于股权极度分散的爱使股份来讲，如果要夺取公司控股权，原本只要收购5%的股权就可能实现，但现在收购成本在上述条款的约束下自然加倍。

在控股权维护方面，秦国梁等人确有先见之明。首次举牌后，大港油田以迅雷不及掩耳之势在7月4日和7月17日又两次举牌，持股比例达到9.0001%；而到7月31日止，大港油田买入爱使股份达10.0116%，跨过公司章程持有10%股权才能推荐董、监事的门槛。当然，大港油田购入股票代价不菲，按照上述公告日股票价格计算，大港油田总计支出约2亿元的高昂成本，夺“壳”心切，志在必得。另外，《公司法》要求提请召开临时股东大会的股东需要持有10%以上的股份，也成为大港油田不惜花大代价购入10%股权的另一个重要原因。

在大港油田7月初举牌后，爱使股份管理层便开打抵制沟通、公开斥责和媒体造势的反抗组合拳。爱使股份董事长秦国梁接受记者采访时表示，大港油田的敌意收购可能使自身成为“失道孤军”，要么以高昂代价得一“空壳”，要么难以“全身而退”。①

① 薛长青．秦国梁坐看云起［N］．证券时报，1998-07-07.

“焦土战术”是国际资本市场，尤其是证券市场上常用的反收购策略。当遭遇收购入侵而无力反击时，被收购公司采取一种以退为进的做法，剪除企业中最有价值的部分，使公司不再具备对并购者的吸引力。对爱使股份来讲，采用“焦土战术”调降1998年上半年净资产收益率成为反抗组合拳中最具杀伤力的一击，目的是不惜以丧失配股资格的方式来对抗大港油田。8月21日，爱使股份公布1998年半年报，上半年净资产收益率仅为0.5383%。

然而，大港油田背景雄厚，而且准备充分。针对公司章程修订问题，大港油田向爱使股份展开猛烈回扑并质疑称，《爱使股份有限公司章程》把股东行使董事、监事提名权的持股数量修订为10%和持股期限调整为半年的规定均没有任何法律依据。8月底，证监会下发文件明确指出爱使公司章程中的有关条款违反法律。

对净资产收益率在上半年巨幅下降的问题，大港油田向上海市领导提交《关于爱使公司年度中报披露出的有关问题的汇报》指出，爱使配股资格很可能在1998年底不复存在。自损配股资格一定程度可以打消并购者的积极性，但爱使方面却没意识到这同时是把双刃剑。“壳”的融资功能一直是地方政府极为重视的资源配置，例如“壳”主业清晰时可以获取资金进行更多项目建设，而“壳”主业无法支撑时则可用于“诱饵”向外地企业招商引资。无疑，威胁到配股资格是上海市政府不能接受的。

对双方的近身肉搏，大港油田收购方的“前敌总指挥”李遵义在2000年10月出版的自述性著作中详细描述了发生在两年前的很多细节。①大港油田在直接对阵爱使股份董事会、寻求政府支持的同时，并没有忽视爱使股份的最终控制人——延中实业的控股股东北大方正集团。整个8月，大港油田和北大方正进行了十分具体的谈判，北大方正承诺督促爱使股份召开修订公司章程和更换董事会的临时股东大会、实现1997年年报提出的收益目标，大港油田则承诺入主爱使后接收延中实业水业和房地产资产等。

9月初，上海市政府副秘书长周太彤组织协调了各方参与的大港油田与北大方正进行的第11轮会谈；随后上海市证管办专门和秦国梁进行沟通；最终，大港油田与延中实业、北大方正于9月28日正式签署了谅解备忘录和合作协议。

① 李遵义．通向资本市场之路——“大港”收购“爱使”记实分析［M］．北京：企业管理出版社，2000.

10月31日临时股东大会如期召开，会议上公司章程得以修改，去掉大港油田入主的约束性条款；增补公司董事：大港方李遵义和徐宜阳分别当选为董事长和总经理；授权董事会全权处置资产重组事宜。大港油田有关负责人表示，这是一个理想方案，是以市场为主、政府协调、双方友好合作的结果。

大港入主爱使以后，爱使股份收购延中实业关于包装材料、饮用水的一切资产及部分房地产资产，同时收购天津大港油田港润石油高科技公司70%的股权，“油、水”成为爱使两大新的主业。

2000年2月，爱使股份以每10股配售1.875股，每股10元，募集资金3.52亿元，大港如愿实现了一直梦寐的配股方案。根据李遵义的记录，大港的如意算盘曾这样打算：“按现有股本10配3计算，可配股数为3 600万股，按每股配股价8元计，可筹资约3亿元。通过配股，便可源源不断地从证券市场筹集到使企业发展壮大的资金。按此思路运作下去，大港油田在收购后的三四年内，可以在资本市场融资10亿～15亿元，可以说，爱使股份是一座储量极其丰富的‘金矿’。这一点足以让人砰然心动。”

金融大鳄“明天系”稳坐江山

从1994年辽国发举牌后，爱使股份似乎每两年都会命犯“桃花”，但最终都以与“追求者”短暂姻缘后一拍两散为结局。1996年的延中实业、1998年的大港油田俱皆如此，而到了2000年，这个劫数又一次如期而至。

肖建华（来源：百度百科）

2000年7月14日，爱使股份在二级市场上风云再起，两家关联企业天天科技有限公司和北京同达志远网络系统有限公司发布举牌公告称，截至7月13日已持有爱使股份5%的股份。数年习惯于引凤招蝶的爱使股份这家老牌“壳”公司，终引得资本市场鼎鼎大名且风头正劲的“明天系”耗资近2亿元登台。

在中国企业的并购史甚或是中国资本市场的发展史上，“明天系”掌门人肖建华都是一位极具份量的大鳄级人物并且“神”一般的存在。肖因对中国宏观经济走势的精准判断和纵横捭阖的资本运作手法而打造了一个十分庞大的金融帝国，在2015～2017年的胡润中国百富榜上，肖建华分别以240亿元、400亿和300亿元财富排名第75、32和75位。[①]

1998年至2000年是明天系集中布局上市公司平台的阶段，通过发起设立或购买公司法人股方式最终控制了多家上市公司。明天系下属包头市北普实业有限公司等公司发起设立的华资实业于1998年12月上市，股市代码为600191；北京北大明天资源科技有限公司于1999年7月通过受让黄河化工母公司47%股权的方式而成为后者的控股股东，上市仅2年的黄河化工随后更名为明天科技（600091.SH）；通过华资实业参股的西水股份则于2000年7月底成功上市，股市代码为600291。不知是巧合还是刻意为之，这三家上市公司的股票代码末尾两位均是“91”，市场因而称之为“91军团”。

2000年7月举牌爱使已经是明天系布局上市公司一系列资本动作的尾声。在“明天系”咄咄逼人的气势下，天津大港油田不出意外地进行激烈抵抗，时任爱使股份总经理的徐宜阳坚定表示“大港油田坚决不会退出”。但话音刚落，8月16日大港油田发布公告称已减持5%的爱使股份。一进一退不免令人困惑，其中原委无从探究；但从大港入主爱使的成本与收益稍加计算，便可发现在本次减持后，大港最初投入的2亿元一次性回笼，剩余的股份皆为收益。2000年年报显示，大港油田的关联企业重油公司和港联公司共占5.01%的股份，而“明天系”的三家公司占了爱使股份总股本的5.75%，为第一大股东。随后大港油田逐年减持，至2003年中退出爱使股份前10大股东之列，可谓“功成身退”。而“明天系”在2000年9月李遵义辞去董事长职务、“明天系”邓景顺进入时完全掌控爱使股份。

爱使股份在“明天系”入主后迅速展开眼花缭乱的资本动作。2000年10月，刚更换董事长后的一个月，爱使股份便出资9 600万元与“明天系”相关企业成立时代博迅公司；次年3月，出资1.2亿元，又与时代博迅公司成立上海世纪博胜公司；6月，爱使股份在已持有北京国际信托投资公司4.17%股权的基础上，继续用自有资金9 240万元受让明天控股持有的该公司5.5%的股权。显然，

① 但伟．起底明天系：神秘巨鳄如何潜行［N］．第一财经日报，2013-04-08.

“明天系”大量控制如爱使股份这类上市公司的目的无非是看中后者的融资能力和资金优势，运用上市公司的募集资金不断与“明天系”成立新公司或出资高价购买“明天系”的资产，源源不断地为其私人公司输血，从而构建其日益庞大的金融帝国。

爱使股份每两年命犯“桃花”的夙命因明天系入局而在2000年迎来终结，直到今天，“明天系”稳坐江山18年，即使是2014年后不再是第一大股东，爱使股份名义上的实际控制人仍然为“明天系”。

“法人股大王”新理益狙击

尽管声名显赫的“明天系”坐镇爱使股份，但依然有人不惧威名出手相“撩”。

2002年3月，爱使再逢两年必“举”之“约”。20日，上海新理益投资管理有限公司（简称“新理益”）、湖北百科药业股份有限公司（000627.SZ，简称“百科药业”）发布联合举牌公告称，截至当日收市，两家公司通过上海证券交易所购入爱使股份普通股1 500.6524万股，占公司总股本29 962.4832万股的5.008%。用“狙击”来形容新炒家的这次举牌行动毫不为过，爱使股价从1月底的低点7.44元涨到了3月20日收盘的12.33元，涨幅达65.7%，尤其进入3月后连续拉出两个涨停和多个大阳，远远跑赢同期大盘。

举牌公告次日，爱使股份董秘许汉章当即对媒体表示“希望这些机构前来投资……我们都持欢迎态度”，“但是这些机构想要这样拿走公司的控股权，恐怕还没有那么容易”，“一切都要靠资本实力来说话！”[①]显然，这一表态充满了火药味和警告之意，因为“明天系”此番面对的对手亦是资本市场另一重量级选手。

本次举牌的两家公司，百科药业为深交所上市公司，新理益则是一家集金融投资和医药化工与房地产开发于一体的大型综合性公司，是百科药业的第三大股东。新理益成立于2000年初，其掌门人刘益谦是中国股市赫赫有名的上海

① 易水寒．是两年的轮回 还是新理益的费尽心机？［N］．四川金融投资报，2002-03-25.

滩资本的代表性人物，并有“法人股大王”和“定增王”之称。在2015～2017年的胡润中国百富榜上，刘益谦分别以180亿元、345亿和430亿元财富排名第120、44和43位。

20世纪80年代末，刘益谦以倒卖国库券开始了投资第一步；1990年后参与股票认购证、国债期货等炒作；到了2000年以新理益为平台，开始大肆参与法人股的收购。据不完全统计，新理益一度同时出现在超过10家上市公司的前十大股东中，股份总量约2.5亿股。在2007年的大牛市中，刘益谦将手中的法人股全数抛出，获利十几倍到几十倍不等。2009年开始，刘益谦大面积参与上市公司定增，转型成为“定增王”。盘点刘益谦的财富掘金之路，简单得难以置信，但确实正如媒体评价其“从未错过中国股市任何一次暴富机会”。①

刘益谦夫妇
（来源：《南方人物周刊》）

本次举牌爱使股份是刘益谦二级市场举牌的首次出手。对于举牌原因，刘提出三点：一是相关政策严格控制法人股买卖，迫使原本以投资法人股为主的新理益转变投资方向；二是爱使股份作为“三无”概念股，没有国有股减持带来的风险，其本身资产质量也比较好；三是为了今后适应新股市值配售的发行方式。这套说法似乎比较合乎情理，但对于爱使股份这个被举牌的“惯犯”来说，已经染指多家上市公司控股权的新理益不可能完全摆脱收购爱使股份的嫌疑。一个不能明说的原因可能这是其“试车”之举，如果“明天系”不反抗，新理益便进行收购，反之则撤退。后来的事实也证明，双方并未发生对爱使股份控股权的争夺，2002年下半年，新理益就悄悄撤出爱使股份的前十大股东之列。简单测算下来，本次举牌新理益并未取得明显收益。

就在新理益举牌爱使的同一年底，规范举牌收购等上市公司收购行为的《上市公司收购管理办法》颁布施行，这距离中国股市首次举牌的1993年已近十年。此前举牌收购能够遵循的仅是《股票发行与交易管理暂行条例》中简单而不够全面的条款，在此之后，举牌和举牌式收购有了可以依据的新规范，举

① 彭洁云. 上海滩巨富刘益谦捞金术：5个月赚31亿［N］. 理财周报，2009-11-23.

牌式收购亦进入新阶段。

2003年6月，爱使股价受大盘影响不断走低，“明天系”遂展开护盘主动举牌，增持5.01%的股份，一方面意在维稳股价，另一方面则防止股价下跌招致收购。增持后，“明天系”的总持股比例达10.09%，在这一相对控股的比例下，爱使股份此后11年再无波澜。

跨界网络游戏，壳王卷土重来

2015年3月19日，爱使股份公告变更证券简称为：游久游戏。今天，这家登陆中国股市28年，A股最早的上市公司之一早已物“非”人“非”，其唯一保持不变的就只有600652这个证券代码。此前一年，这家老牌“壳”公司启动重大资产重组，进军当时最为炙手可热的网络游戏行业，变更证券简称标志着重组最终成功完成。

在“明天系”入主爱使股份后，上市公司主营业务便开始调整。2000年，爱使股份朝计算机软、硬件和网络设备及安装工程方向转型；2003年，爱使股份收购泰山能源56%的股份，煤炭随之成为爱使股份主业之一，到2015年，煤炭作为主业足足有十二年。从财务业绩指标看，“明天系”并没有令爱使股份乌鸡变凤凰，2000～2015年的各年，爱使股份扣除非经常性损益后的净利润始终停留在千万量级。此外，公司股价绝大部分时间都跟大盘步调一致，同步波动。

2013年6月，上证指数创下2009年以来持续4年熊市的最低点，并开始长达一年的筑底过程。在这样的背景下，无论是业绩成长的压力，还是并购转型的机会，中国公司纷纷登台上演一幕幕并购大戏，2013年亦被称为市场化并购元年，中国企业进入新一轮的并购浪潮。

2013年下半年，爱使股价跟随大盘从7月开始探底反弹，三个多月上涨了70%有余，随后于10月中旬出现调整，到年底下跌27%。12月底，爱使股份总市值约22.67亿元。悄无声息中，12月30日晚爱使股份发布连续停牌筹划重组的公告。四个月后，爱使股份发布资产重组预案，拟以发行股份和支付现金相结合的方式，收购游久时代合计100%股权，交易价格为11.8亿元。

2013～2015年是中国网络游戏业登陆A股的高峰年份，这三年有超过五十家游戏公司通过并购重组方式进入上市公司体内，游戏资产也成为上市公司争相购买且交易规模不断刷新高度的明星资产，例如天舟文化（300148.SZ）以12.54亿收购神奇时代，玩蟹科技以17.39亿元卖给掌趣科技（300315.SZ）等。这些游戏公司的并购重组案发布后不仅在游戏行业产生巨大轰动，A股相关上市公司市值也发生巨幅提升，触"游"公司无不股价大涨。因此，从重组与复牌公告发布后的4月4日开始，爱使股份毫不意外地录得8个连续一字板涨停，股价涨幅达114%。

本次交易前，爱使股份的控股股东天天科技共计持有上市公司9.09%的股权。为巩固其控股地位，天天科技拟以现金3.93亿认购上市公司非公开发行的9 190.03万股股票，从而持股比例达17.11%，仍为上市公司的第一大股东。

对于此次交易，是否"构成借壳"成为监管机构和媒体关注的焦点。交易后，标的公司游久时代的原股东刘亮、代琳和大连卓皓分别持有上市公司的10.28%、9.31%和2.48%的股权，总计22.07%。因此，该三人出具了不谋求上市公司控制权的承诺以摆脱"变相借壳"的质疑，同时代琳和大连卓皓分别承诺在交易完成后36个月内放弃所持上市公司3.6%和2.48%股份对应的表决权、提名权、提案权。该承诺的直接结果就是天天科技享有表决权的上市公司股份比例为17.11%，高于标的公司股东合计享有表决权的股份比例15.99%。

然而，这一格局在2016年5月由上交所出具的《关于对上海游久游戏股份有限公司股东刘亮、代琳予以通报批评的决定》而出现戏剧性的变化。该决定称："（刘、代）二人于2015年1月登记结婚。根据《上市公司收购管理办法》第八十三条的规定，二者构成一致行动关系"，"但刘亮、代琳在结婚后，一直未告知公司并披露二者的一致行动关系"。于是交易所对二人"予以通报批评"，"并记入上市公司诚信档案"。市场一片哗然，"通报批评"了事，违规成本之低与二十年前宝安违规举牌不相上下！至此，尽管刘、代二人承诺不谋求上市公司控制权，但却成为事实上的第一大股东，这也成为爱使股份历史上第7次大股东更换。

爱使股份"壳王"之路足够漫长，经历了中国股市除股权分置改革外的大部分资本事件，如股份制改造、上柜交易、上市、三无概念股、举牌、配股、重大资产重组等。横跨中国股市28年的爱使股份堪称中国A股上市公司的活标本，当我们在梳理爱使股份的资本历程时，实际上我们也是在了解中国股市的演进历史。

大事记

- 1984 年 12 月，上海爱使股份有限公司的前身——上海爱使电子有限公司成立。
- 1985 年 1 月，爱使股份向社会公众公开募集资金 30 万元，成为上海市股份制试点期间少数采用募集方式设立的股份有限公司之一。
- 1987 年 4 月，爱使股份在工商银行上海信托公司静安证券业务部股票柜台挂牌交易。
- 1990 年 12 月 19 日，上海交易所成立，爱使股份与另外七只股票成为首批上市公司。
- 1993 年底，自然人胡兴平持有爱使股份 2.38% 的股份，为爱使股份第一大股东。
- 1994 年 6 月 8 日，爱使股份遭遇首次举牌。辽宁国发（集团）股份有限公司发布公告称，持有爱使股份 112.32 万股股票，占总股本的 2%。计入其一致行动人持有的股份，辽国发合计拥有爱使股份 5.2% 的表决权。
- 1994 年 6 月 14 日、6 月 23 日、7 月 29 日，辽国发及其一致行动人三次发布各增持 2% 爱使股份的举牌公告，最终合计持有 11.2% 的股份，成为无可争议的第一大股东。与此同时，辽国发开始与爱使股份管理层进行接触，但后者拒绝合作。
- 1995 年上半年，“327 国债风波”之后辽国发及其盟友基本退出爱使股份股东行列，进出之间，辽国发并未获利甚至有稍许亏损。
- 1995 年底，延中实业以 1.99% 的持股比例成为爱使股份的第一大股东。
- 1996 年 6 月 17 日，爱使股份召开股东大会。此时，延中实业持有爱使股份的比例达 4.99%，与举牌线仅一步之遥；同时，上海徐汇区城市开发集团同样持有爱使股份 4.99% 的股份，且比延中实业多出 20 股，为第一大股东。股东大会上，延中实业以两名代表进入董事会成为赢家，而徐汇城开无一人入选。在次日的董事会议上，延中实业秦国梁当选爱使股份第四届董事会董事长，延中实业正式入主爱使股份，成为控股股东。
- 1998 年 7 月 1 日，大港油田发布举牌公告称，其两家关联企业合计持有爱使股份606万余股，占总股本的5.0001%。随后，爱使股份开打抵制沟通、公开斥责、媒体造势以及调降1998年上半年净资产收益率等反收购组合拳。

- 1998年7月4日和7月17日，大港油田又两次举牌，持股比例达到9.0001%。到7月31日止，大港油田持有爱使股份达10.0116%，跨过爱使股份公司章程持有10%股权才能推荐董、监事的门槛。
- 1998年8月，大港油田和爱使股份的实际控制人——延中实业的控股股东北大方正集团展开谈判。经上海市政府的协调与沟通，大港油田与延中实业、北大方正于9月28日正式签署了谅解备忘录和合作协议。10月31日，大港油田李遵义和徐宜阳分别当选爱使股份董事长和总经理，成功实现控股爱使股份。
- 2000年7月14日，"明天系"两家关联企业天天科技有限公司和北京同达志远网络系统有限公司发布举牌公告称，截至7月13日已持有爱使股份5%的股份。
- 2000年8月16日，大港油田发布公告称，已减持5%的爱使股份，随后逐年减持，至2003年中退出爱使股份前10大股东之列。
- 2000年9月，"明天系"邓景顺任职爱使股份董事长，完全掌控爱使股份。到2000年底，"明天系"持有爱使股份5.75%的股份，为第一大股东。
- 2002年3月20日，上海新理益投资管理有限公司和湖北百科药业股份有限公司发布联合举牌公告称，两家公司持有爱使股份5.008%的普通股。但到下半年，新理益退出爱使股份前十大股东之列。
- 2003年6月，爱使股价受大盘影响不断走低，明天系遂展开护盘主动举牌，增持5.01%的股份，从而明天系总持股比例达10.09%。
- 2013年12月31日，爱使股份发布连续停牌筹划重组的公告。
- 2014年4月4日，爱使股份发布资产重组预案，拟以发行股份和支付现金相结合的方式，收购游久时代合计100%股权，交易价格为11.8亿元。同日，爱使股份股票复牌，并连续8个交易日一字涨停板，股价上涨114%。
- 2015年3月19日，爱使股份公告变更证券简称为：游久游戏，标志着与游久时代的重组最终成功完成。

第3章

中国好资产：
“百货大王”狂扫商业股（2008 ~ 2016）

“两三周前，我开始买入内地公司的股票，如果以后有更大的下跌，我还会买入更多！”

——吉姆·罗杰斯，2008年4月

作为产业资本，在二级市场以上市公司“经营资产”而不是以“壳资源”为目标的公开收购，黄茂如和他的茂业系并不是第一家。早在2002年，医药大佬朱保国携太太药业通过连续举牌的方式成功获得丽珠集团控股权，成为中国股市首例产业资本以上市公司“经营资产”为目标的举牌收购案例。

在A股20余年的举牌历史上，商业零售一直是各路资本的追逐对象，举牌数量仅次于大红大紫的房地产业，其背后逻辑十分简单：地产公司有“地”，零售企业有“房”！购物中心、百货、超市等零售企业持有的大量房产物业因会计准则或其他原因使之在财务报表上显示的账面价值远低于市场真实价值，形成了所谓的“隐蔽资产”，这对资本市场嗅觉灵敏的产业资本来讲，无异于天上掉馅饼，捡到即赚到。

茂业系不是唯一发现这一“中国好资产”的产业资本。事实上，从2004年起一大波产业大佬便开始大肆掘金商业零售的金矿。比如，2004年，金鹰集团11次举牌南京新百，雨润祝义材14次举牌南京中商；2005年，银泰沈国军接连举牌浙江百大集团与鄂武商A；以及2006年的湖北中百，2008年的中兴商业、陕西开元，2010年的津劝业，2012年的南宁百货、东百集团、汉商集团以及2013年的豫园商城等无不因隐藏在资产负债表下的“隐蔽资产”而遭遇举牌。

与这些案例不同的是，茂业系对百货零售业上市公司举牌数量之多、频率之高、出手之坚定，无人能出其右。从2008年10月开始，深圳“百货大王”黄茂如便指挥茂业军团在二级市场上频频举牌，一路攻城掠地好不痛快。因19天内相继举牌渤海物流、商业城和深国商A等3家上市公司，黄茂如一度被媒体称为“举牌狂人”。随后在2013～2015年间又陆续举牌大商股份与银座股份，从而成为零售业举牌数量最多的产业大佬。

茂业模式：百货+商业地产

潮汕黄氏兄弟一共四人，皆是深圳当地鼎鼎大名的地产大亨。有“深圳李嘉诚”之称的大哥黄世再因担任香港上市公司大中华地产控股有限公司（00021.HK）董事局主席而为人熟知。在大哥的帮扶下，黄氏兄弟俱从地产起家，1992年，黄茂如开始涉足房地产，成为深圳最早参与城市运营的地产商之一。在2017年胡润中国百富榜上，黄世再和黄茂如分别以150亿元和230亿元身价排名第216位和第119位。

黄茂如最早开发的地产项目坐落于深圳极为偏僻的布吉镇，命名为“茂业城”。到1995年，黄以“茂业”为名创建茂业集团，并先后开发了都市花园、中兆花园、世纪豪庭等住宅项目。90年代中期后，在住宅领域不温不火的黄茂如逐渐将战略方向调整到百货零售和商业地产，于1996年成立深圳茂业商厦有限公司（简称“茂业商厦”）开展相关业务。

代表深圳商业繁荣的“东门”和“华强北”是深圳两个客流量最大的老牌商业圈，商户林立、顾客满堂。1997年这些老商业旺区陆续开始大刀阔斧的改造，拥有潮汕人商业禀赋的黄茂如借机挺进百货零售业，当年3月29日茂业百货第一家店——东门店开业，2003年10月1日茂业华强北店正式营业。茂业百货在深圳其他核心商圈也相继开办了和平店（现奥特莱斯店）、深南店、南山店和友谊店，一举成为“深圳百货大王”。在深圳破局后，茂业百货逐渐扩张至华南（珠海店）、西南（重庆江北店）和华东（无锡店），其销售业绩也节节登高。

茂业百货不断开店的同时，茂业商业地产也一路高歌猛进，事实上，真正撑起茂业财富大厦的正是商业地产。与租赁商业用房受制于人相比，自建物业能有效规避租金变化的不确定性从而大幅降低综合成本，茂业百货在深圳本地的六家门店皆为自建商业，这对平均利润率仅为2%左右的百货业无疑是影响巨大的竞争优势。茂业的商业地产项目，一般采取3/3/3制运营：1/3出售，回收部分投资；1/3出租，收租金盈利；1/3经营，通过百货赚取商业利润。

茂业系"百货+商业地产"的双轮发展模式使其闻名于江湖，而具备突出运营能力的百货资产是该商业模式的核心关键之一。有人称黄茂如为百货业不世出的"奇才"，[①]而黄评价茂业最大的优势就是百货业的经营能力。经过多年百货业的深耕，茂业百货的盈利能力远超过中国百货业的平均水平和其他百货龙头上市公司的水平。

不同于其他百货公司，拥有大量商业地产使茂业百货走成"重资产"型企业，因此其抗风险能力较行业平均水平高出不少。近年来百货业出现的一个现象是，受商业物业价格上涨较快影响，一些奉行轻资产的百货连锁企业如百盛、王府井等已经感到了巨大的成本压力，开始谋划自持物业。主要服务于自身百货的目的亦成为茂业地产和其他商业地产公司的最大差别，黄茂如曾说"卖场是我们的生产工具，没有卖场我们就卖不了货，因为这个我们才去盖楼的。"[②]

双资本平台：成商集团 + 茂业国际

黄茂如在进入百货业后的数年可谓顺风顺水，将实业经营得有声有色，这使得其对资本市场的渴望亦愈发强烈。一个不容忽视的现实是，无论是自建物业的重资产模式，还是快速扩张布局全国的企业战略，都需要大量的资金支持。于是，2005年黄茂如将目光转向了资本市场。

成立于1953年的老字号企业成都人民商场，于1993年12月改组为成都人民商场（集团）股份有限公司（简称"成商集团"），1994年2月在上海证券交易所挂牌上市，股市代码：600828。成商集团曾连续十年名列四川省商贸流通企业纳

① 姜雷．"伯利兹人"黄茂如和他的基督徒家族［N］．经济观察报，2009-12-19.

② 张邦松．黄茂如的茂业帝国［N］．经济观察报，2011-05-28.

税额和利润双榜首位，在20世纪九十年代中后期多次荣登“全国百家最大零售企业”行列，是西南地区最大的综合性商业企业集团之一。但是长期国有机制下运行所导致的经营机制不灵活和制度不完善渐渐显露弊端，因难以适应市场经济的发展，成商集团经营每况愈下，2000～2003年的净利润节节败退：2 412万元、2 040万元、950万元、−2 120万元。

21世纪初，药企进军医药零售蔚然成风。三九、丽珠、同仁堂等都抛出了庞大的开店计划，而与成商集团同处成都的上市民营药企迪康药业（600466.SH）自然“春心萌动”。一方寄于民营资本进入带来强力变革以适应现代商业竞争，另一方意欲借零售平台促进药品销售拓展产业链，同城的成商集团和迪康药业一拍即合遂展开资本合作。2002年7月19日，迪康药业的母公司迪康集团与成都市国有资产投资经营公司就后者持有成商集团的13 282.89万股国有股（占总股本的65.38%）签署股权转让协议，在履行要约收购等程序后，2004年1月2日，该部分股权办毕过户手续，股份性质变更为社会法人股，迪康集团为此次收购耗资3.068亿元。最终，迪康集团共计持有成商集团股份13 357万股（含接受要约收购的741 150股），占总股本的65.75%。

四川和重庆是全国人口最密集的地区之一，对于与人口相关度最高的零售业来讲，成都和重庆等人口重镇无疑为“商家必争之地”。茂业西征便始于重庆，2003年底接手重庆江北当时最大的烂尾楼并将其更名为重庆东方时代广场，之后将裙楼约5.3万平方米的面积开设茂业百货重庆江北店。这是茂业首次在广东省外复制“百货+商业地产”模式。

从药业到商业的跨界挑战对毫无零售经验的迪康集团来说显然远超想象。成商集团易主后的首份年报显示：2004年公司账面净利润为1 054万元，但扣除非经常性损益后则亏损4 066万元，满目疮痍。同期，二级市场上的股价从2002年7月的10元左右一跌再跌至2005年4月年报发布时的不足4元，一眼悲凉。在这样的背景下，因自身扩张之路线生猛而资金链紧绷的迪康集团萌生退出成商集团以解危局。

在与众多买家接触后，刚刚挺进西南零售业不久的茂业商厦成了成商集团的新东家。2005年6月10日，迪康集团与茂业商厦签订了“股份转让协议”，将其持有的成商集团13 357万股社会法人股全部转让给茂业商厦。协议签署日成商集团股票收盘价为3.75元，因法人股不能在二级市场流通，转让定价并没有参考该价格，而是依据净资产来确定。最终每股转让价定为2.845元，较2004年2.08元的净资产溢价36.78%，总对价为3.8亿元。随后因履行要约收购义务茂业商厦再耗资4 911万元收购1 726.3万股法人股，最终茂业商厦占成商集团的股份比例高达74.85%，与75%的退市红线一步之遥。

以高溢价接盘成商集团，既实现布局西南的战略，又完成茂业资产"借壳上市"的夙愿，可谓"一箭双雕"。

成商集团彼时在成都黄金口岸拥有盐市口中心店、黄河商业城等多家大型卖场和以人民百货连锁为首的数十家便利店，并在南充、泸州等四川二级城市设有分公司，突出的区域优势和300多亩的土地储备，为黄茂如整合西南地区零售业、复制茂业双轮驱动商业模式提供了必不可少的条件。

在后来的十年中，作为"茂业系"的"资本头牌"和A股根据地，成商集团上演了数次十分重要的资本运作：2006年成商集团实施股权分置改革，2008年以成商集团为主要资产包的百货资产香港IPO，2015年成商集团近86亿元发股收购控股股东旗下7家百货门店资产。2016年4月，成商集团更名为茂业商业。在经过上述一系列资本动作后，截至2017年6月30日，控股股东茂业商厦及其一致行动人实际持有上市公司股权高达在全球股市都极为罕见的89.48%，逼近A股90%的退市线，[①]这一比例高居A股榜首，连国家持股高度集中的中石油等国有企业也自愧不如。

尽管以高昂代价拿下成商集团的控股权，但后者在茂业治下的前几年仍然亏损：2005年亏损3.91亿元，2006年亏损1.1亿元。2007年4月成商集团股票被实施退市风险警示，直至2007年盈利7 243万元方得以"脱星摘帽"。在此期间，茂业集团层面的资产重组同步展开，为符合相关证券法规解决同业竞争等问题，茂业集团被拆分为商业地产和百货资产两大主业。经过一系列重组，百货业资产形成一个完整独立的股权结构，成商集团股权亦含在该资产包内，雄心壮志的黄茂如启动赴港上市。

2008年5月5日，尽管全球股市仍处在金融危机中，茂业集团打包所有百货业资产注入茂业国际控股有限公司（简称"茂业国际"）逆势在香港主板IPO，其股市代码颇为吉利：00848，共计发行8.63亿股新股，占发行后51.13亿股总股本的16.9%，招股价每股3.1港元，募资约26.75亿港元。

---

① 《上海证券交易所股票上市规则（2014年修订）》在第十八章规定了股权分布红线，即社会公众持有的股份低于公司股份总数的25%（公司股本总额超过四亿元的，社会公众持股比例低于公司股份总数的10%），不再具备上市条件。社会公众股东指除了"1.持有上市公司10%以上股份的股东及其一致行动人；2.上市公司的董事、监事、高级管理人员及其关联人"之外的其他股东。

茂业国际成功IPO（来源：百度百科）

据茂业国际披露的资产负债表显示，2007年末其净资产为4.6亿元，而成商集团的净资产约2.73亿元，即净资产中有近60%来自于成商。同时，国际投资者极为看重的物业估值达48.79亿元，成商集团的则为26.48亿元，占到了前者约55%的比例，成商集团资产成为茂业国际上市资产的主要组成部分。相较于取得成商集团控股权所支出的4.29亿元投入，此次IPO茂业可谓财技尽显大赚一番，既实现百货资产整体上市，又实现成商集团资产的二次上市。

自此，资本市场的“茂业系”拥有A+H双线资本平台，成商集团和茂业国际并驾齐驱。

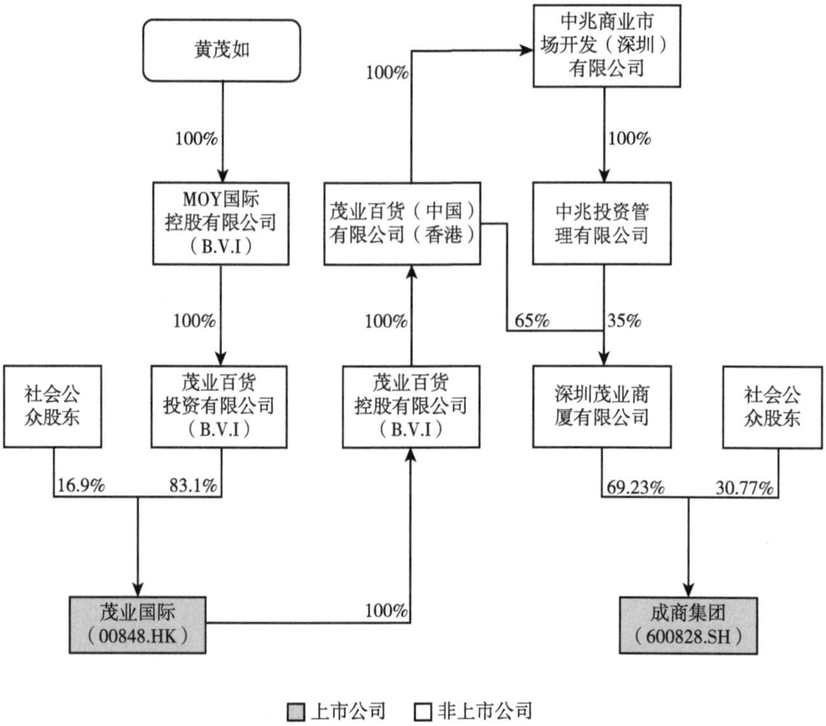

茂业系A+H双资本平台：成商集团+茂业国际

注：成商集团、茂业控股公告；持股数据截至2008年6月30日。

渤海物流：茂业举牌首秀

2008年，全球金融危机令中国实体经济一片萧条，这一年零售企业的日子过得极为艰难，关店、歇业、裁员等字眼充斥着整个行业。国内外资本市场亦随宏观经济环境发生了剧烈波动，上证指数在2007年创下6124.04点的历史新高后出现长达一年的巨幅下跌，到2008年10月直落至1664.93点，国内零售业上市公司自然泥沙俱下，股价惨不忍睹。

茂业国际IPO时曾明确表示募集资金的三个用途：收购百货资产+拓建零售网络+翻新现有百货及其他，各占1/3左右，而收购百货资产则包括收购上市公司股权及非上市公司的物业。无疑，金融危机为其收购上市公司提供良机，茂业国际上市不到半年时间，便在二级市场上逆市积极出手。从2008年10月16日至11月3日的前后19天内，茂业以迅雷不及掩耳之势在A股接连举牌秦皇岛渤海物流控股股份有限公司（000889.SZ，简称“渤海物流”）、沈阳商业城股份有限公司（600306.SH，简称“商业城”）和深圳市国际企业股份有限公司（000056.SZ，简称“深国商”）三家零售上市公司，并俱皆引发控股权争夺战。

颇为引人关注的是，这三家上市公司具有明显的“壳”属性，股权分散且大股东持股比例普遍不高。具体而言，2008年第三季度，渤海物流第一大股东安徽新长江投资股份有限公司（简称“新长江投资”）持股15.27%；商业城第一大股东沈阳商业城（集团）有限公司（简称“商业城集团”）持股比例为14.07%；深国商第一大股东马来西亚和昌父子有限公司（简称“和昌父子”）持有13.79%的股份。显而易见，这为茂业系低成本获取三家上市公司控股权提供了极为有利的条件。

秦皇岛是环渤海区域的商业重镇，河北省首家商业企业上市公司渤海物流是当地最大的商贸流通企业，拥有大量黄金地段土地，无论是地产价值还是经营改善价值都潜力巨大，2007年年报显示公司旗下拥有包括华联商场、商城商场、现代购物广场、金原超市、金原家居装饰城、金原商厦在内的6家面积超过一万平方米的商场、超市。2008年10月16日，渤海物流首次发布中兆投资管理有限公司（简称：中兆投资）举牌公告称，2008年8月至10月15日期间，中兆投资通过二级市场买入2 263.2069万股股份，占公司总股本33 870.7568万股的6.68%，买入价格区间为：每股2.8～3.4元。举牌公告前一天的10月15日，渤海物流以涨停价3.3元收盘。中兆投资正是茂业国际100%间接控股的子公司。

首次举牌后的10月16日至12月31日，尽管遭遇渤海物流对敌意举牌的抵制，但中兆投资并未止步，又以每股3.94～4.38元的价格陆续买入1 118.4849万股，持股比例上升至9.98%。8个月后的2009年8月25日当日，中兆投资买入53 900股，次日二次举牌，公告称持股比例达到10%。

随后9月份开始的短短4天内，中兆投资以5.08～6.25元的价格买入1 693.5348万股，总持股比例达15%，三次举牌。到9月30日，继续增持股份的中兆投资发布第四次举牌公告称，截至9月29日共持有渤海物流20%或6 774.1528万股的股份，此时买进股票价格区间已升至6.56～7.15元/股。相较于2008年买入第一个10%股份用时的5个月，这次的10%股权购买在1个月内就宣告完成，动作可谓迅速凌厉。20%的持股比例也将中兆投资推上渤海物流的第一大股东宝座，总计投资在3.4亿元左右。

2009年10月15日至11月13日期间，胃口不减的中兆投资继续以6.87～7.5元/股的价格在二级市场增持913.9308万股（约2.7%）的股份。令人意外的一幕发生在2009年12月5日，当日渤海物流发布公告称，第一大股东中兆投资与第二大股东新长江投资已于12月3日签署股份转让协议书，后者将其持有的部分渤海物流股份2 438万股（约为总股本的7.2%）转让予前者，转让的总价款为人民币1.71亿元，折合每股7.00元，相较于协议签署日8.08元的收盘价折让13.37%。转让后，新长江投资持股降至8.07%，中兆投资持股则高达29.9%，毫无争议地成为控股股东，距离触发30%的要约收购线仅0.1个百分点。

在成为渤海物流控股股东后，茂业系大展资本运作，数年间对渤海物流的股权吞吐令人为之侧目。

2012年11月，渤海物流通过发行股份购买资产的方式获得中兆投资旗下于2008年8月以2.9亿元收购的秦皇岛金都百货资产。本次交易作价5.8亿元，渤海物流向中兆投资新发行10 681.3996万股后，中兆投资的持股进一步增加，达到20 807.4832万股或46.7%，成为绝对的控股股东。

不过，两年后的2014年7月，茂业物流（由“渤海物流”更名而来）却意外宣布以发行股份及支付现金相结合的方式向孝昌鹰溪谷投资中心（有限合伙）（简称"鹰溪谷"）与北京博升优势科技发展有限公司（简称"博升优势"）跨界收购电信增值服务商北京创世漫道科技有限公司（简称"创世漫道"），交易价格为8.78亿元。交易后，鹰溪谷持股23.86%，博升优势持股0.24%，配套资金认购方上海峰幽投资管理中心（普通合伙）（简称"上海峰幽"）持股4.25%，三方互为一致行动人，中兆投资持股比例降为33.46%。公开资料显示，创世漫道的操盘者和董事长是中国通信业十分知名的"小灵通之父"吴鹰。此时，茂业物流的通信业转型初露端倪。

2015年4月21日，茂业物流宣布以12亿元现金收购广东长实通信股份有限公司（简称"长实通信"），加速转型通信业。长实通信2014年的通信网络代理维护市场份额居行业前三名，是国内具有通信网络代维基站和线路双甲级资质的21家企业之一。茂业物流宣称，近年受区域性限制及网购发展带来人们消费习惯改变的影响，现有传统百货零售业务的发展放缓，跨界收购是公司积极谋求业务转型之举。

就在收购长实通信3个月后，茂业物流发布公告称为实现主营业务由传统零售业、房地产业向通信服务行业的全面转型，拟通过在北京产权交易所公开挂牌的方式出售全部百货零售及商业地产业务资产。而该部分资产最终以14.06亿元价格由公司控股股东中兆投资接盘，此部分现金收益恰好用来支付收购长实通信的对价，避免茂业物流现金并购长实通信而带来的高额负债及财务费用。至此，茂业物流全面转型通信业的战略方向进一步坐实。同年11月4日，茂业物流变更股票简称为"茂业通信"。

显然，有黄茂如作为大股东的茂业通信，其资本动作不会终结。2016年3月1日至7月5日期间，为对抗大盘下跌和维稳股价，中兆投资的一致行动人深圳茂业百货有限公司（简称"深圳茂业百货"）通过集中竞价交易累计增持茂业通信1 243.6095万股，占公司总股本的2%，增持股份价格区间为每股8.32～11.39元。粗略估算，深圳茂业百货为此次增持耗资约1.3亿元左右。

但6个月后，2017年1月12日茂业通信公告，控股股东中兆投资与第三方深圳通泰达投资中心（有限合伙）（简称"通泰达"）于1月9日签署了"股份转让协议"，将其持有的7 000万股（占茂业通信总股本的11.26%）转让予通泰达。此次转让的总价款为人民币14亿元，折合每股20.00元，较签署协议的前一交易日15.59元溢价28%。交易后，中兆投资及其一致行动人合计持有茂业通信股份的比例将由35.46%降至24.20%，略低于鹰溪谷及其一致行动人28.35%的持股比例，茂业通信的控股股东发生变更。

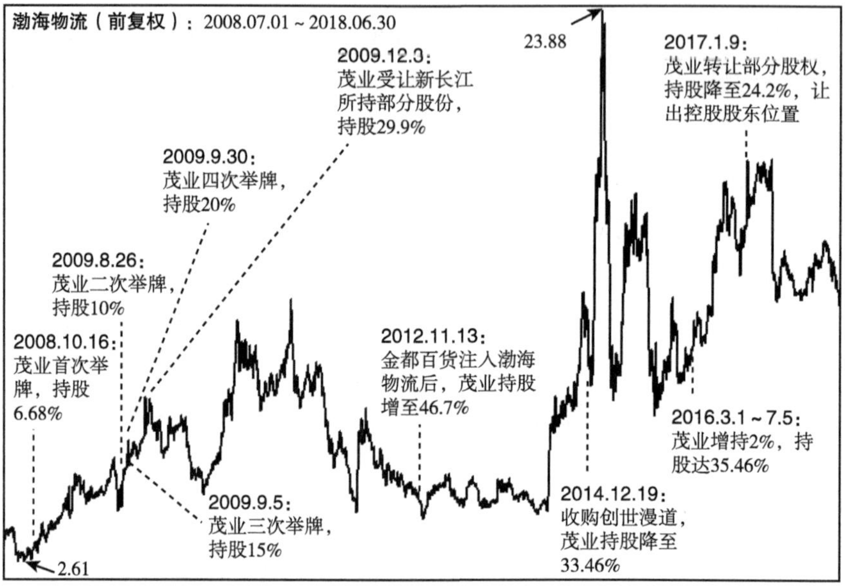

茂业系举牌收购渤海物流过程

资料来源：Wind，渤海物流公告。

从2008年8月开始的四次举牌之战，到协议收购安徽新长江所持部分股权，再把金都百货资产注入上市公司，而后推动茂业物流转型收购创世漫道和长实通信，同时接盘茂业物流全部百货资产，最后到2017年1月再出售部分股权，中兆投资在过去9年间对茂业通信**“举牌控股——获剥资产——重组转型——减持卖壳”**的“买卖壳四步曲”宛如一次次手术，使得茂业通信脱胎换骨，焕然一新。

对茂业系来讲，为获取茂业通信股权所投入资金加上注入资产及接盘剥离资产所耗费成本，累计总投入近24亿元，代价不菲。以茂业通信2017年底13.34元的收盘价计算，茂业系持股市值约20亿元，计入2017年1月转让部分股权所得的14亿元，扣除前述24亿元的总成本，茂业系账面浮盈在10亿元上下。

不过，从另外一个角度来看，茂业系原本要的是渤海物流谓之为“隐蔽资产”的商业地产，在获得这一低估资产之后，还持有上市公司24.2%的股权，可谓资产、股权双丰收。

商业城：翻版渤海物流

在商业城一役中，能够发现茂业系的操作手法与在渤海物流中的如出一辙，就连细节处理也极其相似，中兆投资同样采取"举牌收购+协议收购"的方式成为控股股东，然后接盘上市公司剥离的"隐蔽资产"，同时实施重组转型，最后减持股权、坐卖净壳。

沈阳老牌零售国企商业城拥有沈阳黄金地段的百货和商业地产资源，包括位于沈阳最繁华的中街商业区的商业城商场和铁西商业区的铁西百货等。2008年10月17日，即中兆投资举牌渤海物流的次日，商业城发布举牌公告称，截至10月16日收盘，中兆投资共买入商业城股票1 537.7498万股，占公司总股本17 813.8918万股的8.63%。同日公告的《简式权益变动报告书》显示，中兆投资买入股票的价格区间为4.35～5.79元/股，而5.79元正是16日商业城股票直至收盘的涨停价格。

中兆投资在持有渤海物流6.68%的股权、持有商业城8.63%的股权时发布举牌公告，不过该比例已远超《上市公司收购管理办法》（简称《收购管理办法》）所规定的5%举牌线。这一幕与15年前深宝安持有延中实业15.98%的股票才公告的情况何其相似，今天的中兆投资确乎可以解释因渤海物流和商业城当日挂单涨停价而无法预先确定买入股票数量以致持股大超举牌线，但这样的取巧操作无疑难脱降低收购成本的嫌疑。

商业城联手渤海物流对中兆投资恶意收购进行反击，认为中兆投资披露股东权益变动报告书的时点不符合相关规定并请求监管部门予以紧急查处，对中兆投资进行公开谴责，勒令减持违规增持的股票，并将非法收益上交公司。11月18日，上交所发声响应，认定中兆投资的举牌行为违反《上海证券交易所股票上市规则》和《上海证券交易所交易规则》的相关规定并对中兆投资做出通报批评，同时限制中兆投资账户买入商业城股票一个月。中兆投资被迫暂停买入股票的步伐。

不过，中兆投资在首次举牌后、监管机构处分决定前，仍不失时机地持续买入股票共362.2566万股，价格区间为5.62～6.89元/股。截至11月6日，中兆投资已持有商业城股票1 900.0064万股或10.67%，尽管超过10%的举牌红线，但并未见其举牌公告。①

《收购管理办法》第十三条规定，“投资者及其一致行动人拥有权益的股份达到一个上市公司已发行股份的5%后，通过证券交易所的证券交易，其拥有权益的股份占该上市公司已发行股份的比例每增加或者减少5%，应当依照前款规定进行报告和公告。”据此，中兆投资理应发布二度举牌公告，然而中兆投资未曾参照执行，唯一可以解释得通的是，如果以中兆投资10月16日的持股比例8.63%而非法定举牌线5%为基础计算，那么增加5%后的二次举牌线就不是10%而是13.63%了。这似乎是中兆投资将错就错之举，只因《收购管理办法》未明确“首次举牌超过5%时仍应以5%作为起始点计算后续举牌线”而已。

一方面是监管限制买入，另一方面则是商业城原二股东深圳琪创能贸易有限公司（简称“琪创能”）的阻击，从2008年11月中旬开始，中兆投资暂时停止对商业城股票的买入。此时商业城的股权结构为：第一大股东为国资商业城集团持股14.07%（其中2.33%为2006年股改时获得流通权的对价，由沈阳市商业国有资产经营有限责任公司（后更名为沈阳中兴商业集团有限公司，简称“中兴商业”）代垫支付，应偿还，二股东琪创能持股11.4%（其中1.89%为股改时获得流通权的对价），亦由中兴商业代垫支付，应偿还，中兆投资为第三大股东。

根据国退民进的政策，商业城集团拟将其持有的11.74%股权等资产转让，曾挂牌转让但流拍。而琪创能则是在2007年通过两次竞拍股权成为商业城第二大股东，如今布局有一年之久，在中兆投资举牌后，被迫打响股权争夺战，强硬回击。截至11月12日，琪创能买入535.9477万股，总持股比例为14.4%，晋升为第一大股东。次年4月，琪创能接盘商业城集团，间接持有商业城11.74%股权，最终以24.25%（已扣除应偿还中兴商业的1.89%）的总持股比例牢牢占据第一大股东位置。

此后几年间，商业城股权争夺风平浪静。茂业系偃旗息鼓，并未继续增持，反而在2011年少量减持了763 661股或0.43%的股份。然而，2013年11月

① 初一. 无视10%红线　茂业系继续增持商业城［OL］. 2008-11-07［2018-09-30访问］. http://finance.sina.com.cn/stock/t/20081107/03202502464.shtml.

13日中兆投资突然再发举牌公告称，于2013年11月1日至11月12日增持商业城405.4309万股，价格区间为7.48～8元/股，共计持有商业城2 229.0712万股股份，占公司总股本的12.51%。

2013年年底，中兆投资继续增持商业城884.9775万股，价格区间为7.6～8.58元/股，合计持有商业城17.48%的股份。沈阳零售市场竞争日趋激烈，商业城近年来业绩连续亏损，2013年年报披露后将大概率“披星戴帽”。因此，市场对茂业此番增持颇感意外，不免对商业城后续动作有所猜测。

后来的事实果如市场预期，2014年仅仅过了1个多月，商业城股票于2月13日开始停牌，18日复牌公告称控股股东琪创能的子公司商业城集团于2月16日与中兆投资签订了股权转让协议，前者将其持有的全部2 090.794万股转让给中兆投资，总价款为2.07亿元，折合每股9.90元，较停牌前2月12日的7.74元溢价27.9%。

至此，茂业的“举牌收购+协议收购”套路再次成功上演，此次股东权益变动后，公司控股股东变为中兆投资，其共持有商业城股份5 204.8427万股，占公司股份总数的29.22%，实际控制人变为黄茂如。而这一比例恰好不触发要约收购，可见前一年底的增持似乎早有安排。

然而，电商平台的快速发展和实体店同质化现象严重令“百货大王”在商业城实业经营中的套路似乎难以奏效，商业城从2014开始就不断在“戴帽”与“摘帽”间反复徘徊：2014年因2012年、2013年连续两年亏损而被实施退市风险警示，当年底在处置子公司股权后取得3 225.97万元的净利润，从而在次年3月成功撤销退市风险警示；然而，2015年期末归属于上市公司股东的净资产为负值使得商业城再次戴帽“*ST”，2016年只得又一次出售资产——部分盛京银行股权而实现11 070.98万元的净利润和6 693.09万元的净资产得以摘帽。事实上，商业城从2008年开始直到2017年，公司已经连续10年扣除非经常性损益的净利润为负，成为一个彻彻底底的壳公司。

值得注意的是，2014年底茂业商厦为给商业城减负而接盘后者出售的辽宁物流有限公司（简称“辽宁物流”）99.94%的股权和沈阳安立置业经营有限责任公司100%的股权，其交易价格分别为2.955亿元和0.414亿元，而辽宁物流的核心资产则是处于在建状态的名为“日神广场”的商业地产项目。和一年前相比，辽宁物流的交易价格并不高，2013年10月，商业城从第三方收购辽宁物流48.72%股权耗资1.79亿元，以此计算，辽宁物流当时的估值为3.67亿元，高于此次交易的估值。如果考虑商业地产未来的升值价值，那么对茂业商厦来讲，这无疑是一笔相当划算的买卖。

于是我们看到，无论是渤海物流的转型，还是商业城的“摘帽”，其结果皆是茂业系获得了它心仪的商业地产资产，可谓得偿所愿。

接下来的戏码似乎不难想象，2015年，商业城开始了大刀阔斧的重组，于股灾期间的8月31日开始停牌，11月24日宣布收购主营租车和车联网的深圳宜租车联网有限公司。不过，2016年7月该重组在最后临门一脚时被证监会并购重组委否决。一年半后，商业城再战重组，于2018年1月29日起停牌，拟收购标的北京四达时代软件技术股份有限公司。然而，到3月28日，重组因交易双方在交易价格和交易方式上未形成一致意见而折戟。

茂业系举牌收购商业城过程

资料来源：Wind，商业城公告。

就在商业城一系列资本动作的同时，中兆投资在2015年6月初的牛市顶部抛售了商业城5%的股份，抛售均价约为25.32元/股，收回现金约2.25亿元。高位减持后，剩余股份仍有24.22%并维持第一大股东和实际控制人地位。简单估算可知，中兆投资通过二级市场收购及协议收购所投入资金在4.11亿元左右，2011年减持所得约为1 300万元，也就是说，茂业不到2亿元的成本即获得商业城

24.22%的股权和实际控制人地位，可谓"神一样的操作"！

而今天的商业城无疑成为黄茂如手上一只待价而沽的壳！

深国商：不进则退

举牌深国商是茂业2008年三大扫壳之战的最后一役。如果说举牌三只商业股的动机均是获得其商业资产，那么在渤海物流和商业城两个案例中，黄茂如通过巧妙的关联交易轻而易举地实现了其目的，但在深国商之战中，黄茂如并未如愿。

作为深圳首家零售类上市公司，深国商的核心资产是其间接占股60%但暂未产生收益的晶岛国际购物广场，位于深圳市核心商务区，集购物消费、娱乐休闲、旅游观光、交通转换等多功能为一体的顶尖级复合型生态景观式休闲购物中心，价值不菲。

与渤海物流和商业城不同的是，深国商以"先B后A"方式于1995年发行B股、1996年发行A股登陆深交所，成为深圳本地唯一一家零售商业类上市公司，也是零售商业类上市公司中唯一一家同时发行了A、B股的公司，素有"国门第一商"、"深圳橱窗"之美誉。截至2008年，深国商主营的商业零售、物业管理、林业等传统业务日渐衰落，已无造血功能，资金储备不足且债务缠身，只能靠不断出售资产苦苦支撑，但褴褛之下所怀金蛋却早为业界所知。

定位为中高端城市综合购物广场的晶岛购物中心项目由深国商及其大股东和昌父子分别持股60%和40%的深圳融发投资有限公司（简称"融发公司"）100%持有。晶岛项目地处深圳福田中心区中轴线上，会展中心以北、市民中心以南的CBD黄金地段，东西皆为高档写字楼与五星级酒店，地铁1、4号线交汇于此，广深港高铁咫尺之遥，占地面积4.23万平方米，总建筑面积13.8万平方米。按周边可比物业的市场价格（附近怡景中心城的价格约5万元/平方米），2007年晶岛购物中心以4.5万元/平方米的保守价格计算的资产重估价值超60亿元，因此，深国商所持有的60%权益价值已数倍于当时深国商的总市值。

截至2008年10月31日，深国商总股本22 090.1184万股，A股11 921.2992万股，占比53.97%，市值仅为4.22亿元人民币，B股10 168.8192万股，占比46.03%，总市值为2亿港币。尽管晶岛项目从2007年开始受困资金短缺拖欠工程款而一直处于停工状态，但其不断享受物业升值的潜在巨大商业价值自然引来如茂业系这类产业资本的垂涎。

茂业对深国商的首次举牌时间是2008年11月3日，深国商公告截至当日收盘茂业商厦及其一致行动人大华投资（中国）有限公司（简称“大华投资”）分别持有公司A股819.1418万股和B股305.18万股，合计占股份总额的5.09%。按照A股3.66元和B股1.83港元的股票期间交易均价（=期间总成交金额/期间总成交股数）计算，此番举牌成本约为人民币3 000万元和港币558万元。

不久之后的12月17日，茂业二次举牌，深国商公告茂业商厦增持公司A股538.613万股，大华投资增持公司B股546.0768万股，以期间A股5.07元和B股2.84港元的交易均价计算，茂业系为此付出的成本约为2 730万元人民币和1 550万元港币。本轮增持后茂业系合计持有深国商的股份为2 209.0116万股，占深国商股份总额的10%。然而，茂业系的增持之路并未停止，在2009年一季度大华投资再次投入港币约2 780万元增持深国商B股701.6373万股后，茂业系持股达13.18%的比例，居于深国商第二大股东。

与早年众多国有股“一股独大”的情况不同，深国商上市后股权极为分散。代表国有资本的第一大股东深圳市特发集团有限公司（简称“特发集团”），持有19.03%的股份。早在1995年，特发集团引入和昌父子作为战略投资者，双方齐心协力将深国商运作上市。2006年股权分置改革后，控股的特发集团向小股东补偿股票后，其持股比例降到13.28%，并且开始逐步在二级市场减持，2009年第一季度结束时持股9.76%而居第三大股东。股改后，和昌父子以持股13.7%成为深国商的第一大股东，但此时其已扮演财务投资角色并在2007年曾谋求退出。

第一大股东位置近在咫尺之际，2009年4月却峰回路转，30日深国商公告其大股东和昌父子将其所持深国商股份转让给一家仅成立2个月的“壳公司”——百利亚太投资有限公司（简称“百利亚太”）。半年后的10月20日公告让人谜团尽解，深圳本地另一地产大佬皇庭集团郑康豪接盘百利亚太51%的控股权。次年8月6日，郑康豪接盘百利亚太100%的股权；同时，郑还从和昌父子公司手中接手融发公司的40%股权。至此，茂业系对深国商的控股权之争落空，完败于郑康豪。

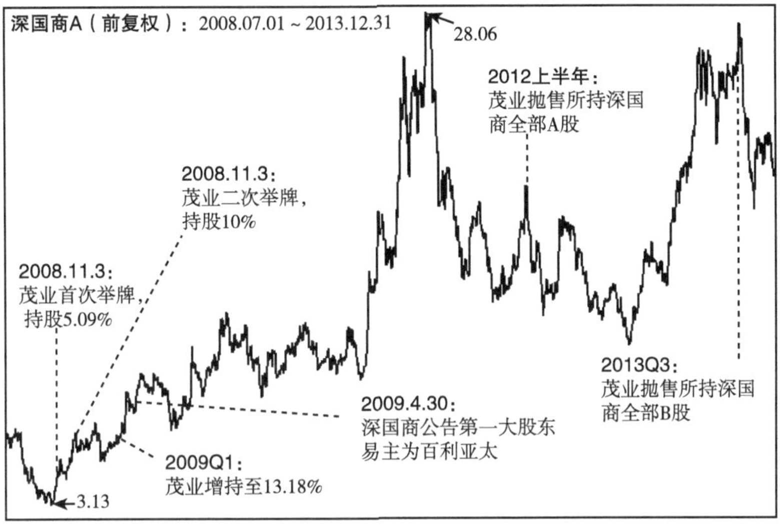

茂业系举牌深国商过程

资料来源：Wind，深国商A公告。

不进则退。三年后，2012年上半年，茂业商厦在深国商股权争夺战中开始撤军，将手中所持深国商A股全部抛售。据深国商披露的《简式权益变动报告书》，2012年3月16日至2012年3月21日茂业商厦共减持深国商A股1 104.506万股，期间股票均价约为18.49元，4月，抛售深国商剩余的全部A股253.2488万股，期间股票均价约为15.32元，两次减持收入共计2.43亿元左右。

2013年的第三季度，大华投资亦全部抛售深国商B股。2013年7月至8月8日期间，大华投资共卖出深国商B股1 331.8518万股，股票交易均价约为11.68港元，到第三季度末，剩余的221.0423万B股也悉数出售，股票均价在12.86港元，累计收入1.84亿港元。

茂业系尽管在股权争夺中铩羽而归，但退出深国商却获利颇丰，总计约1.86亿元人民币和1.35亿元港币。

大商股份：举牌卷土重来

经过2008～2009两年一轮疯狂的二级市场抄底，2010～2011年的茂业系则在股市上偃旗息鼓，连续两年无战事。这可能源于两个原因：

一方面，商业零售板块的上市公司在此期间显著强于大盘，二级市场并没有令人心动的举牌时机。大熊市在2008年11月股指触底反弹后一路上涨，零售板块更是呈现了两年的小牛市，直到2010年11月才见顶开始走熊。随后经历2011年的下跌和2012年的震荡，零售指数仍高出2008年低点70%左右，直到2012年底才现超跌之势，行业买点逐渐显现。

另一方面，除了在A股市场豪掷千金外，茂业系还大举收购二三线城市的非上市百货企业以及在多个城市出手购置地块兴建商业大楼，累计投资近百亿元，这无疑消耗了茂业系的大量资金和精力，短期无法将二级市场战线拉得更长。

不过，进入2012年中旬，茂业系在举牌市场再度活跃，其卷土重来的第一战是环渤海区域零售行业的翘楚和东北商业地产龙头——大商股份。

在2012年6月5日至7月25日的一个多月内，茂业商厦开始大举建仓大商股份。7月27日，茂业国际于香港披露，共买入大商股份约1 332.5万股，耗资约4.5亿元。公告后至2013年2月，茂业商厦又继续买入136.0901万股，最终在2013年2月7日发布举牌公告，称持有大商股份1 468.5923万股或5%的股权。

位于环渤海商业重镇大连市的大商股份有限公司（简称“大商股份”）是1992年5月由国有企业改组设立的股份公司，1993年11月22日在上海证券交易所上市，股票代码600694。作为全国性的零售连锁企业，大商股份已成为中国最大的商业零售公司之一。公司以百货、超市和电器专营为三大主力业态，分布于辽宁、吉林、黑龙江、山东、河南、四川等省，覆盖全国七十多个城市，2012年底拥有170个门店。据中国连锁经营协会发布的“2012年主要连锁百货企业经营情况”，大商股份紧随上海友谊集团股份有限公司之后，位居该榜单第2位。

大商股份拥有大量核心商圈的商业物业，一直是投资机构眼中的白马股，但其销售净利润率远低于商业百货业的平均水平使得市场上不时出现大商股份长期刻意做低利润的声音。据大商股份2011年报显示，2011年总资产132.09亿元，净资产35.39亿元，营业收入304.04亿元，净利润2.74亿元，净利率不足1%。2012年6月底，二级市场上的大商股份市值不足百亿元，这对觊觎其大量商业物业资产的产业资本已极具吸引力。

大商股份天生丽质、资产优异，但其股权结构却极为分散。截至2012年6月，大商股份的第一大股东是以牛钢为首的管理团队所控制的大连大商国际有限公司（简称"大商国际"），持股8.8%；二股东则是代表地方国资的大连国商资产经营管理有限公司（简称"大连国商"），持股8.54%；其他股东持股均在5%以下。显然，分散的股权结构令牛钢团队十分沮丧，自然也给举牌者提供了入侵良机。2013年2月茂业商厦举牌后，以5%持股轻松跃居第三大股东。

由于第一、二股东之前由一个公司分割而来，因而牛钢团队并不担心持股相近的大连国商，反而对有"举牌狂人"之称的黄茂如颇为忌惮。于是，在茂业系举牌一天之后，大商股份紧急停牌，宣称酝酿重组方案，后来公告拟以非公开发行股份的方式，购买第一大股东大商国际之唯一股东大连大商集团有限公司（简称"大商集团"）和大商集团控股股东大连大商投资管理有限公司（简称"大商管理"）旗下的商业零售业务及有关资产。面对咄咄逼人的茂业商厦，相对于二级市场上费时费力的缠斗，停牌重组确实不失为一个上佳的反收购策略。

在后续的故事中，合计持股数量超过20%的众多机构因对拟收购资产质量、收购价格及摊薄权益和管理层治理缺陷存在疑虑而投下反对票，上述重组方案并没有通过。无奈之下，大商集团开始不断增持大商股份直至2016年第2季度的15.75%，以保持足够的持股优势。

与此同时，在首次举牌也是唯一的一次举牌大商股份后，可能慑于大商股份管理层的对抗等原因，茂业系并未对大商股份再进行增持，其5%的持股比例保持至今。

银座股份：战略性举牌

在2013年初举牌大商股份之后，临近年末，茂业系发动第二次举牌商业城，并于2014年初通过协议转让方式彻底拿下商业城的控股权。此后在资本市场上沉寂将近一年，2014年底，茂业系再度出击搅动A股市场，在17天内两度举牌山东省商业龙头银座集团股份有限公司（600858.SH，简称"银座股份"），持股达10%，一跃成为银座股份第二大股东，两次举牌总投入约4.91亿元，每股平均价格9.45元。

在2008年那一轮举牌过程中，茂业偏好于股价偏低、股权分散、业绩表现较差、低估值的商业股，但2013年举牌的大商股份和此次举牌的银座股份，则是业绩极其优良的“白马股”。同时，银座股份与众不同之处则是其股权并不分散，2014上半年报显示控股股东及其一致行动人总计持股34.83%，集中优势明显。

银座股份于2003年借壳渤海集团股份有限公司（当时股票简称“ST渤海”），控股股东为山东省商业集团有限公司（简称“鲁商集团”），截至2013年底，公司总股本52 006.6589万股。作为山东省商业龙头，银座股份多年位居“山东零售企业50强”首位，旗下门店众多，2013年报披露公司拥有门店达92家。

2013年，银座股份共实现营业收入142.18亿元，实现归属于母公司所有者的净利润2.66亿元。而在2014年底茂业建仓时，银座股份总市值刚刚超过40亿，市盈率仅15倍，足见其市值之低估。

2014年12月24日，茂业首度举牌，中兆投资宣布于2014年11月26日至12月23日买入银座股份2 600.328万股或5%的股份，粗略估算耗资约2.29亿元。次日，鲁商集团一致行动人山东世界贸易中心紧急增持600万股，约占总股本的1.15%，鲁商集团及其一致行动人持股比例提升至35.98%，牢牢占据了控股股东地位。

不过，茂业系攻势凌厉，2015年1月10日便二度举牌，中兆投资于2014年12月29日至2015年1月9日共买入银座股份2 599.7595万股，耗资约2.64亿元。本次增持后，中兆投资持股占总股本的10%。

慑于茂业的来势汹汹，鲁商集团马不停蹄地采取了大商股份当初抵抗茂业举牌的手段——停牌。事实上，一年前为阻止茂业伏击，大商股份拟收购大股东旗下资产的重组方案因茂业系影响而夭折，今次在银座股份一案中类似剧情再次上演。

2015年1月12日，银座股份股票开始停牌，4月29日开市起复牌并公告拟42亿收购股东零售资产。一年后的2016年3月30日，该重组方案上股东大会表决，但最终未能获得“举牌者”茂业系的认可而终止；同时，股东大会上，凡是大股东鲁商集团因涉及关联交易而回避表决的议案，全部遭到否决。

2016年第一季度，深圳茂业百货继续购入银座股份4.31%的股份，茂业系持股比例最终达14.31%，这一比例维持至今，其战略性举牌意味已然明朗。

复盘茂业系长达八年的五次举牌之战，其公司战略、商业逻辑和举牌策略均颇具章法。

据茂业国际的年报，茂业百货是要"把百货店开在中国富庶地区及经济高增长地区，为较富裕的城市居民提供时尚及多元化的商品组合"。黄茂如把"经济发达的广东省、全国人口最密集地区之一的四川省、全国GDP排名前三甲的江苏省、山东省以及环渤海区域作为战略性进入四大区域"。

茂业百货进军二级市场仍遵从该准则，这从其收购四川的成商集团重组为茂业商业、举牌收购环渤海区域的渤海物流和商业城，争夺深圳的深国商，战略投资大连的大商股份和山东的银座股份便可见一斑。另外，其又回避中国商业最为发达的北京、上海、广州等城市以免遭遇反击，足见其选择有法，进退有度。

除了把目标锁定在股权分散的"壳公司"和在股市大幅下跌的时机出手外，2008年和2013年前后两轮举牌中，茂业系有着截然不同的策略。

很多上市较早的商业类企业，如渤海物流、商业城、深国商等，其所拥有的土地和房产往往位于城市的核心地段，随着经济发展和城市化进程的不断推进，市场价值逐年攀升。然而，**由于会计制度原因，以历史成本记账的"隐蔽资产"，其账面价值远低于实际价值，加之持续的计提折旧，前述商业类上市公司的资产重估价值自然远高于市值了**。到2012年，在国内大多数城市，尤其是上述战略性区域的核心城市，黄金商圈的地块已被瓜分殆尽，含有低估资产的绩差上市公司也几乎绝迹，此时茂业系转向优质上市公司寻求战略协同和投资收益确属上策。

绩差股看隐蔽资产和壳价值，白马股看战略协同和投资收益，这或许是茂业举牌的关键所在。

大事记

- 1992年，黄茂如开始涉足房地产业务，成为深圳最早参与城市运营的地产商之一。

- 1996 年，深圳茂业商厦有限公司成立，黄茂如逐渐将战略方向调整到百货零售和商业地产，并逐渐形成“百货 + 商业地产”的双轮发展模式。
- 2005 年 6 月 10 日，茂业商厦与迪康集团签定《股份转让协议》，后者将其持有的全部成商集团社会法人股转让给茂业商厦，总对价为 3.8 亿元。在履行要约收购义务后，茂业商厦最终持有成商集团的股份比例达 74.85%。成商集团成为茂业系的 A 股根据地。
- 2008 年 5 月 5 日，茂业集团打包所有百货业资产注入茂业国际控股有限公司在香港主板 IPO，募资约 26.75 亿港元。

举牌渤海物流

- 2008 年 10 月 16 日，茂业国际全资子公司中兆投资首次举牌渤海物流，持股 6.68%。
- 2009 年 8 月 26 日，中兆投资第二次举牌渤海物流，持股比例达 10%；9 月初，第三次举牌，持股比例达 15%；9 月 30 日，第四次举牌，持股比例达 20%。至此，中兆投资坐上渤海物流第一大股东宝座，累计投资 3.4 亿元左右。10 月 15 日至 11 月 13 日期间，中兆投资继续在二级市场增持渤海物流约 2.7% 的股份。
- 2009 年 12 月 3 日，渤海物流第一大股东中兆投资与第二大股东新长江投资签署股份转让协议书，后者将其持有的部分渤海物流股份（约为总股本的 7.2%）转让予前者，转让对价 1.71 亿元。转让后，新长江投资持股降为 8.07%，中兆投资持股则达 29.9%。
- 2012 年 11 月，渤海物流通过发行股份购买资产的方式获得中兆投资旗下秦皇岛金都百货资产，中兆投资对渤海物流的持股比例进一步增加，达到 46.7%，成为绝对的控股股东。
- 2014 年 7 月，茂业物流宣布以发行股份及支付现金相结合的方式跨界收购电信增值服务商北京创世漫道科技有限公司。交易后，中兆投资持股比例降为 33.46%。
- 2015 年 4 月 21 日，茂业物流宣布以 12 亿元现金收购广东长实通信股份有限公司，加速转型通信业。
- 2015 年 7 月，茂业物流发布公告拟出售全部百货零售及商业地产资产，该资产最终由公司控股股东中兆投资接盘。

- 2015年11月4日，茂业物流变更股票简称为：茂业通信。
- 2017年1月9日，茂业通信公告，控股股东中兆投资与第三方深圳通泰达投资中心（有限合伙）签署《股份转让协议》，前者将其持有的茂业通信11.26%的股权转让予后者。交易后，中兆投资及其一致行动人合计持有茂业通信股份的比例将由35.46%降至24.20%，略低于鹰溪谷及其一致行动人28.35%的持股比例，茂业通信的控股股东易主。

举牌商业城

- 2008年10月17日，中兆投资首次举牌商业城，持股8.63%。
- 2008年11月5日，中兆投资已持有商业城10.67%的股权，尽管超过10%的举牌红线，但中兆投资未按照法规要求发布举牌公告。11月18日，上交所认定中兆投资的举牌行为违反相关法规规定并对中兆投资做出通报批评，同时限制买入商业城股票一个月。
- 2011年，中兆投资减持商业城0.43%的股份。
- 2013年11月13日，中兆投资二次举牌商业城，共计持有商业城12.51%的股份。到年底，通过不断增持，中兆投资合计持有商业城17.48%的股份。
- 2014年2月16日，商业城控股股东琪创能的子公司商业城集团与中兆投资签订了股权转让协议，前者将其持有的全部商业城股票转让给中兆投资，总价款为2.07亿元，中兆投资成为商业城控股股东，持股29.22%。
- 2014年底，茂业商厦以2.955亿元接盘商业城出售的辽宁物流有限公司99.94%的股权，从而以较低代价获得辽宁物流所属的商业地产资产。
- 2015年6月初，中兆投资高位减持5%的商业城股份，收回现金约2.25亿元，不过，仍以24.22%的持股比例稳居商业城第一大股东。接下来几年，商业城不断筹划资产重组，但到2018年上半年止无一成功。

举牌深国商

- 2008年11月3日，茂业商厦及其一致行动人大华投资首次举牌深国商，持股5.09%。
- 2008年12月17日，茂业系二次举牌深国商，总持股达10%；到2009年一季度末，茂业系持股达13.18%，成深国商第二大股东。
- 2012年上半年，茂业商厦在深国商股权争夺战中开始撤军，将手中所持深国商A股全部抛售。

- 2013年第三季度，大华投资抛售全部所持深国商B股。茂业系尽管在股权争夺战中铩羽而归，但减持深国商却获利颇丰，总计约1.86亿元人民币和1.35亿元港币。

举牌大商股份和银座股份

- 2013年2月7日，茂业商厦举牌环渤海区域零售行业翘楚——大商股份，持有5%，成为第三大股东。这是茂业系上一轮疯狂举牌四年多后的首次举牌动作。此后，茂业商厦并未对大商股份再进行增持，其5%的持股比例保持至今。
- 2014年12月24日，中兆投资首度举牌山东省商业龙头银座集团股份有限公司，买入5%的股份。次年1月10日，中兆投资二度举牌，持股占总股本的10.00%，两次举牌总投入约4.91亿元。
- 2016年第一季度，深圳茂业百货在二级市场购入银座股份4.31%的股份，茂业系持股比例最终达14.31%，这一比例维持至今，其战略性举牌意味已然明朗。

第4章

鏖战万科：中国杠杆之王的野蛮之“举”（2015 ~ 2017）

“如果成为中国制造的破坏者，他们会成为罪人。”
——董明珠，2016年12月

如果故事可以重来一遍的话，姚振华一定不想敲格力董小姐的门！商界铁娘子直接点燃了证券市场2016年底对“野蛮人”的监管风暴，其结果之一就是监管机构给予前海人寿董事长姚振华“撤销任职资格并禁入保险业10年”的铁腕处罚。甚嚣尘上很长一段时间的险资举牌浪潮于2017年2月在保监会一连串处罚后归于寂静。

如果为中国证券市场的25年举牌史找一位主角的话，那么非产业资本莫属。从1993年首例举牌开始，产业资本一直是举牌收购当之无愧的市场主力。本书中的宝安系、茂业系等无不上演精彩跌宕的举牌收购戏码。对于洞悉产业且实力雄厚又谙熟资本运作之道的产业资本来讲，进可以获得控股权，实现产业整合或借壳上市，退则变身战略投资或财务投资，获取投资收益。进退自如间，产业资本在过去二十余年的举牌历程中不断掀起一轮又一轮波澜壮阔的资本之战。

然而，2013年以来的新举牌浪潮中，市场画风突变，包括险资、PE在内的金融资本异军突起，一举超过产业资本，成为举牌并购市场的新晋力量，其资金规模和举牌频次远非历史任何阶段可比。并称“新兴险资七剑客”的前海人寿、阳光保险、安邦保险、恒大人寿、国华人寿、华夏人寿和生命人寿纷纷举牌上市公司，赫然成为资本市场的现象级事件。前海人寿及其一致行动人更因高频举牌明星公司万科并成为第一大股东而令市场瞩目，因而一度被市场称为“野蛮人”。

“举”出来的百富榜黑马

2016年国庆节后的第一个工作周，英国人胡润在10月13日按惯例连续第18年公布中国百富榜。毫无意外，彼时62岁的王健林、52岁的马云和45岁的马化腾分列榜单前三位。不过，该年度最大的财富“黑马”则是46岁的姚振华，其财富一年增长8倍，达到1 150亿元，排名比上一年蹿升200多名而跃居第四。

从2015年底开始，耗用海量资金高频举牌万科使这位神秘的潮汕大佬备受瞩目。在这场旷日持久的股权争夺战中，万科披露，宝能旗下钜盛华及前海人寿截至2016年第3季度末持有万科25.4%的股份，为万科第一大股东。胡润表示：“中国企业家的创富模式经历了五个阶段：从贸易，到制造业、到房地产、到IT，再到现在的资本运作，姚振华是现在这个资本时代的代表人物。”

举牌明星企业万科+对阵明星企业家王石，比万科晚成立8年的宝能和比王石小19岁的姚振华似乎无论如何都不可能再继续低调！事实上也确乎如此，宝能举牌万科后的中国媒体如同炸了锅般地喧嚣起来，宝能和姚振华瞬间曝光在聚光灯下，一时间各路财经媒体的探访、起底、揭秘、深扒等各类报道铺天盖地、层出不穷。然而，这些嘈杂的声音却发出同一个困惑：曾经名不见经传的宝能和姚振华是如何一下子出现在人们视野中央的？

姚振华和王石

1970年姚振华出生，祖籍广东潮汕。1988年至1992年就读于华南理工大学，最终以工业管理工程和食品工程双专业毕业。一个普遍的说法是，因受邓小平南方谈话鼓舞，1992年姚振华从广州毕业后便一头扎进深圳开始创业。[①]

姚振华的商业历程大体可划为“起步于民生，大成于地产，扬名于金融保险”三大阶段。这一简单商业轨迹却令其低调而敢于冒险、内敛而敢拼敢闯的潮汕风格毕现无遗。

宝能官网上介绍其初创阶段的情况：“公司起步于民生产业，主导深圳‘菜篮子工程’，首创生态超市”。[②]二十世纪九十年代初期，商品短缺和副食品供应不力叠加深圳几十万城市建设大军的旺盛需求，瞬间催生了民生领域巨大的商机。学食品工程的姚振华，自然而然地进入这个行当，和其弟姚建辉于1995年一起创立了深圳市新保康蔬菜实业有限公司（简称“新保康蔬菜公司”），到1998年，新宝康蔬菜公司在深圳各区先后开了十余家蔬菜连锁市场，也就有了所谓“卖菜”的出身。

彼时，深圳正经历着房地产开发的黄金年代，因蔬菜市场生意而有一定原始积累的姚氏兄弟没有旁观。1998年，姚振华在福田区开发了建筑面积9.93万平方米、名为中港城的商业地产项目，从而进入房地产开发领域。2005年深圳宝能太古城大获成功，这座由17座24～32层的高层建筑组成的深圳湾区规模最大的建筑群在其后几年让宝能获得了数十亿元利润。以此为地产业起点，宝能地产出击全中国：2006年进入北京、天津，2009年进驻全国七大区域，最新的数据是，宝能已在全国30多个城市拥有40多个大型项目，已建和在建的物业总价值超过1 500亿元，如果再加上未建的规划面积，物业总值将超过3 000亿元的规模。以综合物业为基础，宝能逐渐多元化发展商业运营、酒店餐饮、现代物流、文化传媒等产业。

“卖菜”和生态超市离不开物流，长期以来姚振华和成立于1983年的深圳深业物流集团股份有限公司（简称“深业物流”）合作开展现代物流业务。深业物流是深圳最大的综合型物流企业之一，也是国内最早开展现代物流服务的企业之一，因此拥有大量的土地和物业资源，控股股东为港交所上市的深圳控股有限公司（00604.HK，现深圳国资委旗下企业），持股51%。

自2003年至2006年，宝能系通过公开拍卖和股权转让等方式陆续获得了深业物流46.53%的股份。2006年底，深业物流因上市未果而一分为二，宝能系

① 陆玲，杨秀红．“野蛮人”姚振华［J］．财经，2015（36）．

② 宝能官网：http://www.baoneng.com，访问于2017年5月，后该介绍有所调整。

最终分到评估为数亿元的商誉、名字使用权和部分土地、物业等固定资产。事实上，拥有大量低成本土地和物业资产的深业物流确乎宝能系发家之本。这些土地和物业在此后十多年中国房地产高歌猛进的同时都快速升值，据媒体估算价值在数百亿元。①

如果说民生是以单车速度发展姚氏早期商业，那么地产显然就让姚振华坐上了汽车驾驭宝能系，不过最终令宝能系宛如火箭般直冲商业云霄的则是成立不久的前海人寿。2011年，宝能系成立深圳粤商小额贷款有限公司算是进入金融领域。次年，注册资本10亿的前海人寿保险股份有限公司（简称“前海人寿”）成立正式将金融产业发展纳入宝能系核心业务范畴。

前海人寿成立后的发展十分快速，仅从总资产一项指标便可窥见一斑。2012年底前海人寿总资产只有17.3亿元，2013年底超过170亿元，2014年底超过560亿元，2015年底跨越千亿达到1 559亿元，2016年底则达到惊人的2 440亿元，其发展速度令人瞠目！正是基于前海人寿的成立及其核爆般的发展，一众上市公司便成了宝能系的猎物，姚振华不可避免地走入人们的视野中央。

680亿元围猎10上市公司

• 钜盛华 + 前海人寿：围猎上市公司的两柄尖刀

宝能系旗下有实业和投资两大核心平台。成立于2006年1月的宝能控股（中国）有限公司（简称“宝能控股”）是其核心实业平台，宝能系的绝大部分实业业务，包括地产、物业、民生等项目均在宝能控股旗下，而宝能集团官网所显示的主体便是该公司。宝能控股的法人代表是姚建辉，其唯一股东是设立在境外、由姚振华和姚建辉分别拥有权益80%和20%的宝能控股（集团）公司。

姚振华100%持股的深圳市宝能投资集团有限公司（简称“宝能投资集团”）则是宝能系核心投资平台，2000年成立的时候因循早期蔬菜公司的名字而取名为“深圳市新保康投资有限公司”，次年便更名为“宝能”，其后姚氏兄弟的产业及相关公司被广泛称为“宝能系”。宝能投资集团主要功能为实业投资与投

① 刘照普．“举牌狂人”姚振华，是如何炼成的？[J]．中国经济周刊，2017（1）．

资管理，其持股99%的二级子公司深圳市钜盛华股份有限公司（简称“钜盛华”）于2002年1月设立，为宝能系的旗舰投资公司。2012年2月，钜盛华牵头设立三级子公司前海人寿，成为首家总部位于深圳前海的全国性创新型金融保险机构。

前海人寿自成立起便处在舆论旋涡之中。据《保险公司管理规定》和《保险公司股权管理办法》的相关规定，中资保险公司单一股东（含关联方）持股比例最高不得超过51%。前海人寿《2016年年度信息披露报告》显示，控股股东钜盛华持股51%，深圳市深粤控股股份有限公司（简称“深粤控股”）持股20%，深圳粤商物流有限公司持股19.8%，凯信恒有限公司和金丰通源有限公司均持股4.6%。不过，深粤控股等四家法人历史上都曾是宝能系旗下公司，后来纷纷被转让给与宝能系关系非比寻常的四个自然人。据此，《新浪财经》2016年11月的一篇文章援引未明来源的文件称姚振华近乎100%控盘前海人寿，① 这显然与相关规定相悖。

前海人寿成立后的2012年5月，姚振华卸任宝能地产董事长兼总经理职务，专心负责宝能系的投资业务。在2015年开始的举牌大战中，钜盛华和前海人寿宛如宝能系投资平台的两柄犀利尖刀直击众上市公司控股权。

根据万科披露的《详式权益变动报告书》，钜盛华2015年底总资产2 603.4亿元，净资产638.6亿元，当年净利润171.49亿元。而前海人寿《2016年年度信息披露报告》显示，2016年底总资产2 441.06亿元，净资产236.03亿元，净利润40.45亿元，两公司实力不俗。

2015～2016两年间，宝能系在资本市场四处出击，凶猛进攻A、B和H股10家上市公司并成为其重要股东。按照公开数据测算，钜盛华及其管理的资产管理计划和前海人寿为此而组织的资金分别达355亿元和310亿元之巨（其中仅万科一案就耗资达443亿元），连同宝能系旗下承泰集团、TinMark公司等其他主体消耗的20亿元，总资金量将近惊人的700亿元。

• 举牌＋定增：先成大股东，再获控股权

宝能系围猎上市公司的套路说来简单，只有两步：第一步，直接在二级市场建仓、举牌、加仓、再举牌、成为第一大股东，其过程丝毫不顾忌股票价格攀升带来的成本上升，也不理会公司管理层的抵抗与反击，对公众和投资者的评价

① 新浪财经. 姚振华或百分百控盘前海人寿80后女员工台前代持［OL］. 2016-11-16［2018-09-30访问］. http://finance.sina.com.cn/money/insurance/bxdt/2016-11-16/doc-ifxxsmic 6445756.shtml.

更加不屑一顾；第二步，因成为大股东的比例一般都低于触发要约收购的30%，随后宝能便参与上市公司的非公开发行，继而谋求上市公司控股股东地位。

这一套路的第一步因二级市场公开操作而十分有效：截至2016年底，宝能系已成为万科A（000002.SZ）、南玻A（000012.SZ）、中炬高新（600872.SH）和韶能股份（000601.SZ）四家公司的第一大股东，并参与后三家公司的定增，如果定增成功，则宝能系将成为南玻A、中炬高新和韶能股份的控股股东，姚振华则顺势成为这三家公司的实际控制人。

然而，第二步的定增似乎发展极为不顺：南玻A的定增方案因未能获得证监会的书面核准文件于2016年7月2日自动失效；韶能股份的定增申请已经证监会审核通过，但一样迟迟未取得书面核准文件；中炬高新的方案似乎也无疾而终。

就在成为上述4家A股上市公司第一大股东的同时，宝能系通过认购新股的方式成功上位港股上市公司世达科技（01282.HK，后更名为中国金洋）的控股股东，宝能系在这家公司的持股实际高达72.45%，姚建辉为其实际控制人。

此外，宝能系通过举牌方式相继成为合肥百货（000417.SZ）、南宁百货（600712.SH）的第二大股东和明星电力（600101.SH）的第四大股东；通过定增方式成为华侨城A（000069.SZ）的第二大股东；2016年末增持另一明星企业格力电器（000651.SZ）股份至4.13%而成为后者的第三大股东，该增持因遭监管机构问询而发布类举牌公告。宝能系在这五家上市公司的持股与控股股东相差较为悬殊，眼下似乎只能定位于战略投资而别无它念。

宝能系持股的上市公司（截至2016年12月）

股票名称	股票代码	举牌金额估算（亿元）	金额占比	首次举牌公告时间
万科A	000002.SZ	443.00	65.34%	2015-07-11
南玻A	000012.SZ	56.00	8.26%	2015-04-27
华侨城A	000069.SZ	56.00	8.26%	2015-03-21
格力电器	000651.SZ	49.00	7.23%	2016-12-02
中炬高新	600872.SH	29.00	4.28%	2015-04-24
中国金洋	01282.HK	22.00	3.24%	2015-05-09
韶能股份	000601.SZ	14.00	2.06%	2015-07-28
南宁百货	600712.SH	4.00	0.59%	2015-09-22
合肥百货	000417.SZ	3.00	0.44%	2015-09-17
明星电力	600101.SH	2.00	0.29%	2015-09-17
合计		678.00	100.00%	

数据来源：根据公开数据整理。

万科A：树欲静而风不止

早在1994年，万科就曾和“野蛮人”君安证券展开过一场惊心动魄的控股权之争。当时，万科以申请股票停牌——这是中国股市的首次停牌——赢得阻击君安的时间，查出对手“老鼠仓”痕迹，一举反击成功。经此一役，王石深感万科股权极其分散的短板。

数年后，王石在回忆录《道路与梦想》一书中曾写到“在中国名利双收很危险，我选择舍利取名”，这是对1988年万科股改时其放弃万科40%股权的诠释。王石希望将万科打造成为现代优秀企业，甘当万科职业经理人。

自2000年成为万科第一大股东以来，华润一直以财务投资者身份“安静”地履行其股东角色，当所有权与管理权分离，创始人王石及核心团队成为万科实质上的“话事人”。

然而，时移则势易，金融资本时代的生态已面目全非，曾经大股东支持、小股东跟随的根基日渐动摇，加之万科股权分散以及未在公司章程中对管理层设置任何实际保护条款的局面也未曾有过任何改善，于是，张着血盆大口的“野蛮人”登堂入室。

2015年7月11日，万科公告，前海人寿在二级市场买入万科A股票5.5273亿股，占万科总股本的5%。按照披露买入价格区间最低价与最高价的均价匡算，宝能系耗资约79.45亿元，实现首次举牌。万科股权大战正式爆发。

短短两周后，7月25日万科披露宝能系再次买入5%的万科A股份，宝能系二度举牌，投入资金约73.99亿元。其中，前海人寿在二级市场增持1.0295亿股万科A股票，宝能系旗舰投资平台钜盛华也开始出击买入4.4962亿股。此时，宝能系合计持有11.0529亿股万科A股票，占总股本的10%，晋升为万科第二大股东。

宝能系增持步伐并未停止。2015年7月27日至8月26日，短短一个月时间，前海人寿和钜盛华分别增持0.8020亿股和4.7646亿股万科A股票，宝能系第三次举牌，本次增持比例为5.04%，增持成本在73.59亿元左右。三次举牌后，宝能系总计持有万科15.04%的股份，超过稳坐第一大股东位置长达15年之久的华润成为万科第一大股东。

在宝能系不断增持万科股票期间，王石和郁亮等万科管理层开始向华润求援。据亲历万科股权之争的万科独立董事华生披露，万科管理层曾12次求援华润，但华润仅报以微弱增持。[①]2015年8月31日、9月1日华润出资约4.97亿元，共增持3 726.45万股万科A股份，连同华润旗下全资子公司中润国内贸易有限公司所持万科0.06%的股权，华润持股比例总计达15.29%，略微超过宝能系，重回万科第一大股东之位。不过自此以后直至退出，华润方面再无增持万科股份动作。

尽管万科股权之争热度颇高，但彼时正处于2015年股灾期间，二级市场万科A的股价在宝能三度举牌及其后数月并没有显著变化，甚至一度低于宝能举牌价格且在低位徘徊。

转折发生在3个月后。2015年11月30日至12月4日这一周，万科A股票连拉大阳和涨停，股价涨幅超30%。其上涨原因于12月4日晚间揭晓，万科公告宝能系第四次举牌。钜盛华在12月15日《关于深圳证券交易所公司部关注函【2015】第538号的回复》中称通过7个资管计划买入5.4909亿股或4.969%的万科A股票，共耗用资金96.52亿元。至此，宝能系以20.01%的持股比例，正式取代华润，成为优势十分明显的万科第一大股东。

第四次举牌后，宝能系增持变本加厉、更为凶猛，从12月9日至12月18日持续疯狂买入万科A股4.25%的股权。2015年12月18日上午，万科A股价涨停，而此时以复权计的股价一举突破2007年大牛市时所创下的历史高点。午后，万科时隔21年再故技重施以“正在筹划股份发行，用于重大资产重组及收购资产”为由发布公告停牌，持有24.26%股权的宝能系的增持行动也因此戛然而止。

停牌时间达6个半月之久的万科于2016年7月4日复牌，当日毫不意外地以跌停价开盘。这场可能改写万科历史的旷世之争，虽已经持续一年时间，却无落幕迹象。7月5日万科A股仍处于第二跌停板时，宝能系就开始继续增持，到次日7月6日收盘，短短两天宝能系共计买入0.7839亿股股票，从而使其持股比例达到25%的五度举牌线，本次举牌再度耗资约111.58亿元。

随后截至7月15日的一周内，宝能系继续出资约8.06亿元微幅增持万科A股票，使总持股比例达25.4%。简单计算下来，宝能系举牌万科付出的总代价达惊人的443.18亿元之巨，而该持股比例一直定格到2018年4月宝能系首度减持才开始变化，时间长达21个月。

---

① 华生. 万科模式：控制权之争与公司治理［M］. 北京：东方出版社，2017.

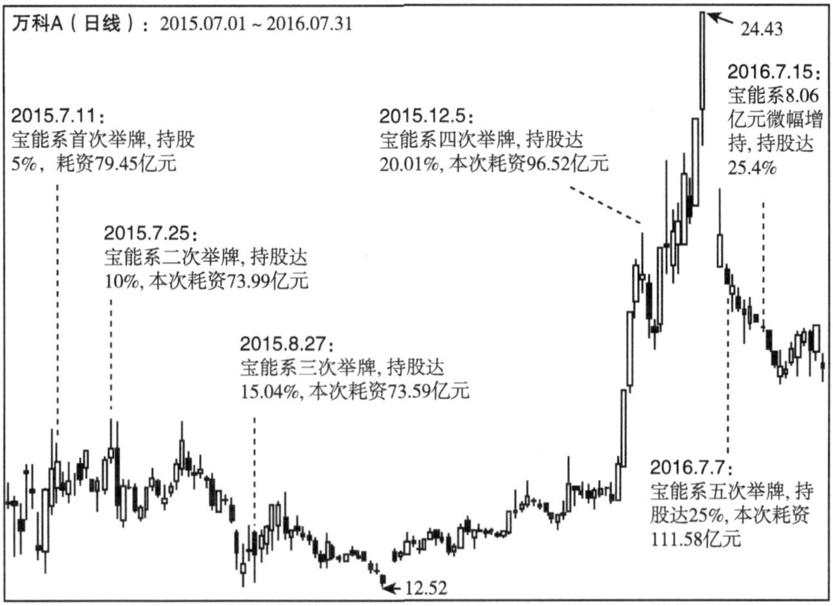

宝能系举牌万科过程

资料来源：Wind，万科A公告；耗资额为估算。

从2015年7月始至2016年7月止，宝能连续一年的疯狂举牌，使万科这家全球最大房地产商的股性彻底被激活。就在宝万之争正酣的第四度举牌公告刚刚发布后，2015年12月9日，名声远在前海人寿之上的险资巨鳄安邦保险发布举牌公告，买入5.5253亿股或5%的万科A股票，耗资约95.59亿元。在万科停牌前的12月17日、18日两天，安邦再出资约28.32亿元继续增持1.3006亿股，累计持有万科6.8258亿股，占比达到6.18%，成为万科第三大股东。

爱凑热闹的大有人在，恒大系加入战局比安邦晚了一些。2016年8月9日，万科公告，恒大系于2016年7月25日至2016年8月8日间共买入万科A股5.5196亿股，占总股份的5.00%，总计投入99.68亿元。3个月后的11月23日恒大系发布二度举牌公告，称再次买入5.00%的万科A股票，但此时万科股价早已高高在上，为此恒大系耗资140亿元，较首次举牌时的成本飙升40亿元。随后的5个交易日，恒大系再次耗资122.63亿元增持4.4930亿股万科A股，总计持有15.5321亿股或14.07%的股份，超过安邦成为万科第三大股东。

恒大高达362.73亿元的购买总代价，不可谓不高。此举令人不禁困惑：如果安邦是出于资产配置的需要而购入万科，那么恒大如此高的成本入局，其意图则令人颇为不解。但不管怎样，安邦和恒大的相继参战使万科股权争夺战本已扑朔迷离的剧情频添变数，悬念陡生。

杠杆收购：门口“野蛮人”

2013年以来，新举牌浪潮乍起。以安邦保险、前海人寿、恒大人寿、阳光保险、国华人寿、华夏人寿和生命人寿七大保险公司为代表的新兴险资迅速晋升为举牌市场第一力量。这些公司以其凶悍的举牌风格在二级市场上“翻云覆雨”，最终录得资本市场“野蛮人”的称号。

凭借分红险、万能险、投连险等投资型理财险产品火箭般成长起来的新兴险资因为承诺较高投资回报率而使其负债端成本激增，于是，在政策逐渐松绑的背景下，新兴险资投资端开始采取较为激进的投资策略，通过承担较高的风险获取较高的投资收益率。当“新常态”下中国经济潜在增长率下降，2014～2016年货币超发和利率市场化等原因造就近年来的高收益资产荒时，举牌银行、地产等优质上市公司便成为新兴险资的不二选择。

宝万之争的举牌之战，其本质与绝大多数的举牌收购并无二致，无非是另外一场公开市场上的敌意收购而已。毫无疑问，敌意收购自然引起管理层的抵制，而万科和王石的舆论影响力实在太大，进而爆发了轰动整个市场的“姚王之争”。迅速发酵的举牌收购因万科和王石的频频反击将市场焦点逐渐引至“杠杆收购”，2016年7月19日，万科发布了一份《关于提请查处钜盛华及其控制的相关资管计划违法违规行为的报告》将矛头直指宝能系的巨额资金来源。而前海人寿和钜盛华的主要工具就是“万能险”和“杠杆收购”，于是宝能系收购资金的组织方式成为双方争斗最激烈的领域。

作为撬动宝能系举牌资金杠杆的第一力量，宝万之争令此前不太为人所知的保险品种——“万能险”走进公众视野。储蓄类产品的万能险将其保费分成两部分，一部分用于保险保障，另一部分用于投资账户，投资收益上不封顶、下设最低保障利率。所谓“万能”，指可以“任意”支付保险费和“任意”调整死亡保险金给付金额，即缴费灵活与保障可调。

万能险起源于20世纪70年代末的美国，当时美国“经济停滞，通货膨胀”

问题严重，为抵消由于通货膨胀造成的经济损失，新投资工具的需求日益迫切。在主、客观环境共振下，万能险应运而生。2000年后传入我国，但早年间因其过于复杂，销售情况并不理想。2012年以来的险资运用政策放开，新兴的中小型寿险公司纷纷将目光聚焦于万能险，借以实现快速冲规模和弯道超车的战略目的。以前海人寿为例，2013年万能险保费收入139.14亿元，2014年实现314.46亿元，2015年翻倍达到605.54亿元，2016年则达到782.66亿元，显然，万能险保费收入的连年大幅度增长对中小寿险公司的快速成长功不可没。

杠杆收购的实质为融资并购，始于20世纪60年代的美国，80年代开始盛行，并于1988年达到巅峰时期，一个令人叹为观止的数据是，当时杠杆收购累计交易额已经达到了1 880亿美金。华尔街商战纪实巨著《门口的野蛮人》一书所记述的举世闻名的雷诺兹-纳贝斯克杠杆收购案就发生在1988年，金融史上无可争议的杠杆收购天王KKR公司扮演了人们口中的“野蛮人”角色并最终以250亿美元取得胜利，取得雷诺兹-纳贝斯克公司的控制权。

时空转换的今天之中国所发生的宝能举牌万科与之颇有相似之处，所以媒体将两者大加比较。正如我们后来所知，宝能系最终未能实现对万科控股权的收购，但是其通过杠杆工具获得万科第一大股东席位的运作足以令本案成为中国并购史上至今最知名和最有影响力的杠杆收购案之一。

杠杆收购的主体一般是专业的金融投资公司，以合适的价钱买下目标公司，通过经营使公司增值，并通过财务杠杆增加投资收益。通常投资公司只出小部分的钱，资金大部分来自银行抵押借款、机构借款和发行高利率高风险债券（即所谓的垃圾债券），由被收购公司的资产和未来现金流量及收益作担保并用来还本付息。在中国由于高利率高风险债券尚未兴起，收购者大都是用被收购公司的股权作质押向银行借贷来完成收购。

资金秘道：杠杆上的宝能

2017年5月4日万科公告，钜盛华已将其持有的万科A股股票共计92 607.0472万股中的92 607.0462万股进行质押，只留下区区10股未被质押。宝能这种无所不用其极的杠杆融资，在此前两年中屡屡运用，几无中断。

当资本市场为这场蛇吞象的并购游戏惊叹时，宝能系如此庞大的并购资金来源瞬间成为各方关注的焦点。宝万之争中，宝能系使用的杠杆工具极为丰富，它几乎动用了当前中国资本市场能够合法使用的所有杠杆手段，组织了保险、证券、银行在内的各类资金，仅银行理财资金的杠杆率就高达4.28倍。一时间，包括媒体、研究机构和学者等市场各方无不趋之若鹜探究这场杠杆收购的旷世杰作。

譬如，2016年7月7日新华社记者赵晓辉等人发表的《起底宝能系资金链》一文详细拆解了宝能系运用万能险和杠杆工具举牌万科的过程。7月12日摩根大通也发布报告《影子银行+双倍杠杆的风险：万科宝能案例》对宝能系所运用的杠杆资金进行测算，并提示市场杠杆相关风险。11月26日清华大学国家金融研究院院长吴晓灵代表发布报告《规范杠杆收购，促进经济结构调整——基于“宝万之争”视角的杠杆收购研究》等。

- **保险为先锋，券商作过渡，资管计划为通道，银行理财做主力**

通过分析万科及宝能的相关公告，在计算与核验相关数据后，我们得以窥见宝能系举牌万科的大体过程和资金组织的一些细节。

根据资金使用情况，宝能系举牌明显划分为四个阶段。首先，初期举牌的资金全部是来自前海人寿的保险资金，金额约105.11亿元，用于首次举牌的全部资金和二、三次举牌的少部分资金，购入万科股票比例为6.67%；第二阶段，钜盛华自有资金及券商配资接棒，贡献了第二、三次举牌的主要资金，合计金额约121.92亿元，所购股票占万科总股本的8.39%；随后钜盛华通过股票质押的方式逐步引入银行理财资金，置换前期收益互换撬动的券商资金；最后，宝能投资集团组织银行理财资金进一步组成约232亿元的资产管理计划，其中约216.15亿元用于购买万科10.34%的股票，这些资金主要投入在第四、五次举牌及其后的微幅增持上。

前海人寿利用万能险和传统保费以及自有资金首次举牌万科后，在2015年7月13日至8月26日期间的第二、三次举牌过程中，钜盛华的杠杆工具首次出击，其率先使用的工具是以券商收益互换为主，同时辅以融资融券。

股票收益互换是指客户与券商根据协议约定，在未来某一期限内针对特定股票的收益表现与固定利率进行现金流交换，是一种重要的权益衍生工具交易形式。根据新华社报道，钜盛华以缴纳的39亿元现金作为履约保障，证券公司按1：2的杠杆给予78亿元配资，之后以合计约117亿元买入万科

A股票，通过券商收益互换，钜盛华享有这部分股份收益权，股票则由券商“代持”。运用收益互换，钜盛华通过银河证券、华泰证券、中信证券和国信证券买入万科A股8.8871亿股，占总股本的8.05%。①

融资融券业务是指证券公司向客户出借资金供其买入证券或出具证券供其卖出的业务。在宝能系对万科的第二、三次举牌中，融资融券共计买入万科A股0.3736亿股或0.34%的股权，耗资约4.92亿元。

然而，由于钜盛华通过券商收益互换形式享有的万科收益权，合约期限均在1年，因而2015年10月份，宝能通过股票质押的方式逐步引入银行理财资金，以置换前期券商收益互换撬动的券商资金。

因无力一次完成置换，钜盛华在10月14日至11月17日期间通过11次大宗交易操作购回前述的8.8871亿股万科A股票，成交总额为127.64亿元。在10月14日第一次操作时，先以类似过桥性质资金通过大宗交易方式回购其享有收益权的相应数量万科A股，次日即将其质押给鹏华资产管理（深圳）有限公司（简称“鹏华资产”）获得银行理财资金。钜盛华利用该笔资金再次从券商购回万科股票，再质押，再获得资金，如此循环操作多次完成银行理财资金对券商资金的置换。

在2015年10月15日到11月18日期间，钜盛华将万科上述数量的股票质押给鹏华资产，并以后者为通道从深圳市建设银行获得总计78亿元的银行理财资金。对这一金额，新华社报道并没有明确来源，但参考大宗交易成交金额（127.64亿元），以及主板股票最高六折的质押率计算，钜盛华实际融资应该与此基本相符。

股权质押融资这一广为市场熟悉的金融工具被宝能系在非上市公司股权的质押上运用得更加充分。根据可查询的工商资料，2015年11月30日宝能投资集团将30.98亿股钜盛华股权质押给华福证券；钜盛华在12月8日又质押了9亿股前海人寿股权给上海银行南京分行；12月11日姚振华将宝能投资集团30%的股权质押给了东莞银行长沙分行。宝能系一个复杂的连环股权质押链条渐渐浮出水面。

据财新网2015年12月23日《[独家]揭秘“宝能系”举牌万科资金何来》的报道，利用前述质押钜盛华股权所获得的资金，宝能投资集团出资67亿元作为劣后LP，浙商银行理财资金以华福证券资管计划为通道出资132.9亿元作为

① 新华社．起底宝能系资金链［OL］．2016-07-08［2018-09-30访问］．http://www.xinhuanet.com/fortune/2016-07/08/c_129126201.htm.

优先LP，深圳市浙商宝能资本管理有限公司（简称“浙商宝能资本管理”）出资1 000万元作为GP，共同设立深圳市浙商宝能产业投资合伙企业（有限合伙）（简称“浙商宝能产业投资”），规模最终达200亿元。该资金通过增资、股东借款等形式直接或间接流入钜盛华，华福证券资管计划和浙商宝能顺势皆成银行理财资金购买万科A的多级通道。

浙商银行曾发表声明称，浙商银行理财资金投资认购华福证券资管计划132.9亿元作为优先方，仅用于钜盛华整合收购非上市金融股权，不可用于股票二级市场投资，也不作为其他资管计划的劣后资金。[①]尽管如此，2015年11月下旬至12月上旬，钜盛华仍使用约77亿元资金作为劣后，杠杆比例1∶2，通过证券公司（东兴证券）和基金或基金子公司（泰信基金、西部利得基金、南方资本管理有限公司），撬动建设银行、广发银行、平安银行和民生银行出资155亿元作为优先，密集设立九个资产管理计划，用以增持万科。这其中的部分资金可能包含钜盛华质押前海人寿所获得的资金，也极可能是来自从浙商宝能产业投资流入钜盛华的资金，所以一个合理的推测是，浙商宝能产业投资的资金极可能通过改变性质而成为此时77亿元的一部分参与设立资管计划，其实质就是浙商银行的优先级理财资金充当了买入万科股票资管计划的劣后级资金。

券商或基金成立的定向资产管理计划，是分业监管下利用监管缝隙发明的业务，一般为银行解决资金出表而设立，其实质为通道业务。在宝能举牌万科过程中涉及的资管计划实际上全部为通道。这九大资管计划在第四、五次举牌分别买入5.4909亿股、5.4875亿股及其后买入4 411万股万科A股票，累计耗资达216.15亿元，一举奠定宝能系领先华润10个百分点的第一大股东地位。

回顾宝能系5次举牌万科A的全过程，前海人寿主要使用万能险这一成本极低的保险工具；钜盛华则广泛运用融资融券、券商收益互换、股权质押融资、资产管理计划四大杠杆工具；此外在举牌万科后期，宝能系开始运筹帷幄于债务市场以储备后备力量，旗下深业物流、钜盛华、宝能地产分别通过爱建证券、海通证券和招商证券三家券商于上交所、深交所申请发行公、私募债融资。

这些金融工具的运用，使宝能系在全国范围内调动了1家保险公司（前海人寿）、9家券商（银河证券、华泰证券、中信证券、国信证券、华福证券、东

① 财新网.【独家】揭秘“宝能系”举牌万科资金何来［OL］. 2015-12-23［2018-09-30访问］. http://finance.caixin.com/2015-12-23/100891965.html.

兴证券、爱建证券、海通证券和招商证券）、7家银行（建设银行、浙商银行、广发银行、平安银行、民生银行、东莞银行和上海银行）、5家基金或基金子公司（鹏华资管、南方资本、泰信基金、西部利得基金和民生加银）等共计4类22家金融机构，声势可谓浩大激荡。

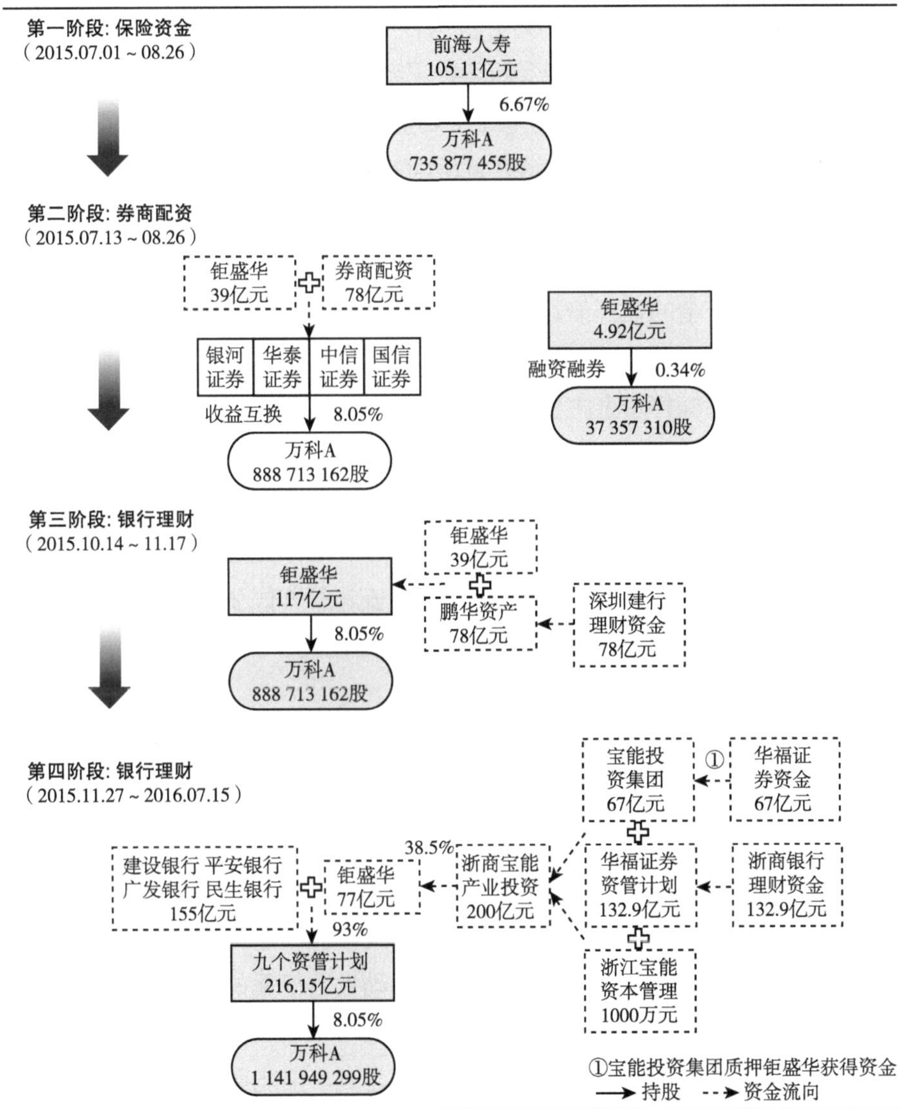

宝能系举牌万科的资金组织过程

资料来源：根据万科A公告、摩根大通报告、新华社与财新网报道等相关资料整理。

- **杠杆倍数之谜**

在举牌万科过程中，前海人寿和钜盛华均将各自的金融工具运用到极致，包括万能险资金和各类金融杠杆工具。而其中尤以钜盛华举牌资金的实际杠杆倍数引人关注，庞大而复杂的通道设计、综合系统化的资金调度更增加其测算难度。

由于很多信息没有公开且官方亦没有权威发布，因此宝能购买万科资金的杠杆倍数未有定论。姚振华在接受新华社记者采访时曾表示，“宝能资金实际杠杆倍数为1.7，最高不超过2，完全处于安全范围以内。”按照行业惯例，券商在融资融券所提供的杠杆倍数应该在姚所回答的范围内。

但对于银行理财资金的杠杆则说法不一。截至目前，一个可供参考的倍数是新华社报道中援引的来自监管部门聘请专业机构所做的核查报告，称宝能购买万科股票所用资金的杠杆倍数达到4.19，不过，该倍数计算时宝能系持有万科股票为24.27%，如果考虑后续增持资金的影响，那么杠杆倍数将有所增大。

宝能系撬动的杠杆资金主要为银行理财资金，第一次加杠杆是钜盛华以自有资金39亿元获得的深圳建设银行的78亿元理财资金；第二次是以宝能投资集团自有资金67亿元联合浙商银行的132.9亿元共计200亿元成立浙商宝能产业投资；第三次是钜盛华利用浙商宝能产业投资流入的资金出资77亿元（占200亿元的38.5%）撬动建设银行、广发银行、平安银行和民生银行的理财资金155亿元成立总额为232亿元的9大资管计划，最终动用了其中的93%（即216.15亿元）购买万科股票。因此：

杠杆倍数＝借入资金/自有资金

$$=\frac{78亿+（132.9亿\times 38.5\%+155亿）\times 93\%}{39亿+67亿\times 38.5\%\times 93\%}$$

$$=4.28$$

需要补充强调的是，对于宝能系组织的银、证、保资金的整体杠杆倍数，如果考虑前海人寿以12亿元左右的净资产撬动上百亿元的保费资金这一因素，那么宝能系杠杆比例将会更高。

杠杆规模之大，杠杆范围之广，杠杆倍数之高，宝能系委实给中国证券市场上了一场杠杆收购的实践大课。宝能系这一系列融资手段堪称中国资本市场的神来之笔，其借力打力和连环繁杂的资本运作可谓精妙绝伦。对亲自导演这场跌宕起伏并购大戏的姚振华，谓之“中国杠杆之王”毫不为过！

终局宝万之争：神转折

万科股权争夺战中一直有个主角若隐若现，直至终局前鲜见其人，鲜闻其声，始终在一旁的角落里甘当配角默默候场。不过，它又如紫禁之巅的绝世高手，一旦出手必定得手！

2016年6月17日夜，停牌已有半年之久的万科发布公告披露，拟以发行股份的方式购买深圳市地铁集团有限公司（简称：深铁集团）持有的深圳地铁前海国际发展有限公司100%股权，初步交易价格为456.13亿元。若此项交易完成，深铁集团将晋升万科第一大股东。

毫不意外，第一、二大股东宝能系、华润仅隔一周后就明确表达立场，对于万科引入深铁集团成为第一大股东这一预案坚决投反对票。此后半年内，重组再无积极进展。反而随着12月18日晚万科终止与深铁集团重大资产重组的公告，这部股权之争的走势再生变数，结局难料。

然而，此刻的资本市场却发生了一些不能被人忽视的事件和风向。2016年11月，前海人寿大举增持格力电器成为第三大股东，引发以火爆脾气著称的格力掌门人董明珠的强烈炮轰。12月初，中国证监会主席刘士余在某次公开发言时痛斥“野蛮人”为“兴风作浪的妖精”、“谋财害命的害人精”，该严厉措辞被媒体广泛解读为“妖精”、“害人精”暗指频繁举牌的险资。不久之后，险资代表之一的前海人寿卷入监管风暴，中国保监会采取行动，派检查组进驻前海人寿核查并暂停其万能险业务3个月。而就在万科终止重组公告前一天，万科股权之争中扮演关键角色的恒大竟明确表态无意也不会成为万科的控股股东。

凡此种种，似乎都预示着万科股权角逐的走向将发生新的变化。而那个被誉为“万科守夜人”的万科总裁郁亮在12月11日接受媒体采访时曾意味深长地表示“北京的雾霾要靠刮风，吹阵北风雾霾就散了，天气就好了。我们需要的是东风”。①

---

① 中国企业家．万科赢了？王石：仍未结束；郁亮：绝不低头［OL］．2016-12-19［2018-09-30］．http://www.iceo.com.cn/com2013/2016/1219/302255.shtml

事实如此，监管的“东风”成为这场紫禁之巅决战的最大变量，宝万之争就此转折，剩下所需的无非就是以什么样的亮相落幕而已。

2017年1月12日，万科在深、港两交易所均发布公告称收到华润集团与深铁集团通知，其双方已签订股权转让协议，华润集团将所持15.3%的万科全部股份以371.7亿元的价格转让给深铁集团并退出万科股东会，原本被认定无缘万科股东位置的深铁集团由此取代华润成为万科的第二大股东。

1月13日，万科A股复牌以21元高开，收盘21.81元，涨幅6.91%；万科H股则高开于20.1港元，收盘上涨5.7%达19.66港元，境内、外投资者无疑对深铁集团与万科的联手显示了极为看好的信心。

显然这一天也是最为适合秀恩爱的。中国恒大（03333.HK）在港交所公告称，无意进一步收购万科股份，对万科的投资将账列为可供出售金融资产。宝能集团亦通过官网首度开腔称，宝能“作为财务投资者”，“欢迎深圳地铁投资万科，愿共同为深圳及万科企业的发展而努力”。

5个月后的6月10日，万科发布股份转让提示性公告，深铁集团与中国恒大10家下属公司签署了股份转让协议，恒大方面将所持有的15.5321亿股万科A股以协议转让方式全部转让给深铁集团，就此清仓万科。转让完成后，深圳地铁集团将持有32.4281亿股万科A股，占万科总股本的29.38%，从而超越宝能系25.4%的持股份额，成为万科第一大股东。股权转让总价约为292亿元，较恒大362.73亿元的成本缩水约70.73亿元，亏损幅度为19.5%。

2018年4月，宝能系亦开启万科股份减持之路。

现实比戏剧更为精彩之处就在于它的出乎意料和“神转折”。

大事记

- 1992年，姚振华从广州华南理工大学毕业后奔赴深圳创业。
- 1995年，姚振华和其弟姚建辉一起创立了深圳市新保康蔬菜实业有限公司。
- 1998年，姚振华在福田区开发了名为中港城的商业地产项目，从而进入房地产开发领域。2005年在深圳成功开发太古城项目，获得数十亿元利润。2006年开始进入全国房地产开发市场，截至2017年底，在全国30多个城市拥有 40 多个大型项目。

- 2000 年 3 月，深圳市新保康投资有限公司成立，次年更名为深圳市宝能投资有限公司，现名为深圳市宝能投资集团有限公司，成为宝能系核心投资平台；其持股 99% 的二级子公司深圳市钜盛华股份有限公司于 2002 年 1 月设立，为宝能系的旗舰投资公司；2012 年，钜盛华牵头设立三级子公司前海人寿，成为首家总部位于深圳前海的全国性创新型金融保险机构。
- 2003 ~ 2006 年，宝能系通过公开拍卖和股权转让等方式陆续获得了深业物流 46.53% 的股份。2006 年底，深业物流因上市未果而一分为二，宝能系最终分到评估为数亿元的商誉、名字使用权和部分土地、物业等固定资产，这些土地和物业在此后 10 多年中国房地产高歌猛进的同时都快速升值。
- 2006 年 1 月，宝能系核心实业平台——宝能控股（中国）有限公司成立，宝能系的绝大部分实业业务，包括地产、物业、民生等项目均转入宝能控股旗下。
- 2015 年 3 月至 2016 年 12 月，宝能系在资本市场四处出击，通过二级市场举牌、认购定增新股等方式相继成为 A、B 或 H 股的华侨城 A、中炬高新、南玻 A、中国金洋、万科 A、韶能股份、合肥百货、明星电力、南宁百货和格力电器 10 家上市公司的重要股东。
- 2015 年 7 月 11 日，万科公告，前海人寿在二级市场买入万科 A5% 的股份，宝能系首次举牌。万科股权大战正式爆发。
- 2015 年 7 月 25 日，宝能系二度举牌，再次买入 5% 的万科 A 股份，晋升为万科第二大股东。
- 2015 年 8 月 26 日，宝能系第三次举牌，增持比例为 5.04%。三次举牌后，宝能系总计持有万科 15.04% 的股份，超过稳坐第一大股东位置长达 15 年之久的华润成万科第一大股东。
- 2015 年 8 月 31 日、9 月 1 日，华润增持 3 726.45 万股万科 A 股份，持股比例总计达 15.29%，略微超过宝能系，重回万科第一大股东之位。
- 2015 年 12 月 5 日，宝能系第四次举牌万科，以 20.01% 的持股比例，正式取代华润，成为优势十分明显的万科第一大股东。
- 2015 年 12 月 9 日 ~ 12 月 18 日，宝能系持续买入万科 A 股 4.25% 的股权，总持股达 24.26%。
- 2015 年 12 月 9 日，险资巨鳄安邦保险发布举牌公告，买入 5% 的万科 A 股票。

在万科停牌前的12月17日、18日两天，安邦再出资约28.32亿元继续增持1.3006亿股，占比达到6.18%，成为万科第三大股东。

- 2015年12月18日下午，万科以“正在筹划股份发行，用于重大资产重组及收购资产”为由发布公告停牌。
- 2016年6月17日夜，万科发布公告披露，拟以发行股份的方式购买深圳市地铁集团有限公司持有的深圳地铁前海国际发展有限公司100%股权，初步交易价格为456.13亿元。
- 2016年7月4日，万科股票复牌，当日以跌停价开盘。
- 2016年7月5日～7月6日，宝能系增持万科A0.7839亿股股票，从而使其持股比例达到25%的五度举牌线。
- 2016年7月15日，宝能系继续出资约8.06亿元微幅增持万科A股票，使总持股比例达25.4%。宝能系举牌万科付出的总代价达惊人的443.18亿元之巨！
- 2016年8月9日，恒大系举牌万科，持股5.00%；11月23日，恒大系发布二度举牌公告，再次买入5.00%的万科A股份；随后的5个交易日，恒大系再次增持4.4930亿股万科A，最终总计持有14.07%的股份，超过安邦成万科第三大股东。
- 2016年12月18日晚，万科公告，终止与深铁集团的重大资产重组。
- 2017年1月12日，万科发布公告称，华润集团与深铁集团已签订股权转让协议，华润集团将所持15.3%的万科全部股份以371.7亿元的价格转让给深铁集团并退出万科股东会，深铁集团由此取代华润成为万科的第二大股东。
- 2017年6月10日，万科发布公告称，中国恒大将所持有的15.5321亿股万科A股以协议转让方式全部转让给深铁集团，就此清仓万科。转让完成后，深圳地铁集团将持有32.4281亿股万科A股，占万科总股本的29.38%，成为万科第一大股东。股权转让总价约为292亿元，恒大亏损70.73亿元。
- 2018年4月，宝能系开启万科股份减持之路。

第5章

举牌收购：风云激荡

为保护中小投资者权益，《证券法》规定，投资者通过二级市场（即证券交易所市场）购入上市公司股票达到或增、减一定比例时需履行权益变动报告、公告等法定义务。这种公告行为被市场形象地称为“举牌”。简言之，举牌是一种权益披露行为。

不过，举牌收购并不等于举牌！收购方通过二级市场直接购买上市公司股票而最终获得上市公司控股权的收购方式被称为举牌收购。简单的理解就是，举牌收购＝二级市场收购。显然，因为是二级市场上的公开操作，举牌收购毫无疑问地成为上市公司收购方式中最阳光、最市场化和最公开透明的方式之一。

举牌VS.举牌收购

作为在上市公司收购实践中形成的市场概念，“举牌”和“举牌收购”的严格法律定义并不存在。不过，《证券法》第八十六条[①]和《上市公司收购管理办法》（简称《收购管理办法》）第十三条[②]却对“举牌”行为进行了明确规范。同时，《收购管理办法》在第二章“权益披露”中对“举牌”行为的具体要求亦给出十分详细的法律规定，我们可以按照“WHO-WHEN-WHAT-HOW”的线索来解析相关规定。

（一）权益披露义务人：在判断投资者是否构成权益披露义务人时，以“名义持有+实质持有”来界定，即合并计算登记在其名下的股份（名义持有）和其可以实际控制的其他股份（实质持有），同时还应将其一致行动人名义与实质持有的股份予以汇总计算。

（二）披露触发点和披露义务点：我国规定5%作为披露触发点，每增、减5%为披露义务点。当持股比例达到公司已发行股份的5%时，需第一次权益披露；以后每增、减5%均要进行披露。对于触发比例和义务比例，不同国家或地区不尽相同。香港《权益披露条例》规定，股东在取得上市公司5%以上股权及其后每增减变动超过整数点位时应当履行披露义务；美国《威廉姆斯法》规定，股东在取得上市公司5%以上股权及其后每增减1%股权时应当履行披露义

---

① 《证券法》第八十六条：

通过证券交易所的证券交易，投资者持有或者通过协议、其他安排与他人共同持有一个上市公司已发行的股份达到百分之五时，应当在该事实发生之日起三日内，向国务院证券监督管理机构、证券交易所作出书面报告，通知该上市公司，并予公告；在上述期限内，不得再行买卖该上市公司的股票。

投资者持有或者通过协议、其他安排与他人共同持有一个上市公司已发行的股份达到百分之五后，其所持该上市公司已发行的股份比例每增加或者减少百分之五，应当依照前款规定进行报告和公告。在报告期限内和作出报告、公告后二日内，不得再行买卖该上市公司的股票。

② 《上市公司收购管理办法》第十三条：

通过证券交易所的证券交易，投资者及其一致行动人拥有权益的股份达到一个上市公司已发行股份的5%时，应当在该事实发生之日起3日内编制权益变动报告书，向中国证监会、证券交易所提交书面报告，通知该上市公司，并予公告；在上述期限内，不得再行买卖该上市公司的股票。

前述投资者及其一致行动人拥有权益的股份达到一个上市公司已发行股份的5%后，通过证券交易所的证券交易，其拥有权益的股份占该上市公司已发行股份的比例每增加或者减少5%，应当依照前款规定进行报告和公告。在报告期限内和作出报告、公告后2日内，不得再行买卖该上市公司的股票。

务；英国则规定了针对英国公司的3%披露触发点和1%披露义务点。

（三）法定义务：进行权益披露时，投资者至少需履行5项义务：（1）持有上市公司股份首次达到5%之日起3日内及以后每增、减5%之日起2日内编制权益变动报告书；（2）向中国证监会、证券交易所提交书面报告；（3）通知该上市公司；（4）予以公告；（5）在上述期限内，不得再行买卖该上市公司的股票。

另外，《证券法》第四十七条①所列示的条款禁止“持有上市公司股份5%以上的股东”进行“短线交易”，即该类股东对上市公司股票买入或卖出后的6个月内，不允许再行卖出或买入的反向操作。因此，“不能进行短线交易”亦为举牌投资者的法定义务。

（四）股票获取方式：《收购管理办法》第十三条、十四条规定了两种需要履行权益披露的情况，即“通过证券交易所的证券交易”和“通过协议转让方式”取得股票的两种情况。此外，《上市公司重大资产重组管理办法》第四十八条规定“上市公司发行股份购买资产导致特定对象持有或者控制的股份达到法定比例的”应当按照相同规定履行权益披露义务。

因此，对于通过上述三种方式获取股票而达到需履行“权益披露”义务的行为，我们可称之为“广义的举牌”。但通常情况下，市场上所说的举牌皆为第一种情况，即指通过证券交易所的证券交易，投资者及其一致行动人拥有权益的股份达到或增、减5%时而履行的权益变动报告与公告等行为。本书所指的“举牌”概念如无特殊说明，亦指第一种情况。

纵观国内外证券市场，举牌目的无非两种：其一为投资，看好上市公司发展不断买入其股票而举牌，典型代表当属股神巴菲特；其二是收购，举牌上市公司意在谋求上市公司控股权。换言之，举牌可分为投资类举牌和收购类举牌。

投资类举牌有两种情况：一种是财务投资类，是投资者出于估值或事

---

① 《证券法》第四十七条：

上市公司董事、监事、高级管理人员、持有上市公司股份百分之五以上的股东，将其持有的该公司的股票在买入后六个月内卖出，或者在卖出后六个月内又买入，由此所得收益归该公司所有，公司董事会应当收回其所得收益。但是，证券公司因包销购入售后剩余股票而持有百分之五以上股份的，卖出该股票不受六个月时间限制。

公司董事会不按照前款规定执行的，股东有权要求董事会在三十日内执行。公司董事会未在上述期限内执行的，股东有权为了公司的利益以自己的名义直接向人民法院提起诉讼。

公司董事会不按照第一款的规定执行的，负有责任的董事依法承担连带责任。

件驱动等因素以获取财务投资收益为目的的举牌，财务投资多以短周期的投机为主，很少长期持有；另一种是战略投资类举牌，投资者对上市公司的长期发展看好，不以控股为目的，以战略投资者身份参与公司相关事务，长期持有为主，多见于产业资本对上市公司的举牌。中国证券市场25年的举牌历史上总计发生了440余宗举牌案例，财务投资类举牌占去七成，战略投资类举牌仅占一成，其余的两成则为收购类举牌。

财务投资的举牌方包括险资、PE、公募、阳光私募、券商、社保、QFII和游资等所有类型的机构投资者。例如，2016年11月，险资安邦系两度举牌中国建筑（601668.SH）；2015年股灾期间，PE巨头中科招商曾耗资30亿元举牌16家上市公司；作为游资的诸多个人投资者也不乏举牌座上客，牛散周信钢2012～2015年先后举牌光韵达（300227.SZ）、明家科技（300242.SZ）、亿通科技（300211.SZ）、联建光电（300269.SZ）、康跃科技（300391.SZ）和新元科技（300472.SZ）6家创业板公司，堪称“创业板举牌王”。

对于洞悉产业发展又谙熟资本运作的产业资本来说，战略性举牌上市公司意在和自身产生协同效应，实现产业整合，在举牌过程中通常掌握主动权，进可以谋求控股权，退则变身为财务投资者，获取投资收益。譬如，国内水泥业素来有“南海螺，北冀东”之提法，2008年8月、2010年4月和2011年12月，海螺水泥（600585.SH）三度举牌冀东水泥（000401.SZ）。相比其他水泥股，冀东水泥无疑是A股市场上佳的水泥股投资标的，当海螺水泥以战略投资者身份投资前者时，其投资周期以近乎10年计，直至2017年初，才逐步减持并获益不菲。

就本质而言，收购类举牌也就是举牌式收购。举牌是方式，收购为目的。因此，以收购为目的的举牌和通过举牌方式达成的收购，其实质意义完全相同。

举牌式收购，即举牌收购，尽管《收购管理办法》并未明确“举牌收购”的概念，但其相关条款却显示二级市场举牌收购同协议收购、要约收购一并是上市公司收购的基本方式。而举牌收购因其阳光、市场化和公开透明的特点使其成为影响范围最广泛和最具市场冲击力的收购方式，同时这一特点对中国的上市公司收购实践和证券市场制度完善亦起到不可替代的作用。

举牌方、举牌标的和举牌目的谓为举牌收购的三大核心要素，其背后是举牌收购WHO、WHOM、WHY的内在逻辑。对任一个举牌事件来讲，举牌方和举牌标的是参与主体，前者的属性决定了举牌收购的目的，后者的特征决定了举牌收购的目标，举牌方的意图和动机则回答了为什么举牌的问题。

作为上市公司收购的方式之一，举牌收购的目的无非两个：一是获取上市公司“壳”资源，举牌方要么获取投资收益（如第1章深宝安收购延中实业并全身而退的案例），这与一般的举牌目的并无不同，要么实现非上市资产的借壳上市（如第2章明天系收购爱使股份后注入煤炭业务实现相关资产借壳上市）；另外一个目的则是获取上市公司经营资产，在第3章茂业系狂扫商业股和第4章宝能鏖战万科的案例中，举牌方对标的公司资产的觊觎之心显露无疑，一旦收购成功，收购方既可以进行产业整合又可以坐享资产增值收益。

产业资本VS.金融资本

产业资本是指在产品的生产、流通和销售的产业闭环中循环和沉淀下来的资本，相对而言，金融资本则是在实体经济及金融各个细分领域的投资中形成的资本。在中国资本市场，规模庞大的产业资本可清晰地划成国有产业资本和民营产业资本两大阵营，而金融资本既包括一级市场的风险投资基金（VC）、私募股权基金（PE），也包括二级市场上的机构类投资者、游资以及传统的金融机构如银行、保险等。

在过去25年的举牌史上，产业资本和金融资本两股力量不断在市场上纠缠演进，此起彼伏。尤其是在谋求控股权的收购类举牌中，因购入上市公司股权比例高、耗资规模大、对市场影响广，举牌资本屡屡成为市场焦点。

1993～2004年是举牌第一阶段，产业资本独舞。这一时期因适合举牌的标的十分有限，举牌多为收购类举牌，产业资本一直扮演着举牌的主要力量，其目的在于获取投资收益或者谋求上市公司“壳”资源。宝安系、方正系、大港油田、金鹰系、雨润等皆为产业资本，早期只有君安证券、辽国发、金昌投资等极少数机构为金融资本。

2005～2012年是举牌第二阶段，金融资本上位。这一阶段，产业资本仍为举牌主力，四成的举牌案例由产业资本发起，但机构投资者和游资等金融资本逐渐进入举牌序列。相对于产业资本谋求控股权的收购类举牌，这一时期机构投资者的举牌目的皆为投资。机构投资者中，与券商、公募基金、保险资金等相比，QFII（合格境外机构投资者）由于政策支持更为活跃，8年中共举牌22次，数量上仅次于产业资本；以“牛散”为主要代表的游资则紧随QFII之后，举牌次数达14次；公募基金、阳光私募、保险和社保基金亦纷纷登场，但举牌次数皆为个位数。

根据申万宏源的研究报告，在中国股市生态中，持股者主要有五类：个人投资者（即散户）、产业资本、政府、境内专业机构投资者和境外合格机构投资者。申万宏源2017年7月的《中国证券投资者结构全景分析报告2016》显示，截至2016年底，上述投资者持股的流通市值占比分别为39.99%、34.60%、8.30%、16.30%和0.90%。

1997年以前，除了证券公司之外，我国证券市场基本不存在真正意义上的机构投资者。1997年11月，我国第一个全国性的基金管理法规《证券投资基金管理暂行办法》颁布，以此为标志，机构投资者入市限制逐步放宽，其类型日益多元化发展，整体上表现为你方唱罢我登场轮番主导市场的局面。2002年以前，证券公司是市场的主要机构投资者；2003～2004年，形成了以证券投资基金为主体，QFII、证券公司、保险公司、财务公司、信托投资公司等为重要组成部分的机构投资者格局；2005～2007年，公募基金最为风光，直到2009年其持股在机构投资者中占比一直在80%以上，2010年以来则呈现快速下降态势；2013年以来，私募基金的快速发展以及保险机构可投资范围的放开逐渐打破了机构投资者原有的内部格局，机构投资者呈现出从公募基金“一枝独秀”向公募、私募和保险机构“三分天下”的态势转变。截至2016年底，公募基金及其子公司、私募基金（含有限合伙）和保险公司占机构投资者持股市值的比重分别为33%、28%和11%。①

举牌市场亦随机构投资者的发展而发生变化。2005年QFII、社保基金、公募基金先后出现举牌案例，2010年险资首次举牌。但是，法规对各类投资者二级市场投资有诸多限制。比如，《公开募集证券投资基金运作管理办法》规定一只基金持有一家公司发行的证券，其市值不得超过基金资产净值的10%；同一基金管理人管理的全部基金持有一家公司发行的证券，不得超过该证券的10%的规定，这无疑封杀了公募基金举牌的空间。因此，在此期间，以机构投资者

① 蒋健蓉，龚芳，陆媛媛．中国证券投资者结构全景分析报告2016［R］．申万宏源研究，2017-07-22.

和游资为主要代表的金融资本尽管开始举牌上市公司，但是其力度和范围尚无法与产业资本匹敌。

2013年以来，举牌进入爆发期，举牌市场险资异军突起+PE转战二级市场，金融资本反超产业资本。

险资举牌爆发是在政策“松绑”背景下发生的。2004年1月，国务院发布了极具历史意义的第一版“国九条”——《关于推进资本市场改革开放和稳定发展的若干意见》，提出大力发展证券投资基金，支持保险资金以多种方式直接投资资本市场，逐步提高社会保障基金、企业补充养老基金、商业保险资金等投入资本市场的资金比例，这标志着我国机构投资者进入了一个加速发展的新阶段。同年10月，中国保监会、中国证监会联合发布《保险机构投资者股票投资管理暂行办法》，允许保险资金直接入市买卖股票。此后，保险资金投资渠道逐步有序放开，投资范围不断拓宽。

2012年，资产管理与保险资金运用的十三项新政策先后出台；2014年，监管层修订了《保险资金运用管理暂行办法》，并继续发布了近十条“松绑”政策；2015年，保监会印发了包括设立保险私募基金、扩大保险资产的国际配置空间、提高保险资金投资蓝筹股票监管比例等在内的十项关于保险资金运用的规范性文件。从安邦保险在全球范围内攻城拔寨，到“宝万大战”引爆的A股市场举牌潮，均与监管政策的“松绑”密不可分。

然而一段时间以来，由于部分保险公司大规模发行“高现金价值万能险”，并利用这部分久期较短的万能险保费举牌上市公司，“期限错配”风险急剧凝聚。因此，2016年初监管开始趋严，限制万能险规模和评估利率的政策陆续出台，险资“举牌”短期承压。不过，从国际经验比较来看，随着长端利率的下行，保险机构配置权益资产的比例会明显提升，险资依然是长期举牌市场的主要力量。

2014下半年开始，部分曾专注于一级市场股权投资的PE机构开始关注二级市场。这与二级市场流动性优势及私募股权基金募资难等因素密不可分。2015年股灾期间的股价大幅下挫给PE提供抄底时机，例如中科招商逆势举牌国农科技（000004.SZ）和沙河股份（000014.SZ）等16家上市公司；2016年，中植也加入举牌行列，先后举牌大名城（600094.SH）和法尔胜（000890.SZ）等公司。

总而言之，资本的力量也在改变A股投资风格，股市作为连接资金和实体产业的重要纽带，对于金融资本和产业资本仍然具有极高的战略价值。产业和金融资本将会通过各种途径更深层次地介入二级市场，由于产业和金融资产的资金规模巨大，“举牌”上市公司或成为必然的选择。

举牌标的：翻谁的牌子

综合来看，举牌标的的特征在收购类举牌和投资类举牌中大不相同。

当举牌的目的是投资需求时，那么举牌无异于一般的股票投资，举牌标的即投资标的。对于短周期财务投机者，概念和题材成最重要的考量因素，比如中科招商2015年所举牌的上市公司，无一不是看中标的的壳属性及其具备的并购重组题材；对于长线价值投资者，行业和业绩则为重中之重，例如安邦举牌的中国建筑是“一带一路”龙头和绩优蓝筹股；对于战略投资者，举牌方则关注标的所处行业及业务是否和自身战略协同，例如海螺水泥举牌冀东水泥，京海担保举牌格力电器（000651.SZ）等。

相对而言，收购类举牌对标的的选择要复杂得多。

第一，从股权结构来看，股权要分散。从上个世纪九十年代的“三无概念股”到近期处于举牌收购漩涡的万科A（000002.SZ）、南玻A（000012.SZ）等，举牌对象首要满足的条件就是股权分散，这是举牌收购的第一考虑因素，至少大股东持股比例较低。原因很简单，在遇到大股东阻击时，举牌方所付出的收购代价不至于太高。

第二，从市值上看，市值不能过高。出于收购成本的考量，在险资举牌收购出现前，市值低是必要条件之一。不过，近年来资金规模庞大的险资加入举牌战场后，为避免对小体量上市公司造成股价的大幅波动，举牌标的的市值自然水涨船高，最明显的例子就是万科A、浦发银行（600000.SH）等。此外，还有一些中等市值的公司，如金地集团、金融街等。

第三，从财务指标上看，要么有隐蔽资产，要么业绩优异。茂业系举牌收购的一系列商业股，皆因为购物中心、百货等零售商业公司持有的大量物业房产因会计准则或其他原因使之在财务报表上显示的账面价值远低于真实市场价值，从而形成了“隐蔽资产”；而众多险资举牌成大股东的上市公司基本上是绩优蓝筹公司，有稳定的现金流和良好的净利润及随之而来的高分红。

第四，从行业分布来看，房地产、商业和银行是举牌收购高发行业。从数量分布来看，传统行业更受青睐，地产、商业贸易和化工是排在前三位的行业。从资金分布来看，地产和银行两大权重板块成举牌资金流入洼地。显然，房地产、商业、银行等上市公司被频繁或重金举牌，与行业整体估值低、拥有稳定的现金流以及房地产与商业拥有大量隐蔽资产密不可分。

第五，从主题投资的角度，是否有题材。例如，国企混改是现阶段确定性最强的投资主题之一，作为市场的"主旋律"，存在整合预期的地方国企改革潜力或更大，这也成众多举牌方衡量是否举牌的因素。事实上，近年来已有多家地方国企频繁遭遇被举牌，比如合肥百货（000417.SZ）、中炬高新（600872.SH）等。

1993年，深宝安举牌延中实业拉开新中国证券市场举牌大幕。不过，随后长达12年的时间里，由于中国资本市场制度不完善，投资机构力量薄弱，并购市场不活跃等因素使得举牌市场发展极为缓慢。2005年股权分置改革后，金融市场政策制度不断完善、机构投资者队伍日渐成熟以及社会财富投资配置需求的增加，举牌市场得以加速发展。

经统计，截至2018年6月底，包含A、B股在内的中国证券市场累计发生举牌事件700次左右，被举牌的上市公司超过350家。很多明星公司被多次举牌，如万科A在2015～2016两年间被多家机构举牌多达9次；同时亦有诸多机构举牌多家上市公司，如茂业系、宝能系等。

对于举牌的数量统计，一个更有意义的统计方式是举牌案例的"宗"数。一家上市公司被同一举牌方短时期内连续多次举牌，即使跨年也仅记为"一宗"，当一家上市公司被多家举牌方举牌则记为"多宗"。[①]这是因为研究举牌方的某次举牌意义并不大，只有将多次举牌整体看成一"宗"，才能获知其真正的举牌目的和意图。自1993年至2018年6月底中国股市总计发生441宗举牌案例，其中，举牌收购案例为95宗。

回顾中国证券市场的25年举牌史，实施股权分置改革的2005年和市场化并购元年的2013年成为举牌发展的两个跃变时点，将我国二级市场举牌的发展历程划分为三个阶段：起步期，跃变期和爆发期。

① 苏培海等."举牌"专题：解构新一轮举牌浪潮——"野蛮人"的"价值观"［R］.广证恒生，2015-12-02.

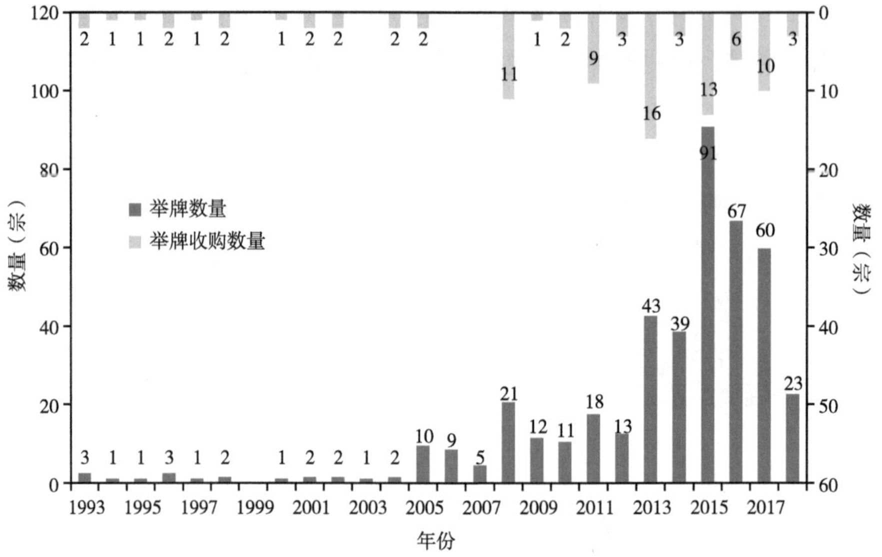

中国证券市场历年举牌和举牌收购案例数量

数据来源：根据《举牌公告带来的机遇——对举牌历史案例的统计分析及总结》（东方证券，2010-08-09）、《“举牌”专题：解构新一轮举牌浪潮——“野蛮人”的“价值观”》（广证恒生，2015-12-02）和Choice金融终端数据整理；数据截至2018年6月30日。

第一阶段：起步期（1993 ~ 2004）

第一阶段尽管时间跨度漫长，但仅发生19宗举牌事件，1993年和1996年各发生3宗，1999年零举牌，余下各年度皆不超过2宗。

1993年深宝安成功入主延中实业，拉开中国股市举牌大戏的帷幕。同年11月，万科受申华实业董事长瞿建国之邀而举牌申华实业（600653.SH），并由此引爆1993年末中国股市独有的“三无概念股”行情，但年底万科便陆续减持后者股票。深圳天极光电技术实业股份有限公司（简称“天极光电”）举牌飞乐音响（600651.SH）成为1993年深圳资本北伐上海股市的最后一战，但市场对其反应颇为冷淡。

经过两年的沉寂，1996年举牌市场再次喧嚣起来。刚在前一年12月12日首次举牌兴业房产（600603.SH）后，1996年5月17日云南恒丰集团再次举牌并成第一大股东。也是5月，北京金昌投资咨询服务有限公司（简称“金昌投资”）举牌郑百文（600898.SH），持股6.88%。10月开始，广州三新两度举牌申华实业（600653.SH）成为第一大股东，瞿建国再次故技重施引入外援君安投资充当“白衣骑士”6次举牌申华实业而持股15.1%，成功阻击广州三新，成为国内上市公司首起成功反收购案例。

对南京两家百货类上市公司举牌频次均超过10次的案例令2004年成为举牌起步期间蔚为壮观的一年。当年2月6日至2005年2月2日的一年中，金鹰集团通过旗下三家公司耗资近5亿元、连续11次举牌获得南京新百（600682.SH）24.55%的股份并成为后者第一大股东。2004年11月至次年2月，同处南京的南京中商（600280.SH）被江苏知名富豪祝义才旗下的雨润集团连续14次举牌并最终成为控股股东，而连续14次举牌亦创下中国资本市场单一举牌方对同一上市公司举牌次数的最高记录，至今无人能破。

股改前大部分国有股和法人股不能在二级市场流通，囿于该流通制度的限制，二级市场上适合举牌的上市公司十分有限。因此，标的数量之少和目标之集中成为举牌发展初期第一个显著的特点。全部19宗举牌事件涉及的上市公司仅10家，主要集中在股权流通比例较高、持股相对分散的几家“三无概念股”上，它们亦成为各路资本反复举牌争夺的对象，比如延中实业和爱使股份。

举牌发展初期的另外一个特点就是收购类举牌数量占比极高。19宗案例有16宗属于收购类举牌，占比高达近85%。除1993年天极光电举牌飞乐音响、1996年金昌投资举牌郑百文和2003年宝钢系举牌爱建股份属于投资类举牌外，前述提及的举牌案例均为收购类举牌。此外，在中国资本市场发展初期，机构投资者的力量刚刚起步、十分薄弱，以及举牌后的资本运作模式并不成熟，致使此阶段举牌方多见于深宝安、北大方正、南京雨润、太太药业、宝钢系等产业资本，类似君安投资、辽国发参与举牌的金融机构少之又少。

在举牌起步期，举牌式收购已然成为产业资本发起上市公司收购的一个重要方式。

第二阶段：跃变期（2005 ~ 2012）

2005年的股权分置改革是中国资本市场的里程碑事件。这一旨在消除非流通股和流通股之间流通差异的制度是中国证券市场成立以来影响最为深远的改革举措之一，其意义甚至不亚于创立证券市场。2005年6月，三一重工成为两市首家股改公司，上市公司股权分置改革大幕拉开。全流通和同股同权的背景下，举牌收购日益成为上市公司收购的重要方式。

上市公司被密集举牌的跃变时间点皆发生在行情极其低迷或股价急速下跌的大熊市中。截至2018年6月底，中国股市大体有四个这样的时间点，分别是2005年6月上证指数998点的世纪大底、2008年10月全球金融危机所创造的1664点铁底、2013年6月长期低迷盘踞的1849点以及2015年8月大股灾期间的2850点。这四个时间点所在年份均发生了举牌事件数量的跃变。

2005年和2013年的举牌潮都发生在股价处于长期低迷的阶段，从前期高点均下跌了4年的上证综指跌幅分别达55.55%和46.84%，这两年上市公司举牌宗数分别为10宗和43宗，均显著多于它们之前数年的年度案例数量。而2008年、2015 年的密集举牌潮都发生在股价急速大幅下跌过程中，这两个时间点上证综指距离前期高点的跌幅分别为72.83%和44.96%，对应的上市公司举牌案例数分别为21宗和88宗，亦为十分明显的举牌高峰年份。

举牌跃变时间点之所以发生在大熊市中，原因无非以下两点：其一为举牌成本低，经历行情长期低迷或者前期股价大跌之后，市场整体估值下跌，举牌代价相对变低。其二为标的价值低估，每一次股市大跌都会充分压低资产价格，而宏观经济情况并未如预期悲观，这些上市公司的价值极可能被严重低估，其带来理想回报的概率大增。

每个举牌阶段的数量和规模都会比前一阶段出现十分明显的增长。譬如，在举牌发展的第二阶段，除2007年大牛市仅有5宗举牌外，其余7年的年度举牌案例均不低于10宗，这较第一阶段的年度数量增长数倍，金融危机的2008年更是创下21宗的历史纪录。而在第三阶段，年度最低数量都要超过40宗，较第二阶段又增长几倍。

举牌在规模上的增幅更加令人瞠目。早期的举牌案例，如深宝安举牌收购延中实业代价不超过1亿元，大港油田举牌爱使股份不超过2亿元，但处在跃变期的案例，例如茂业系横扫商业股耗资数十亿元，到近年来宝能系入主万科第一大股东则耗资超过440亿元之巨。

2005年是第一个跃变年，共发生举牌案例10宗，除了股市长期下跌提供了低成本举牌时机外，多元的机构投资者日益壮大及其投资理念逐渐成熟是另外一个重要原因。股改前夕山雨欲来风满楼，先知先觉的机构投资者在股市低迷时开始抄底布局，纷纷亮相举牌市场。2005年2月，爱建股份（600643.SH）被QFII举牌，这是首次QFII举牌；2005年3月和4月，社保基金密集举牌大商股份（600694.SH）、佛山照明（000541.SZ）、宇通客车（600066.SH）、中材国际（600970.SH），这是国家队在举牌市场的首秀；公募基金首次举牌则发生在2005年6月，华安基金举牌金融街（000402.SZ）。除了这些投资类举牌外，2005年底产业资本代表银泰百货对百大集团（600865.SH）和鄂武商A（000501.SZ）的接连举牌则十分吸引市场眼球，银泰谋求百、鄂两公司控股权的意图路人皆知，与原控股股东之间的争夺战绵延数年，直至今日，银泰仍为鄂武商的二股东。

2002年11月7日，央行和证监会联合下发了《合格境外机构投资者境内证券投资管理暂行办法》，为我国证券市场引入外资做出制度规范。在经历最初三年的小心实践和QFII数量严控之后，2006年开始，QFII的审批速度和批准额度均大幅提高，仅2006年一年就批准了18家，到2007年初，共计有27家QFII来到我国投资。第一次QFII集中举牌恰好出现于这样的背景下，2006和2007年先后发生了6宗和5宗案例，举牌目的无非是寻求投资收益，而举牌标的绝大部分为B股。QFII举牌风生水起的同时，2006年还发生通用技术集团举牌武汉健民（600976.SH）、宝钢集团举牌邯郸钢铁（600001.SH）2宗中央企业的战略举牌案例。

2008年是第二个跃变年，金融危机导致的股价巨幅下跌给举牌者提供了极佳的抄底时机。这一年共发生21宗举牌事件，其中收购类举牌高达11宗，俱皆产业资本趁金融危机股价大幅下跌之际出手，既有谋求上市公司优质资产的民营产业资本，又有对同业进行产业整合的国有产业资本。例如，茂业系19天内火速举牌渤海物流（000889.SZ）、商业城（600306.SH）和深国商A（000056.SZ）等上市公司；鞍钢集团累计投入近33亿元两度举牌“攀钢系”公司——攀钢钢钒（000629.SZ）、攀渝钛业（000515.SZ）、长城股份（000569.SZ）——进行相关整合；老牌资本宝安系重新活跃，于2008年举牌收购深鸿基（000040.SZ），并在次年争夺海南椰岛（600238.SH）控股权。

财务投资类的举牌数量达到8宗，举牌方涉及基金、券商和游资。如大成基金举牌宗申动力（001696.SZ）、中信证券旗下集合理财产品举牌华星化工（002018.SZ）、自然人金顺法举牌中兵光电（600435.SH）。产业资本也不乏抱有财务投资目的，如马应龙（600993.SH）举牌同行羚锐股份（600285.SH）等。总之，无论是产业资本，还是机构投资者，无论是收购目的，还是投资行为，2008年的举牌市场迎来前所未有的繁荣景象。

2009～2010年，因股市触底反弹，举牌市场与2006、2007年颇为类似，多以投资类为主。QFII的第二次举牌潮就发生在2009年末到2010年，全部为B股，当时B股正好处于阶段性底部，且相对A股有价差效应，以及当时解决B股历史问题的传言不断刺激着国外资金涌入，最终包含小天鹅B（200418.SZ）等6家B股公司被QFII举牌。在这两年的反弹和高位震荡行情中，游资颇为活跃，陈智明、史作敏、徐开东、周信钢、孙宜然等一众牛散纷纷出手举牌上市公司。同时，2010年泰康人寿举牌洪城水业（600461.SH）成为保险资金举牌的首个案例。

相比较而言，尽管产业资本活跃度有所回落，但其举牌数量仍占据1/3，目的不一而足：健隆达光电举牌德豪润达（002005.SZ）以期未来LED项目的战略合作；格力电器的多家渠道商投资组成的河北京海担保投资有限公司战略举牌格力电器；齐能化工争夺长安信息（600706.SH）控股权；初现举牌市场的宝能系对阵深圳国资谋求深振业A（000006.SZ）控股权等。

历经2009年的反弹和2010年的震荡，2011和2012年的A股则一路走低、跌跌不休。2011年产业资本抄底风潮再起，涉及的10宗举牌案例中有7宗为收购类举牌。比如，中商联举牌津劝业（600821.SH）、新光控股举牌中百集团（000759.SZ）、雅戈尔举牌工大首创（600857.SH）等。机构投资者发起8宗举牌，并出现首次并购基金发起的收购类举牌——长城国汇举牌天目药业（600671.SH），这是一宗涉及多方、耗时极为漫长且剧情不断反转的控股权争夺大戏，各方目标均直指天目药业这个“壳”。2012年，产业资本举牌有所回落，5宗举牌案中有3宗为收购类举牌。比如，丰琪投资举牌东百集团（600693.SH）、卓尔控股举牌汉商集团（600774.SH）等。游资举牌数量则大增达到5宗，还有2宗信托举牌和1宗保险举牌。

如果说举牌早期的产业资本举牌目的多为上市公司的“壳”资源，那么这样的目的在举牌发展的第二阶段则大为减少，收购上市公司的经营性资产成为主要诉求，这在商业类上市公司的举牌案例中尤为明显。2005至2012年的8年间有广西南宁百货（600712.SH）、广东深国商、福建东百集团、浙江百大集团、湖北汉商集团、陕西开元控股（000516.SZ）、河北渤海物流、天津津劝业、辽宁商业城和新疆友好集团（600778.SH）等从南到北多地10余家商业企业涉及举牌争夺。

举牌第二阶段延续第一阶段的情形，全部28宗收购类举牌的90%均是产业资本完成的，产业资本依然是绝对主角。例如，银泰系、茂业系和鞍钢系等，这些民营或国有产业资本基本上是瞄准了控股权，以并购或整合者的面貌出现。在这个阶段，放眼到整个举牌市场，产业资本也一样是最活跃的举牌力量，其举牌数量超过40宗，将近半壁江山。至于金融资本，如公募、社保、券商和保险资金等机构投资者由于政策制度的限制较多，不常参与到举牌中；相反，由于政策束缚少，QFII和游资在此阶段的举牌要明显多于前述机构投资者。

第三阶段：爆发期（2013年至今）

2013年开始，举牌市场进入一个前所未有的爆发期。举牌第一阶段12年发生19宗案例，第二阶段8年案例总数猛增至99宗，但2013～2017年5年间共发生300宗举牌事件，达到此前20年总数的2.5倍，2015年更是创下年度91宗天量的历史记录。

2013年被认为是改革开放下半场的开局之年，[①] 从这年开始，新一届中央政府选择市场化改革的“最后一块堡垒”——金融行业作为突破口，一改过去二十余年的严监严管思路，大量金融新政和改革新措施无不展现其“放松监管”的新思路。监管机构对上市公司并购重组的积极鼓励和对包含险资在内的资金端的政策“松绑”在证券市场的繁荣中起到了决定性作用。新举牌浪潮在这样的宏观背景下诞生了。

① 吴晓波. 激荡十年，水大雨大——中国企业2008—2018［M］. 北京：中信出版集团，2017.

微观上，优质资产荒所导致的虹吸效应促使各路资本不断聚集到举牌市场。寻找并投资优质资产的难度显然远高于投资拥有优质资产的上市公司的股权类资产，于是，股市2013年前的长期调整和2015年的巨幅下跌激发了产业资本、险企、私募等各路资本的举牌热情。

持续下跌4年之后，上证指数终于在2013年6月的1 849点开始止跌。这促使2013年成为举牌发展史上的第三个跃变时间点，全年共发生43宗举牌案例，较上一年增加两倍多，“井喷”形容毫不为过。产业资本以22宗举牌事件仍位居该年度的举牌主力，其中半数为收购类举牌，另有5宗战略投资类举牌和6宗财务投资类举牌。

这一年的举牌对象已不限于主板上市公司，中小板和创业板的控股权之争也陆续上演：三特索道（002159.SZ）、天业通联（002459.SZ）、荃银高科（300087.SZ）均遭遇举牌并致使控股股东更替。往年的股权之争在当年仍在延续，比如，天目药业的控股权因原控股股东杨宗周举牌再起纷争，无独有偶，旧东家李勤夫举牌九龙山（600555.SH）与海航系重燃战火。

三家新兴险资始现于举牌江湖并出手不俗：安邦财产保险先后举牌招商银行（600036.SH）和金地集团（600383.SH）；同时，生命人寿一年两次举牌农产品（000061.SZ），持股超过10%；生命人寿也参与到金地集团的举牌中，并在次年连续举牌成为第一大股东；此外，华安保险成宝光股份（600379.SH）的控股股东，但后来华安将股份悉数转走而退出股东之列。

2013年的基金、券商等其他机构投资者在举牌市场并不活跃，反倒是游资颇为积极，全年发生9宗举牌案。比如前几年便十分活跃的周信钢，一年之间举牌联建光电、亿通科技、明家科技3家公司，出手相当阔绰。

2014年，上市公司举牌潮延续上一年的繁荣势头，全年近50家公司被举牌。考虑到招商银行、金融街等数家公司首次举牌时间发生在历史年份，根据“宗”的界定，我们将其记为历史年份案例，因而，2014年举牌案例总数为39宗。如果说2013年新兴险资牛刀初试，那么从2014开始的三年就是其大展身手、摧枯拉朽的三年，无论是数量，还是规模均遥遥领先于其他各路资本。

2014年A股市场最活跃的险企，不是中国平安等上市保险公司，而是安邦保险和生命人寿这两家新兴险企，并且接下来几年的举牌中它们会频频现身。安邦保险以举牌“两金两银”尤为惹眼，这位资本市场的新晋“土豪”：3次举牌金地集团成第二大股东，加上2013年持仓，占总股本的20%；同时四度举牌金融街成第二大股东，持股20%；去年安邦首次举牌招商银行后，今年再度增持达10%举牌线，成为第二大股东；另外，安邦保险更是耗巨资约350亿元举牌民生银行（600016.SH）完成第六大股东到第一大股东的飞跃，持股比例达15%。另外一匹险资“黑马”亦出手高调凶悍，4月成为金地集团第一大股东之后，生命人寿出手控盘港股佳兆业（01638.HK），两度举牌中煤能源（601898.SH）和第三次举牌农产品，同时出击深振业A、招商银行、贵州茅台（600519.SH）、五粮液（000858.SZ）等，虽未达举牌线，但均令市场对生命人寿刮目相看，“野蛮人”之声渐起。

产业资本在2014年的举牌规模虽然远不如险资，但仍表现得十分活跃。永辉超市（601933.SH）一年4次举牌中百集团，持股20%成为第二大股东。浙江民企盾安系和大连大商系于3月和6月先后举牌中兴商业（000715.SZ），分别持股10.04%和15%，列中兴商业第三、第二大股东，与原大股东上演“三国杀”。河南首富李留法率天瑞集团高位二度举牌同力水泥（000885.SZ）引发市场热议，占比达到10%，为第三大股东。黄茂如于11月26日至12月23日买入银座股份（600858.SH）5%股份，短短20个交易日即实现举牌。

到2015年，中国股市令人窒息的疯狂和恐惧必会是每一个市场参与者不可能磨灭的烙印。从牛市起步到疯牛形成，再到极端闪电熊，极端的股灾引来了极端的救市。这一切仅仅在半年多的时间内完成，如梦如幻，极其悲壮。股灾中断崖式下跌的股价直接催生举牌市场历史性的爆发，从1月10日银座股份被茂业系举牌开始，至12月31日康达尔（000048.SZ）被京基集团举牌结束，全年共91宗举牌案例，涉及上市公司89家，举牌次数超过140次，举牌总金额估算超过1 600亿元人民币。险资、PE及其他各路资本疯狂扫货，二级市场一片沸腾。

纵观2015全年，举牌事件共现两次高潮，分别是7～9月的股灾修复期与11～12月的岁末震荡期，全年80%以上的举牌事件发生在7月以后。

6月15日至7月8日，上证指数跌去33.93%，市场下挫不仅使个股回归到正常估值水平，一些原本优质的个股也被错杀，加之监管层挽救股灾而鼓励增持，于是各路资本纷纷进入二级市场，既低点抄底“捡了便宜”，又配合监管稳定市场收获“好评”。例如刘益谦7月2日在微信朋友圈发文宣称大举买入股票，积极救市。但股灾修复期间最为吸睛的当属知名PE中科招商，个股的超跌成就了其转战二级市场的疯狂“举牌季”。举牌数量颇为豪迈，据统计，中科招商在2015年一共对16家上市公司进行了举牌，总耗资超过了30亿元，这些公司的共同特点就是“壳股”特征明显，股灾后市值更为迷你。后来举牌标的之一鼎泰新材（002352.SZ）因快递业巨头顺丰借壳而涨幅巨大，中科招商因而收益颇丰。不过，2016下半年及以后的发展显示，随着2017年的IPO超发，中科招商则及时调整姿势，一度清仓式退出前述壳公司，其财务投机痕迹极为明显。

中科招商显然无意于谋求上市控股权，这与部分二线股权投资公司的运作稍有不同。2015年股灾期间存在为数不少的资本倾向于集中资金举牌收购目标公司，例如，上海宝银系六度举牌新华百货（600785.SH），直指实际控制人宝座；上海开南系多次举牌上海新梅（600732.SH）并成其第一大股东；盛稷股权基金亦三次举牌威尔泰（002058.SZ）成单一最大股东；西藏康盛投资在2015～2016三度举牌博信股份（600083.SH）成第一大股东等。这些资金运作方式在2015～2016年极为盛行，均意在操盘重组，获取超额收益。但无奈人算不如天算，2016年后期开始的监管风暴大大封杀“壳”炒作空间，除上海开南和盛稷投资等少数投资公司将“壳”售出外，其他尽皆被套。

与本年第一波举牌潮相比，岁末举牌潮来得更加汹涌。由低利率引发的资产荒所触发，险资异军突起，密集举牌，成为了绝对主力。“宝万之争”无疑成为年度最重大的资本事件，同时让举牌主力军——险资彻底冲在一线，年内共有31家A股上市公司被险资举牌。从数量上看，首次出现在举牌视野之内的前海人寿和安邦人寿（含举牌港股远洋地产）均举牌7家上市公司，其次为国华人寿举牌6家，阳光人寿举牌5家。从资金消耗上看，险资举牌共投入资金超过1 400亿元，占整个举牌市场的比例近90%，着实惊人！其中，生命人寿四度举牌浦发银行，总计耗资超600亿元，成为中国举牌市场对单一上市公司耗资规模最大的纪录。前海人寿投入约105亿元，安邦耗资约250亿元，中国人保举牌兴业银行（601166.SH）耗资近百亿元。

相对而言，产业资本在2015年则大为逊色，举牌事件凤毛麟角：京基集团连续举牌康达尔终成第一大股东，但控股权之争仍在延续；奥瑞金（002701.SZ）举牌永新股份（002014.SZ）成第二大股东等。

新任证监会主席刘士余能否带来“牛市雨”？这或许只是一厢情愿。2016年，健全股市监管制度和整顿市场交易秩序乃刘士余主政第一要务，中国资本市场“乱世用重典”之画风毕现无遗。高压监管的第一道金牌就是“点刹”并购重组，证监会6月发布的新版《上市公司重大资产重组办法》推出“史上最严借壳标准”。

山雨已来，2016年的举牌市场应声回落，交易宗数和规模均大幅下滑。全年举牌案例共67宗112次，总金额尽管超过1 000亿元，但回落十分明显，较2015年锐减30%以上。各路资本均开始收缩战线，处在风口浪尖的险资表现最为明显，其500亿元左右的举牌总金额与2015年1 400亿元的盛况相比，举牌热情已降温不少。

在举牌发展第三阶段能够连续四年都出现在市场上的险资，唯有安邦。安邦的“买买买”模式在2016年底如约而至，11月18日至25日短短7天内，安邦两度举牌基建第一股——中国建筑这一庞然大物，累计持股达10%，耗资在250亿元左右。其他险资可谓陪跑安邦，生命人寿陪跑三年后，2016年未在举牌市场出现，前海人寿也没有直接举牌上市公司，转而由宝能系关联公司第5次举牌万科。

你方唱罢我登场，2016年许家印旗下恒大人寿及其关联公司高调进入举牌市场，目标直指地产股。恒大系从4月至10月四度举牌廊坊发展（600149.SH），持股20%成第一大股东；8月和11月添火“宝万之争”，两次举牌万科加上后续增持总计持有14.07%的股份成后者第三大股东；11月举牌梅雁吉祥（600868.SH），以5%持股成其第一大股东。在举牌市场火力十足的同时，恒大地产则以36亿元巨资收购嘉凯城（000918.SZ）52.78%的股权成为控股股东。此外，恒大人寿还购入中元股份（300018.SZ）等多家公司4.95%的股份，制造一批围而不举的“恒大概念股”。简言之，2016年恒大系风头盛极一时，无人能敌。

2016年年底刘士余“妖精论”喊话资本大鳄，险资举牌转折点来临，正如事后所知，随着2017年开年前海人寿和恒大人寿遭处罚，险资加强监管、从严监管已扑面而来。

在险资举牌降温的同时，其他金融资本举牌事件不在少数。PE巨头中植系接棒上一年度的中科招商举牌“壳资源”最为瞩目：4月底5月初，2次举牌大名城，持股10%成第二大股东；5月至7月，3次举牌法尔胜，持股15%成二股东；12月，以5%持股举牌康得新（002450.SZ）成第二大股东。此外，深圳长城汇理于5月开始举牌亚星化学（600319.SH），4次举牌后最终成控股股东。同为天马精化（002453.SZ）控股股东和中泰桥梁（002659.SZ）第二大股东的金陵投资系于5月、7月和11月三次举牌莫高股份（600543.SH），持股15%成为第二大股东。另有ST慧球（600556.SH）、武昌鱼（600275.SH）和永安药业（002365.SZ）亦遭金融资本举牌。

伴随金融资本的势微，2016年的产业资本举牌也算有些亮色。在史玉柱增持民生银行不久，后者12月20日发布公告，泛海系卢志强通过旗下公司以约11亿港币增持民生银行0.369%的股份，持股比例达到5%，构成举牌。随着民生银行董事会换届在即，大股东“夺位”形势愈加激烈。在信息技术领域，从12月初到次年1月中旬，大连东软控股变身东软集团（600718.SH）第一大股东，持股11.37%；紫光系三次举牌中发科技（600520.SH），持股达15%，升为第二大股东。基建领域，2016年初前2个月，地产商李勤四度举牌成都路桥（002628.SZ）成第一大股东。

跨过2016年，举牌第三阶段接近尾声。2017年的举牌市场，举牌数量锐减回落至年度60宗的水平，市场上也少了大案要案的喧嚣，似乎只有几个10亿元以上的举牌案例值得一提：3月，长江电力及一致行动人斥资超过23亿元举牌国投电力（600886.SH），并称积极面对国改和电改；4月，上海华豚系超过10亿元举牌拥有多金融牌照的爱建集团（600643.SH），随后拟通过要约收购方式谋求控股权，但在2018年初落败；5月，融创孙宏斌举牌重庆知名地产公司金科股份（000656，SZ）至25%，逼近第一大股东，累计斥资超过63亿元；到7月，鸿达兴业集团已两次举牌中泰化学（002092.SZ），出资超过15亿元；8月，80后“牛散”吕小奇及一致行动人逾20亿元首度举牌南京新百。显然，上述案例中的举牌标的无一不是优质资产的代表，这也成为2017年举牌市场的最大特点。

进入2018年，举牌市场似乎更为寂静。整体来讲，截至6月底，首次举牌案例不过20余次，再次举牌的案例连10次都不到。耗资在10亿元量级的案例仅仅发生3次：1月，中植系增持联络互动（002280.SZ）达5%，累计耗资近10亿元；在2017年大举建仓新能源行业的隆基股份（601012.SH）后，同在1月，陕西煤业微幅增持即达5%的举牌线，累计出资近30亿元；3月，继2017年举牌国投电力后，2018年长江电力再次介入电改，出资约20亿元购入川投能源（600674.SH）5%股权，二季度继续增持至6.22%。而涉嫌举牌收购的案例有3宗：1月，因看好赛轮金宇（601058）的轮胎业务，新华联增持前者股份达15%，与实际控制人所控制的16.56%比例相差无几；5月，中金投资举牌新南洋（600661.SH）与交大昂立（600530.SH）引发市场关注，分别持股15%和

10%，其意不排除整合后二者教育资产的可能。此外，令人唏嘘的是，这两年除了参与A股定增外，险资二级市场举牌的行为近乎绝迹。

总之，在经历2016年前的几年狂飙突进后，防范金融风险已成现阶段首要任务，金融政策趋紧，监管环境高压，“去杠杆”之声不绝于耳。而事实上，2017年党的十九大召开之后，资本市场新的发展阶段已悄然开始。

本书举牌收购案例的线索

在本章的最后，我们有必要简单阐释一下本书四个举牌收购案的遴选逻辑。

1. 时间线索

在举牌时间轴上，宝延案、茂业案和万科案分别为举牌起步期、跃变期和爆发期的代表性案例，爱使案则横跨举牌三大阶段，独具标本意义。此外，宝延案、爱使案主要发生在股权分置改革之前，茂业案和万科案则主要发生在股改之后。

2. 规模线索

伴随国内经济的持续增长，公开市场上收购上市公司的成本水涨船高，举牌规模的量级自然不断提升，宝延案、爱使案、茂业案和万科案的举牌规模分别为1亿元、数亿元、数十亿元和数百亿元。

3. 政策线索

1993年，《股票发行与交易管理暂行条例》颁布。

1999年，《证券法》颁布；2002年，《上市公司收购管理办法》和《上市公司股东持股变动信息披露管理办法》颁布。

2006年，《证券法》和《上市公司收购管理办法》大幅修订。

2014年，《上市公司收购管理办法》在经过2008年、2012年两次小幅修订后再次大修，而《证券法》于2013年、2014年也进行两次小修。

宝延案、爱使案、茂业案和万科案分别发生在上述四个法律法规颁布或修订的节点之后，其遵循的举牌规则因而多有不同。

4. 举牌资本

宝延案和茂业案皆为产业资本发起的举牌收购，万科案是金融资本发起的收购，而爱使案的举牌方既有产业资本延中实业和大港股份，又有金融资本辽国发、明天系和新理益等。

5. 举牌标的

延中实业和爱使股份均为典型的具备“壳公司”属性的上市公司，相反，茂业系举牌的渤海物流、商业城、深国商、大商股份、银座股份等商业公司以及万科案中的万科均是拥有大量房地产或隐蔽资产的资产型公司。

6. 举牌目的

宝延案和爱使案以收购上市公司“壳平台”为目的，而茂业案和宝万案的收购目的则是看中上市公司的经营性资产。

02 形态二 **协议收购**

第6章

帝国崛起：“股权分置”下的并购盛筵（1996 ~ 2004）

股不在优，有“德”则名；价不畏高，有“隆”就灵。

——2000年前后的A股股谚

站在姚振华440亿元巨资都未能撬动万科的今天，我们似乎已然很难想象：中国股市曾经历一段很长的时期，仅仅数千万元就可以轻松获得一家上市公司的控股权，其成本之低廉令今人艳羡不已！

2004年4月20日，ST中燕（600763.SH）发布公告称，第一大股东新疆屯河集团有限责任公司与杭州宝群实业集团有限公司签订了“法人股转让协议”，后者以协议收购的方式获得前者所持ST中燕的全部4 760万股社会法人股，收购价款为4 702.88万元。以每股不足1元、总价不到5 000万元的成本，杭州宝群成为上市公司的第一大股东。

在过去25年的A股并购历程中，二级市场举牌收购上市公司的案例不足百起。而一直是上市公司收购主流方式的协议收购，成例比比皆是、不胜枚举。尤其是股权分置改革之前，借中国股市独一无二的股权分置结构所形成的“成本优势”，无数资本玩家在法人股市场连番收购，攻城掠地，而其中声势最为浩大的当属一代民企帝国——新疆德隆。

“恒棱事件”破局协议收购

在“宝延风波”创下A股上市公司第一宗举牌收购案的次年，首例上市公司协议收购案破茧而出。

1994年4月28日，棱光实业（600629.SH）原第一大股东上海市建筑材料（集团）总公司（简称“上海建材”）与珠海经济特区恒通置业股份有限公司（简称“珠海恒通”）签订《关于协议转让上海棱光实业股份有限公司国家股协议书》，上海建材将其持有的棱光实业部分国家股1 200万股协议转让给珠海恒通，后者为此支付对价5 760万元。

本次转让前，棱光实业总股本3 379.9万股，其中国家股1 879.9万股，占比55.62%，处于绝对控股地位；法人股400万股，占比11.83%；流通股1 100万股，占比32.55%。转让后，珠海恒通受让的国家股转换为法人股，棱光实业的法人股因而增至1 600万股，占总股本的比重上升为47.33%，其中，珠海恒通持股比例为35.5%，成为棱光实业第一大股东；上海建材持有棱光实业国家股679.9万股，持股比例为20.12%，为第二大股东。

本次交易中，按照5 760万元的总对价，折合每股4.8元，这与4月28日二级市场棱光实业流通股12.99元的收盘价相比，折价幅度达到63%，股权分置下协议收购之奥妙，不言而喻。

股权转让协议签署两天后，即4月30日，棱光实业闪电召开了第三次股东大会并选举新一届董事会，珠海恒通董事长杨博出任棱光实业新一任董事长，这标志着珠海恒通成功斩获棱光实业控股权并完成上市公司收购。值得强调的是，本次收购中所转让的35.5%股权已经超过《股票发行与交易管理暂行条例》所规定的30%要约收购线，为解决当时国家股、法人股的非流通性与强制要约收购所要求的流通性之间的矛盾，证监会豁免交易应履行的强制要约收购义务。

“恒棱事件”因头顶多个“第一光环”而留名中国并购史：中国证券市场第一例协议收购上市公司案例；中国证券市场第一例国家股转让案例；中国证券市场第一个获得强制要约收购豁免的案例；在珠海恒通注入非上市资产后成为中国证券市场第一例买壳上市案例等。

上个世纪90年代，上海不乏历史悠久、业绩出众的地方国有企业，棱光实业就是其中之一。棱光实业的前身上海石英玻璃厂属大中型全民所有制企业，建于1958年，1991年底国有资产净值为1 879.9万元，职工1 000余人，上市前已成为我国最大的高纯多晶硅生产厂和石英玻璃制品生产的骨干企业之一。1993年4月，棱光实业在上海证券交易所挂牌上市。然而，由于主营产品多晶硅生产规模小，电耗大，生产成本过高，加之国际市场连续多年不景气，棱光实业上市后的经营不容乐观：1993年财务报告显示主营业务利润偏低，主业与副业倒挂，1994年主营业务更是出现亏损。显然，加快产品结构调整、形成新的利润增长点迫在眉睫。

相对棱光实业，成立于1991年8月的珠海恒通以房地产为主业，遍布珠海、深圳、海南、上海、北京、江苏等多地区，同时实行航运、通讯、电子仪表、制药、纺织、贸易和影视业多元化经营的策略。基于跨区域经营策略，珠海恒通一直谋求在拥有良好工业配套条件和高素质人力资源的上海发展，但始终未有建树。资金饥渴型的房地产业务和激进的业务扩张战略，使珠海恒通对资金需求相当旺盛，然而由于国家对企业上市实行严格的额度管理，通过直接上市融资的可能性微乎其微。

互有所求，各取所需，棱光实业和珠海恒通不免情投意合。一方面，棱光实业可通过珠海恒通的多元业务布局优化自身产品结构，改善业务窘境；另一方面，珠海恒通则可借船出海，征战上海。事实上，根据棱光实业1993年的年报，与珠海恒通的合作早有开展，双方合作开发的单相家用电子式电表已于1993年1月通过部级鉴定，并全部符合相关国际和国家标准，属国内首创，具有良好广泛的市场前景。

最终，在上海市地方政府的支持下，珠海恒通与棱光实业成功携手。

协议收购：上市公司收购的主流

在"恒棱事件"之后，1994年6月，浙江康恩贝集团收购浙江凤凰（600656.SH）51%的国家股，上位控股股东。此后，上市公司协议收购数量逐年增多，简略统计，从1994年至今所发生的协议收购案例将近千例，大量丰富而精彩的案例注定上市公司收购的主流方式非协议收购莫属。

与举牌收购类似，《证券法》和《上市公司收购管理办法》中并没有明确给出协议收购的定义。**从法理上讲，协议收购是指收购人在证券交易所之外与被收购上市公司的股东（主要是大股东）就股票价格、数量等方面进行私下协商（相对公开市场而言，而非黑市交易），并签订收购其股份的协议，从而实现对目标公司控股或兼并的目的**。

经过近五年的实践，1998年12月29日颁布的《证券法》正式确立了协议收购在我国上市公司收购中的法律地位。第七十八条规定“上市公司收购可采取要约收购或者协议收购的方式。”这一规定使得协议收购在立法上与要约收购比肩，成为法定的上市公司收购方式。

1997年，协议收购进入发展期。当年出现20余起协议收购案例，远超过前三年的总和，从1998年直到2002年，每年的数量均大幅增长。在“国退民进”的大背景下，监管层推出鼓励并购重组的政策成为协议收购快速发展的助推剂，这一期间国有股权转让成为市场焦点，一时间民营公司造“系”运动烽烟四起，一大批民营系族就此诞生，例如德隆系、复星系、格林柯尔系等。但是鱼龙混杂之下，证券市场此时也极为混乱，恶意收购上市公司控股权，在监管盲区通过二级市场牟利越发常见，中科创业（000048.SZ）和亿安科技（000008.SZ）等“虚假并购”大案要案频发。

2002~2006年，协议收购步入规范期。很多规范性的法律文件在此期间陆续推出或修订，2002年9月，证监会颁布《上市公司收购管理办法》，并于12月1日开始施行；经济领域的两个大法——新《公司法》和新《证券法》——于2006年1月1日开始施行。立法的逐渐完善和市场的逐步规范无疑为上市公司收购进一步市场化提供了必要的环境。

股权分置时期，上市公司控股股东的股权绝大部分是国有股和法人股，被称作非流通股，而这部分股权具有十分明显的三个特征：一是比例极高，上市公司股权结构中非流通股占主体地位，在股改启动前的2004年，非流通股占上市公司总股本达63.55%；二是“同股不同权”，流通股可以在二级市场自由交易，国有股和法人股则不具备二级市场流通权；三是“同股不同价”，非流通股与流通股相比具有十分低廉的价格，其转让定价大多参考净资产，流通股则由市场定价，往往溢价十几倍或几十倍发行。

这在客观上令协议收购具备了举牌收购、要约收购不可比拟的巨大优势：

非流通股价格低使得协议收购成本极低、非流通股占比高使得协议收购获取控股权的效率极高、交易程序和法律规制相对简单使得协议收购的操作难度亦远低于其他收购方式。本章案例中的德隆系和第7章中的格林柯尔系便是充分利用股权分置这一制度优势，在股改前低成本收购多家上市公司控股权，构建不可一世的庞大资本帝国。

2007年，协议收购进入后股改时期。股改后，协议收购发生了极为显著和多方面的变化。首先，从收购标的物来看：股改之前上市公司大股东的股份皆为非流通股，股改之后上市公司的股份全流通。其次，从收购价格来看：股改之前，非流通股的定价绝大部分以净资产为依据；全流通后，二级市场价格几乎成为交易定价的唯一参考。最后，从收购动机来看，股权分置时期，收购非流通状态的国有股和法人股的收购行为所导致的二级市场股价涨跌与收购方基本没有关系，所以收购动机主要是获取稀缺的上市公司“壳资源”后实现再融资，进而达到“圈钱”的目的；股改后收购主体的收购动机呈现出多元化趋势，比如实现产业整合、追求目标公司股价上涨、获取财富收益等。

因此，全流通运行的十余年间，协议收购发生的数量依然远高于其他收购方式。第8章SEB集团收购苏泊尔的案例和第9章四川双马控股权转让的案例均发生在股改之后，依照法规要求其交易作价以二级市场价格为参考，远超过标的公司的净资产。

从2007年开始，协议收购的年度案例数量逐年减少，到2013年以后，每年发生的数量更是大幅下滑，以至于控股权转让“物以稀为贵”地成为股市上一个炒作题材。不完全统计，2015～2017年对外转让控股权的上市公司不足百家，接盘方或背景神秘，或知名度较高，但往往引发上市公司实施重大资产重组的市场预期，不少股权转让概念股因此一度被爆炒，2016年的妖股四川双马（000935.SZ）便是典型案例。

与协议收购在国内证券市场上的大行其道相比，全球范围内，很多国家的上市公司收购中并不允许采用协议收购。这是由于协议收购在信息公开和交易机会等方面所存在的局限性不利于保证交易的公正性和监管的有效性。譬如协议收购可以采取个别协议方式进行，并可对不同股东采取不同的收购价格和收购条件，从而形成监管盲区，“国退民进”中的国资流失与此不无关系。

目前承认协议收购合法地位并仍采用作为上市公司收购方式的只有两类市场，一类如英、美等少数几个证券市场发达、监管措施完善的国家，通过完备的证券制度规避协议收购在信息披露等方面的不足，起到对中小股东利益的保护作用。比如英国，经收购及合并管理委员会同意，投资者可在要约收购的同时协议收购上市公司的股份，但后者价格不得高于前者，否则必须提高要约价格至同一水平。协议收购盛行的另一类市场则是包含中国在内的存在特殊资本现象的国家。在我国证券市场，长期施行的流通股与非流通股二元股权分置制度是造成协议收购大量存在的直接原因。

同举牌收购一样，协议收购的目的无非是觊望上市公司的“壳资源”或其经营性资产。当然不同资本属性的并购方，其并购目的也有所不同。以德隆系和格林柯尔系为代表的民营资本收购多家上市公司，不仅可以借上市公司“壳”平台进行融资等资本运作，也可以整合上市公司经营资产继而创造新产业价值。作为跨国资本代表，第8章的法国SEB集团和第9章的法国拉法基集团皆是看中上市公司的业务资产；相应地，第9章的IDG旗下机构作为并购基金，其目的则完全是收购上市公司的“壳”平台。

股权分置下的法人股市场

中国股市成立之初，“能否在证券交易所上市交易”将上市公司股份区分为流通股和非流通股，前者主要成分为社会公众股，后者则大多为国家股和法人股。国家股、法人股和公众股的提法来源于1992年5月颁布的《股份制企业试点办法》，“根据投资主体的不同，股权设置有四种形式：国家股、法人股、个人股、外资股”。这是我国经济体制转轨过程中形成的特殊问题，史称“股权分置”。

股权分置问题一直困扰着中国股市发展。“股权分置改革”意即改革我国股市股权结构不合理的状况，以上市公司全部股权都可上市流通为目的（即所谓的“全流通”，把国有股、法人股等不能上市流通的股票全部变为流通股）。作为对流通股东的补偿，非流通股股东拿出约占流通股数量30%的股份作为对价，补贴给流通股股东，同时，非流通股在锁定一定时期后，获得流通权并上市流通。后来的事实证明，相当于一次极为成功的大手术，股权分置改革可谓再造中国资本市场，其影响之巨大、其意义之深远甚可与设立股市相提并论。

"非流通股"并不等于"不能交易"。流通的含义是指在证券交易所的二级市场上买卖股票，而国家股、法人股不流通，意即在证券交易所不能交易，但其依然可以在二级市场外实现交易与转让，可以采取协议转让、招投标或拍卖等方式进行交易，前提是获得证监会的批准，交易才能生效。协议转让主要是指由收购方与上市公司的非流通股股东就转让上市公司非流通股股权的价格、条件、期限等相关事宜达成协议，由公司非流通股股东向收购方转让股票，收购方支付资金实现收购。

中国股市设立伊始，除了延中实业、爱使股份等少数几只"三无概念股"全流通外，绝大部分上市公司的股权处于分置状态，上市公司的控股股东持有的股份无一例外都是非流通的国家股、国有法人股或社会法人股。因此，想要获得上市公司控股权只能通过收购控股股东的国家股或法人股来实现，控股股东法人股的交易也"被迫"只能通过协议转让的方式进行，在这个意义上说，上市公司控制权交易市场本质上是协议转让的法人股市场，同时该市场和二级市场相互分割、干扰甚少。这种分而运行的市场状态可形象地理解为：法人股市场为B2B（机构to机构），交易所市场相当于C2C（个人to个人）。

此外，股权分置时期，涉及控股权出让的上市公司大多陷入困境且难以自救，同时控股股东所持的非流通股成本也极其低廉，加之地方政府和监管部门出于解困上市公司的目的，乐见出手收购上市公司的收购方，因此，协议收购的成本变得十分之低。

显而易见，无论是制度对法人股上市交易的约束，还是市场对廉价法人股的觊觎，股权分置下的协议收购定然成为上市公司收购和企业资产重组的主流方式。而新疆德隆——这个曾经号称中国资本规模最大的民营企业集团则成为股权分置下协议收购的超级玩家！

德隆和它的"三驾马车"

唐万新和他的德隆系在世纪之交的中国资本市场所创造的奇迹和破坏，至今鲜有人能逾越。

人们对唐万新的早年经历耳熟能详。据有"德隆研究第一人"之称的唐立久介绍，1985年，党中央发出开发大西北的号召后，唐万新毅然从新疆石油学院辍学，一跃跳入新疆涌动的大发展热潮中，由此开始唐氏的商业生涯。①

1986年底，在时任新疆八一中学化学教师的大哥唐万里的鼎力支持下，唐万新和一干初中同学、大学同学在乌鲁木齐从彩扩业务开始起步并有所积累。但是，随后开始的连续3年扩张却均以失败告终，涉及电脑打字、复印、贸易、学生课外辅导、挂面厂、小化工厂、服装自选店和开发软件项目等一切新鲜的市场机会，唐最后背负巨额债务。不过，1991年借新疆油田大开发和口岸开放，唐代理电脑销售而大赚特赚，并清偿此前债务，唐的仗义性格可见一斑，后来的事实也多次显示其豪情特质。

唐万新

1992年，唐万新注册成立乌鲁木齐德隆实业公司，这是第一次以“德隆”命名。同年，唐在早年合作伙伴的引领下从西安进入资本市场，从事企业股份制改造中认购权买卖的交易，到1993年3月，“赚了5 000万元至7 000万元”，这可称得上唐氏兄弟资本市场上的第一桶金。唐曾回忆，“1993年之前法人股和流通股界限不清，只要是股票，大家认为都可以上市，我把法人股全部卖了，几个月就赚了几千万。当时在二级市场我们从规模看并没赚到钱，一级、一级半市场的认购我们赚到了钱。比赚钱更重要的是，我们对资本市场有了切身的体验。”

与此同时，在1993～1996年的几年间，唐先后进军农牧业建设现代化农场，涉足房地产兴建宏源大厦，运作城市酒店，通过租赁公司布局金融等，在完成这些“史前期”的创业铺垫后，德隆帝国的宏大叙事逐渐展开。

1995年，德隆系最重要的资本主体——新疆德隆国际实业总公司（简称“德隆实业”）成立，注册资本人民币2亿元。1998年，德隆实业更名为新疆德隆（集团）有限责任公司（简称“德隆集团”）。以德隆实业为桥头堡，唐万新开始在资本市场上构筑其不可一世的资本帝国，并在股市上呼风唤雨长达八年，

① 唐立久. 解构德隆［M］. 浙江：浙江人民出版社，2011.

最终录得"天下第一庄"的名号。

翻看A股股票的历史行情图，有三只股票复权后的走势在1997～2004年间极其跌宕恢弘且如出一辙：在经历1997～1999年的前几年缓慢爬行后，于2000年先后均上涨10倍左右，并在高位运行四年后的2004年又全部高台跳水、断崖下跌，几至八年前的起涨点，八年间的股价演绎呈现巨大的"几"字形，其惊心动魄实非不经历其中人所能想象！这几只股票即是"德隆帝国"旗下赫赫有名的"三驾马车"：新疆屯河（600737.SH）、沈阳合金（000633.SZ）和湘火炬（000549.SZ）。

1. 新疆屯河

1996年7月31日，新疆屯河股份有限公司（简称"新疆屯河"）登陆上交所，总股本7 000万股，其中法人股4 350万股，占比62.14%，流通股1 750万股，占比25.00%，此外还有3年后方可上市的职工股，比例约12.86%。新疆屯河发行价5.78元，首日上市收盘10.41元，流通市值不足两亿元。

此时，刚刚成立5年多的中国股市正为法人股上市流通问题所困扰，而两年前，珠海恒通收购棱光实业破局国家股转让也刚刚落幕。毫无意外，拥有惊人金融天赋的唐万新敏锐发现股权分置下的法人股市场金矿。在新疆屯河上市不到三个月，德隆闪电入主。

1996年10月23日，德隆实业通过协议转让方式以2.51元/股、1 790万元的总价受让新疆昌吉州屯河建材工贸总公司（后更名：新疆屯河集团有限责任公司，简称"屯河集团"）持有的450万股和新疆八一钢铁总厂持有的263万股法人股，合计占总股本的10.185%，成为新疆屯河第三大股东。转让价格较当日13.35元的收盘价折价80%以上，成本之低令人垂涎。与此同时，唐万新任上市公司副董事长，可见其与新疆屯河的关系已十分密切。

新疆屯河的股东层面经过后面几年配股、协议转让等股权变动，德隆实业直接持有新疆屯河的股权降至7.36%，但持有上市公司第一大股东屯河集团90%的股权，从而间接持有上市公司13.635%的股权。通过直接和间接的混合持股，德隆成为新疆屯河的第一大股东，合计持有20.995%的股权。事实上，德隆通过其他系内公司在1998年即实现对新疆屯河的完全控盘。

2. 沈阳合金

1997年6月，德隆实业在公开招标会上通过竞价收购的方式以每股3.11元的最高报价竞得沈阳合金股份有限公司（简称"沈阳合金"）1 500万法人股，占总股本的29.02%，成为这家上市仅半年的上市公司的第一大股东。德隆实业总计投入4 665万元资金。

1996年11月12日，主营铜镍合金材料、金属测温材料制造和铂铑制品加工等业务的辽宁老牌大型骨干企业沈阳合金在深交所上市成功。总股本为5 168.5万股，其中第一大股东沈阳资产经营有限公司持有的国家股占比49.7%，另外法人股占比23.2%，社会公众股持股为27.1%。上市首日收盘价为13.85元，流通盘市值近2亿元。借助沈阳合金，德隆进入家用户外维护设备、电动工具制造领域。

在国家股或法人股的转让过程中，价格的确定十分敏感，其关键就在于避免国有资产流失，而招投标和拍卖则是确定国家股转让价格是否公允的通行方式。在投标后，经国有资产管理局（国资企发［1997］117号）批准，6月6日，德隆实业和沈阳合金的第一大股东签署《关于定向转让沈阳合金股份有限公司部分国有股股权的协议书》，德隆成功控股沈阳合金。当日二级市场股价收盘于11.85元，较国家股转让价高出281%。

3. 湘火炬

湖南株洲火炬火花塞股份有限公司（后更名：湘火炬投资股份有限公司，简称“湘火炬”）是德隆所收购的三驾马车中上市最早的企业，也是德隆投入资金最多的上市公司。1992年12月20日，湘火炬发行上市，总股本6 800万股，国家股、个人股各占50%。到1997年10月底，经过多次配送后的总股本为9 724万股，国家股降为42.31%，其余57.69%的股份为社会公众股。

1997年11月6日，德隆实业以每股2.8元、总价7 000万元，受让湘火炬2 500万法人股，占总股本25.71%，当天二级市场的收盘价为9.21元，较受让价高出229%。经国家国有资产管理局（国资企发［1997］285号）批准，双方签署《关于转让株洲火炬火花塞股份有限公司部分国家股股权的协议书》，转让完成后，德隆为湘火炬的第一大股东，进入汽车零部件制造领域。

至此，德隆帝国版图中率先完成了上市公司平台的布局。

唐万新的商业梦想是实践他理想中的“产融整合”，打造出一个中国式的产业航母。在1998年的一次集团战略会议上，唐给德隆制定的目标就是“成为一家世界性的大公司，进入全球500强”。[①]显然，收购上市公司只是唐实现商业

① 吴晓波. 大败局Ⅱ［M］. 浙江：浙江人民出版社，2007.

梦想的第一步，在德隆系的战略布局中，"三驾马车"至少承担两个平台级任务：资本运作平台和产业整合平台。

"天下第一庄"的代价

令唐万新曝得大名的并不是收购了几家上市公司，而是其"天下第一庄"的股市盛誉！

在德隆成为第一大股东后，德隆系"三驾马车"在中国股市的K线图上，一路向"东北"挺进，到2000年，三只股票的最高涨幅均在10倍左右，飙涨程度令人瞠目结舌。以2000年股票的最高价计算，新疆屯河后复权的股价从13.35元涨到125.73元，涨幅842%；沈阳合金后复权的股价从11.85元涨到184.64元，涨幅1 458%；湘火炬后复权的股价从12.07元涨到109元，涨幅803%。德隆"天下第一庄"名号响彻中国股市，以至于在相当长的时间里，"股不在优，有'德'则名；价不畏高，有'隆'就灵"成为一句闻名遐迩的股谚。

在"世界性大公司"梦想的"感召"下，用唐万新自己的话来说，他必须是"集中长期持有的控制性庄家"。从而在崩塌之前的近8年时间里，为维护"三驾马车"的资本平台地位，德隆陷入连唐自己都极不愿看到的尴尬境地，一方面拉抬股价，另一方面却保持对上市公司的高控制度。因此，表面上公司市值规模不断变大，但"坐庄"背后则需要巨额资金维持高股价。财经作家吴晓波在《大败局Ⅱ》中描述称，"根据计算，德隆每年用于维持高股价的费用需10亿元，用于融资支付的利息需30亿元，也就是说，起码要有40亿元的资金才能保证'德隆系'的年度正常运作。"这一数字确乎惊人！

事实上，德隆"坐庄"所需要的巨额资金一方面来自旗下上市公司的直接或间接融资，另一方面则是德隆系控制的金融机构所吸收的民间委托理财资金。其中，借助上市公司的融资方式主要有三种：配股融资、担保融资和质押融资。

"三驾马车"本身作为直接融资工具的作用极为有限。沈阳合金在1998年4月配股融资7 750万元；新疆屯河于1998年3月和2000年3月两次配股分别融资1.16亿元和2.45亿元；湘火炬于2000年9月配股募资5.6亿元。三家公司在德隆控制的数年间一共获得了4次配股核准，共募集资金9.98亿元。

相对而言，通过上市公司担保，德隆系其他公司却获得巨额银行贷款，唐立久在自己的书中对德隆系获得银行贷款的方式做了较为生动的描述："先由上市公司贷出用于下一步并购所需的资金，并购完成后，再由下一级被并购企业向银行贷款，反过来由上市公司担保。"这些资金实质上均由德隆通过层层控制实现绝对的支配。例如，1999年5月，"合金股份"及"湘火炬"董事会分别发布公告，各为"上海星特浩公司"提供2亿元银行贷款担保，后者为合金股份收购的公司，获得共计4亿元贷款。

在控制"老三股"以后，德隆继续采用协议收购法人股的方式于1999年、2001年和2003年分别间接获得了重庆实业（000736.SZ）、北京中燕（600763.SH）和天山股份（000877.SZ）的控股权，这三家公司被称为"新三股"。收购重庆实业是通过影子公司北京中经四通信息技术发展有限公司完成的，后者持有重庆实业20%的股份，为第一大股东；北京中燕则由屯河集团控制，持股29.69%；老三股之一的新疆屯河则持有天山股份29.42%股权。德隆从而成为当时中国资本市场上拥有上市公司最多的财团型企业之一。

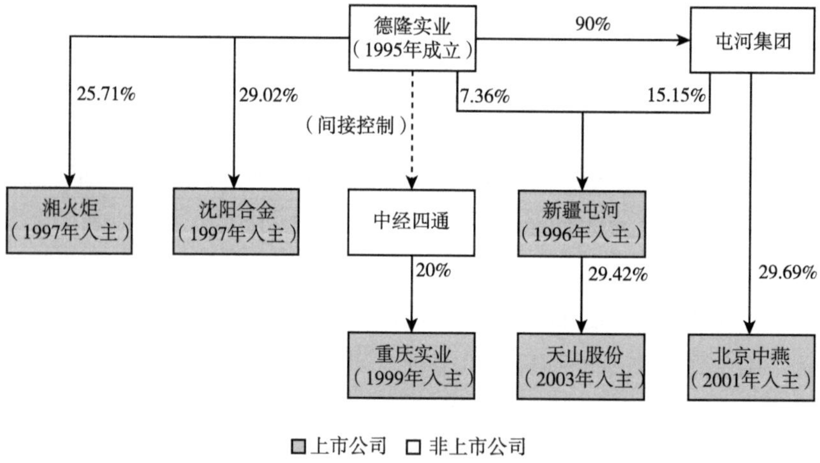

德隆系控制的六家上市公司

资料来源：新疆屯河等相关上市公司公告；持股数据截至2003年底。

除了利用这些上市公司为并购的企业实行担保外，德隆还将相当多的流通股进行质押以获得资金。在介入新疆屯河半年之后，1997年4月，新疆金融租赁发行了1亿元“特种金融债券”，为此德隆质押了其所持有的新疆屯河1 410.18万股法人股及质押登记日以后的分红派息。

民间交付给德隆系金融机构巨额的委托理财资金是其融资的另一个主要来源。这些机构包括新疆金融租赁、金新信托、伊斯兰信托、德恒证券、中富证券等金融租赁、信托、证券等机构，此外还有保险、基金机构、银行等。公开的数据显示，德隆从中融到的资金在250亿元以上，但是获取这些融资的代价则是德隆需要长期开出12%～22%的年息，堪称令人惊悚的数字。

“创造传统行业的新价值”

在德隆的战略布局中，唐万新赋予“三驾马车”最重要的使命是成为德隆系整合传统产业的平台。1997年5月，也就是在收购新疆屯河与沈阳合金的间隙，唐万新与11名德隆高管召开了一次被称为“德隆10年发展历程中具有转折意义的务虚会”，德隆内部称之为“遵义会议”。此次会议确立了德隆由“项目投资”转向“行业投资”的投资理念，由“投机”转向“投资”。相信“自己认识到中国传统产业的价值及其症结所在”后，唐决定介入并整合传统产业，而整合的手段便是其念念不忘的资本运作。正如后来被媒体广泛引述的那样，德隆确定了“创造传统行业的新价值”的核心理念。而被媒体概括的德隆模式，即“以产融结合进行产业整合”，其核心思想是：“以资本运作为纽带，通过企业并购，整合传统产业，为传统产业引进新技术、新产品，增强其核心竞争力；同时在全球范围内整合传统产业市场与销售通道，积极寻求战略合作，提高中国传统产业产品的市场占有率和市场份额，最终达到超常规发展的目的。”①

德隆的传统产业格局横跨“红色产业（番茄酱）”、“白色产业（棉花及乳业）”、“灰色产业（水泥）”、“黑色产业（汽车制造和机电业）”和“绿色产业（旅游）”等，遍布新疆、上海、北京、深圳等省市自治区。

1. 新疆屯河：“红色产业”整合

在德隆控股之后，新疆屯河便将水泥业务剥离给天山股份，后者因而整合

① 李建立. 战略德隆［M］. 北京：中国发展出版社，2003.

了新疆主要的水泥生产能力，着力打造“灰色产业”，而德隆却得以通过新疆屯河间接控股天山股份并使后者成为“新三股”之一。

新疆屯河则选择了“红色产业”，通过收购、重组新疆各地的番茄加工企业和国内、外销售网络，新疆屯河几年内迅速发展为拥有20万吨番茄生产规模、亚洲第一、全球仅次于美国亨氏的第二大番茄经营企业。德隆传统产业整合之功力可见一斑。以番茄、胡萝卜、红花、枸杞等当地特色果树资源加工为核心的“红色产业”迅速成了新疆当地的强势产业，一时解决了新疆10万农户的就业问题。颇有意义的是，新疆屯河的产业整合堪称企业发展战略升级为地区经济发展战略的典型。

2. 沈阳合金：全产业链整合

德隆业务一直局限于新疆，收购沈阳合金后，其产业投资疆土开始拓向全国。沈阳合金主要产品是镍合金，尽管市场占有率高达80%，无奈镍合金市场规模太小，全国总需求每年不过1个亿，注定企业长不大且难以超常规发展。

从1998年开始，沈阳合金将从资本市场配股募集到的资金和通过担保获取的银行贷款近5亿元全部投入到一系列上、下游的并购整合过程中。1998年9月和次年6月，先后收购国内直流电动工具老大的上海星特浩75%的股权和交流电动工具第一名的苏州太湖集团75%的股权，从而进军电动工具领域；1999年6月，以第一大股东身份成立陕西宝鸡星宝机电有限公司，开发生产国际市场上畅销的2—16马力小型汽油机；其后以星浩特出资收购生产高压水枪的苏州黑猫集团和以75%持股比例绝对控股生产清洗机械的上海美浩电器有限公司，并主导成立生产割草机的山西中浩园林机械有限公司等。至2001年，德隆通过沈阳合金构建起由原料供应到重要配套，再到终端产品的全产业链，基本上控制了全套自助电动工具的生产，并重新培植了电动工具市场的资源。

3. 湘火炬：“大汽配产业”整合

数十年来，湘火炬对火花塞产品的单一依赖十分突出，在充满活力的乡镇企业崛起的市场竞争中不断溃败，份额持续走低。同一时期，世界经济一体化和全球工业结构持续调整，技术成熟而劳动密集特征明显的汽车零部件工业在我国的发展迎来机遇。德隆入主湘火炬后，随即改变过去火花塞独闯天下的产品格局，向汽车刹车系统、汽车点火系统、火花塞、特种陶瓷等为主体的系列汽车零部件及机电产品体系全面拓展。

这几乎是和新疆屯河与沈阳合金的整合同步进行的。1998年9月，湘火炬收购国家内燃机配件重点骨干企业——株洲活塞销厂；1999年9月，湘火炬以3 300万美元总价打包收购了直接竞争对手——美国最大的刹车片进口商MAT公司和其所拥有的香港两家公司、美国两家公司以及其在中国内地9家合资公司的75%股权，从而获得了美国汽车零部件进口市场15%的份额，当年就实现了1.5亿美元的在美销售额；2002年7月3日，湘火炬宣布出资3 600万元与东风汽车合资成立东风越野车公司，占注册资本的60%，这标志着湘火炬开始进军汽车整车领域。

德隆对"三驾马车"的整合可谓极其成功。到2002年，新疆屯河、湘火炬的净利润分别实现5 100万元、1.02亿元的历史最好业绩，而沈阳合金在2003年也达到历史最高的7 000万元，这在当时总计1 100多家上市公司中的业绩已算佼佼者了。

帝国之堤，溃于金融蚁穴

就在德隆奏响"收购上市公司——坐庄上市公司——整合上市公司"三部曲的同时，危机却在一片繁荣背后肆意滋生。

2004年4月14日，经过此前多日的连续阴跌后，德隆系"三驾马车"全线跌停，宣告德隆危机的全面爆发。随后数周，股市轻而易举地就将德隆坐庄5年经营起的涨幅尽数抹去，其流通市值从最高峰时的200多亿元降到2004年5月25日的50亿元左右，蒸发了四分之三，哀莫大于此。德隆立刻开始变卖资产，收缩战线，以应对危机，这其中就包括本章开篇所讲的以4 702.88万元出售ST中燕控股权给杭州宝群。

德隆沦陷的后续故事，媒体连篇累牍，知之者甚众。这毫不奇怪，从一个行业的成功故事演变成全社会的恶性群体事件，其波及受众范围史上少见。

在中国，还没有哪个民营企业像德隆这样，成为产业界、金融界、学术界、传媒界和监管层以及万千中国股民所持续关注的焦点。从某种意义上讲，德隆事件成为新兴+转轨时期，中国企业发展中一个现象级事件。以至于以德隆为主题的专著、论文和研究报告汗牛充栋，专家、学者、记者和作家纷纷著书研讨评论。例如，研究鼎盛时期德隆的著作有《战略德隆》、《打造德隆竞争力——国际咨询机构与德隆合作侧记》等；而以德隆衰落为研讨对象的专著有：《德隆系："类家族企业"中国模式》、《解构德隆》、《德隆内幕：挑战金融和实业的均衡极限》、《德隆真相》、《德隆危机：谁更应该反思》、《俘获者：德隆最后的600天》等。德隆事件牵及范围之广，涉及行业之多，波及受害者之众，社会破坏力之巨，国际影响之大，在中国改革开放近40年的历史上，都是极为罕见的。

我们无意于再次分析德隆覆灭的原因，但对唐万新力主进入、但却将德隆推向万劫不复深渊的金融服务业却不得不稍加笔墨。

"由于当时德隆采取的证券投资模式是集中长期持有，非常类似庄家，所以当2000年底'中科事件'爆发后，社会舆论突然对准了德隆，'德隆是庄家'成为几百家报纸期刊的头版，引发了'金新信托'客户群的挤兑。这就是'德隆事件'的开始。"唐万新在2004年12月15日写给国务院领导的长信称，"2001年1月～2003年6月，应该是德隆危机的第一阶段。德隆主要做了三方面的工作来'化解'危机。"唐同时强调："经过三方面的努力，德隆金融企业的挤兑危机渐渐'缓解'了。2001年底有40多亿元客户资金到期兑付不了；2002年底不能按期兑付的资金不足20亿元；2003年6月到期资金全部兑付。还有十几亿元的备付金。"

这封长信是唐万新在被监视居住了近5个月的北京中苑宾馆写作而成的，在完成的前一日，即12月14日，武汉市检察院以"涉嫌非法吸收公众存款"定罪，签发了对德隆唐万新的逮捕令。所以有理由相信，在德隆崩塌后的半年多时间里，唐所思所言所行已经相对平静而充满"歉意"，正如其信中讲的"写这份材料，是想系统全面地表述'德隆事件'的主要过程和德隆公司运作的动机，一为客观叙述事实，二为后人引以为戒。"

根据唐立久的研究，"拯救金新信托是德隆历史上最大的战略决策失误之一"，"金新信托的第一次挤兑风波成为德隆发展的分水岭"。之前德隆系企业经营规范、运转良好，之后就开始扭曲和不正常了。在拯救金新信托后，德隆实业企业元气大伤、不堪重负。

事实上，德隆在并购上市公司、整合传统产业，乃至股市坐庄都是极其成功的。德隆之败，败在金融；金融之败，一败涂地。对于进入金融领域的原因，唐称："1997年，虽然国家并不鼓励民营企业进入金融行业，但由于全球金融业一般都是本土化的，不可能允许外资肆意投资，将来一定有民营企业的机会。所以，德隆投资'新疆金新信托'作为学习操作金融服务业的平台"，但是"在从事金融服务业这个领域里，德隆犯下了严重的错误"。德隆事件整个过程的实质就是，"当德隆下属的金融企业发生挤兑危机，为避免引起社会不安定，德隆集团用全部资产，甚至包括近20年来形成的个人资产去营救。过程中使用了一些'非常规'的手段，结果事与愿违，反而扩大了风险"。德隆金融之错就错在"为了做而做"，因为想进入金融服务行业而投资金融企业，但却未将它作为融资工具，或将其资产划到德隆名下。从结果来看，德隆不但未挪用金融机构一分钱，反而支持了金融企业几十亿元。

在中国企业史上，德隆是被贴标签最多的民营企业之一，人们称其为：金融帝国、金融恐龙、资本市场上"不沉的航空母舰"、天下第一庄、德隆战车、巨人德隆、中国资本规模最大的民营企业集团、中国民营企业的航母……

不过，硝烟散去，满目疮痍，也只能徒叹凄凉！

大事记

珠海恒通协议收购棱光实业

- 1991 年 8 月，从事房地产业务的珠海经济特区恒通置业股份有限公司成立。
- 1993 年 4 月，全国最大的高纯多晶硅生产厂上海棱光实业股份有限公司在上交所挂牌上市。
- 1994 年 4 月 28 日，棱光实业原第一大股东上海市建筑材料（集团）总公司将其持有的棱光实业部分国家股 1 200 万股协议转让给珠海经济特区恒通置业股份有限公司，中国证券市场诞生首例上市公司协议收购案。

德隆协议收购多家上市公司

- 1985 年，唐万新从新疆石油学院辍学，开始其商业生涯。
- 1992 年，唐万新注册成立乌鲁木齐德隆实业公司，这是第一次以"德隆"命名。同年，唐万新进入资本市场，从事企业股份制改造中认购权买卖的交易。
- 1993 ~ 1996 年，唐万新先后进军农牧业建设现代化农场，涉足房地产业务兴建宏源大厦，运作城市酒店，通过租赁公司布局金融业务。

- 1995 年，德隆系最重要的资本主体——新疆德隆国际实业总公司成立，注册资本人民币 2 亿元。以德隆实业为桥头堡，唐万新开始在资本市场上构筑其不可一世的资本帝国。
- 1996 年 10 月，德隆实业通过协议转让方式以 2.51 元 / 股、1 790 万元的总价受让了屯河集团持有的 450 万股和新疆八一钢铁总厂持有的 263 万股新疆屯河法人股，合计占总股本的 10.185%，成为新疆屯河第三大股东。随后几年，通过一系列资本运作，德隆实业直接和间接持有的新疆屯河股权比例达 20.995%，成为第一大股东。
- 1997 年 6 月，德隆实业在公开招标会上通过竞价收购的方式以每股 3.11 元的最高报价竞得沈阳合金 1 500 万法人股，占总股本的 29.02%，成为第一大股东，德隆实业总计投入 4 665 万元资金。借助沈阳合金，德隆进入家用户外维护设备、电动工具制造领域。
- 1997 年 11 月 6 日，德隆实业以每股 2.8 元、总价 7 000 万元，受让湘火炬 2 500 万法人股，占总股本的 25.71%，德隆实业成为湘火炬的第一大股东，进入汽车零部件制造领域。
- 1999 年、2001 年和 2003 年德隆分别间接获得了重庆实业、北京中燕和天山股份的控股权，这三家公司被称为“新三股”。
- 2000 年，新疆屯河、沈阳合金、湘火炬三只股票的年度最高股价较德隆控盘后的最低价上涨均超 10 倍。新疆屯河后复权的股价涨幅 1 273%；沈阳合金后复权的股价涨幅 2 266%；湘火炬后复权的股价涨幅 1 087%。
- 2002 年，新疆屯河、湘火炬的净利润分别实现 5 100 万元、1.02 亿元的历史最好业绩，而沈阳合金在 2003 年也达到历史最高的 7 000 万元，德隆的传统产业整合效力开始释放。
- 2004 年 4 月 14 日，经过此前多日的连续阴跌，德隆系“三驾马车”全线跌停，宣告德隆危机的全面爆发。随后数周，股市就轻而易举地将德隆坐庄 5 年经营起的涨幅尽数抹去，其流通市值从最高峰时的 200 多亿元降到 2004 年 5 月 25 日的 50 亿元左右，蒸发了四分之三。随后德隆立刻开始变卖资产，收缩战线，以应对危机。
- 2004 年 12 月 14 日，武汉市检察院以“涉嫌非法吸收公众存款”定罪，签发了对德隆唐万新的逮捕令。德隆帝国彻底沦陷。

第7章

"国退民进"中的造"系"烽烟（2001 ~ 2005）

笙歌归院落，灯火下楼台。

——《宴散》

这里描绘的不是枭雄们的荣华富贵，而是宴散后的凄凄败局。

从二十世纪九十年代中期开始，到股权分置改革基本结束的2006年底，中国民营资本造"系"风潮涌动，数年间资本大鳄呼风唤雨，几许繁荣。然而，资本造"系"者们似乎都没有想到，自己的一世富贵来得这么猛烈，也去得那么痛快。

德隆系、托普系、朝华系、中科系、成功系、飞天系、斯威特系、鸿仪系、格林柯尔系等数十家民营资本系族先后迅速崛起，但又都顷刻崩塌，其跌宕过程令人叹为观止。毫无疑问，中国股市独有的"股权分置"结构和"国退民进"的国企改革举措是这场"造系运动"得以席卷资本市场的两大背景，而对上市公司的收购则成为民营资本建系的最主要手段，他们大展财技、低价收购国家股和法人股，以极低成本和最快速度控股多家上市公司，从而构建了自己的资本帝国。

当回顾这场持续十年的轰轰烈烈的造系运动时，我们赫然发现，在各个资本大鳄的崛起、纵横与沉沦的过程中，其操盘手法与悲剧结局竟是十分相似！其中，被称为“德隆第二”的格林柯尔系在彼时十年的造系盛况一览无余，其深印时代烙印的起伏过程亦颇具标本意义。

国退民进：造系“天时”

在讲述格林柯尔系叱咤资本市场之前，我们先回顾一下当时的大背景。

中国改革开放40年的政府决策不少为“摸着石头过河”，从“包产到户”到“允许一部分人先富起来”，从“价格双轨制”到“破三铁”等。在国有企业改革中，这个痕迹丝毫不减，从1996年的“抓大放小”到1998年的“国退民进”，政府的每一步决策都在试探中前行，同时伴随着难以避免的隐患和苦涩。

中国的国企改革如同趴在国家经济体制改革这幢房子里的巨兽一样，没有人能够视而不见。从改革开放伊始到整个八十年代，通过向企业“放权让利”激活企业活力是中国国有企业改革的主题，九十年代初达到高潮，然而其结果却让人十分沮丧，绝大多数国有企业生产力低下、竞争能力差使之在市场较量中不断溃败。究其原因似乎也十分清晰，这一阶段的国企改革一再试图绕开经济学里最核心的问题：任何企业做好的前提无不是清晰的产权。“放权让利”的改革仅仅强调所有权和经营权分离，只是给企业政策倾斜，给企业很多权利，希望企业家把企业搞上去，但却无视产权诉求，将其悬置。从结果来看，产权悬置情况下的国有企业经营，经营好只是暂时的，经营不好才是长期和必然的。

针对中小国有企业的产权改革成为破局国企改革的关键一环，1992年4月开始的“诸城模式”成为借产权改革搞活中小企业的成功试点之一。当时山东省诸城市以明晰产权关系为突破口，以股份合作制为主要形式，对中小企业实施产权制度改革，颇有成效。但改革过程中毫不意外地饱受争议，不断遭遇难题，即使后来被称为国企产权制度改革“第一官”、当时诸城改革的主事者陈光市长也是频频被质疑。但毫无疑问，诸城改革将国有企业产权制度改革的大门推开了一道缝隙。后来，朱镕基在1996年3月亲赴一线考察，对采取多种形式探索搞活小企业的“诸城经验”表示肯定。

自诸城模式后，国有企业改革逐渐出现了战略性的调整，在某种意义上，开始于1978年的“放权让利”的国有企业改革运动已然终结，一个全新的、以所有权改革为核心的新时期悄然开始。在朱镕基主政的这一新时期，先后形成了两个关乎国有企业改革成败的战略，一个被称为“抓大放小”，另一个就是“国退民进”。

1998年前的思路是抓大放小。“放活小的”，其含义十分明显，即把那些没有竞争力也无关国计民生的中小企业的产权放掉；“抓好大的”，意指政府主抓有成长潜力、具备资源优势的大型企业，其学习榜样则是因韩国政府的强力支持而成为全亚洲成长速度最快的航空母舰式综合财团——韩国大宇集团。然而，在1997年亚洲金融危机席卷之下，我们意图效仿的韩国大宇却不堪一击，轰然崩塌。正如后来所知，抓大放小战略也随之淡出视野。

1998年3月，朱镕基正式出任新一任国务院总理。朱氏那场至今依然振聋发聩的“地雷阵”宣言确乎折射了当时中国改革超乎想象的艰难处境。[①]对于国企改革，朱镕基豪情万丈地承诺“三年之内搞活国有企业”，对此，国内外舆论普遍认为“这是不可能完成的任务”。

此后，“国退民进”的战略在这样坚定的宣言和不无悲观的犹豫中全面推进起来，其基本思路是：国有资本从完全竞争领域中坚决撤出，但在上游包括钢铁、能源、航空、电信、电力、银行、保险、媒体、大型机械和军工等能源资源型行业中则形成强势垄断格局。这一政策的推出，中国企业的成长逻辑和中国企业所有制格局因之发生重大的变化和调整。

“国退民进”历时5年左右，其中存在的问题，至今仍颇有争议。既然要从完全竞争性行业中撤出实现“国退”，那么原本的国有资产就要通过产权出让等方式让民营资本进入。财经作家吴晓波在《激荡三十年（中国企业1978～2008）》中指出，在国退民进的改革过程中，让人非常惊讶的是，“摸着石头过河”成为中国各级地方政府的政策推动模式，全国性的立法式的改革方案始终未曾出现。显然，如此大面积的国有企业实行转制，很多地区不可避免地采取了“运动”式的办法，于是出现了五花八门的产权出让手法。比如员工

---

① 在1998年3月19日九届人大一次会议闭幕会后举行的记者招待会上，朱镕基回答记者提问时称：“不管前面是地雷阵还是万丈深渊，我都将一往无前，义无反顾，鞠躬尽瘁，死而后已。”

持股会、曲线MBO、增值量化模式以及更为极端的破产改制等方法，但完全没有统一的法律依据和监管制度。

当各地政府纷纷推出老企业改造改组的新政策时，企业并购风起云涌、天翻地覆。

如果说“国退民进”为民营资本构造系族提供了“天时”，那么“股权分置”无疑为这一运动搭建了“地利”。

我们曾在德隆一案中提及，因股权分置而产生上市公司股权结构的不合理、不规范令中国股市一度十分困扰。早期的上市公司绝大部分为国有企业，上市公司股权被人为地割裂为非流通股和流通股两部分，通常处于控股地位的非流通股股东持股比例极高，约占三分之二。“同股不同权”和“同股不同价”令上市公司治理结构存在严重缺陷，极易滋生一股独大、甚至一股独霸的现象，流通股股东特别是中小股东的合法权益极易遭受伤害。当众多资本造系者们控股上市公司时，这一损害将被无限放大。

上市公司控股权转让的价格一直是市场关注的焦点，通常是双方协商谈判的结果。然而，由于出售的股份大部分是国有股，加之国有资产有保值增值的义务，国资监管部门就此专门发文强调国有资产的出售价格不应低于净资产。[①]

据相关研究统计，[②]上市公司股权转让价格对净资产的平均溢价率最低发生在1999年，约为13%，而2000年该值则上升最高为61%，2001～2003年则在25%左右。对于净资产较低的公司，溢价可能较为明显。例如，2003年ST自仪（600848.SH）转让时，每股转让价为4.5元，较2002年度0.22元的每股账面净资产溢价达19倍。不过，即使较净资产巨幅溢价，非流通股转让的价格和二级市场价格仍相差极为悬殊，2月17日签订股权转让协议当日，ST自仪的股价收盘为8.44元，较4.5元转让价高出88%。收购成本的低廉正是吸引资本玩家闻风而动疯狂涌入法人股市场的直接原因所在。

因此，股权分置改革之前，中国股市独有的“国家股”和“法人股”结构以其不能在二级市场流通的特定安排造就了收购上市公司控股权的持续火热，

① 原国家国有资产管理局，原国家经济体制改革委员会，股份有限公司国有股股东行使股权行为规范意见．国资企发〔1997〕32号，1997-03-24.

② 王光映，晏晓东．非流通股协议转让定价机制与效率研究［J］．广东财经职业学院学报，2005，4（1）.

继而造“系”风行。

背倚“国退民进”之天时，坐靠“股权分置”之地利，加之地方政府和国资部门的推波助澜，顾雏军们粉墨登场了，数年间法人股收购市场烽烟四起、遍地开战。

亮相2000：香港上市

格林柯尔，名字是英文green（绿色）和cool（凉爽）连起来的谐音。但有好事者将其解读为“格力”、“美菱”、“科龙”、“海尔”的合体，意指顾雏军剑指制冷业“四大天王”的鸿鹄之志，但该名字是否暗含此意，不得而知。不过后面陆续发生的事实却显示格林柯尔绝不仅仅偏安一隅。

1959年出生于江苏泰县的顾雏军分别在江苏工学院热能工程系和天津大学动力工程系读完本科和硕士，毕业后以优异生的身份留校任教，主攻科研。在还不到30岁的1988年，顾雏军在英美合办的权威杂志《能源》上发表了论文《一个新型热力循环的研究》，宣称突破了传统的卡诺循环理论，据说是被国际工程热物理学界命名为“顾氏循环理论”。但是该理论却遭国内制冷学界的大部分专家反对，认为其哗众取宠。

然而，当时气候变暖已成全球主题，空调和冰箱使用的氟利昂一度成为问题所在，顾氏理论恰恰是“一种能替代氟利昂的热力循环节能新技术”。基于该理论，顾雏军发明了格林柯尔无氟制冷剂。

1989年，顾雏军开始下海经商。整个九十年代是顾雏军在国内、外商场不断折腾的十年。1990年顾首先切入空调业，生产小康牌空调，声称是“目前世界上耗电最省的家用空调器”，算是中国第一批空调行业的拓荒者。同年，在英国注册成立销售公司推广格林柯尔制冷剂，此后数年中先后在加拿大、美国、马来西亚和香港等地成立了数家海外公司。顾雏军的这一番海外折腾，其经营成果为何，没有公开报道，但似乎可以推断出：他应该拿到了海外融资，“不要问我钱从哪里来的，我的钱有国际背景”。[①]同时，他也经历了资本运作的操练，

① 费杨生．资本玩家的游戏 科龙受累顾雏军诚信危机［OL］．2005-07-19［2018-09-30访问］．http://news.sina.com.cn/o/2005-07-19/09066470987s.shtml.

这在后来的格林柯尔IPO、收购A股数家上市公司等事件中相继得到证实。

1995年在天津建成年产1万吨的环保制冷剂生产基地后，顾雏军开始在国内大展拳脚，1997年格林柯尔制冷剂（中国）有限公司（简称“格林柯尔中国”）在天津成立，1998年北京格林柯尔环保工程有限公司和格林柯尔环保工程（深圳）有限公司分别成立，1999年海南格林柯尔环保工程有限公司成立，2000年湖北格林柯尔环保工程有限公司成立。

2000年是顾雏军走向人生巅峰的开端，这一年7月，格林柯尔科技控股有限公司（简称“格林柯尔控股”）在香港创业板上市并募资5.45亿港币，股票代码：08056。顾通过其注册于BVI（BRITISH VIRGIN ISLANDS，英属维尔京群岛）的个人全资公司Greencool Capital Limited持有格林柯尔控股62.6%的股份。

尽管格林柯尔控股在2000年7月就在香港创业板成功上市，但是直到15个月后，顾雏军和他的格林柯尔才第一次被公众所认知。因为2001年10月，与顾雏军有关的两个新闻均十分重磅。

第一个新闻是，美国一本极具影响力的商业类杂志——《福布斯》发布了“2001年中国大陆富豪榜”，在这个号称中国最富有的一百人榜单上，此前名不见经传的顾雏军赫然在榜，且以19.6亿元的财富位列第20名。这份在两年后才登陆中国的老牌杂志这样描述，“41岁的顾，早在二十世纪八十年代就开始投资开发环保节能的不含氟利昂的制冷剂。格林柯尔在英国和天津均设有生产基地，它已经成为世界上最大的非氟利昂制冷剂的生产厂商之一。”一时间，“顾氏和格林柯尔何方神圣”成各路财经媒体最为关心的话题之一。

不过，令媒体炸锅的则是另外一则更具轰动效应的消息。10月30日，上市公司广东科龙电器股份有限公司（简称“科龙电器”，000921.SZ，00921.HK）发布股权转让提示性公告，科龙电器第一大股东广东科龙（容声）集团有限公司（简称“容声集团”）与顺德市格林柯尔企业发展有限公司（简称“顺德格林柯尔”）于2001年10月29日签定了《关于广东科龙电器股份有限公司的股份转让合同》。容声集团将其持有的科龙电器20 477.58万股的法人股份转让予顺德格林柯尔，转让价款5.6亿元人民币（后来这个价格调降为3.48亿元），完成交易后，顺德格林柯尔以20 477.58万股的持股数量和20.6%的持股比例，成为科龙电器的第一大股东，容声集团持股则降为13 314万股，持股比例为13.46%。这一年正处于国退民进的中场，顾雏军出手了。

轰动2001：屠龙科龙

作为曾经连续八年稳居中国电冰箱行业老大的明星企业，科龙电器从1997年开始连续三年获香港《亚洲货币》杂志评选的“中国最佳管理公司”和“中国最佳投资者关系公司”殊荣；1999年入选美国《福布斯》杂志评选的全球最佳300家企业，并被评为其中20家最优秀的中小型企业之一，科龙电器在中国制冷业和家电业的声誉之隆一时无人能敌。

很显然，一家基本面如此优异的冰箱霸主被一家名不见经传的制冷剂公司收购，它所造成的市场轰动效应足够吸引眼球。当然，转让价格远低于净资产、为什么卖给格林柯尔等市场质疑之声也一阵阵扑面而来。

1984年，科龙电器由时任广东省顺德市容桂镇工业交通办公室副主任的潘宁创办。刚创办时，企业名字叫“珠江电冰箱厂”，电冰箱的品牌谓之“容声”。

据称当年全国有79条冰箱生产线，珠江电冰箱厂起点最低，但潘宁却将企业经营得有声有色。到八十年代末容声产品已丝毫不逊色于国有企业，并形成了“北海尔，南容声”的美誉。①1992年，珠江电冰箱厂因得到邓小平南方谈话时的视察和赞赏而一举成名，并在当年成为全国最大的电冰箱厂，在这一宝座上一坐就是八年。

珠江电冰箱厂早期的崛起，与当地政府不遗余力的支持密不可分，从一开始，这就是一家产权归“集体”所有的企业。1994年潘宁宣布新创科龙品牌，将企业变身为科龙集团。1996年科龙电器香港联交所上市，成为全国第一家在港上市的乡镇企业。1997年实现营收34.1亿元，利润达到令人羡慕的5.76亿元。然而，就在科龙四处攻城略地之时，倾力支持企业发展的地方政府开始逐渐增强对科龙的干预和掌控力度。1998年12月，潘宁离职总裁职务；次年4月，辞任董事长。后来的多方证据显示，潘宁离职实为“被动退休”。

尽管人事动荡对科龙造成一定影响，但由于过去十五年打下的底子实在够

① 吴晓波．大败局Ⅱ［M］．浙江：浙江人民出版社，2007.

好，1998年科龙实现38.13亿元的销售收入和5.91亿元的净利润，1999年，电冰箱产量达到创纪录的265万台，全年共实现销售收入56.22亿元和净利润6.44亿元（后调整为：6.3亿）。而1999年7月，也就是潘宁离职3个月后，科龙电器A股在深圳证券交易所成功发行上市，募集资金10.98亿元，成为深、港两地同时上市的家电企业。

然而，物极必反、盛极而衰的规律似乎在科龙身上得以应验。2001年4月，科龙电器发布上一年财报显示，公司2000年度竟意外亏损6.78亿元（后调整为：亏损8.31亿元）。从1999年的6.44亿元盈利到2000年的6.78亿元亏损，这个自由落体运动实在令人无法接受！

尽管科龙电器年报分析称该亏损系总营业额下降、费用上升及毛利率下降所致，但各项指标的变化原因披露得并不充分，例如营业费用由1999年的7.6亿元上升至9.2亿元，升幅达21%，原因是“为了打好与经销商的关系，给予他们较高的销售回扣及折让”，但以科龙电器的品牌和市场地位，这样的行为多少有些费解。多年以后，曾担任科龙营销副总裁的屈云波在接受媒体采访时指出，①“除非是特殊情况，要不就是在专门制造亏损”，“我没有能力把偷钱这种坏事变成好事”。这似乎都在暗指控股股东涉嫌转移资产，制造上市公司亏损。

不过，正是由于2000年的巨额亏损，给格林柯尔收购科龙提供了可乘之机。几经辗转，顾雏军和容声集团搭上了线并最终实现了对科龙的收购。

收购成本之低，从股票二级市场的价格和科龙的净资产情况可窥见一斑。签定协议当天，科龙电器二级市场收盘价为12.19元，顾雏军收购的法人股折合每股1.7元，较12.19元折价86%；而科龙电器2001年中报显示净资产为41.37亿，当时总股本为9.92亿股，每股净资产为4.17元，顾雏军的收购价较其折价59%。

顾雏军确实捡了个大便宜！

耀眼2003：连环并购

令人颇为感叹的是，在顾雏军的沉浮录中，有三个极其知名的榜单“记

① 徐正辉，郭宏超，初光涛．屈云波：“我没能力把科龙偷钱变成好事”［N］．经济观察报，2005-08-08.

录”了他从崛起成名到跌落神坛的悲喜过程。如果说2001年因荣登“福布斯中国富豪榜”而让中国媒体初识顾雏军，那么2003年当选“CCTV中国经济年度人物”则令顾雏军一举成名天下知。与他同时入选这份被誉为“中国经济界的奥斯卡”、中国认知度最高、最受社会各界推崇评选榜单的，还有刚刚当上中国首富的互联网新贵丁磊、中国加入世贸组织谈判的主将龙永图以及牛根生、吴鹰等人。2003年无疑是顾雏军一生中最为风光的一年。

12月28日晚间，央视评选晚会的演播大厅里，颁奖词不无激荡人心地说到：“他将竞争对手变成了自己的合作伙伴，并购科龙，控股美菱，他用10亿元的资本杠杆撬动上百亿的企业。他是制冷专家，更是投资‘赢’家。”这一刻的顾雏军可谓志得意满，其作为商业领袖的声誉也在此时达到巅峰。

2003年正是“国退民进”的收官之年。家电行业因属于完全竞争性领域，不是国有资本应该在的地方，所以“国退”十分频繁。就在这样的背景下，顾雏军瞄准了一家同行业的老牌国企——与科龙、海尔、新飞同属冰箱业“四大家族”的美菱电器。

令科龙电器的投资者欢呼雀跃的是，2003年4月所公告的2002年度报告显示，顾雏军治下的科龙电器成绩明显，以2亿元的利润扭亏为盈，从而免遭退市噩运。

就在科龙刚刚立稳脚跟之际，5月29日，地处安徽合肥的合肥美菱股份有限公司（000521.SZ，简称“美菱电器”）发布《关于股权转让的提示性公告》，公司控股股东合肥美菱集团控股有限公司与顺德格林柯尔签定股权转让协议，前者将其持有的美菱电器部分国有股8 285.27万股转让给格林柯尔，这一股份数量占总股本的比例为20.03%，双方协商的交易价格为2.07亿元，相当于2.5元/股。交易完成后，格林柯尔成为美菱电器第一大股东。

2002年的美菱电器尽管收入12.62亿元，但盈利仅区区810.76万元，净资产10.35亿元，每股净资产为2.5元。在签定协议当日，美菱电器收盘为2.82元。顾雏军收购美菱电器的定价与净资产近乎相等，较二级市场价格仅折价11.35%，交易的定价并无瑕疵。此番收购因为瓦解了海尔、科龙容声、美菱、新飞四大品牌主导市场的相对稳定格局，被称为投向冰箱业的深水炸弹，轰动整个冰箱行业。

收购美菱后，格林柯尔手中握有的冰箱生产能力增加到650万台以上，位于亚洲第一，在世界上仅次于瑞典伊莱克斯排在第二位。实际上，顾雏军在制冷行业的野心由来已久，曾放言要在几年内将全国所有冰箱企业收归麾下。2002年，他一举收购了江西南昌的家电制冷企业齐洛瓦、吉林省的老牌冰箱企业吉诺尔，以及上海上菱冰箱的两条生产线；2003年7月，控股了杭州西冷70%的股权。此刻，顾雏军已经拥有大小冰箱品牌达八个：科龙、容声、华宝、康拜恩、美菱、齐洛瓦、吉诺尔和西冷，形成品牌在高、中、低档上的全部覆盖和销售网络的全国覆盖，格林柯尔的“冰箱王国”雏形初现。

与行业上的巨大影响相比，顾雏军成功竞购美菱与2年前入主科龙多有类似之处，他再次把握住了一次“国退民进”的机会。后面的很多事实都可以表明，顾同样采取对原大股东与上市公司的债务问题“妥善处理”，而这个过程都是在谈判过程悄悄完成的。对这种情况，郎咸平直接指出“如果我们作出一点假设，一切便符合逻辑：每次成功收购的背后，总隐含着某些与原来控股大股东之间的默契，那就是柯林克尔通过作出某种承诺获得购买原来控股大股东的法人股的优先权利，甚至获得对格林柯尔较为有利的交易条件”，在格林柯尔控制上市公司后，原来的控股大股东“通过上市公司的债务豁免、或者其他关联交易获得好处”。如果真是这样礼尚往来，投桃报李，受到损失的便全是中小股东。①

收购美菱后，格林柯尔这辆资本战车并未停下来，甚至连点刹都没有踩，继续开足马力在资本市场挺进，而且顾很快锚定了新的猎物。不过令人惊讶的是，新的猎物与冰箱、制冷剂没有任何关系，甚至与家电业也毫无交集！

2003年7月31日，扬州亚星客车股份有限公司（600213.SZ，简称“亚星客车”）发布澄清公告称，“近日媒体报导中提及格林柯尔欲收购本公司从而涉足汽车业”，在和控股股东江苏亚星客车集团有限公司（简称“亚星集团”）核实后，亚星集团表明为更好地促进亚星客车的发展，欲引入战略投资者，“正在与包括格林柯尔在内的若干公司进行合作意向性的接触”，但“尚未与任何公司签署意向性或正式股权转让协议”。显然，这是一则“此地无银三百两”的公告！

四个半月后，也就是“CCTV中国经济年度人物”颁奖典礼前不足半月的

① 新浪财经．郎咸平：在“国退民进”盛筵中狂欢的格林柯尔［OL］．2004-08-16［2018-09-30访问］．http://finance.sina.com.cn/t/20040816/1202951523.shtml.

12 月 15 日，亚星客车再次发布一则与格林柯尔相关的公告，只不过这次不是“澄清”而是确认：亚星集团于 2003 年 12 月 10 日与扬州格林柯尔创业投资有限公司（简称“扬州格林柯尔”）签订了《江苏亚星客车集团有限公司与扬州格林柯尔创业投资有限公司之关于扬州亚星客车股份有限公司的股份转让合同书》。根据该合同书约定，扬州格林柯尔以协议收购方式收购亚星集团持有的亚星客车绝大部分国家股 11 527.25 万股，占总股本的 60.67%，收购完成后，扬州格林柯尔成为第一大股东。该公告中同时披露，扬州格林柯尔成立于 2003 年 6 月，与前述澄清公告相隔一月有余，显而易见，这是为收购亚星客车而成立的壳公司。

作为中国客车开路者，亚星客车历史十分辉煌，其前身扬州客车制造总厂，是国内最早、也是最大的大中型豪华客车制造商。从第一辆亚星客车的诞生开始，亚星已伴随着中国汽车工业走过了半个多世纪。1999 年 8 月，扬州亚星客车股份有限公司在上交所挂牌上市。然而，国有控股的亚星客车并没有利用上市平台攀登新的高峰，反而经营每况愈下，尤其是 2002 年，在汽车行业整体大幅增长的情况下，其净利润同比下降超过了 50%。与同期金龙客车和宇通客车所向披靡的市场状况相比，亚星客车往日的辉煌已经难寻踪迹。此时，四处寻求出路成为亚星必然的选择。当看到格林柯尔对科龙电器的成功改造，“民进”与“国退”或能带来的业绩改善预期对亚星来说无疑是很大的诱惑。

顾雏军涉足客车业并非一朝之决定，早前便有意收购黄海客车，但最终无疾而终。格林柯尔“跨界”汽车业并不奇怪。对格林柯尔来讲，客车业充满机会：客车业本质上属于“组装产业”，与冰箱业、空调业有很多类似之处，“未来会有与冰箱行业一样的巨大发展空间”。

与科龙、美菱一样，亚星同属品牌和底子极为出色的企业，格林柯尔收购亚星客车再次故技重施：在其经营困难时，以较低成本通过协议收购方式，收购其控股股东持有的国家股，实现对其控股。截止 2002 年 12 月 31 日，亚星客车每股净资产为 3.38 元，而约定协议转让价格为 3.625 元/股，较净资产仅溢价 7.25%，交易总对价为 4.18 亿元。而亚星客车流通股股价已经跟随大盘下跌了很长时间，即使如此，2003 年 12 月 10 日 5.75 元的收盘价仍远高于转让价格。显然，顾雏军又一次抓住了“国退”的机会。

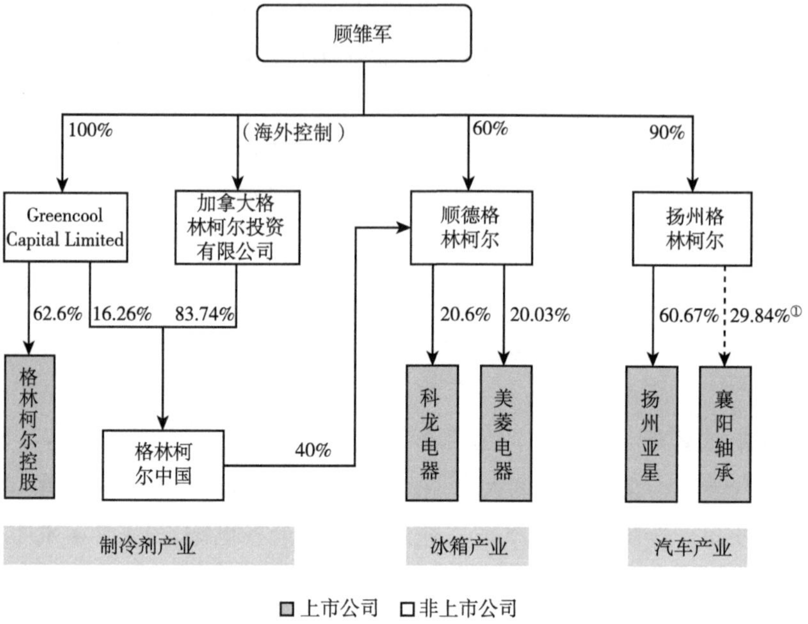

格林柯尔系控制的主要资产情况

注：①因证监会未最终批复，格林柯尔并未真正对襄阳轴承实施控制。

资料来源：格林柯尔控股及相关上市公司公告；持股数据截至2003年底。

滑铁卢2004："顾郎之争"

2004年，顾氏狂飙突进的碾压风格仍在延续，不过，这一年他似乎流年不利，也或许是他的运气在前一年已被透支得荡然无存。

借道亚星客车挺进汽车产业后，格林柯尔将触角从江苏扬州伸向湖北襄樊。4月8日，襄阳汽车轴承股份有限公司（000678.SZ）发布公告称，第一大股东襄阳汽车轴承集团公司将其持有的部分国有法人股4 191.33万股转让给扬州格林柯尔，占上市公司总股本的29.84%，转让价为每股2.41元。这一价格可谓"贴地"定价，与襄阳轴承2003年财务报告中的净资产价格分毫未差。

尽管股权转让合同已签署，但因收购涉及国有股权转让，经地方政府、国务院国资委审核批准和中国证监会审核无异议后，《股权转让合同》方可履行。襄阳轴承4月22日公告，湖北省人民政府以鄂政函［2004］62号文同意襄阳轴承国有法人股的转让，但却强调“转让价格不得低于襄阳汽车轴承股份有限公司2003年底每股净资产值”。于是，6月8日襄阳轴承公告协议双方签订补充协议，调整收购价格，较2003年底每股净资产上浮8%，即以每股人民币2.60元、合计人民币10 897.46万元的价格确定交易对价。对此，国资委在7月27日做出了同意的批复，但交易就此戛然而止，此后再无进展。由于证监会并没有批复此案，以至于格林柯尔并未真正对襄阳轴承实施控制，直到后来双方解除合同。

至此，顾雏军造系的并购过程清晰地呈现为两个部分：一是以顾雏军私人控股的企业名义收购的上市公司，包括顺德格林柯尔（后更名为“广东格林柯尔”）名义收购的科龙电器和美菱电器，以扬州格林科尔名义签署收购协议的亚星客车和之后解除收购协议的襄阳轴承。另一部分则是动用科龙资金，以科龙名义收购的非上市企业及生产线，如齐洛瓦、吉诺尔、上菱电器、阿里斯顿等。

在一系列收购完成之后，格林柯尔系的资本与产业格局赫然成形：①制冷产业的上游资源：制冷剂；②制冷产业的下游：冰箱；③汽车产业：客车及汽车配件。

制冷剂产业包括位于天津的格林柯尔中国（非上市公司）和格林柯尔控股（香港上市公司），两家公司皆由顾雏军的境外私人公司控制。

冰箱产业包括科龙电器（上市公司）及其收购的齐洛瓦、吉诺尔、上菱电器、阿里斯顿等非上市公司和美菱电器（上市公司），这两家上市公司均由顺德格林柯尔（非上市公司）控股。

汽车产业包括境内、外两部分：境内由扬州格林柯尔（非上市公司）控股的亚星客车（上市公司）与未成功交易的襄阳轴承（上市公司）；境外由Greencool Capital Limited全资收购的法国汽车配件生产商汤姆肯斯的汽车管件工厂及英国汽车设计公司LPD等。

然而，顾雏军在资本市场高歌猛进的同时，顾雏军和他的格林柯尔一直无法摆脱市场的质疑，尤其是并购资金的来源问题上。2004年8月，那个将顾雏军推向“断头台”的人出现了。9日，香港中文大学教授、台湾人郎咸平以《格林柯尔：在“国退民进”的盛宴中狂欢》为题在复旦大学发表演讲，指责顾雏军使用并购“七板斧”[①]在产权改革过程中敛聚国家财富，同时致使中小股民利益受损，并强烈建议停止以民营化为导向的产权改革。为人高调且性情刚烈的顾雏军在“中枪”后自然毅然决然地反击，他在香港高等法院以涉嫌诽谤罪起诉前者，“顾郎之争”的大幕由此拉开。

郎咸平通过分析格林柯尔的并购对象发现一些共同点，“首先，大部分目标公司都是国有上市公司且收购交易定价较低。其次，皆为经营困难但品牌较好的企业”。对此，郎咸平用“七板斧”中的“趁虚而入”形象地描绘了顾氏“在‘国退民进’的背景下，将地方政府急于出手的、经营困难但是生产条件和市场基础较好的企业作为收购对象，这种对时机的判断和收购对象的选择是整个并购和整合成功的基础”。

顾郎之争（来源：新京报）

事实上，危机早已在顾氏造系的狂欢中慢慢滋生，直至郎咸平将其掀开的那一刻，顾雏军和他的资本战车才瞬间熄火！但由此而引发的“国退民进”战略之争在传媒界、学术界甚至是政界迅速发酵，在舆论中心的顾雏军和格林柯尔处境极为尴尬，其收购国有企业的整个过程反复被置于放大镜下观察。毫不意外，随着这场大争论向纵深发展，无论顾雏军做什么都是越抹越黑，随之而来的则是政府监管机构的介入调查。

格林柯尔系大厦岌岌可危！

败局2005：狂欢中坍塌

2005年1月20日，英国人胡润公布其第二届“资本控制50强”名单，对2004年资本控制表现突出的企业家作了排名。资本控制可诠释为企业家对股权的控制或对董事会席位的控制。顾雏军以控制5家上市公司而当之无愧地位列

① “七板斧”指“安营扎寨、乘虚而入、反客为主、投桃报李、洗个大澡、相貌迎人、借鸡生蛋”。

该榜单的上市公司控制数量之首位。不过，令人莫可名状的却是第一届榜首曾是德隆系唐氏兄弟。

而此刻的顾雏军未必有时间体味胡润授予他的这份成就感。刚刚过去的半年里，顾一直处在舆论的风头浪尖，连番遭遇质疑、调查、谴责和诉讼。2004年8月，顾郎之争爆发，郎咸平质疑其在“国退民进”过程中席卷国家财富；10～11月，国家审计署、深交所和港交所进驻科龙集中开展财务核查；2005年1月，港交所谴责格林柯尔，有关行为超出联交所授予的在关联交易上的豁免条件，违反了香港创业板上市规则；1月15日，顾又被新鸿基证券某前股票经纪人以未支付公关费在香港提起诉讼。

格林柯尔资本败局的直接诱因是一直处于舆论中的并购资金来源问题。一方面支付巨额成本进行收购，一方面还需要资金对收购企业整合，除了向金融机构融资，或挪用上市公司资金，庞大的资金需求是无法满足的。然而，当被收购的企业整合无功且盈利能力未有实质改观时，收购代价便致使格林柯尔的财务状况更加恶化和青黄不接。

兵败如山倒。2005年4月，科龙电器年报称公司业务因受危机影响致上年亏损6 000万元；5月，中国证监会以涉嫌违反证券法规为名对科龙电器立案调查；6月开始，各供应商陆续停止对科龙供货，科龙各生产线相继停工。最终，7月29日，刚下飞机的顾雏军闪电被拘。

46岁正是人生的巅峰时刻，但对身陷囹圄的顾雏军来说，这个年龄已是落寞时分。当他在年初登上“胡润资本控制50强”第一人时，或许不会想到，自己会步第一届榜首德隆唐氏兄弟的后尘。

事实上，格林柯尔系与德隆系的产业扩张在理念上十分相近——“通过整合中国未形成垄断的传统产业，从中发掘新价值，在国际分工中找到中国企业的核心竞争力”；两者在资本运营时也采用近乎相同的手法：十桶九盖的游戏，只要手法够快，每个水桶在需要时都可以有盖，然而一旦资金链断裂，那么游戏就会变成一个悲剧；而当格林柯尔系临近崩盘之时，德隆系一年前的行将坍塌之景再现：金融机构联袂挤兑，脆弱的资金链应声崩溃，诸侯分崩离析纷纷自救；最后，颇为戏剧性的是就连将他们拖进漩涡的都是同一个人——郎咸平。

顾雏军入狱后，其经营多年建立起来的资本帝国——在资本市场中曾呼风唤雨的格林柯尔系迅即土崩瓦解，旗下资产也灰飞烟灭。2005年9月，青岛海信以6.8亿元收购格林柯尔所持科龙电器股权，成为第一大股东；11月，四川长虹和格林柯尔签署股权转让协议，以不高于1.45亿元收购后者所持美菱股份；亚星客车和襄阳轴承则重归当地政府，后来前者纳入山东潍柴集团旗下，后者则再次成为湖北省国资委下属企业；而顾雏军的大本营格林柯尔科技控股则于2007年4月从香港联交所退市。

今天，那个将顾雏军送上人生巅峰的“CCTV中国经济年度人物”榜单，不知何时、不知何人在各个百科网站上已悄悄把顾雏军从2003年的名单中撤下。

大事记

- 1988年，顾雏军在英美合办的权威杂志《能源》上发表了论文《一个新型热力循环的研究》，基于该理论，顾雏军发明了格林柯尔无氟制冷剂。
- 1989年，顾雏军开始下海经商。整个九十年代是顾雏军在国内、外商场不断折腾的十年。1990年顾首先切入空调业，并在英国推广格林柯尔制冷剂，此后数年中先后在加拿大、美国、马来西亚和中国香港等地成立了数家海外公司。
- 1995年，顾雏军在天津建成年产1万吨的环保制冷剂生产基地，随后数年，在北京、深圳、海南和湖北相继成立环保工程公司。
- 2000年7月，格林柯尔控股在香港创业板上市，募资5.45亿港币。
- 2001年10月，顾雏军以19.6亿元的财富位列《福布斯》“2001年中国大陆富豪榜”第20名。
- 2001年10月29日，科龙电器第一大股东容声集团与顺德格林柯尔签定《关于广东科龙电器股份有限公司的股份转让合同》。容声集团将其持有的科龙电器部分法人股份转让予顺德格林柯尔，转让价款5.6亿元人民币（后来这个价格调降为3.48亿元），完成交易后，顺德格林柯尔持股20.6%，成为科龙电器的第一大股东。
- 2003年4月，科龙电器2002年度报告发布，顾雏军治下的科龙电器成绩明显，以2亿元的利润扭亏为盈。
- 2003年5月29日，美菱电器发布《关于股权转让的提示性公告》，合肥美菱集团控股有限公司与顺德格林柯尔签定股权转让协议，前者将其持有的美菱电器部分国有股转让给格林柯尔，占总股本的比例为 20.03%，交易价格为 2.07 亿元。交易完成后，格林柯尔成为美菱电器第一大股东。计入 2002 年收购的齐洛瓦、吉诺尔、上菱冰箱的两条生产线，以及 2003 年 7 月收购的杭州西冷 70% 股权，顾雏军已经拥有大小冰箱品牌 8 个，形成品牌在高、中、低档上的全部覆盖和销售网络的全国覆盖，格林柯尔的“冰箱王国”雏形初现。

- 2003 年 12 月 10 日，亚星集团与扬州格林柯尔签订股份转让合同，扬州格林柯尔以协议收购方式收购亚星集团持有的亚星客车绝大部分国家股，占总股本的 60.67%，交易总对价为 4.18 亿元，收购完成后，扬州格林柯尔成为第一大股东。
- 2003 年 12 月 28 日，顾雏军当选“CCTV 中国经济年度人物”。
- 2004 年 4 月 8 日，襄阳轴承发布公告称，第一大股东襄阳汽车轴承集团公司将其持有的大部分国有法人股转让给扬州格林柯尔，占上市公司总股本的 29.84%。后由于证监会并没有批复此案，格林柯尔并未真正对襄阳轴承实施控制，直到后来双方解除合同。
- 2004 年 8 月 9 日，郎咸平以《格林柯尔：在“国退民进”的盛宴中狂欢》为题在复旦大学发表演讲，指责顾雏军使用并购“七板斧”在产权改革过程中敛聚国家财富，同时致使中小股民利益受损。顾雏军在“中枪”后断然反击，在香港高等法院以涉嫌诽谤罪起诉前者，“顾郎之争”爆发。
- 2004 年 10 ~ 11 月，国家审计署、深交所和港交所进驻科龙集中开展财务核查；2005 年 1 月，港交所谴责格林柯尔，有关行为超出联交所授予的在关联交易上的豁免条件，违反了香港创业板上市规则。
- 2005 年 1 月 20 日，胡润公布第二届“资本控制 50 强”名单，顾雏军以控制 5 家上市公司而位列该榜单上市公司控制数量之首位。
- 2005 年 5 月，中国证监会以涉嫌违反证券法规为名对科龙电器立案调查；7 月 29 日，顾雏军闪电被拘。9 月，青岛海信以 6.8 亿元收购格林柯尔所持科龙电器股权；11 月，四川长虹和格林柯尔签署股权转让协议，以不高于 1.45 亿元收购后者所持美菱股份；亚星客车和襄阳轴承则重归当地政府，后来前者纳入山东潍柴集团旗下，后者则再次成为湖北省国资委下属企业；而顾雏军的大本营格林柯尔科技控股则于 2007 年 4 月从香港联交所退市。

第8章

十年凤求凰：全流通外资收购第一案（2006 ~ 2016）

“如果一口锅的问题也涉及国家安全，那改革开放还如何进行？”

——苏显泽，2006年8月

一个等待12年，然后再经历10年才完成的并购故事是怎样的剧情？

伴随股权分置改革的实施与完成，借道国家股和法人股低价收购上市公司控股权的窗口期永久地关闭了，持续近十年的民营资本造“系”运动随即戛然而止。相比股改前依据净资产的收购定价，在后股权分置时代，二级市场股价几乎成为唯一参考。显然，这一变化的直接后果就是收购上市公司的成本显著上升。

2006年——全流通时代的首个并购年——可谓浓墨重彩。在中国并购市场曲折前行十余年的跨国资本逐渐取代民营资本成为这一年的并购主角和最大赢家，它们的并购领域涉及润滑油、装备制造、水泥、低压电器、炊具和小家电等诸多行业，而并购标的既有国有控股的主板上市公司，也有新开设不久的中小板民营企业。

法国SEB集团“迎娶”苏泊尔的故事就在这样的宏观背景下开始了。

创业成国冠，十年两相见

中国最大、全球第二的炊具研发制造商——苏泊尔，尽管至今没有改名换姓，但很多年前就已更换门庭，它的主人早已不是有“中国锅王”之称的浙江玉环苏增福。

苏增福，1941年出生，浙江省台州市玉环县人。相比同为浙江第一代民营企业家的宗庆后、鲁冠球等人，苏增福还要早出生四年，尽管在中国企业界不如前二者声名显赫，但苏在炊具行业所取得的成就则十分辉煌。

40岁之前，苏增福与压力锅并无关联，从1975年开始的后10年，苏在玉环县陈屿镇的农机厂从供销员一直干到了厂长。在20世纪80年代后期，压力锅在国内城乡家庭逐渐普及，陈屿农机厂不失时机地开始生产压力锅配件。而到了1988年，苏增福已不满足于生产配件，顶着股东退股和被镇领导免职的压力，设法筹集300万元资金引进一条压力锅生产线并出任玉环县压力锅厂厂长，开始生产整锅。与很多生产型企业一样，苏的压力锅厂从贴牌生产开始起步，其所贴品牌正是当时中国最知名的压力锅品牌——沈阳双喜压力锅，其生产厂家系一家1964年便生产研制出中国第一口压力锅的大厂。

苏增福的商业决断十分灵敏。在物资紧缺的年代，压力锅产品逐渐形成了卖方市场，供不应求，加之玉环压力锅厂所生产的产品在品质及外观设计等方面都优于沈阳双喜，越来越多的合作伙伴指定购买苏的压力锅，其市场份额日渐扩大。

然而，好景难长。这边玉环生产的双喜压力锅“芝麻开花节节高”，那边沈阳双喜的市场份额却受其影响不断下滑。1994年，沈阳双喜不出意外地停止了双方的贴牌合作，断然收回“双喜”品牌使用权。显然，产品连年的上佳品质和用户口碑为双喜做了“嫁衣”，双喜此举无异于釜底抽薪，丧失品牌对玉环压力锅的破坏力是显而易见的。当年秋天，苏增福惴惴北上拜访双喜，寻求转机，然而协商无果。

此时，浙商的韧劲和不甘人后在以苏增福为代表的玉环压力锅厂骨干身上显露无疑，苏等人坚持要把压力锅厂办下去，誓成中国第一。沈阳双喜终止品牌授权后不久，与英文单词SUPER发音类似的“SUPOR”及其谐音汉字“苏泊尔”成为苏氏压力锅的新品牌，其所示意的“超越”最终成为苏泊尔核心价值理念之一。当然，苏泊尔之名亦因苏氏之姓凭添几分励志印象。8月27日，浙江苏泊尔有限公司成立。

就在同年，本案的主角之一——千里之外的法国SEB集团，在当时十分偏僻的玉环县陈屿镇上，找到了苏增福，希望以300万美元全面控股苏泊尔。显然，以苏增福的雄心壮志，这样的条件是不会达成任何合作的，不过这第一次的亲密接触却为SEB集团和苏泊尔的日后联姻埋下种子。

1994年，苏泊尔在业内率先执行GB13623–92压力锅国家新标准，开始研发新一代安全压力锅。因精准把脉新的国家标准，苏泊尔迅速推出技术工艺等各项性能均较高的压力锅。一句“苏泊尔，安全到家”直击用户痛点，红遍大江南北。压力锅的产、销量于1996年分别达到430万口和400万口，这组数字一举跃居全国同业榜首。次年，“苏泊尔”又获得中国轻工总会发布的“中国压力锅第一品牌”殊荣。市场对苏泊尔产品的强劲需求出乎苏增福意料，为适应产能扩张的需求，苏泊尔随后兼并了武汉液压阀厂，并成立武汉苏泊尔公司。

苏泊尔成立之初，可谓顺风顺水，乘风破浪！1998年，浙江苏泊尔有限公司更名为浙江苏泊尔集团有限公司（简称“苏泊尔集团”）；7月17日，苏泊尔集团将压力锅主业组建为浙江苏泊尔炊具有限公司（简称“苏泊尔有限”），该公司就是后来的上市公司前身；2000年9月30日，经浙江省人民政府企业上市工作领导小组（浙上市2000［24］号文）批准，苏泊尔有限整体变更设立浙江苏泊尔炊具股份有限公司（简称“苏泊尔股份”）。

1998年后，苏泊尔继续高歌猛进。“苏泊尔”商标在2002年2月被国家工商行政管理总局商标局评为企业界梦寐以求的“中国驰名商标”。据国家统计局中国行业企业信息发布中心统计显示，1999年至2003年，苏泊尔压力锅市场占有率位居第一位，其中2003年度为47.04%，近乎占领中国压力锅市场的半壁江山。与此同时，产品已经远销美洲、欧洲及东南亚许多国家，也正

苏泊尔广告（来源：互动百科）

因此，2004年，SEB集团二度拜访苏泊尔，不过当时苏泊尔已然进入登陆中国资本市场的冲刺阶段，合作再度搁浅。

外资收购在中国

法国SEB集团两度接触苏泊尔和当时中国对待外资及外资收购的态度、政策与宏观经济背景关系十分密切。

外资进入中国的历史可以追溯到改革开放元年的1978年，当年全年签订了78亿美元的外资引进协议，[①] 但事实上次年才开始有外资直接进入。1979～2000年，中国共吸收外国直接投资（Foreign Direct Investment，FDI）3 462亿美元，93%发生在邓小平南方谈话的1992年之后。[②] 也就是说，1992年外资才大举进入中国，法国SEB集团正是其中一员。

也是在1992年，FDI打破了绿地投资[③]的单一局面。作为FDI进入中国的另一种方式，并购成为外国企业进入中国市场的一条捷径。拥有庞大国内市场和诱人发展潜力的中国企业渐渐成为跨国公司争夺的焦点，跨国公司通过并购能直接利用被并购企业的生产能力与现有市场，迅速开展国际化经营业务，实现全球化发展战略。因此，当SEB集团与苏泊尔第一次会面时便提出全资收购的动议。

在前述背景下，1992～1995年形成外资收购的起步阶段。此期间以并购国企产权为主，最早的外资收购案是1992年中策公司对太原橡胶厂的收购。印尼籍华裔企业家黄鸿年于1991年12月12日将香港一家上市公司更名，成立香港中国策略投资公司（简称“中策公司”）。从1992年4月起，在两年多的时间里，黄鸿年以建立由中策公司控股51%及以上的合资企业方式，增加在中国的股权投资，把国内不同行业和地区的百余家国有企业批量改造成35家中外合资公司。这些合资企业在机制得到转换后，活力明显增强，经济效益实现大幅度

① 彭敏．当代中国的基本建设［M］．北京：中国社会科学出版社，1989.

② 沈士勇．外资并购中国企业的路径与趋势［J］．当代经济，2006（4）.

③ 绿地投资：又称创建投资或新建投资，是指跨国公司等投资主体在东道国境内依照东道国的法律设置的部分或全部资产所有权归外国投资者所有的企业。

提高。中策公司这种投资的规模、对象、行为、方式引起了广泛的关注并被称为“中策现象”。

国际资本收购国内上市公司，则发生在1995年。当年，五十铃与伊藤忠协议受让共25%的北旅汽车（600855.SH）法人股成为首例外资收购上市公司案。随后，福特汽车公司借认购定向增发的B股持有江铃汽车（200050.SZ）20%股权成第二大股东。这两起上市公司收购案把外资收购推向一个小高潮。

在外资进入中国的两大模式中，相比绿地投资这一基本模式，无论是并购非上市公司，还是收购上市公司，俱皆引发国人对外资收购的担忧和恐惧。为防止国有资产流失，1995年9月，国务院办公厅转发国务院证券委《关于暂停将上市公司国有股和法人股转让给外商请示的通知》，外资收购国内上市公司被叫停。

1996~2000年，外资收购步入先合资再增持的迂回阶段。他们采用更为变通的方式，先与国内公司成立合资公司，再通过合资公司反向收购国内公司的核心资产和业务，实现并购。比较典型的是外资对中国感光材料行业、汽车轮胎行业和精细日化行业的间接并购。这些行业均竞争充分且属于“国退”的行业。比如，1998年中国政府同意全球胶卷业的“老大”——美国柯达公司对中国胶卷工业实施全行业收购，这个商业协议就是曾轰动全国的“98协议”。不过这一期间，政策上对外资收购国内上市公司的暂停一直未恢复，进展依然缓慢。

2001年开始，外资收购步入行业收购阶段。这与整个中国经济进入世贸时间（中国于2001年底加入WTO）关系密切。当把主战场集中在汽车及零部件行业、港口业、银行业、钢铁业、装备机械行业、水泥、玻璃、日化行业、饮料业、零售业时，外资收购的行业集中度日渐提高。一些跨国的行业巨头陆续进入中国市场并掀起多起颇具影响力的并购案。比如：在饮料行业，2002年法国达能收购乐百氏；2004年，美国安海斯-布希（即：AB公司）收购哈尔滨啤酒；2005年，AB公司通过债转股获得青岛啤酒27%的股份，成第二大股东。在日化领域，法国欧莱雅于2003年和2004年分别收购小护士和羽西；2007年，德国拜尔斯多尔夫收购丝宝等。

加入WTO进一步促使中国政府积极探索包括并购在内的多种利用外资方式，以致于从2001年开始几乎年年都有关于鼓励和规范外资收购的相关政策出台。这些规范对涉及上市公司、国有企业的外资收购都有明确的规定。尤其是

2001年11月外经贸部和证监会联合发布的《关于上市公司涉及外商投资有关问题的若干意见》，对允许外商投资企业受让上市公司非流通股作了原则性规定，从政策上允许外资受让上市公司的国有股和法人股，明确了外资收购主体的国民待遇问题，外资收购境内上市公司进入了实质性实施阶段；2003年4月，《外国投资者并购境内企业暂行规定》颁布，明确规定了境外投资者和外商投资的企业可以成为并购境内企业的主体，这标志着中国并购市场终于对外资全面放开。

2006～2008年是外资收购的繁荣阶段。2005年以来，基于股权分置改革的外资收购相关法规条例相继推出。2005年10月，商务部、证监会发出《关于上市公司股权分置改革涉及外资管理有关问题的通知》；2005年12月31日《外国投资者对上市公司战略投资管理办法》颁布，该办法赋予了外资直接投资A股上市公司的权利，突破了2006年之前外资只能通过QFII代为投资A股的藩篱；2006年9月商务部发布《关于外国投资者并购境内企业的规定》，在这一系列利好政策刺激下，外资收购上市公司、引进境外战略投资者的活动日益盛行，手握重金的外资大举扫货行业中流砥柱、甚或是垄断地位的优质上市公司。例如，法国SEB集团收购苏泊尔（002032.SZ），高盛集团收购上市公司双汇发展（000895.SZ）的母公司双汇集团等。

不过，对于外资收购来讲，2006年同样不失为一个多事之秋，最具标志性的事件是引发产业界和学术领域大讨论的“凯雷收购徐工案”。三一重工执行总裁向文波是反对收购的代表，他质疑本桩收购是“国有资产贱卖”，是外资对我国有比较优势的制造业发动的“斩首式”并购，严重威胁到我国的产业安全和产业的国际竞争力，“外资并购应缓行”。2008年7月，收购徐工案最终被否，转让双方终止合作。凯雷收购徐工案所引发的争议，使SEB集团收购苏泊尔一案一度中断。对此，支持外资收购者则坚称，卖掉一口锅根本不关乎国民经济安危！

2008年爆发的全球金融危机令国际资本伤筋动骨并开始自救和观望，这导致2009年国内资本市场没有出现一例外资收购交易。

不过，随着全球经济的企稳回升，2010年以来，外资收购开始回潮，进入新阶段。在全球企业并购交易活动持续活跃的背景下，到2014～2015年，出现了新一轮外资对境内上市公司的并购高潮。例如，惠而浦（中国）投资有限公司收购合肥三洋（600983.SH）等案例。

相关资料显示，从1995年1月1日至2016年12月31日，沪深两市外资参股比例超过10%的上市公司共有272家，其中，外资以发起人身份进入上市公司的有186家，并购投资上市公司的有86家。[①]在分析这些上市公司引进境外投资者前后财务指标的变化时，一个积极的现象是，那些被来自发达国家的投资者所赋能的上市公司，其财务状况均表现得十分健硕，如法国圣戈迭班集团投资的福耀玻璃（600660.SH），美国福特汽车公司参股的江铃汽车（000550.SZ），还有法国SEB集团收购的苏泊尔等。

先上中小板，再战全流通

与压力锅市场的顺风顺水相比，苏泊尔的上市之路却略显崎岖。

2000年9月，苏泊尔开始改制设立股份公司，全力筹备上市。但苏泊尔的上市之路并不顺利。彼时，国内证券市场正临低迷，沪深主板市场审批异常严格，加之苏泊尔的民营企业身份，上市时间只能一拖再拖。

不过，苏泊尔的资本之路却逢中国证券市场的两大事件。

2004年5月，中小企业板在深圳证券交易所主板市场内开设，连同5年后开板的创业板，它们一同成为构筑中国多层次资本市场的重要举措。在6月25日新和成（002001.SZ）、江苏琼花（002002.SZ）等首批8家中小板公司上市两个月后，以002032为代码的苏泊尔股份成为较早登陆中小板市场的民营上市公司之一。在发行3 400万新股后，苏泊尔股份总股本达1.36亿股，并以16.19倍的发行市盈率和12.21元的发行价发行，其募集资金达4.15亿元之巨，这可以称得上一次成功的IPO。

然而，与成功上市及巨额募资给苏氏等创始股东带来的喜悦及辉煌相比，二级市场上的3万多中签苏泊尔新股的股民却全部被套。8月17日，苏泊尔上市首日，以发行价开盘后即闪崩，收盘大跌8.27%，上演“砸盘”又“砸锅”、中签变“中弹”的惨剧。这一表现使苏泊尔成为沪深股市8年以来第一只上市首日直接跌破发行价的个股，也创下了新股跌破发行价最快的纪录。在经历随

① 林彤，钟信芳．我国上市公司外资并购现状分析［J］科技经济导刊，2017（34）．

后近一个月的阴跌，苏泊尔股价最低下探到9.31元，跌幅近四分之一，随后低位盘整数月，可谓惨烈。

对于这一市场表现，背后的逻辑并不难理解，除了苏泊尔自身经营面临的困境外，股市大盘、尤其是中小板市场低迷也是主要原因之一。

苏泊尔作为一家生产厨具的企业，行业本身缺乏高成长空间，而且在竞争激烈的市场环境下，高增长更是谈何容易。IPO后两年的发展也显示，苏泊尔的财务数据毫无亮眼之处，2004～2005年公司收入虽然大幅增长，但是净利率和净资产收益率都大幅下滑，同时净利润也止步不前。究其缘由，行业竞争激烈、产品结构单一及低端产品占比过多、营销等费用增加导致成本上升成为财务数据不佳的三大主因。

而中小板开板以来节节败退的走势使得投资者参与意愿减弱。从江苏琼花丑闻到德豪润达（002005.SZ）跌破发行价，投资者对中小板尽皆了无兴趣，苏泊尔上市未受到投资者追捧不算意外。事实上，当时的沪深主板更处在新低复新低的熊途之中，其状极为惨烈，2005年股权分置改革启动后不久，6月6日沪市大盘创下998点的世纪低点。随后在下调股息红利税、允许控股股东增持流通股等一系列护航股权分置改革的利好政策后，市场才渐渐走出熊市。

2005年4月29日，中国证监会发布《关于上市公司股权分置改革试点有关问题的通知》，标志着中国证券市场具有划时代意义的股权分置改革正式启动。当年的“五一”长假后，三一重工（600031.SH）、金牛能源（000937.SZ）、清华同方（600100.SH）、紫江企业（600210.SH）4家上市公司入围首批试点公司，并于5月9日停牌。后来，6月10日的三一重工临时股东大会审议通过股改方案，6月17日复牌，成为第一家完成股改的公司。

2005年6月20日，第二批42家公司股改试点启动，10家中小板公司入选，苏泊尔赫然在列。没有历史包袱的中小板，最先完成全板块的股权分置改革。2005年11月21日，中小企业板最后一家公司黔源电力（002039.SZ）的股改方案获得通过，至此中小板50家公司以不到半年时间全部完成股改，成为我国证券市场历史上第一个与国际市场接轨的全流通板块，并由此进入了一个全新的历史时期。

苏泊尔于2005年8月3日发布《股权分置改革方案实施公告》称，公司的股权分置改革方案已经于8月1日召开的2005年第一次临时股东大会审议通过。该方案要点为：全体流通股股东每持有1股流通股获得非流通股股东支付0.35

股对价股份，原有流通股股东持有股份占公司总股本的比例提高了8.79个百分点到33.90%。作为该股改方案的重要组成部分，第一大股东苏泊尔集团、实际控制人苏增福和重要股东、董事长苏显泽（苏增福之子）做出若干承诺，例如其持有的非流通股股份自获得上市流通权之日起的一年内不上市交易或转让、三年内不上市交易，转让最低价格不低于13.5元，五年内持股不低于30%等。事实上，这一系列股权转让受限的承诺成为一年后SEB集团与苏泊尔并购方案设计的最重要考虑因素。8月8日，苏泊尔完成股改，公司股票复牌。

截至2006年底，沪深两市已完成或者进入改革程序的上市公司共1 301家，占应改革上市公司的97%，对应市值占比98%，未进入改革程序的上市公司仅40家。股权分置改革任务基本完成。

股权分置改革的完成是我国资本市场制度建设的极大完善，实现了制度层面的中国证券市场再造，并给中国资本市场的发展注入新的原动力。在赋予国有股和法人股流通权后，各路资本通过市场化的方式并购上市公司在制度上成为可能，日后的发展显示，这对上市公司的并购产生了深远影响。

在股权分置改革不断推进的背景下，中国证券市场实现全流通。随着不同性质的股票能够自由交易，加之市场化的估值标准、交易标准和并购手段的初步形成，全流通市场从客观上为外资收购创造了环境，外资获得公平的机会参与市场竞争，能通过证券市场的合理定价来实现对上市公司的收购。

世冠“迎娶”国冠

股价经过近4个月的持续上涨后，2006年8月11日（周五），苏泊尔以涨停价16.34元的历史最高价收盘，公司市值达28.76亿元。而三天前的8月8日，在股权分置改革实施刚刚届满一周年之际，苏泊尔发布《限售股份上市流通提示性公告》称，占公司总股本7.29%的限售股份可以上市流通。然而，这一公告所披露的更为重要的信息则是，苏泊尔集团和苏氏父子在股权分置改革中所做多项承诺中的“非流通股股份自2005年8月8日起，在12个月内不上市交易或转让；36个月内不上市交易”已履行完成前一半，这意味着占公司总股本达58.81%的1.035亿限售股份，尽管不能在二级市场上交易，但却全部具备协议转让的条件。这成了SEB集团收购苏泊尔的基础。

8月14日（周一），苏泊尔股票因重大事项停牌。不过，仅仅2天后，8月16日便闪电复牌。同时，上市公司公告苏泊尔股份、苏泊尔集团、苏增福、苏显泽与SEB国际股份有限公司（简称“SEB国际”，为SEB集团全资子公司）签订《战略投资框架协议》，根据框架协议，SEB国际将通过从苏泊尔集团、苏增福及苏显泽处协议受让、定向发行新股和部分要约的方式，取得上市公司至多61%的股份，从而完成对苏泊尔股份的控股收购。

十二年情投意合，一日间喜结良缘。

SEB集团是世界第一大炊具研发制造商、第二大小家电制造商，在业内享有盛誉。SEB集团具有近150年的历史，成立于1857年，1975年在巴黎证券交易所上市。SEB集团先后创立或拥有TEFAL、Moulinex、Rowenta、Krups、All-Clad和Lagostina等世界知名电器和炊具品牌，在不粘锅、厨房用电器、熨斗、电扇、移动电热器和洗衣机等家用电器以及浴室用体重计、脱毛器和吹风机等个人护理电器多产品领域拥有世界领先的技术与产品，业务遍布全球50多个国家和地区，在欧洲、美洲、亚洲拥有20家生产厂家。2006年，SEB集团的销售收入为26.52亿欧元。

显然，从股改承诺到期旋即停牌足见并购双方联姻之迫切；从股价不断走强、市值创下新高、停牌时间之短暂、确定方案之快速，更见此番收购蓄意之良久。然而，受限于2006年外资收购的政策导向、舆论环境以及原控股股东的股改承诺等诸多因素，苏泊尔并购案全部完成却要历时十年之久，过程可谓漫长。

2006～2007年是本案的关键阶段，从公告框架协议到部分要约收购完成并且股份过户的2007年12月25日，前后经历16个月。而在实施过程中，协议转让的数量、要约收购的价格以及SEB国际最终持有的股份比例都较首次公告时有所调整。

第一步，SEB国际协议受让苏泊尔集团持有的1 658.9191万股、苏增福持有的746.6761万股、苏显泽持有的75.0048万股，合计2 480.6万股，占公司总股本17 602万股的14.09%。上述转让的股份数量几乎是相关限售承诺或法规所能允许转让的最大数量。例如，苏泊尔集团曾在股权分置改革中做出“在2010年8月8日之前持有苏泊尔股份不低于当时总股本30%”的股改承诺，在本次转让后，苏泊尔集团所持股份占比为30.72%，几乎贴地转让；苏氏父子则按照

“上市公司董监高在任职期间每年转让的股份不得超过其所持股份总数的25%”的要求而“顶格”出售。在卖掉一口锅不关乎国民经济安危的论调下，2007年4月11日，苏泊尔取得了商务部原则性同意的批复（商资批［2007］649号），8月31日股份完成交割。

第二步，苏泊尔向SEB国际定向增发4 000万股新股，增发后苏泊尔的总股本将增加至21 602万股，SEB将持有苏泊尔股份6 480.6万股，占增发后公司总股本的30%，这一比例恰是触发要约收购的节点。方案设计中，定向增发的作用举足轻重，意义在于从苏泊尔集团及苏氏父子受让其当时能够出售的最大比例11.48%（占增发后总股本）的股权后，SEB国际若要获得更多的股份实现绝对控股，通过定向增发达到触发并继而采取部分要约收购的方式是不二之选。彼时流通股占比33.56%，采取二级市场举牌收购，不仅成本上升、周期变长，不能忽视的是SEB国际增持18.52%的股份后，苏泊尔因不满足流通股占比25%的上市条件将面临退市的尴尬。2007年8月24日，证监会批准（证监发行字［2007］245号）本次非公开发行，9月4日增发新股完成上市。

第三步，SEB国际实行部分要约收购。作为战略投资，要约收购的目的是获得苏泊尔控制权，而不是终止股票上市交易，因此SEB向苏泊尔所有股东发出部分收购要约。要约收购的数量为4 912.2948万股，占总股本的22.74%。然而，受“徐工风波”殃及，SEB执行这一要约收购的时间，已是收购首次披露的15个月后。此时的苏泊尔股价早已今非昔比，在经历2007年中国股市的世纪大牛市后，2007年11月16日，苏泊尔收盘价43.22元，较当初18元的要约收购价上涨140%。因此，若要完成收购，SEB国际只能上提要约收购价。11月21日，在获得证监会出具的对本次要约收购表示无异议的文件（证监公司字［2007］183号）后，苏泊尔发布收购报告书，要约收购价格从18元/股调整为47元/股。12月25日，要约收购的股份完成交割。

至此，SEB国际协议收购耗资4.47亿，定向增发耗资7.2亿，要约收购耗资23.09亿，共计耗资34.76亿。最终，SEB国际合计持有苏泊尔11 392.8948万股，占总股本的52.74%，成为苏泊尔的控股股东。

在中国企业并购史上，SEB集团对苏泊尔的收购三步曲，步步符号意义卓然。在一次收购中同时采用协议收购、要约收购和定增收购三种上市公司收购方式的组合拳，这在中国企业并购中十分少见。

SEB国际受让/认购股份来源

股份来源	协议收购股数（股）	要约收购股数（股）	认购定增股数（股）	股票价格（元）	受让/收购金额（元）
苏泊尔集团	16 589 191	–	–	18	298 605 438
	–	940 262	–	47	44 192 306
苏 增 福	7 466 761	–	–	18	134 401 698
苏 显 泽	750 048	–	–	18	13 500 864
	–	7 438	–	47	349 586
其他股东	–	48 175 248	–	47	2 264 236 664
定向增发	–	–	40 000 000	18	720 000 000
合 计	24 806 000	49 122 948	40 000 000		3 475 286 556

数据来源：苏泊尔公告。

权益变动前后各方持股情况

股 东	权益变动前		权益变动后	
	持股总数（股）	持股比例（%）	持股总数（股）	持股比例（%）
苏泊尔集团	70 659 355	40.14	53 129 902	24.59
苏 增 福	29 867 045	16.97	22 400 284	10.37
苏 显 泽	3 000 195	1.70	2 242 709	1.04
其他股东	72 493 405	41.18	24 318 157	11.26
SEB国际	0	0.00	113 928 948	52.74
合 计	176 020 000	100.00	216 020 000	100.00

数据来源：苏泊尔公告。

对苏泊尔的协议收购成为全流通时代首个相对二级市场股价而不是净资产的溢价收购，18元/股的协议转让价较历史最高价16.34元/股高出10%，比每股4.14元的净资产更是高出3.35倍。这在股权分置时期是不可能发生的。

此外，苏泊尔成为中国股市历史上首家收购人提出选择部分要约收购的上市公司。在2006年的中国股市上，部分要约是一种全新的收购方式。2006年1月1日起正式实施的新《证券法》，对“上市公司收购”部分的内容进行了较大的调整，其中，部分要约收购就是其中之一，这一创新性的制度安排，在保护股东权益和活跃证券市场中寻求了平衡。一方面，部分要约收购因全体股东按照比例接受收购而在相当大的程度上保护了中小股东的利益；另一方面，与全面要约收购相比所具有的高度灵活性令部分要约收购能充分活跃上市公司并购市场，对于中国证券市场完善资源优化配置的功能起到了极大的推动作用。例如，同为中小板上市的华邦制药（002004.SZ）亦采用部分要约方式收购4.17%的流通股而获得51.22%的绝对控股权，在实施时间上，由于不涉及外资收购反而先于苏泊尔于2007年4月完成。

相比于前二者的存量收购，作为增量收购的定向增发方式成为苏泊尔并购案中十分关键的环节。在新《证券法》正式实施和股改后全流通的两大背景下，中国证券市场所推出的定向增发新政成为上市公司引入战略股东、甚至战略股东成为控股股东的全新方式。

十年65亿元，苏氏全身而退

在2010年8月苏泊尔集团履行完成股权分置改革中“5年内其持有苏泊尔股份占原总股本的比例不低于30%”的承诺后，2011年2月上市公司发布公告，苏泊尔集团和苏增福将其持有的115 450 400股上市公司股份（占苏泊尔总股本的20%）转让给SEB国际，其中苏增福减持殆尽。该笔交易完成于2011年12月，SEB国际耗资约34.64亿元。由于2008年发行1 200万新股用于股权激励，SEB国际持股比例由原先的52.74%下降为51.31%，此次收购后，其持股比例则上升到71.31%。

SEB国际第三次收购苏泊尔集团所持的上市公司股份则要到4年后的2015年8月，SEB国际以17.5元/股的价格从苏泊尔集团受让1 000万股。不过在此之前，苏泊尔集团通过集中竞价和大宗交易在2015年上半年的大牛市中减持部分所持股份，共计获利约2.5亿元。

SEB国际最后一次从苏泊尔集团手中收购上市公司股份是在2016年6月——距离首次公告的2006年8月足足过去了10年。以人民币29元/股的价格、14.5亿元的总价，控股股东SEB国际受让第二大股东苏泊尔集团所持有的5 000万股无限售流通股份，约占股份总数的7.91%，至此，SEB国际共计持有苏泊尔的股份占总股本的81.17%，比例之高，着实惊人。

通过十年四次协议转让、一次定向增发及一次部分要约收购，为入主苏泊尔，SEB国际累计耗资约85.64亿元，这一收购的时间之漫长、过程之复杂、投入金额之巨大足见SEB国际对苏泊尔的“真爱”，当然，背后是对中国市场的看好以及自身战略的坚定执行。苏泊尔通过引入SEB集团先进的技术和管理水平，逐步提升其在中国乃至国际市场的市场份额，大幅提升其综合竞争力；而SEB集团则通过对苏泊尔行业龙头上市公司的战略投资，成功进入中国市场，极大地促进其全球发展战略的实现。

苏泊尔曾经的业绩之困在SEB国际入主后旋即解开。从财务数据上来看，在2006年（即收购的前一年）苏泊尔的销售收入和净利润分别为20.79亿元和1.02亿元，但到了2017年，这两个数据分别实现创纪录的141.87亿元和13.08亿元，过去11年，销售收入年均增长率达19.08%，净利润年均增长率更是高达26.08%。

业绩蒸蒸日上，市值自然水涨船高。与2006年8月启动收购时28.76亿元的市值相比，十年后的2016年底，苏泊尔市值达215亿元，而在2018年6月则创下484.56亿元的历史新高，较12年前足足上涨了15倍有余。

苏泊尔市值在SEB入主后的12年上涨15倍

数据来源：Wind。

对苏氏家族来讲，正如苏显泽在日后一次采访中坦率表示的那样，创始股东获得了巨大收益。从2008年满足减持条件后，苏氏家族便开始长达9年的减持之路，最后一次减持行为发生在2016年11月，苏泊尔在18日公告称，苏泊尔集团通过集中竞价、大宗交易方式累计减持苏泊尔593.38万股（占总股本的0.93%），减持均价36.15元/股，变现约2.15亿元。公告后，苏泊尔集团持有的股份仅为32 323股。而截至2016年底，苏氏家族中也仅剩仍担任董事的苏显泽持股154.9162万股，其他人均全部出清。

2000年，苏泊尔从集团公司中独立出来筹备上市时，原始资金只有6 000万元。但16年后，苏氏家族通过转让和减持累计变现达65亿元之巨，其回报率实现令人艳羡的108倍。

大事记

- 1988年，苏增福筹集300万元引进压力锅生产线并出任玉环县压力锅厂厂长，为沈阳双喜压力锅代工。
- 1994年，沈阳双喜停止和玉环压力锅的贴牌合作。8月27日，苏增福创立浙江苏泊尔有限公司。同年，法国SEB集团找到苏增福，希望以300万美元全面控股苏泊尔，苏并未应允。
- 1996年，苏泊尔压力锅的产、销量分别达到430万口和400万口，一举跃居全国同业榜首；到2003年度，市场占有率达47.04%，近乎中国压力锅市场的半壁江山。
- 1998年，浙江苏泊尔有限公司更名为浙江苏泊尔集团有限公司；7月17日，苏泊尔集团将压力锅主业组建为浙江苏泊尔炊具有限公司。2000年9月30日，经浙江省人民政府企业上市工作领导小组批准，浙江苏泊尔炊具有限公司整体变更设立浙江苏泊尔炊具股份有限公司。
- 2004年，SEB集团二度拜访苏泊尔，但由于苏泊尔已进入A股上市的冲刺阶段，合作再度搁浅。
- 2004年8月17日，苏泊尔股份登陆深交所中小板市场，募集资金达4.15亿元，在发行3 400万新股后，苏泊尔股份总股本达1.36亿股。
- 2005年6月20日，苏泊尔入选第二批42家股权分置改革试点公司；8月1日，苏泊尔2005年第一次临时股东大会审议通过股改方案；8月8日，苏泊尔完成股改。
- 2006年8月14日，苏泊尔股份、苏泊尔集团、苏增福、苏显泽与SEB国际签定《战略投资框架协议》，SEB国际将通过从苏泊尔集团、苏增福及苏显泽处协议受让、定向发行新股和部分要约的方式，取得上市公司至多61%的股份，从而完成对苏泊尔股份的控股收购。

- 2007年4月11日，在卖掉一口锅不关乎国民经济安危的论调下，苏泊尔取得了商务部原则性同意的批复。
- 2007年8月24日，证监会批准苏泊尔向SEB国际非公开发行4 000万股新股，9月4日增发新股完成上市。
- 2007年8月31日，SEB国际从苏泊尔集团、苏增福和苏显泽处协议受让的2 480.6万股股份完成交割。
- 2007年11月21日，根据证监会对SEB国际以部分要约方式收购苏泊尔4 912.2948万股股份表示无异议的文件，苏泊尔发布要约收购报告书，要约收购价格为47元/股。12月25日，要约收购的股份完成交割。最终，SEB国际合计持有苏泊尔52.74%的股份，成为苏泊尔的控股股东。
- 2011年12月，苏泊尔集团和苏增福将其持有苏泊尔20%的股份转让给SEB国际，其中苏增福减持殆尽，SEB国际持股比例达到71.31%。
- 2015年8月，SEB国际第三次收购苏泊尔集团所持有的上市公司股份，数量为1 000万股。
- 2016年6月，SEB国际最后一次从苏泊尔集团手中收购上市公司股份，数量为5 000万股，至此，SEB国际共计持有苏泊尔的股份占总股本的81.17%。通过十年四次协议转让、一次定向增发及一次部分要约收购，为入主苏泊尔，SEB国际累计耗资约85.64亿元。
- 2016年底，苏氏家族中也仅剩仍担任董事的苏显泽持股154.9162万股，其他人均全部出清。从2007年首次协议转让至今，苏氏家族十年间累计变现达65亿元，回报率亦达108倍。

第9章

IDG魅影：四川双马变“黑马”（2016～2018）

妖股年年有，今年特别妖。

——本书作者

2016年，在量度股票年内最高价对最低价波动的振幅榜上，[①]四川双马以730%的振幅赫然列在中国A股3 000余只股票中的第九名，而排在前面的8只股票皆是因中国特定新股发行机制而使诸多指标并无实际参考意义的新股，这意味着四川双马实为真正的年内振幅榜冠军，妖气十足，成为当之无愧的年度“妖王”。

“妖气”何来？2016年6月，被业内称为“史上最严厉借壳新规”的《上市公司重大资产重组管理办法》征求意见稿发布，在借壳政策收紧的背景下，股权转让成变相借壳上市的必由之路，“股权转让概念股”横空出世。当8月下旬四川双马公告控股权将发生变更后，借壳预期瞬间引爆，双马股价宛如脱缰野马一骑绝尘。

IDG资本，这一投资包括腾讯、百度、搜狐、小米、携程、奇虎360等数十

① 股票振幅=当期最高价/当期最低价×100%-100%.

家中国知名企业的标杆性外资风险投资基金，尽管很早就进入中国，但在A股市场却鲜见其身影。所以，当公告中披露收购方并购基金和谐恒源的实际控制人为IDG合伙人林栋梁时，四川双马令人浮想联翩的转型预期和二级市场的炒作热情立即被点燃。

毫无疑问，与苏泊尔收购案中SEB集团谋求上市公司优质资产不同，作为并购基金，和谐恒源收购四川双马的目的直指上市公司“壳资源”。在传统的投资后等待退出方式受阻于IPO排队与最严借壳上市新规之际，转身在二级市场上主动进行资本运作似乎已成投资机构退出的新动向。

“股权转让”铸“妖王”

2016年10月31日，因股票涨幅较大而停牌近一周的四川双马结束交易核查后复牌，交易半小时即封涨停。随后，四川双马又连续大涨3日，在11月3日创下42元的历史新高。事实上，9月13日四川双马曾发布类似公告并停牌一周进行核查，9月22日复牌股价继续狂飙突进，涨势令人窒息，直至10月25日再次停牌。

8月22日，四川双马原大股东拉法基宣布退出第一大股东地位，拥有风险投资背景的和谐恒源实际控制人林栋梁将成为上市公司新的掌舵人。此举立时燃爆四川双马股价，在第一次公告停牌核查的9月13日收盘，四川双马从公告前的7.01元一路涨至19.92元，涨幅为184%；到第二次停牌核查时，股价涨至29.13元，累计涨幅达316%；而截至11月3日的35个交易日内创造18个涨停板，区间最高涨幅达499%，剔除其间发行的新股，四川双马阶段涨幅位居沪深两市首位。这也是该股上市17年来股价涨幅最大的一波行情。如果从本年最低价5.06元计算，到最高价42元，该股最高上涨幅度则达到惊人的730%。

短短两个月内因股价异常波动而发生两次“为期一周”的停牌自查，结果又都无一例外地无未披露事项；而两度特停后复牌依旧热度不减，继续涨停，二级市场的炒作热情可见一斑。作为市场最耀眼的明星，四川双马的连续涨停起到了明显的示范效应，股权转让概念的相关个股纷纷出现大幅上涨，表现强势。

2016年火爆全年的“股权转让概念”究竟为何物？**所谓“股权转让”，准确地讲，应是“控股权转让”，是指实际控制人或大股东转让上市公司控股权或大比例股权，导致上市公司股权结构发生重大变化以及实际控制人发生变更，从而引发二级市场炒作。**

四川双马复牌后股价飙涨5倍

资料来源：Wind，四川双马公告。

经历2015年中的股灾和2016年初的熔断，从2016年2月底刘士余赴任证监会新主席开始，中国资本市场掀起史上最为严厉的监管风暴，上市公司重大资产重组自然是其中的监管重点。6月17日，证监会发布《上市公司重大资产重组管理办法》（简称《重组管理办法》）征求意见稿，9月9日，《重组管理办法》经过近三个月的征求意见和修订正式发布。

在《关于修改〈上市公司重大资产重组管理办法〉的决定》中，证监会明确“本次修改，旨在扎紧制度与标准的‘篱笆’，给‘炒壳’降温，促进市场估值体系的理性修复，继续支持通过并购重组提升上市公司质量，引导更多资金投向实体经济”。具体修改内容包括：一是完善重组上市（即借壳上市）认定标准。参照成熟市场经验，对于上市公司“控制权变更”明确累计首次原则的期限为60个月。二是完善配套监管措施，抑制投机“炒壳”。提高对重组方的实力要求，延长相关股东的股份锁定期，遏制短期投机和概念炒作。三是按照全面监管的原则，强化上市公司和中介机构责任，加大问责力度。上述新规的三大核心修改无疑在借壳上市的技术门槛、时间成本和资金成本方面产生较大的杀伤力。

当借壳上市遭遇最严监管，曾一度喧嚣的注册制推行暂缓，加之IPO“堰塞湖”，在上市通道依然非常拥挤的现实下，无论是VC，还是PE，抑或是产业资本均纷纷走上前台，改弦易张，通过先狩猎上市公司控制权，再注入资产的资本运作方式实现主动性退出。此时，市场对壳资源的需求便有增无减，“股权转让”成为各路资本自我救赎的“曲线救国”之路。

当这种资本运作模式在资本市场密集上演时，2016年超过百只“股权转让概念股”应运而生，成为A股当年最热的炒作板块！

“三方交易”避借壳

根据原《重组管理办法》的规定，当上市公司的一项重大资产重组行为同时满足以下两个要件——一是上市公司发生“控制权变更”，即控制权要件；二是上市公司“向收购人及其关联人购买的资产总额占上市公司资产总额的比例超过100%”，即交易规模要件——时，上市公司重大资产重组构成借壳上市。然而，第二个要件中判断指标过少（仅有“资产总额”一项）的情况，常导致诸多重大资产重组案例通过财务处理等方式规避“借壳”审核。

因此，在重组新规中，证监会完善了对交易规模的判断指标，对于所购买资产的规模，从原有的资产总额单项指标调增为资产总额、资产净额、营业收入、净利润、股本等五个指标，只要其中任一指标占上市公司相应指标的比例超过100%，就被认定符合交易规模要件。

于是，在严苛的借壳新规下，市场上出现一种崭新的不构成借壳上市的运作模式：上市公司控股权既发生变更，购买资产规模也超过上市公司的100%，但购买资产对象却是无关联的第三方，这在日后被市场人士形象称之为“三方交易”。该模式的核心逻辑在于：原控股股东A向收购人B转让控制权的同时，上市公司向无关联的第三方C购买资产。因此，即使C的资产在规模上超过上市公司的100%，达到重组上市“资产规模”要件的标准，但由于不是从收购人B处购买，那么理论上来讲，这样的操作仅是一般的上市公司重大资产重组，交易不构成重组上市。

近年来，中国经济步入新常态，钢铁、有色、煤炭、基础化工、水泥等传统产业产能过剩严重、业绩表现普遍不佳，同时以人工智能、云计算、物联网、大数据等为代表的新兴经济正迅速崛起。对于林栋梁这样的新股东入驻传统行业上市公司，如再将新兴产业注入上市公司，那么股价上涨似乎成为必然。

因此，在“三方交易”模式下，控股权转让往往伴随较强的后续资产重组预期。一方面，新晋股东一般具备较强的资源和资本实力，股权转让可赋予公司业务转型的预期；另一方面，新晋股东强大的资本运作能力往往促使其通过重组改善上市公司的经营水平，从而使盈利预期提升。业务转型与业绩改善两大预期的变化，无疑形成短期股价的催化剂。

然而事实上，三方交易因“类借壳”规避重组上市痕迹过于明显，其发展颇为不畅。

2016年3月，申科股份（002633.SZ）披露重组预案，拟以发行股份及支付现金的方式，作价21亿元收购紫博蓝网络科技（北京）股份有限公司100%股份，并向华创易盛等五名对象发行股份募集配套资金不超过21亿元。而就在重组预案出炉前夕，华创易盛出资7.5亿元受让了申科股份13.76%的股权，成为公司第二大股东。重组完成后，参与配套融资的华创易盛将跃升成为大股东，构成典型的“三方交易”。

该重组方案于当年7月29日被证监会否决，随后，2017年2月16日，申科股份收到紫博蓝发来的《关于终止重大资产重组事项的告知函》，称鉴于本次重组事项操作时间过长，国内外经济环境出现了较大变化，紫博蓝拟开展新的资本运作，因此决定终止与申科股份的重组事宜。

金刚玻璃（300093.SZ）、南通锻压（300280.SZ）、方大化工（000818.SZ）三家公司也是“三方交易”的先行者，但无一例外全部被证监会否决。

2017年3月24日，证监会明确提出，对“三方交易”将“从严监管”。新闻发布会上，监管人士表态：“前段时间有4家涉及控制权变更且注入资产的重组方案相继被并购重组委否决。这些方案的共同特征是，向一方转让上市公司控制权，同时或随即向非关联的其他方“跨界”购买大体量资产，新购买的资产与原主业明显不属于同行业或上下游。由此，上市公司在很短时间内不仅变更了实际控制人，还对原主业作了重大调整，在控制权稳定、持续经营能力等方面存在重大不确定性，比典型的重组上市更复杂多变，需要从严监管。”

这一监管态度无疑彰显出证监会“轻形式、重本质”的监管趋势。然而，考虑到现金支付的资产重组并不需要证监会审核，现金支付的三方交易似乎成为一条可能的通路。

2017年3月30日，停牌半年的友利控股（000584.SZ）通过了交易所问询终于复牌交易。在实际控制人变更后，上市公司拟以现金购买天津福臻100%股权，交易价格9亿元。此时，因采用现金收购，而不是发行股份支付，闯关初战告捷。

8月4日，轰动整个A股并购市场的三爱富（600636.SH）三方交易案终于以允许股票复牌现出成功曙光。在这个经过1年零3个月的漫长停牌、几易交易方案、三次回复交易所问询函的案例中，全现金交易成为破局关键，同时，新、老控股股东中国文发、上海华谊和并购标的奥威亚原股东等主要交易各方股份锁定60个月换取上市公司股权结构稳定成为核心措施。

拉法基入主

地处四川盆地西北部、涪江上游和龙门山脉东南的四川省江油市，尽管是由绵阳市代管的省辖小小县级市，但因其是唐代大诗人李白的故乡且由邓小平题字“李白故里”而成为一座闻名于世的历史文化名城。

在中国工业领域，江油因境内石灰石质量好、品位高而成为四川重要的水泥生产基地，被誉为“水泥之乡”。20世纪末，以江油水泥厂为龙头的江油数十家水泥厂年产优质水泥可达数百万吨。

四川双马水泥（集团）有限公司（后更名为：四川双马投资集团有限公司，简称“双马集团”）属大型国有独资集团公司，前身即四川省江油水泥厂，始建于1956年，是我国“一五”期间156个重点建设项目之一，1957年初破土动工，1959年11月建成投产。1996年12月经四川省现代企业制度试点领导小组批准，四川省江油水泥厂改组为国有独资集团公司并正式挂牌双马集团。

1997年12月经绵阳市人民政府推荐，四川省人民政府批准，双马集团被列为四川省1997年度第一家计划内A股发行企业。1998年10月20日，双马集团将集团内部与水泥生产经营有关的九个车间、处室的主要生产经营性资产和相应负债以及土地、商标等无形资产计1.8099亿元折为11 800万股国家股，成都市建筑材料总公司、四川矿山机器厂、广旺矿务局、四川省信托投资公司等四家单位则出资222.39万元以现金方式入股折成145万股法人股，共同发起设立四川双马水泥股份有限公司（简称“四川双马”）。

次年7月12日，四川双马（000935.SZ）以4.5元的价格发行5 800万股社会公众股；8月24日，公司在深圳证券交易所上市，总股本达17 745万股。

20世纪九十年代后期，拥有近四十年普通水泥和特种水泥生产历史的四川双马因生产经验丰富和技术力量雄厚，其主力产品“双马”牌425R、525R普通硅酸盐水泥及525R中热水泥等特种水泥广泛应用于高速公路、水电站大坝、高层建筑等大型建设工程，先后参与北京亚运会工程、宝珠寺水电站、西昌火箭发射基地、成都国际机场等国家重点工程。

在上市时，四川双马水泥年设计生产能力已达到130万吨，在四川省内水泥市场中占有率达到26.64%。根据国家建材工业局信息中心的统计资料，2000年度的双马水泥产销量位于全国90家重点水泥企业第14位，连续三年位居西南第一。

然而，与这一曾经的辉煌相比，伴随着中国水泥业产能过剩、需求下降及国家宏观调控，在成为水泥“西南王”数年后，双马水泥却每况愈下，在2009年200余家重点水泥企业的产、销量排序上均下滑至150名左右。在业绩持续恶化情况下，控股股东不得不谋求出售上市公司控股权以求自保。

就传统的水泥业务而言，四川双马似乎并没有更多故事可讲。不过回顾四川双马的股市历程，其19年的股价走势图上赫然形成两个十分醒目的“隆起”——2007年和2016年的两轮暴涨行情，恰恰是四川双马两度更换实际控制人的故事所引爆的——2006年涉及外资收购、捆绑股改的拉法基（Lafarge）收购案以及2016年涉及股权转让概念的和谐恒源收购案。

正如我们在苏泊尔一案中所介绍的那样，2006年前后的中国并购市场颇为喧嚣，尤以跨国资本对A股上市公司的并购最为引人关注。与SEB集团同来自法国的拉法基集团早在2005年底便展开对四川双马的收购。

四川双马的控股股东双马集团持有其66.50%的股份。2005年11月15日，四川双马公告双马集团的股东绵阳市国有资产监督管理委员会与双马集团工会分别将其所持有的双马集团89.72%的国家股股权与10.28%的社会法人股股权转让予拉法基中国海外控股公司（简称“拉法基中国”）。四川双马首度更换实际控制人，拉法基中国成为新主人。

拉法基中国为此需要支付的总交易对价为人民币3.0484亿元，以当时四川双马3.1941亿的总股本计算，折合每股1.44元，这较四川双马2005年三季报每股1.52元的净资产和签订协议前一交易日3.03元的二级市场收盘价分别折价5.26%和52.48%。

据四川双马官网和收购报告书介绍，至今已有180多年历史的拉法基集团于1833年在法国成立，从1999年起连续被《财富》杂志评为世界500强企业。拉法基的水泥和屋面系统位居世界第一、混凝土与骨料位居世界第二、石膏建材位居世界第三。从1994年进入中国成立第一家合资公司——位于北京怀柔区的兴发水泥公司开始，到2004年，这家世界上最大的水泥生产商麾下公司在中国的水泥生产能力约为370万吨，2004年在中国境内的营业额为8.6亿元人民币，相当于2004年中国市场总量的0.37%。

中国庞大的市场需求和发展潜力、产业集中度低及区域性强的水泥行业属性、四川双马所具备的区位优势、上市公司平台以及不断恶化的财务状况而致的估值低点，都成为拉法基倾心四川双马的原因。

交易完成后，拉法基通过双马集团间接持有上市公司66.50%的股份，而该交易形成对四川双马上市公司的间接收购行为。由于转让的部分股权为国家股，其变动尚须取得国务院国资委的批准；而转让涉及外资企业受让事项则须获得国家工商行政管理总局和商务部批准；同时，整个交易须报经证监会审核无异议后方可履行。

事实上，拉法基对于四川双马的收购过程确属“好事多磨”。2006年“国资贱卖”的大讨论和水泥行业开始复苏的背景下，并购双方于4月签署补充协议同意提高收购价24%至3.7784亿元。6月中旬，交易获得国务院国资委批准。

与此同时，姗姗来迟的四川双马股权分置改革终于启动。2006年6月24日，上市公司公告股权分置改革方案；7月4日公告与流通股股东沟通后的调整方案：非流通股股东向流通股股东每10股支付3股。同时，该股权分置改革说明书特别提示，拉法基通过双马集团向流通股股东执行对价安排并履行相关承诺义务，这意味着实质上拉法基已成为四川双马的当家人。

此后，2006年11月29日，四川双马公布商务部同意拉法基并购四川双马集团的批复。12月29日，中国证监会出具证监字［2006］304号文，对拉法基的收购报告书无异议。在收购方案得到政府许可后，股改计划得以继续，四川双马于2007年1月15日停牌进入股改程序；1月22日，股权分置改革方案经股东会议审议通过；5月，证监会出具证监字［2007］86号文核准豁免拉法基要约收购四川双马之义务，至此，拉法基入主四川双马修成正果。

2007年6月6日，四川双马股权分置改革方案实施，对价股份上市流通。大股东双马集团（现更名为：拉法基瑞安（四川）投资有限公司，简称“拉法基四川”）持股下降为56.81%。公司股票以19元开盘，上涨103.64%，收盘时涨幅回落至58.63%，4个交易日后股价最高达20.39元/股，创下该轮暴涨行情的峰值。

IDG魅影浮现

拉法基入主近十年之后，四川双马风云再起！

2007年拉法基中国通过拉法基四川控股四川双马之后，于2011年和2015年将其境内最重要的水泥资产——都江堰拉法基水泥有限公司（简称“都江堰拉法基”）的50%和25%股权先后注入上市公司（剩余25%股权由成都市国有资产监督管理委员会实际控制），意欲打造雄霸中国西南市场的水泥资产上市平台。

然而，受宏观经济变化等多因素的影响，四川双马经营业绩并不遂人意，都江堰拉法基50%股权在2011～2013年的对赌期内无一年完成业绩承诺；25%股权在2013年首年实现利润承诺后，随后两年的净利润数均未达到预测目标，2015年仅实现承诺利润的2.62%，拉法基在中国的扩张步伐受阻。

2015年7月，全球前两大水泥生产商法国的拉法基和瑞士的豪瑞（Holcim）成功合并，诞生了世界水泥新巨头——拉法基豪瑞。这一合并案对中国水泥行业的直接影响就是，拉法基豪瑞在A股同时拥有了原拉法基控股的四川双马和原豪瑞控股的华新水泥（600801，SH）两家水泥上市公司，因而面临同业竞争的尴尬。拉法基曾在收购时承诺将四川双马作为其A股“唯一上市公司”，但出于经营考虑，拉法基一直尝试修改这一承诺，却屡未成功。此外，连同上市公司业绩不理想等原因，拉法基放弃四川双马的传言在坊间偶有听闻。

2016年7月7日，四川双马股票意外停牌。一个半月后，8月22日，四川双马发布复牌公告，传闻成真，牵手近十年的拉法基与四川双马分道扬镳，而后者股价随即上演一轮铸妖的惊天飙涨行情。

同时，四川双马公告各相关方于 8 月 19 日签署了一系列股份转让协议及期权协议。

其一，关于四川双马股份转让协议。拉法基中国分别和天津赛克环企业管理中心（有限合伙）（简称“天津赛克环”）、北京和谐恒源科技有限公司（简称“和谐恒源”）签署股份转让协议，拉法基瑞安（四川）投资有限公司（简称“拉法基四川”）分别和天津赛克环、北京泛信壹号股权投资中心（简称“泛信壹号”）签署股份转让协议，拉法基中国与拉法基四川拟协议转让所持有的四川双马 55.93% 的股权，转让价款为 34.52 亿元。转让完成后，拉法基中国仅持有四川双马 17.55% 的股份，不再是控股股东。和谐恒源、天津赛克环及泛信壹号受让股份分别为 25.92%、25.01% 及 5.00%。明确互为一致行动人的和谐恒源与天津赛克环合计持有四川双马 50.93% 的股权，成为新的控股股东，而两家公司的实际控制人皆为林栋梁。

其二，关于四川双马水泥资产购买和出售之期权协议。拉法基中国及其关联方 FINANCIERE LAFARGE SA 与和谐恒源三方签署了关于四川双马水泥资产购买和出售之期权协议。协议约定行权期不晚于 2018 年 6 月 30 日，期权价格则不低于 26.32 亿元。

其三，关于转让拉法基中国全部已发行股份之期权协议。拉法基中国水泥有限公司（拉法基中国的唯一股东，简称“拉法基有限”）作为卖方、IDG China Capital Fund III L.P.（简称“IDG 中国投资基金”）作为买方签署了以拉法基中国作为标的公司的期权协议。协议约定，拉法基中国所持四川双马 17.55% 的股份解禁之后的半年内，IDG 中国投资基金从拉法基有限受让拉法基中国的全部已发行股份，从而间接受让四川双马 17.55% 的股份，总交易价为 10.83 亿元。

现身四川双马的林栋梁因 IDG 资本合伙人的身份在创投圈早已闻名遐迩。公开媒体对林的介绍是，“1984 年和 1986 年分别毕业于清华大学计算机系和清华经济管理学院研究生班”，“自 1995 年以来负责过 IT 领域内的多种投资项目，业绩显著。他曾任国务院发展研究中心高级研究员，从事经济政策研究”。“1999 年参与搜房网的创立，获得了 100 倍以上的回报；2003 年投资网龙，2007 年网龙于香港上市；2013 年将网龙内部孵化的 91 无线以 19 亿美元卖给百度，成为彼时中国互联网圈内的最大并购案。”①

与林栋梁一同，IDG资本数位高管的身影亦出现在和谐恒源关联方的投资人中。天津赛克环的执行合伙人（GP）为成立于2014年2月19日的和谐浩数投资管理（北京）有限公司（简称“和谐浩数”），出资人包括王静波、牛奎光、杨飞、林栋梁等人。而在IDG资本的官方团队介绍上，该等人均位列其中。另据公开信息，和谐浩数为IDG资本旗下的基金管理公司，是IDG资本在中国境内开展业务经营的载体。

IDG在中国的名声是建立在IT出版和风险投资上面的！

美国人麦戈文于1964年创办、总部设在美国波士顿的IDG——美国国际数据集团（International Data Group）是全世界最大的信息技术出版、研究与发展公司，在全球90个国家用25种语言出版300余种报刊杂志，每月读者达2亿人。作为第一家进入中国的美国信息技术服务公司，自1980年在北京创办了赫赫有名的中美合资《计算机世界》周刊以来，IDG在中国合资与合作出版的与计算机、电子、通讯有关的报纸与杂志达30余种，以至于国内知名的IT媒体中，一小半都与其有关，普遍为人所熟知还有《IT经理世界》、《网络世界》、《微电脑世界》等。

1991年，后来成为中国风投教父级人物的熊晓鸽进入IDG工作，1993年协助麦戈文在中国创立IDG资本（IDG Capital）的前身太平洋风险技术基金，这使IDG资本成为第一家进入中国的国际风险投资机构。自1999年IDG资本从原IDG的投资部门转型为独立运作的合伙人制基金管理模式后，IDG集团与IDG资本已不存在股权方面的关系，双方的关联仅限于品牌承袭。

IDG资本在中国风投界、尤其是互联网投资领域享有极高声誉，投资数量和投资总额名列前茅，投资业绩斐然。从1999年开始，IDG资本把握了中国互联网领域的绝大部分投资机会，从门户到社交，从工具到垂直电商，再到移动互联网，几乎投出了中国互联网的半壁江山，包括腾讯、百度、搜狐、小米、携程、奇虎360等数十家中国知名公司。

尽管IDG资本在中国投资界久负盛名，但在A股市场却鲜见其身影，投资案例屈指可数。近年来国内资本市场的高估值令人艳羡，美国纳斯达克中概股

---

① 翟文婷．林栋梁：19亿美元交易背后的伯乐，一个低调演绎“坚持就是胜利”的天使［J］．创业邦，2013（12）．

平均市盈率仅为十几倍，而国内的中小板和创业板市盈率则高达几十倍、上百倍。估值水平的巨大差异令包括IDG资本在内的众多投资机构羡慕不已，他们逐渐把触角伸向了A股市场。

2015年3月，拆除VIE架构并在创业板上市的暴风科技上演新股神话：连续29个“一字板”创造了A股历史上最长的新股连续涨停纪录。这是IDG资本在A股的首秀：持股仅次于暴风科技创始人冯鑫的第二大股东北京和谐成长投资中心（有限合伙）（简称“和谐成长”）正是IDG团队在国内发起的人民币基金，林栋梁担任和谐成长执行事务合伙人。

近两年后，IDG资本在A股IPO市场上的另一个新股案例也堪称神话。2017年1月吉比特IPO，上市后数月内股价仅次于贵州茅台，成为A股市场股价最贵的游戏股。在吉比特的持股中，和谐成长持股8.15%，为第四大股东。

显而易见，此番IDG资本入主无疑令四川双马具备十足的想象空间，正如市场人士所言：“无论将来注入的是什么，总比现在的水泥具备想象力。”[①]

四步腾笼换鸟

除了接盘方IDG资本在中国风险投资领域的强大影响力而备受关注外，四川双马控股权易主案中的交易过程则更令业界瞩目，未来置入资产究竟为何也颇受期待。

这宗复杂的多方股权转让实际是由“55.93%股权的协议收购+履行全面要约+出售水泥资产+17.55%股权的间接收购”一揽子交易以及未来战略资产的收购所组成。

1. 第一步，55.93%股权的协议收购

对一个上市公司壳资源，如果在二级市场上收购，那么股权分散的壳将是理想对象，因为收购方遭遇的阻力小、整体收购成本低；而如果通过协议收购，那么原控股股东持股高度集中无疑具备优势，因为买壳者所支付的时间成本和沟通成本必定下降很多。显然，四川双马属于后者。

① 刘慎良. 妖股之王是如何炼成的［N］. 北京青年报，2016-10-31.

受都江堰拉法基未完成业绩承诺影响，拉法基中国和拉法基四川（代拉法基中国）向中小投资者进行了数次股份补偿。即使如此，到最后一次业绩补偿完成的2016年8月2日，拉法基中国和拉法基四川分别持有四川双马56.38%和17.10%的股权，合计持股仍高达73.48%，这一比例在整个A股市场上也是可以笑傲群雄的。经过统计，截至2017年底，A股控股股东持股比例在70%以上的上市公司不过50家左右。一个颇有趣味的现象是，但凡控股股东持股比例极高的上市公司，它大概率是特别有故事的公司。本书中出现过的茂业商业和苏泊尔无不如此，前者控股股东持股一度达89.48%，而后者也曾达到过81.17%。显然，IDG以巨资收购偏居一隅的四川双马，原控股股东的高比例持股为重要考虑因素之一。

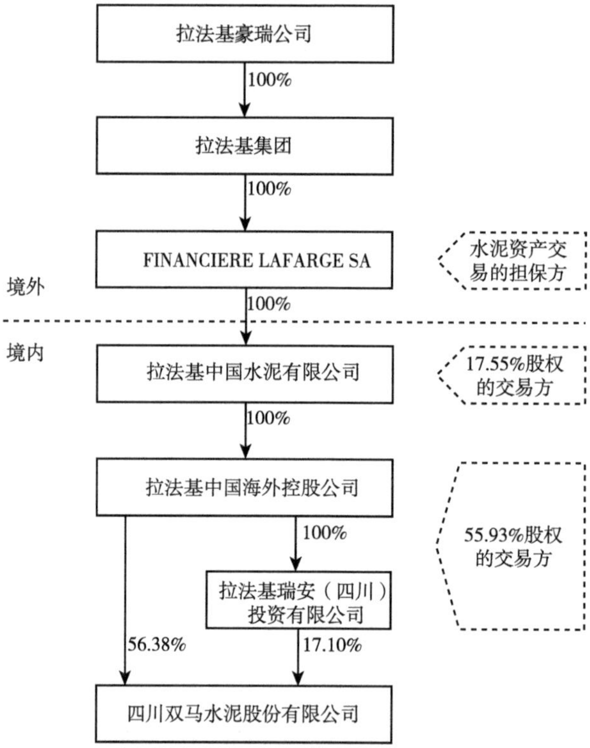

拉法基对四川双马的持股情况（转让前）

资料来源：四川双马公告。

2015年4月，四川双马曾向拉法基中国发行比例约为19.33%的新股以购买都江堰拉法基25%的股权，该股票发行后36个月内不能以任何方式转让。但由于都江堰拉法基2014年和2015年未达盈利预测，扣除补偿给中小投资者的1.78%比例后，拉法基持有的限售股比例降为17.55%。因此，第一步的交易中，拉法基转让给买方的股权构成为：拉法基中国和拉法基四川的转让比例分别为38.83%（＝56.38%–17.55%）和17.10%。

对于备受关注的股权转让定价，与十年前拉法基获得控股权时参考净资产的定价不同，此番股权转让以停牌前一段时间的股票均价为基础并予以一定的溢价，最终每股转让价格为8.084351元/股，较停牌前7.01元/股的收盘价溢价15.26%，相对于停牌前6.7元/股的10日均价和6.5元/股的20日均价均溢价20%以上。这一价格亦成为后续履行全面要约收购和17.55%股权转让的定价基础。

今天，全流通时代的中国股市已运行10年有余。从2006年开始，非流通股和流通股的畸形二元股权结构日渐消逝后，绝大部分上市公司控股权的协议转让对价从股改前参考净资产定价切换到以二级市场股价为基准来确定。2016年以来，溢价转让股权似乎成为市场常态。其比例日渐增多，除了四川双马案，日海通讯、友利控股等皆是溢价收购案例。

公告两个半月后，2016年11月7日，55.93%股权的协议转让顺利完成过户登记手续。

四川双马55.93%股权的协议转让情况

<table>
<tr><th>转让方</th><th>原持股数（股）（占总股比）</th><th>现持股数（股）（占总股比）</th><th>转让股数（股）（占总股比）</th><th>受让方</th><th>受让股数（股）（占总股比）</th><th>受让金额（元）</th></tr>
<tr><td rowspan="2">拉法基中国</td><td rowspan="2">430 404 761（56.38%）</td><td rowspan="2">133 952 761（17.55%）</td><td>197 913 228（25.92%）</td><td>和谐恒源</td><td>197 913 228（25.92%）</td><td>1 600 000 002.70</td></tr>
<tr><td>98 538 772（12.91%）</td><td rowspan="2">天津赛克环</td><td rowspan="2">190 876 975（25.01%）</td><td rowspan="2">1 543 116 463.72</td></tr>
<tr><td rowspan="2">拉法基四川</td><td rowspan="2">130 510 222（17.10%）</td><td rowspan="2">0</td><td>92 338 203（12.10%）</td></tr>
<tr><td>38 172 019（5.00%）</td><td>泛信壹号</td><td>38 172 019（5.00%）</td><td>308 595 999.97</td></tr>
<tr><td>合计</td><td>560 914 983（73.48%）</td><td>133 952 761（17.55%）</td><td>426 962 222（55.93%）</td><td>合计</td><td>426 962 222（55.93%）</td><td>3 451 712 466.39</td></tr>
</table>

数据来源：四川双马公告。

2. 第二步，履行全面要约收购

因和谐恒源、天津赛克环协议收购拉法基四川、拉法基中国所持四川双马合计50.93%股权并成为四川双马的控股股东而触发法定全面要约收购义务，2016年9月7日晚间，四川双马披露其要约收购报告书称，本次要约收购的目的系为履行法定义务，并不以终止四川双马上市地位为目的。

根据要约收购报告书，要约价格与协议收购价几乎相同，为8.09元/股，要约收购期限共计32个自然日，为自2016年9月9日至10月10日。要约收购股份数量为除收购人拟受让的四川双马股份以外的其他已上市无限售流通股，共24 069.7388万股，占四川双马已发行股份的31.53%。按照约定的现金支付方式，要约收购所需资金总额最高为人民币194 724.19万元。

对比节节攀升的股价，毫无悬念的是，要约收购只是走个过场。要约收购期限内，四川双马股价最低15.77元，最高价24.1元。显然，不可能有人以低于市价近50%的价格接受要约收购的。

事实上，最终只有令人哭笑不得的100股股份接受收购方发出的收购要约。根据《公司法》规定，公司的股权分布符合上市条件，上市地位不受影响，这100股的过户手续则于2016年10月14日办理完毕。

3. 第三步，出售水泥资产

2017年2月17日，四川双马公告，称筹划出售公司持有的全部水泥业务资产，交易对方为拉法基中国或其指定的第三方。

近四个月后，6月7日，四川双马和拉豪（四川）企业管理有限公司（拉法基四川的全资子公司，简称“拉豪四川”）签署资产出售协议，前者拟将其截至2016年9月30日合计拥有的与水泥业务相关的、或基于水泥业务的运营而产生的所有资产、负债等标的资产出售给后者。根据北京中同华资产评估有限公司出具的《资产评估报告》，截至基准日标的资产的评估值为280 000万元。

不过，该资产出售在实施过程中仍出现波折。由于出售水泥资产后的四川双马大概率成为一家“纯现金公司”，监管对此类交易颇有微词，因此，为规避审核的不确定性，加之水泥行业景气度的持续回升，2017年9月11日，四川双马终止该次资产出售交易。尽管资产出售无果而终，但似乎为安抚市场，和谐恒源祭出两月内增持1亿元股份的增持计划来表达对四川双马未来发展的信心。10月27日，和谐恒源累计增持453.2753万股，占总股本的0.59%，增持金额合计10 004.67万元，增持计划实施完毕。

颇为意外的是，三个月后的12月14日，四川双马重启资产出售交易，方案则修订为：向拉豪四川出售都江堰拉法基75%股权、江油拉豪100%股权，交易对价为22.39亿元；同时保留部分具有持续经营能力的独立完整水泥资产——双马宜宾和遵义三岔，而该部分资产2017年1至9月的合计净利润达3 845.05万元。更新后的方案最终得以顺利实施，2018年2月13日，都江堰拉法基和江油拉豪均完成工商过户。

4. 第四步，17.55%股权的间接收购

对于剩余的17.55%股份，根据2016年8月19日签署的期权协议，该部分股份于2018年4月8日解禁之后的半年内，IDG中国投资基金将从拉法基有限受让拉法基中国的全部股权，从而间接持有四川双马17.55%的股份，总交易价为10.83亿元。

2018年4月19日，IDG中国投资基金指定三家BVI公司（Gold Booster Limited，简称“GBL”；Eternal Surge Limited，简称“ESL”；和Sonic Train Limited，简称“STL”）进行行权。根据四川双马4月21日公告的简式权益变动报告书，在前述期权协议实施完成后，拉法基中国成为IDG中国投资基金全资控制的实体，拉法基则完全退出四川双马。随后，和谐恒源与拉法基中国的控股股东GBL签署一致行动协议，以控制四川双马17.55%的股份，最终，和谐恒源控制的四川双马表决权为52 727.5817万股，占四川双马总股本的69.07%。

至此，四川双马控股权转让一案宣告收官。

5. 投资国奥越野

2017年6月9日，因出售水泥资产而仍处停牌期的四川双马发布对外投资公告，全资子公司成都和谐双马科技有限公司拟出资人民币2 320万元，通过受让股权并增资的方式收购北京国奥越野足球俱乐部有限公司（简称“国奥越野”）46.4%的股权并成为控股股东。公告称，国奥越野为行业领先的足球青训俱乐部，致力于国内青少年足球运动的普及和人才培养。

事实上，IDG资本在体育产业链的投资早有布局，新英体育、盛开体育、瑞士盈方、昆仑决等公司都有其身影。2016年更是动作不断，6月，收购新三板公司北京兴致体育股份有限公司（831027.OC）；8月，出资1亿欧元购买法国奥林匹克里昂集团20%股份并成为其第三大股东，而后者则是曾创下法甲“七连冠”卓越战绩的法国里昂俱乐部的母公司。而里昂青训拥有完整的职业梯队建设，实力在法国排名第一，曾培养出本泽马、本阿尔法、马夏尔等众多世界

级球星；12月，兴致体育与里昂集团牵手成立合资公司以足球学校为主营业务。

在2016年收入和净利润分别为644万元和32万元的国奥越野显然不足以支撑四川双马彼时的176亿市值，但其释放的信号却十分明确：战略转型已然起步——四川双马或成中国足球青训第一股！

从IDG角度来看，它获取四川双马控股权的代价似乎不菲，不计入非一致行动人泛信壹号所持的5%股权，IDG资本累计投入资金仍达到天文数字——43.26亿元。但是，如果考虑出售水泥资产回收的22.39亿元，那么IDG为猎获四川双马的净壳所付出的代价则为人民币20.87亿元，而其控制上市公司的股权却达69.07%，同时持有一块盈利能力健硕的水泥资产！

显然，这是一桩看似代价不菲、实则相当划算的买卖！

大事记

- 1996年12月，四川省江油水泥厂改组为国有独资集团公司并正式挂牌四川双马水泥（集团）有限公司。
- 1998年10月20日，双马集团和成都市建筑材料总公司等四家法人单位共同发起设立四川双马水泥股份有限公司。
- 1999年7月12日，四川双马以4.5元的价格发行5 800万股社会公众股；8月24日，四川双马在深圳证券交易所上市，总股本达17 745万股。
- 2005年11月15日，四川双马公告，控股股东双马集团的股东绵阳市国有资产监督管理委员会与双马集团工会将其合计持有的双马集团100%股权转让予拉法基中国，四川双马首度更换实际控制人。
- 2006年6月，四川双马公告股权分置改革方案。股改说明书特别提示，拉法基通过双马集团向流通股股东执行对价安排并履行相关承诺义务，这意味着实质上拉法基已成为四川双马的当家人。11月29日，四川双马公布商务部同意拉法基并购双马集团的批复。12月29日，证监会正式发文，对拉法基的收购报告书无异议。
- 2007年6月6日，四川双马股权分置改革方案实施，对价股份上市流通。大股东双马集团持股下降为56.81%，4个交易日后四川双马股价最高达

20.39 元 / 股，创下该轮暴涨行情的峰值。

- 2011 年和 2015 年，拉法基将境内最重要的水泥资产——都江堰拉法基的 50% 和 25% 股权先后注入四川双马，但受宏观经济变化等诸多因素的影响，都江堰拉法基在 2011 ~ 2015 年的对赌期内无一年完成业绩承诺，导致四川双马经营业绩每况愈下。
- 2015 年 7 月，法国拉法基和瑞士豪瑞成功合并，诞生世界水泥新巨头——拉法基豪瑞。拉法基豪瑞在 A 股同时拥有四川双马和华新水泥两家水泥上市公司导致同业竞争的出现，加之四川双马业绩不理想等原因，拉法基放弃四川双马的传言在坊间偶有听闻。
- 2016 年 7 月 7 日，四川双马以重大事项停牌。
- 2016 年 8 月 19 日，各相关方签署一系列股份转让协议及期权协议。其一，关于四川双马股份转让协议：拉法基中国及拉法基四川转让所持有的四川双马 55.93% 的股权，受让方和谐恒源、天津赛克环及泛信壹号分别受让 25.92%、25.01% 及 5.00% 的股份。互为一致行动人的和谐恒源与天津赛克环合计持有四川双马 50.93% 的股权，成为新的控股股东。其二，关于四川双马水泥资产购买和出售之期权协议。其三，关于转让拉法基中国全部已发行股份之期权协议。
- 2016 年 8 月 22 日，四川双马复牌，股权转让概念令股价毫无悬念连续大涨，到 11 月 3 日，四川双马创下 42 元的历史新高，35 个交易日内创造 18 个涨停板，区间最高涨幅达 499%，剔除其间发行的新股，四川双马阶段涨幅位居沪深两市首位。这也是该股上市 17 年来股价涨幅最大的一波行情。
- 2016 年 9 月 9 日至 10 月 10 日，和谐恒源、天津赛克环履行全面要约收购义务，要约价格与协议收购价几乎相同，为 8.09 元 / 股，由于市价远高于要约收购价，最终只有 100 股股份接受收购方发出的收购要约。
- 2016 年 11 月 7 日，55.93% 股权的协议转让顺利完成过户登记手续。
- 2017 年 6 月 7 日，四川双马和拉豪四川签署资产出售协议，但 9 月 11 日，囿于审核的不确定性，该次资产出售交易终止。12 月 14 日，交易重启，方案修订为保留部分水泥资产，仅出售所持的都江堰拉法基和江油拉豪的股权。2018 年 2 月 13 日，资产完成过户。
- 2017 年 6 月 9 日，四川双马发布对外投资公告，其全资子公司拟出资人民币 2 320 万元，收购国奥越野 46.4% 的股权并成为控股股东。这一投资释放了四川双马转型的信号。

- 2018年4月19日，根据2016年8月19日签署的期权协议，IDG中国投资基金指定三家BVI公司进行行权，三家BVI公司受让拉法基有限所持的拉法基中国全部股权，从而间接持有四川双马17.55%的股份，总交易价为10.83亿元。最终，和谐恒源控制的四川双马表决权占总股本的69.07%。至此，四川双马控股权转让一案宣告收官。

03 形态三 要约收购

第10章

A股私有化：国家队的"土豪"游戏（2005 ~ 2006）

"中石油的整合不是证券市场监管部门控制范围内的，要在国家能源安全等一系列政策背景下进行全面考虑。"

——《财经》杂志援引中国证监会一位官员的观点

尽管10年前的《股票发行与交易管理暂行条例》早已载明要约收购的相关规范，但直到2003年，中国证券市场才发生第一例要约收购案——南钢联合要约收购南钢股份。不过，由于该案仅是触发要约收购条件而履行法定义务的举动，因而事实上，显著的股价倒挂致使并无投资人接受南钢联合发出的收购要约，该案以"零预受、零收购"草草收场。

然而，更具里程碑意义的则是2005年中国股市首例主动式要约收购案——中国石油全面要约收购旗下三家上市公司——的出现。这次收购因在中国资本市场创下数个第一而备受市场关注：首例成功实施的主动全面要约收购，首例同时对多家上市公司进行的要约收购，首例横跨境内外三个资本市场的要约收购。更为重要的是，中国石油以终止上市公司平台为目的的要约收购，开创了中国私有化A股上市公司的先河。

要约收购“素描”：有规范、无定义

作为成熟证券市场上市公司收购的基本形式，要约收购因大量收购资金进入二级市场将会导致股价宽幅波动和市场剧烈震动而成为各国证券立法制度的重点规范对象。

要约收购最早产生于20世纪50年代的英国，被称之为“Takeover Bid”。由英格兰银行组织成立的“公司合并与收购委员会”在1968年制定的《伦敦城收购与兼并守则》（简称“伦敦城守则”）是对Takeover Bid的最主要规范，但该规范并没有明确Takeover Bid的定义。

《伦敦城守则》鲜明地规定，英国的要约收购属于强制性的要约收购，即收购人一旦持有目标公司的股份比例超过30%，收购人应当以特定的价格，在限定的时间内向目标公司的所有股东发出要约，从而使得目标公司中小股东能够有机会将所持公司股份按照与大股东相同的价格向收购人转让。英国的强制性要约收购制度不仅给予中小股东转让或继续持有股份的选择权，也赋予了中小股东与大股东平等享有收购溢价的权利。

在公司收购活动最频繁、最活跃的美国，要约收购习惯性地被称为“Tender Offer”。20世纪60年代由英国传入美国后，要约收购在最具创新精神的美国资本市场逐渐成为收购方获取目标公司控制权的主流方式之一。

不同于英国，美国的要约收购制度属于自愿型的要约收购。收购人可自主发出要约，自行确定要约比例，但收购人在收购过程中需就收购人背景、收购目的、收购计划等信息给予充分详细的披露。美国的要约收购立法承认控制权转让的自由，因此未设定强制要约收购制度，而是强调收购相关当事人信息的公开义务和控股股东对其他小股东的信托义务来保护中小股东的利益。

美国相关的法律也没有给出要约收购明确的含义。与《伦敦城守则》同年制定的美国《威廉姆斯法案》，实际上是美国1934年《证券法》的修正案，其立法的目的首先是为了规范要约收购，明确收购的程序和信息披露的要求。多数法院则根据《威廉姆斯法案》的立法过程对要约收购做出定义：“由自然人或法人发出的对上市公司公众持有的股份公开总报价要高于当时市场价格，而且购买公众股票要在全国性证券市场上交易。”

与英、美等海洋法系国家相比，在德国、日本、法国等大陆法系的国家，由于股权结构、融资方式、商业理念存在较大差异，要约收购较少发生，一般是通过协议收购的方式实现上市公司控制权的转移。

尽管我国证券市场诞生较晚，但早在1993年颁布的《股票发行与交易管理暂行条例》就对上市公司的要约收购做出规定，而1998年底颁布的《证券法》也规定“投资者可以采取要约收购、协议收购及其他合法方式收购上市公司”。不过，由于资本市场不发达等因素限制，上市公司的要约收购普遍被监管机构豁免。直到2002年9月，首次颁布的《上市公司收购管理办法》（简称《收购管理办法》）为要约收购提供了具有可操作性的规定，要约收购开始起步。

历经10余年发展后，2014年10月，经过大幅修订的新《收购管理办法》发布，第三章以“要约收购”为题全面地规范了中国上市公司的要约收购。

第二十三条规定“投资者自愿选择以要约方式收购上市公司股份的，可以向被收购公司所有股东发出收购其所持有的全部股份的要约，也可以向被收购公司所有股东发出收购其所持有的部分股份的要约”，这与美国的自愿型要约收购制度是类似的。

第二十四条和第四十七条第（二）款规定“收购人持有一个上市公司的股份达到该公司已发行股份的30%时”，“继续增持股份的，应当采取要约方式进行”；[①]第四十七条第（三）款规定“收购一个上市公司的股份超过30%的，超过30%的部分，应当改以要约方式进行”；[②]第五十六条第（二）款规定：“收购人拥有权益的股份超过该公司已发行股份的30%的，应当向该公司所有股东

① 《上市公司收购管理办法》（2014年修订）第二十四条：“通过证券交易所的证券交易，收购人持有一个上市公司的股份达到该公司已发行股份的30%时，继续增持股份的，应当采取要约方式进行，发出全面要约或者部分要约。”第四十七条第（二）款：“收购人拥有权益的股份达到该公司已发行股份的30%时，继续进行收购的，应当依法向该上市公司的股东发出全面要约或者部分要约。符合本办法第六章规定情形的，收购人可以向中国证监会申请免除发出要约。”

② 第四十七条第（三）款：“收购人拟通过协议方式收购一个上市公司的股份超过30%的，超过30%的部分，应当改以要约方式进行；但符合本办法第六章规定情形的，收购人可以向中国证监会申请免除发出要约。收购人在取得中国证监会豁免后，履行其收购协议；未取得中国证监会豁免且拟继续履行其收购协议的，或者不申请豁免的，在履行其收购协议前，应当发出全面要约。”

发出全面要约”。[①]这些规定均属于强制要约收购的范畴。

根据前述描述，收购目标公司股份的要约比例和收购人的要约意愿成为界定一例要约收购案的两个关键属性。

依照收购目标公司股份的要约比例，可分为全面要约收购和部分要约收购。全面要约收购是指收购人向目标公司的所有股东发出要约，收购其所持有的全部股份的方式。部分要约收购则是指向目标公司的所有股东发出要约，收购其所持有的部分股份的方式。

根据收购人的要约意愿，要约收购可分为自愿（主动）要约收购和强制（被动）要约收购，这是以收购是否构成法定义务为标准所作的划分。自愿要约收购时，收购人在选定时间内以设定价格进行收购，收购股份的比例可以是全部，也可以是部分。强制要约收购则根据法律要求在规定的时间内发出收购其他部分或全部股份的要约。

因此，具体而言，要约收购形成主动全面要约收购、主动部分要约收购、强制全面要约收购和强制部分要约收购四个基本类型。美国的要约收购制度即类似于主动部分要约收购的制度，而英国采用的则是强制的全面要约收购制度。

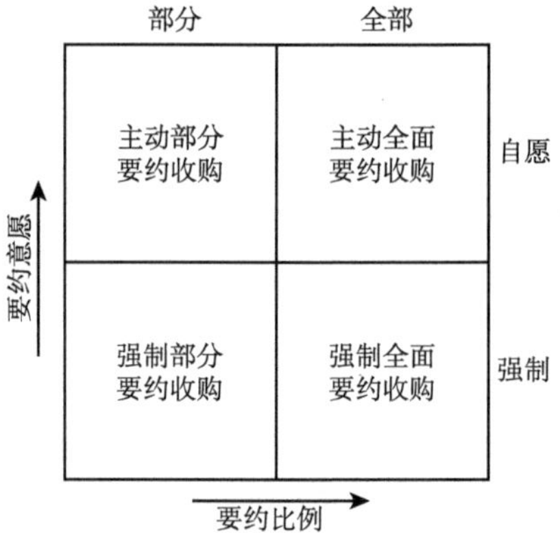

要约收购分类

资料来源：根据相关资料整理。

---

① 第五十六条第（二）款：“收购人拥有权益的股份超过该公司已发行股份的30%的，应当向该公司所有股东发出全面要约；收购人预计无法在事实发生之日起30 日内发出全面要约的，应当在前述30 日内促使其控制的股东将所持有的上市公司股份减持至30%或者30%以下，并自减持之日起2个工作日内予以公告；其后收购人或者其控制的股东拟继续增持的，应当采取要约方式；拟依据本办法第六章的规定申请豁免的，应当按照本办法第四十八条的规定办理。”

关于收购要约的具体要求，市场最为关注的主要为以下几个方面：[①]

第一，收购要约的价格。价格条款是收购要约的重要内容，《收购管理办法》第三十五条规定：“不得低于要约收购提示性公告日前6个月内收购人取得该种股票所支付的最高价格。”

第二，收购要约的支付方式。《收购管理办法》第三十六条原则上认可了“收购人可以采用现金、证券、现金与证券相结合等合法方式支付收购上市公司的价款”。但第二十七条特别规定：“收购人为终止上市公司的上市地位而发出全面要约的，或者向中国证监会提出申请但未取得豁免而发出全面要约的，应当以现金支付收购价款；以依法可以转让的证券支付收购价款的，应当同时提供现金方式供被收购公司股东选择。”

第三，收购要约的期限。《收购管理办法》第三十七条规定：“收购要约约定的收购期限不得少于30日，并不得超过60日，但是出现竞争要约的除外。”

中国市场的要约收购

2003年4月9日，上市公司南钢股份（600282.SH）发布公告称，南京钢铁联合有限公司（简称“南钢联合”）拟要约收购南钢股份，沪深股市有史以来首例要约收购案浮出水面。操盘这一要约收购案的正是彼时已赫赫有名、数年后更是被《纽约时报》比作迷你版伯克希尔·哈撒韦的复星系。公告显示，2003年3月12日，南钢股份控股股东南钢集团公司（简称“南钢集团”）与复星系三家公司共同组建南钢联合，注册资本27.5亿元，南钢集团以其持有的南钢股份国有股35 760万股（占总股本的70.95%）及其他经营性资产、负债合计11亿元出资，持股40%；复星集团公司以现金8.25亿元出资，持股30%；复星产业投资有限公司以现金5.5亿元出资，持股20%；上海广信科技发展有限公司以现金2.75亿元出资，持股10%，复星系公司合计持股60%，复星系掌门人郭广昌因而成为南钢股份的实际控制人。这实质上构成了上市公司收购行为，复星系控制的42.57%股份超过南钢股份已发行总股

① 此处的具体要求根据2014年修订的《收购管理办法》而确定。

本的30%，依法履行要约收购义务。

本次要约收购包含南钢股份的240万法人股和14 400万股流通股，价格分别为3.81元/股和5.86元/股。根据《收购管理办法》，法人股收购定价应为公告日前六个月内收购人取得被收购公司未挂牌交易股票所支付的最高价格或被收购公司最近一期经审计的每股净资产值这两个数字中的较高者；流通股收购价格是公告日前三十个交易日每日加权平均价格的算术平均值的百分之九十。[①]南钢股份2002年度经审计的每股净资产值为3.46元，而其35 760万股国家股的价值经评估为136 008万元，折合每股为3.80336元，故本次法人股要约收购价格确定为3.81元。

该消息披露后，股市一片哗然，大盘连续上扬，钢铁板块股价全线暴涨，南钢股份则在停牌三天后复牌，股价从停牌前的7元连拉三个一字涨停板达9.32元，随后创下10.25元的阶段高点。显然，这一价格较5.86元的要约收购价溢价明显，毫无疑问，“零预受、零收购”是很自然的结果。

我们曾在本书前述章节中详细介绍过，从20世纪90年代初开始，国有企业改革先后实施“抓大放小”和“国退民进”的战略性调整，与之相应地，证券市场上以国有企业为主体的上市公司控股权转让日益频繁。根据沪深交易所公开数据简略统计，从1994年至《上市公司收购管理办法》正式生效的2002年底（也就是在南钢收购案之前），有数百次上市公司披露了控股权转让。其中，有超过两成的案例收购人因持股比例达30%的强制要约收购条件，不过由于宏观资本市场不完善以及企业层面或破产重整、或行政划拨、或法院裁决等因素，这些案例的要约收购义务皆被监管机构豁免。

作为《上市公司收购管理办法》颁布后的第一起强制全面要约收购案例，南钢收购案从实际操作层面拉开了中国上市公司要约收购的序幕，里程碑意义卓然。从2003年南钢收购案开始，真正意义上的要约收购在中国证券市场逐步发展起来，到2018年4月中国水务投资有限公司部分要约收购钱江水利（600283.SH）止，截至2018年6月底的过去15年，沪、深交易所分别累计发生41次和49次要约收购，要约收购已成为上市公司收购的主要方式之一。

根据《收购管理办法》第二十四条规定，持有一个上市公司的股份达30%

① 南钢股份收购案中的定价依据等按照2002年首颁的《收购管理办法》确定。

时，继续增持股份的，应当采取要约方式进行，发出全面要约或者部分要约，显然，在我国证券市场上，当收购人拟实施部分要约收购时，尽管形式上是被强制要求采取要约收购的，但事实上其收购意愿则是主动的。换言之，部分要约收购实际上没有必要进行主动部分要约和强制部分要约的划分。于是，中国股市近15年不足百起的要约收购案例，主要形成部分要约、强制全面要约和主动全面要约三大类型要约收购。

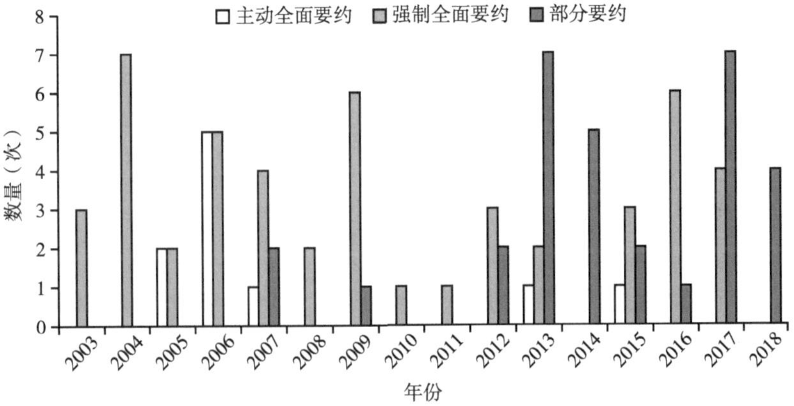

中国证券市场各类型要约收购数量

数据来源：上海证券交易所、深圳证券交易所；数据截至2018年6月30日。

- **部分要约收购**

2007年4月10日，重庆汇邦旅业有限公司（简称“汇邦旅业”）拟要约收购中小板上市公司华邦制药（002004，SZ）5%股份一案完成最后一天的要约预受，从而打响中国股市部分要约收购第一枪。最终4.17%的流通股接受要约，汇邦旅业持股因而增加到51.22%的绝对控股比例，由于不涉及外资收购审批反而比早在2006年8月就公告采用部分要约收购的苏泊尔案率先完成。此后的10年间，部分要约收购共发生31次，占中国证券市场要约收购总数量的三分之一左右。

无论是原大股东，还是刚刚易主后的新大股东，部分要约收购的目的无非是通过增加持股比例进一步巩固控股权。而新、旧大股东分别发起的部分要约收购数量在沪深交易所总数中几乎各占半壁江山。

在控股权争夺战中，原大股东发起的部分要约收购，对于提高在上市公司的持股比例，增强对上市公司的控制权，确实十分有效。零售业白马股银座股份（600858.SH）于2013年6月27日公告称，完成对上市公司总股本5%的要约收购后，大股东山东商业集团有限公司（简称"鲁商集团"）总持股比例达34.82%，牢牢巩固了控股权。此举可谓前瞻性十足，一年半后，黄茂如麾下的茂业系大举增持银座股份，但并未撼动鲁商集团的控股股东地位。

对于控股权易主、新大股东巩固控股权的案例，2007年SEB集团通过要约收购方式增加持股比例来绝对控制苏泊尔是极具代表性的。此外，2013年嘉士伯集团以巨资29.318亿元要约收购重庆啤酒（600132.SH）30.29%的股份，2014年导航网站二三四五借壳海隆软件（002195.SZ）后，包叔平及其一致行动人进一步要约收购43.18%的股份皆属于此种情况。

- **强制全面要约收购**

包含南钢收购案在内的强制全面要约收购总计发生49次，占比近五成半，是中国证券市场发生频率最高的要约收购形式。其中，2003年和2005年四川迪康产业控股集团公司和深圳茂业商厦有限公司分别对成商集团发起的要约收购、2016年北京和谐恒源科技有限公司及其一致行动人要约收购四川双马等强制全面要约收购案例均在本书前面的章节中有所介绍。

这种为了履行法定程序而不是以终止目标公司上市地位为目的所开展的要约收购，在要约价格方面，皆采用分类要约、分类定价的形式（主要指股权分置改革前），流通股票的要约价格一般情况下都低于二级市场的交易价格，非流通股票的要约价格则高于目标公司上一会计年度每股净资产。在要约期限方面，收购人通常选择最短要约期限（1个月）。要约收购的结果表明，尽管未得到法规的要约豁免，但因要约价格明显低于二级市场价格，这些案例实际上均不同程度地获得了市场的要约豁免。

- **主动全面要约收购**

不同于强制全面要约收购和部分要约收购，主动全面要约收购则完全以终止标的公司上市身份为目的，实现退市和私有化。2005年11月，A股诞生了首例主动全面要约收购案——中国石油全面要约收购旗下三家上市公司：锦州石化（000763.SZ）、辽河油田（000817.SZ）和吉林化工（000618.SZ、0368.HK、JCC.NY）。

在中石油成功私有化旗下公司的示范作用下，2006年，中石化完成对下属齐鲁石化（600002.SH）、石油大明（000406.SZ）、扬子石化（000866.SZ）和中原油气（000956.SZ）四家A股上市公司外部流通股的回购，总计耗资达惊人的142亿元；2007年，发电设备制造巨头中国东方电气集团公司以子公司东方电气（600875.SH）股份换股全面要约收购东方锅炉（600786.SH）并完成其退市，成为A股市场首例换股要约收购案；2013年，为解决与旗下金马集团（000602.SZ）之间潜在及可能的同业竞争问题，中国第一煤企中国神华以29亿元私有化了金马集团。

然而，并不是所有的全面要约收购退市案都能如愿。2015年中国机械工业集团有限公司全面要约收购二重重装（601268.SH）一案因要约价格偏低，至收购期满时社会公众持股占总股本的比例仍高于10%，要约收购未能生效，二重重装主动退市失败。

截至2018年6月底，A股共计发生上述5宗10次①以私有化退市为目的的全面要约收购。除了二重重装外的其他案例，其私有化退市诉求无一不是控股股东为集团上市的清障之举，整合旗下上市公司股权，避免同业竞争，减少关联交易，这要么是履行当初上市承诺（中石化），要么是期待未来集团上市（中石油）。

而动用庞大金额才能完成的主动全面要约收购，似乎只能是国家队的土豪游戏。

私有化剑指集团上市

2007年甫一开年，海外蓝筹回归A股的传闻就被市场热炒，中国石油是所有海外蓝筹中最为市场看好的一只。

2005年6月开启的牛市在2007年被演绎到了极致，沪指连破3000、4000、5000、6000四大整数关口，并于10月16日创下6124.04点的历史高点。加之市场对中国石油——“亚洲最赚钱公司”的超高预期和满怀期待，2007年11月5日，中国石油以较16.7元发行价上涨近2倍的48.6元在上海证券交易所开盘交易，这家中国最大、世界第六的航母级能源企业成功在A股上市。

① 案例数量统计说明：同一收购人同时对多家上市公司发起要约收购计为1宗多次，例如，中国石油同时要约收购锦州石化、辽河油田和吉林化工计为“1宗3次”。

成功发行后的中国石油A股总股本达1 619.22亿股，H股210.99亿股。以上市首日A股收盘价43.96元和H股收盘价18港元计算，中石油的总市值高达10035.69亿美元，成为全球资本市场第一家过万亿美元市值的公司。尽管航空母舰的“万亿市值”仅仅维持一天，但不可否认的是，中石油IPO确乎躬逢盛世、风光无限。

不过事实上，中国石油回归A股和堪称完美的IPO之旅绝非一蹴而就。2000年，成立于1999年11月5日的中国石油天然气股份有限公司（简称“中国石油”、“中石油”）率先境外上市。中国石油发行的美国存托股份（ADS）及H股于2000年4月6日及4月7日分别在纽约证券交易所和香港联合交易所挂牌上市，成功募集资金203亿元，2005年9月通过增发再次募集资金197亿元。中石油的国有身份，使其成为一只香港上市的典型红筹股。不过，境外上市后相当长的时间内，直至2007年前，由于A股市场的跌跌不休和持续低迷，加之红筹股回归的政策障碍不能得到解决，无奈的中石油只能游离于本土资本市场之外。

除了股市低迷和政策障碍两大外部因素外，“家大业大”所致的关联交易占比高和同业竞争普遍两大硬伤不可避免地成为中石油回归A股的拦路虎。

中石油与母公司层面的关联交易早在2000年境外上市时就成为资本市场关注的焦点。由于业务的天然联系，中石油与母公司中国石油天然气集团公司（简称“中国石油集团”）及其关联方之间存在较大规模的关联交易，据中石油A股IPO招股报告书载明，中国石油集团作为上市主体中石油最大的供应商，在2004年、2005年和2006年的上市前三年，中石油向中国石油集团的采购额占其总采购额的比例分别为33%、35%和38%。

该报告书同时称，自2000年境外上市以来，中石油采取了一整套行之有效的规范关联交易的措施：与中国石油集团所签署的一系列关联交易合同，于2005年11月得到了独立股东的批准及香港联交所的豁免；董事会和股东大会在对关联交易进行审议时严格执行回避表决制度；董事会定期对关联交易的执行情况进行检查；外部审计机构每年对实际发生的关联交易进行审查并出具意见；独立董事每年也对关联交易的适当性做出独立确认。中石油进一步承诺，A股发行上市后，将按照监管机构的要求加强对关联交易的规范，维护公司整体利益，切实保护中小股东的合法权益。

按照中石油招股书的说法，其与母公司层面的同业竞争问题似乎并不突出。中国石油集团保留了位于特定国家的境外油气项目、数量十分有限的化工生产装置和加油站等少量与中石油主营业务相同或相似的业务，但该等业务规模极其弱小，并不足以对中石油造成实质性影响。而在2000年境外上市后，中石油也建立了一套对同业竞争进行规范的机制，同时开展了一系列重组和收购，逐渐使部分同业竞争问题得以解决。

然而，对于中石油所控股的旗下上市公司来讲，同业竞争和关联交易问题自其上市以来就一直饱受监管机构和市场的质疑。众所周知，中石油广泛从事与石油、天然气有关的各项业务，其经营涵盖石油石化行业的各个关键环节，包括从上游的原油天然气勘探开采到中下游的炼油、化工、管道输送及销售。这不可避免地与仅在产业链条上某一环节上开展业务的旗下子公司发生大量的关联交易和同业竞争。例如，从事原油开采的辽河油田与中石油的勘探与生产板块产生竞争，同时，其年度报告披露原油全部委托中石油辽河油田分公司代为销售，发生关联交易在所难免；而吉林化工要约收购报告书显示中石油是吉林化工约70%原油需求的供货商，同时中石油从吉林化工购买大约相同比例的成品油，诸如此类，数量繁多。业务的相同或相似，十分显著和普遍的同业竞争现象就不足为奇了。

如果说关联交易可以通过一整套作价公允并行之有效的规范措施来逐步解决，那么同业竞争问题解决起来则颇为周折和棘手，这需要一系列业务整合及随之相关的上市/非上市公司的重组合并方能化解。

尽管同业竞争和关联交易问题使已上市的子公司面临广泛质疑，但彻底踢开这两块拦路石对中石油自身的IPO则更为迫切。在这个背景下，中石油开始启动对旗下三家上市公司（锦州石化、辽河油田和吉林化工）的私有化。事实上，中石油此举可谓一举多得：资本层面上，子公司面临的关联交易和同业竞争现象因其丧失上市资格而不再成为问题；业务层面上，一个优化高效、一体化经营的完整产业链得以形成，经营效率提高，成本降低，核心竞争力和整体抗风险能力得到增强似乎也显而易见；但最为关键的是，中石油上市必须逾越的路障被彻底清除，子公司退市后再整体上市的道路变得顺畅起来。

就在私有化附属的三家上市公司完全完成后的2006年，国内证券市场也迎来战略性转机，曾经千点之下的A股一路扶摇直上。截至中石油宣布向证监会递交IPO招股书申报稿的2007年9月20日，上证综合指数早已经站立在5 000点以上，似乎张开双臂就为迎接中石油的回归。

股市大盘节节高的同时，2007年6月，中国证监会下发《境外中资控股上市公司在境内首次公开发行股票试点办法（草案）》，红筹股回归本土终于有章可循、有法可依。对于那些类似中石油的“航母”级央企而言，回归内地市场的技术层面障碍不复存在。

中石油速度：百日要约

2005年10月26日，中石油的临时董事会通过了《关于公司申请以全面要约收购方式整合下属上市公司及授权董事会特别委员会办理相关事宜的议案》的决议，正式拉开中石油私有化旗下上市公司的大幕。次日，辽河金马油田股份有限公司（简称“辽河油田”）、锦州石化股份有限公司（简称“锦州石化”）和吉林化学工业股份有限公司（简称“吉林化工”）三家公司全部临时停牌。

10月31日，中国石油港股（00857.HK）和辽河油田等三家子公司，同时刊发了要约收购报告书摘要。中国石油目的鲜明地称，本次要约收购以终止辽河油田和锦州石化在深交所、吉林化工在深交所、港交所及纽交所的上市地位为目的。中石油将分别以每股8.80元、4.25元和5.25元的价格，要约收购辽河油田、锦州石化和吉林化工的A股流通股。上述要约收购价格比三只A股10月26日的最后收盘价7.41元、3.86元和4.91元分别溢价18.76%、10.10%和6.92%。而吉林化工H股和ADS的要约收购价格分别被定为2.80港元和280港元，较其停牌前的最后收盘价2.425港元和246.714港元分别溢价15.46%和13.49%。

10月31日，吉林化工H股率先在港交所复牌交易，当天股票价格放量上涨录得12.37%的涨幅。随后11月1日三家A股复牌，在大市低迷的情况下均逆市飘红，辽河油田一字涨停，锦州石化涨幅达8.81%，吉林化工涨幅也在4%以上。随着要约收购程序的展开，截至辽河油田与锦州石化退市前最后一个交易日的12月14日，其累计涨幅分别达到18.08%和9.33%，吉林化工在2006年2月10日最后一个交易日累计涨幅为6.72%，三家公司的A股最后交易价格分别定格在8.75元、4.22元和5.24元，与公告的要约收购价格相差无几。事实上，在要约收购公告前的三个月内，辽河油田、锦州石化和吉林化工受私有化传闻刺激，股价早已从7月的最低点分别上涨27.1%、116.85%和109.83%，涨幅甚为可观。

由于吉林化工在内地、香港、纽约三地上市，使得回购进程趋于复杂，中石油不得不采取先辽河油田与锦州石化、再吉林化工的“分步走”方式。辽河油田与锦州石化于11月15日、吉林化工于16日先后公告要约收购报告书全文，全面要约收购正式启动。

2002年颁布执行的《收购管理办法》是这一时期要约收购操作最重要的指导规范。

要约价格方面，《收购管理办法》第三十四条规定，要约价格不能低于公告日前六个月内收购人买入被收购公司股票所支付的最高价格以及公告日前三十个交易日内被收购公司股票每日加权平均价格的算术平均值的百分之九十。以辽河油田为例，因为中国石油在要约收购报告书摘要公告前六个月内，不存在买卖被收购公司挂牌交易股份的行为，所以要约收购价格只要不低于后者即符合《收购管理办法》的要求。根据测算，辽河油田股票在要约报告书摘要公告前三十个交易日的每日加权平均价格的算术平均值为7.00元/股，打九折后为6.30元/股。据此，中石油对辽河油田流通股股票的要约收购价格确定为8.80元/股，较6.30元/股的溢价比例达到39.68%。

收购资金保证方面，《收购管理办法》第三十五条规定，收购人以现金进行支付的，应当将不少于收购总金额百分之二十的履约保证金存放在证券登记结算机构指定的银行账户中。例如，要约收购辽河油田的资金总额为17.60亿元，中国石油将收购资金总额的20%（3.52亿元）存入中国证券登记结算有限责任公司深圳分公司指定的银行账户中，后者为此出具了“保证金代保管证明”。除了履约保证金外，中石油对剩余收购资金的专款专用也出具承诺。对存放在中国工商银行北京市分行地安门支行的人民币40亿元，中石油承诺：以上银行账户资金中的14.08亿元（相当于本次辽河油田流通股要约收购资金总量的80%）将专用于本次辽河油田流通股要约收购剩余资金的支付，并保证该等资金不会被他人追索。

要约收购期限方面，《收购管理办法》第三十六条明确规定了收购要约的有效期不得少于三十日，不得超过六十日。中石油在对辽河油田与锦州石化的要约收购中，将期限定为自收购报告书公布之日起的30个自然日；而由于吉林石化三地上市的复杂情况，吉林石化的A股要约期限定为35个自然日。这一以下限或者接近下限的期限安排足见中石油快速完成收购的决心。

12月14日，也就是要约收购报告书公告30个自然日后，要约期届满。计入预受要约且未撤回的股份数后，中国石油将总计持有辽河油田和锦州石化总股本的97.48%和95.87%，远超过两家公司各自总股本的85%。12月15日，中石油发布关于锦州石化、辽河油田要约生效的公告；当日，两公司因其股权分布不符合上市条件而终止上市，同时股票停止交易。至此，中石油私有化旗下三家公司的第一阶段告捷。

对于内地、香港和纽约三地上市的吉林化工，其要约收购安排则略为复杂，根据境外、境内交易市场的不同收购程序，以2006年1月9日为节点，要约收购形成H股要约、A股要约前后两个阶段。

2006年1月9日，吉林化工境内公告，2005年12月31日公司H股类别股东大会通过决议批准主动撤销吉林化工H股及ADS，截至纽约时间2006年1月5日（即香港时间2006年1月6日），已申报且未撤回的H股（含ADS代表的H股）预受要约共计82 928.0972万股，即持有85.96%吉林化工有表决权股份的H股股东和ADS持有人接受H股要约收购。据此，H股要约收购生效条件已经满足，中石油私有化吉林化工的要约行动即将画上句号。

同日，中石油要约收购吉林化工A股流通股的要约收购期限开始起算。经过35个自然日的预受要约，截至2006年2月12日要约期限届满之日，吉林化工A股股东已预受要约且未撤回的股份数共计15 770.02万股，占已发行流通A股的78.85%，占吉林化工总股本的4.43%。股份交割手续完成后，中国石油将总计持有吉林化工346 211.3253万股股份（含已收购的90 811.3053万股H股），占公司总股本的97.22%。根据《公司法》和《证券法》，吉林化工的股权分布已不符合上市条件，公司股票终止上市。

2006年1月4日，辽河油田与锦州石化终止在深圳证券交易所上市；吉林化工于2006年1月23日、2月15日和2月20日分别终止在香港联交所、纽约证交所和深圳证券交易所上市。而根据《证券法》相关规定，三家公司股票终止上市后，未接受要约的股东仍可将所持有的股票按照要约价格向中石油出售，中石油将予以收购。

自2005年11月15日至2006年2月20日的不到100天内，这一同时涉及三家上市公司、覆盖三地资本市场，操作程序复杂、技术难点多，高溢价和有条件要约的中国首例全面要约收购案例得以圆满收官。

中石油全面要约收购旗下三家公司数据表

	辽河油田	锦州石化	吉林化工	吉林化工H股/ADS
股票代码	000817.SZ	000763.SZ	000618.SZ	00368.HK / JCC.NY
上市时间	1998-05-28	1997-09-15	1996-10-15	1995-05-23
总 股 本(万股)	110 000	78 750	356 107.80	
流通股本(万股)	20 000	15 000	20 000	96 477.80
流通股占总股比	18.18%	19.05%	5.62%	27.09%
要约收购股数(万股)	20 000	15 000	20 000	96 477.80
要约收购价格	8.8元	4.25元	5.25元	2.800港元/280.000港元
公告前一日收盘价	7.41元	3.86元	4.91元	2.425港元/246.714港元
法定要约收购价格下限	6.30元	3.31元	4.13元	-
要约收购资金总额	176 000万元	63 750万元	105 000万元	270 137.84万港元
预受要约且未撤回股数(股)	172 315 428	117 486 753	157 700 200	829 280 972
收购后中石油总计持股(股)	1 072 315 428	754 986 753	3 462 113 253	
收购后中石油总持股占比	97.48%	95.87%	97.22%	
要约起始日期	2005-11-15	2005-11-15	2006-01-09	2005-11-15
要约终止日期	2005-12-14	2005-12-14	2006-02-12	2006-01-06

资料来源：中国石油等相关公司公告。

低成本整合

中石油对旗下子公司整合的意愿一直存在。

中国石油业的发展经历了从分散到整合的过程，从而出现了吉林化工等公司在1995～1998年间先后登陆资本市场，而彼时还不存在中国石油天然气股份有限公司的窘况。自1998年石油行业战略性重组以来，致力于整体上市的中国石油集团，遂把与勘探和生产、炼制和营销、化工产品和天然气业务有关的大部分资产和负债注入于1999年11月成立的中石油，其中自然包括旗下A股上市公司的股权。2000年4月，中石油在纽交所及港交所挂牌上市，同时承诺，将对国内旗下控股的上市公司进行整合，以消除同业竞争并减少关联交易。

采油的辽河油田、炼油的锦州石化和以化工产品为主营的吉林化工分别地处十分邻近的辽宁和吉林两省，它们分别处于石油开采、炼制、化工三个石油石化产业链的上、中、下游。尽管同属中石油下属子公司，但未做整合的经营却颇为尴尬，当原油价格低位时，作为原油供应商的辽河油田因收入下降而亏损，将原油作为原料的锦州石化和吉林化工则因成本低廉而受益，即一亏两盈；相反，原油价高时则一盈两亏。

因此，如果整合为一家公司，辽河油田就可以成为锦州石化的供应商，锦州石化为吉林化工生产原料，销售链条变长，利润率增加，无论油价高低都是整体盈利的。同时，当中石油对三家公司统一管理时，不仅各自为政的局面得以消除，形成产业链上的协调发展，在产品定价和原料采购问题上可获得中石油的集团定价优势，这是三家公司任何一家都无法做到的。因此，1+1+1大于3的产业链整合效应显而易见，整合之后的收益远大于三者现在效益的简单之和，公司整体抗风险能力高于单个公司，在国际能源市场中也更具竞争力。

没有从实质上尊重和保障流通股股东的利益，要约收购显然绝不会成功。本次要约收购价格具备较大溢价，以当时1港币对1.04人民币的汇率计算，中石油要约收购操作方案需要支付大约62.57亿元人民币。不过即使如此，中石油在要约收购中所付出的成本仍远低于预期，这和中石油对国内资本市场的宏观把握、政策法规的精确理解、下属公司业绩的调控，以及对交易启动、开展、结束等具体时间点的掌控密切相关。

事实上，2005年中石油启动要约收购是在两个不容忽视的背景下进行的。

首先，沪指大盘刚刚跌破千点。2005年6月6日，沪指下探到998点，股市一片肃杀。辽河油田、吉林化工和锦州石化的股价跟随大盘在7月先后创下5.83元、2.34元和1.78元近年新低甚或历史低点。这对于早有整合旗下上市公司之意的中石油来讲，无异于大大降低收购成本的天赐良机。

其次，股权分置改革已启动。在股权分置改革的关键时刻，中石油提出要约收购旗下上市公司。这一回避股权分置改革的举措虽然颇受争议，但从中石油自身的角度而言，如果按当时市场上比较普遍的“10送3”的对价方式进行股权分置改革，中石油将不同程度地降低持股比例，这与其产业整合的目标显然背道而驰，并且加大了今后中石油产业链条的整合难度。

除了天时，中石油似乎也在主动干预市场上三家公司股票的走势。《证券市场周刊》2006年3月的一篇文章《操控私有化——中石油、中石化私有化案例剖析》直接质疑中石油在要约收购前操纵三家公司的业绩和股价并称其目的是降低收购成本。“通过巨额亏损、大比例的减值计提、资源的匮乏、成本增加等手段”达到降低净资产、净利润的目的，从而有效地控制住要约收购价格。文章进一步指出，在中石油、中石化的私有化过程中，两大国有巨头均在调整业绩上大下功夫。

事实上，可能确实存在操纵的可能。2005年4月15日，前一年盈利6.3亿元的锦州石化意外公告一季度亏损；7月13日，则公告上半年预亏6亿元。不出意料，从4月15日到7月18日期间，锦州石化的股价从5.02元一路下跌至1.78元，跌幅高达64.54%，跌幅远超同期大盘的300%。吉林化工的股价也存在类似的情况，一季报业绩同比下降43%的公告发布后，吉林化工股价从5.18元跌至7月14日的2.34元，跌幅高达54.82%。总之，不管操纵是否存在，中石油在要约收购的成本上确实大大下降了。

要约创新：有条件收购

作为A股首例私有化要约收购案例，中石油收购程序严格遵照《公司法》、《证券法》和《收购管理办法》等有关法律、法规、规范性文件和证券交易所规则，同时遵循市场规律，以完全公开、透明的市场化手段进行收购，其收购过程可谓中规中矩、亦步亦趋。不过从技术层面看，此次要约收购不乏创新，最令市场关注的是，这是A股市场首次有条件的要约收购。与以往“要约收购股份数量决定于预受要约股份数量”不同，本次要约收购中有最低预受要约股份数量限制，如果要约收购期满，不接受要约收购的股份数量在总股本的15%以上，中石油将放弃要约收购。

中石油针对两家不含H股公司所设定的要约收购生效条件为：在要约收购有效期内最后一个交易日15时，登记公司临时保管的辽河油田预受要约股票申报数量不少于3 500万股，锦州石化预受要约股票申报数量不少于3 187.5万股，即中石油在要约收购完成后将至少持有两家公司总股本的85%，从而使其能够满足《公司法》一百五十二条关于终止股票上市之规定，即股本总额超过人民币四亿元的股份公司，当社会公众股比例在总股本的15%以下时，上市公司资格终止（这一比例在2006年初开始施行的新《证券法》中调整为10%）。

在香港市场方面，对于吉林化工，要约收购方案中A股收购要约生效是以H股的要约生效为条件，也就是说，假如吉林化工H股要约收购生效，在香港联交所及纽约交易所退市，吉林化工A股就自然在深交所退市。之所以如此安排，是由吉林化工A股流通股和H股的比例决定的。吉林化工A股流通股比例仅为总股本的5.62%，H股（含ADS）的比例为27.09%，倘若H股要约收购成功，吉林化工流通股比例大幅小于15%，不符合《公司法》的上市要求，在A股自然退市。

此外，据香港联交所相关规定，流通股股东比例低于10%，上市公司退市，换言之，要完成要约收购，至少需要流通股的90%接受要约，否则要约收购失败。但吉林化工的股权结构与一般香港上市公司完全不同，流通的H股仅占27.09%。在香港联交所的规定下，吉林化工H股的10%（即总股本的2.709%）不同意，收购就会失败，这一比例显然过低。因此，为完成本次收购，中石油向香港联交所提出申请，将流通股接受要约的比例从90%调到66.7%，即接受要约的流通股比例超过66.7%，要约收购即可完成，香港联交所最终同意了该申请。在要约期满时，持有85.96%的吉林化工有表决权股份的H股股东（包括ADS）接受H股要约收购，这意味着本次H股要约收购生效条件已经满足。

综上，"这种有条件的要约收购在国际市场上是被广泛采用的，但是国内的相关规定中并没有相应的条款，需要中国证监会的专门批准。"媒体报道称，"对于国内的相关规定如何理解，监管部门曾经犹豫不定，但最终还是通过了中石油的方案。这对国内资本市场是一个非常大的促进。"①

显然，中国石油全面要约收购的首秀无疑是十分成功的，在国内证券史上极具里程碑意义，不仅开创了国内首次以退市为目的的要约收购先河，同时也宣告了国内证券市场首次以多家上市公司并举、跨市场私有化的成功实施。这不仅对于国内证券市场的丰富和完善意义重大，更为市场留下较大的想象空间，特别是对央企等国家队的整合带来示范效应。就在本次要约收购末期，2006年2月8日，中石化如法炮制，启动了对旗下齐鲁石化（600002.SH）、石油大明（000406.SZ）、扬子石化（000866.SZ）和中原油气（000956.SZ）四家A股上市公司的全面要约收购。

大事记

南钢联合要约收购南钢股份

- 2003 年 3 月 12 日，南钢集团与复星系三家公司共同组建南京钢铁联合有

① 李箐，吴小亮．中石油无股改收购［J］．财经，2005（23）．

限公司，南钢集团以其持有的南钢股份 70.95% 的股权及其他经营性资产、负债出资，持股 40%；复星系以现金出资，合计持股 60%，其中复星集团公司持股 30%，复星产业投资有限公司持股 20%，上海广信科技发展有限公司持股 10%。复星系控制的南钢股份比例达 42.57%，依法履行要约收购义务。

- 2003 年 4 月 9 日，上市公司南钢股份发布南钢联合要约收购南钢股份的公告，沪深股市有史以来首例要约收购案浮出水面。由于市价显著高于要约价，致使并无投资人接受收购要约，该案以“零预受、零收购”收场。

中石油要约收购旗下公司

- 1999 年 11 月 5 日，中国石油天然气股份有限公司成立。
- 2000 年 4 月 6 日及 4 月 7 日，中国石油发行的美国存托股份及 H 股分别挂牌上市，成功募集资金 203 亿元。
- 2005 年 10 月 26 日，中石油的临时董事会通过了《关于公司申请以全面要约收购方式整合下属上市公司及授权董事会特别委员会办理相关事宜的议案》的决议，正式拉开中石油私有化旗下上市公司的大幕。次日，辽河油田、锦州石化和吉林化工三家公司全部临时停牌。此前的三个月内，辽河油田、锦州石化和吉林化工 A 股受私有化传闻刺激，股价从 7 月的最低点分别上涨 27.1%、116.85% 和 109.83%。
- 2005 年 10 月 31 日，中石油港股和辽河油田、锦州石化及吉林化工三家公司同时刊发要约收购报告书摘要。同日，吉林化工 H 股率先在港交所复牌交易，当天股票价格放量上涨并录得 12.37% 的涨幅。11 月 1 日，上述三家公司 A 股复牌，均逆市飘红。
- 2005 年 11 月，辽河油田与锦州石化于 11 月 15 日、吉林化工于 11 月 16 日先后公告要约收购报告书全文，全面要约收购正式启动。
- 2005 年 12 月 14 日，辽河油田和锦州石化要约期届满，满足退市条件；12 月 15 日，两公司终止上市。
- 2005 年 12 月 31 日，吉林化工 H 股类别股东大会通过主动撤销吉林化工 H 股及 ADS 的决议；2006 年 1 月 6 日，持有 85.96% 吉林化工有表决权股份的 H 股股东和 ADS 持有人接受本次 H 股要约收购，满足 H 股要约收购生效条件。

- 2006年1月9日，中石油要约收购吉林化工A股流通股的要约收购期限开始计算；2006年2月12日要约期限届满，吉林化工满足退市条件。
- 2006年1月4日，辽河油田与锦州石化终止在深圳证券交易所上市；吉林化工于2006年1月23日、2月15日和2月20日分别终止在香港联交所、纽约证交所和深圳证券交易所上市。中石油私有化旗下上市公司收官。
- 2007年11月5日，中石油以较16.7元发行价上涨近2倍的48.6元在上海证券交易所开盘交易，标志着A股上市成功。以当日收盘价计算，中石油A、H股的总市值高达10035.69亿美元，成为全球资本市场第一家过万亿美元市值的公司。

第11章

从战投到控股：豪瑞玩转定增收购第一案（1998 ~ 2008）

“（通过）外国投资者对A股上市公司进行战略投资”，“引进境外先进管理经验、技术和资金”。

——《外国投资者对上市公司战略投资管理办法》

继配股、可转债和公开增发之后，2006年推出的定向增发成为上市公司再融资的第四种方式，但当向特定对象增发的股份达到一定比例后，定向增发则从募资工具变为收购工具，定增的认购方从投资者变身为收购者，上市公司亦从投资标的转为收购标的。

与举牌收购、协议收购和要约收购等存量式收购不同，定增收购是通过获取上市公司增量股份实现控股权转移的上市公司收购方式。从而，举牌收购、协议收购、要约收购和定增收购形成上市公司收购的四大基本模式。

瑞士豪瑞公司早在1999年就以境外战略投资者的身份认购华新水泥B股成为后者的第二大股东，在2006年定向增发的合法身份被正式确立后，这家觊觎中国市场多年的全球水泥巨头迅速成为定增收购的第一个尝鲜者并最终得偿所愿。

史前期的定向增发

早在1995年，定向增发就被应用于B股市场的募资活动。

二十世纪九十年代中期，位于江西南昌的江铃汽车股份有限公司（简称“江铃汽车”）以1.6%的市场份额在全国汽车市场中排名第7。而主要生产轿车、卡车和商务车的美国福特汽车则是当时世界第二大汽车制造商，尽管在全球30多个国家和地区设有生产装配工厂，但福特进军中国的步伐却远不如大众、丰田等欧洲、日本的竞争对手。

一方面是江铃汽车十分倾心于福特在商务车领域的卓越成绩及其先进的技术和管理理念；另一方面是福特汽车极为看好中国繁荣的商务车市场，并意欲通过投资或并购内地汽车公司提高其在中国市场的竞争力。双方一拍即合，1995年8月，福特以4 000万美元的价格认购江铃B（200550.SZ）发行的1.386亿股B股，占发行后总股本的20%；同时，提名3人进入江铃汽车的9人董事会。由此，福特以战略投资者身份成为江铃汽车的第二大股东。

此后数年，B股市场上定向增发的案例偶有发生。

1998年6月，湖北黄石华新水泥股份有限公司（简称“华新水泥”）公告称与全球知名跨国水泥制造商——Holderbank（豪德班克）公司签订合作意向书，后者将通过其间接拥有的全资子公司Holchin B.V.（豪钦B.V.）全额认购华新水泥拟增资发行的B股（900933.SH）。6月26日，华新水泥的年度股东大会批准定向发行B股股份数额为7 700万股，发行价格不低于发行前公司每股净资产2.16元/股，同时不高于2.50元/股。

次年3月，在获得证监会证监发行字［1999］1号文件批准后，华新水泥向豪钦B.V.发行新股的价格为0.2609美元/股，折合人民币为2.16元/股，扣除发行费用后净募集资金为1 909.1797万美元。豪钦B.V.以23.45%的大比例持股顺势成为华新水泥的第二大股东。在随后召开的临时股东大会上，豪钦B.V.提名的3人均成为华新水泥董事会成员，这与江铃汽车的董事会结构颇为类似。

2003年，B股定增“尘封”数年后再度开闸，德国的FAG公司以1 200万美元认购了上工B股（900924.SH）定向增发的2 803.7341万股B股，持股比例达7.18%。

在以上为数不多的几宗案例中，正处于试点期的定向增发已开始被作为募资工具在使用。B股市场之所以发生数起定增案例，一个重要的原因在于，国务院证券委员会于1998年2月24日发布了《境内上市外资股（B股）公司增资发行B股暂行办法》，办法中首次提出符合一定条件的B股公司可以增资发行股票，其目的在于引入境外战略投资者，进而引进国外的先进技术和管理，促进国内产业发展和升级。这比A股的定增立法足足早了8年。

除了募集资金外，定向增发作为上市公司收购资产和整体上市的金融工具角色在此期间也初现端倪。

1999年12月，大众交通（600611.SH）向上海大众科技创业（集团）股份有限公司（简称“大众科创”）定向增发14 000万股法人股。与前述案例不同的是，大众科创以评估后的1 000辆出租汽车营业车辆、其持有的上海浦东大众公共交通有限责任公司51%的权益、上海交通大众客运有限责任公司10%的权益等经营性净资产全额认购定增的46 480万元股份。本案中，定向增发实际上是一种以股权置换资产的做法。

2004年6月，采用“公开增发+定向增发”的方式，武钢股份（600005.SH）以6.38元/股的定价向社会公众公开发行56 400万股社会公众股，向武汉钢铁（集团）公司（简称“武钢集团”）定向增发84 642.4万股国有法人股，共募集资金899 850.512万元。随后，武钢股份利用前述募集的全部资金收购武钢集团未上市的钢铁业务及资产，从而实现武钢集团钢铁主业的整体上市。[①]

再融资工具VS收购工具

股权分置改革前的十年间，在监管部门努力推动金融创新活动的背景下，星星点点的定向增发尝试一直以个案审批的方式进行，其过程十分谨慎。直到2006年5月，在《上市公司证券发行管理办法》（简称《证券发行管理办法》）颁布与实施后，定向增发被正式确立为一项证券市场的基本制度，定向增发登堂入室成为中国证券市场革命性的金融工具，中国资本市场亦迎来翻天覆地的大发展。

---

① 武钢集团钢铁主业整体上市案详见本书第18章。

2005年4月29日，中国证券市场成立以来影响最为深远的股权分置改革正式启动，为了股权分置改革的顺利进行并避免产生新的历史问题，沪深股市从5月25日开始暂停除债权外所有的融资活动。一年后，2006年5月8日，随着股权分置改革取得阶段性成果，《证券发行管理办法》颁布，证券市场包括IPO和再融资的融资功能得以恢复。

除了股改的顺利施行，2006年中国资本市场另一具有里程碑意义的事件则是市场经济法律体系的核心——新《公司法》和新《证券法》——的实施。正是在这两大背景下，作为率先推出的一项市场新政，定向增发的意义与此前已不可同日而语。证监会在2006年4月公告的“关于《上市公司证券发行管理办法（征求意见稿）》的起草说明”中指出，“原有基于股权分置环境下制定的以财务指标和行政管理为主要监管手段的再融资规则已难以适应当前的市场情况”，“按照新《证券法》第十三条的规定，建立上市公司向特定对象非公开发行新股的制度。”

上市公司向特定投资者定向增发股票，“不但有助于减小上市公司融资对市场的压力，也有利于吸引场外机构的资金进入市场，还可以为包括亏损上市公司在内的所有公司引入新的战略股东、注入新的优质资产、进行收购兼并等提供新的工具和渠道，有利于提高上市公司质量，有利于促进上市公司结构调整。”

定向增发也叫非公开发行，是指上市公司向符合条件的少数特定投资者非公开发行股份的行为。规定要求发行对象不得超过10人，发行价不得低于公告前20个交易日市价均价的90%，发行股份12个月内（认购后变成控股股东或拥有实际控制权的36个月内）不得转让。

从1993年配股融资发展到现在，上市公司再融资主要有股权融资和债权融资两大类，股权融资包括配股、公开增发和定向增发三种主要方式，债权融资主要包括可转换债券和公司债。除此以外，还包括发行认股权证，中小企业私募债等方式。

1998年以前，配股是上市公司再融资的唯一途径；1998年后，随着《证券法》的首次颁布，公开增发和可转债才成为新选择。在定向增发推出之前，这三种方式的年度募资总金额一直停留在数百亿的规模上，最高的年份是2000年，募资总额逾700亿元。

定向增发，作为股权分置改革取得阶段性成果后推出的新型股权再融资方式，一经问世便得到市场的热烈欢迎。根据证监会披露的数据，2006年推出当年，上市公司通过定向增发方式募集的资金就超过900亿元。此后的十年，定向增发一直是我国资本市场上股权再融资的最主要方式。2016年，定向增发募资金额达16 978.28亿元，接近10年前的18倍，占股权再融资金额的九成以上。

中国股市历年再融资金额

年份	股权融资（亿元）			债权融资（亿元）		再融资总额（亿元）
	配股	公开增发	定向增发	可转债	公司债	
1993	83.87	–	–	–	–	83.87
1994	55.38	–	–	–	–	55.38
1995	58.06	–	–	–	–	58.06
1996	71.41	–	–	–	–	71.41
1997	261.42	–	–	–	–	261.42
1998	363.77	55.56	–	3.50	–	422.83
1999	287.77	59.75	–	15.00	–	362.52
2000	539.83	188.21	–	28.50	–	756.54
2001	367.37	156.16	–	0.00	–	523.53
2002	53.71	191.57	–	41.50	–	286.78
2003	76.53	116.12	–	181.21	–	373.86
2004	104.77	159.73	–	204.79	–	469.29
2005	2.62	278.78	–	0.00	–	281.40
2006	4.32	15.01	936.60	43.87	–	999.80
2007	232.54	355.86	2 670.05	280.28	–	3 538.73
2008	151.57	1 063.29	361.13	55.60	288.00	1 919.59
2009	105.97	255.86	1 614.83	46.61	638.40	2 661.68
2010	1438.25	377.15	2 172.68	717.30	603.00	5 308.38
2011	421.96	132.05	1 664.50	413.20	1 262.20	3 893.91
2012	121.00	104.74	1 867.48	157.05	2 471.97	4 722.24
2013	475.75	80.42	2 246.59	551.31	3 219.91	6 573.98
2014	137.98	18.26	4 031.30	311.23	2 482.30	6 981.07
2015	42.33	0.00	6 709.48	98.00	21 181.24	28 031.05
2016	298.51	0.00	16 978.28	195.42	28 802.23	46 274.44
2017	156.56	0.00	12 871.25	792.21	16 802.96	30 622.98

数据来源：Wind财经数据库。

上市公司采用定向增发融资的过程中，无论特定对象是机构投资者、还是公司原股东（非控股股东），当向其增发的股份超过原控股股东的持股比例后，上市公司控股权随之发生变更，定向增发的认购方从普通的投资者摇身一变成为上市公司的收购者，上市公司的募资行为也转化成收购者的收购行为。这就是所谓的定增收购。

1998年首次颁布的《证券法》并没有定向增发的相关规定，因此2006年以前，对上市公司的收购只能在存量股份中进行，不能通过发行增量股份来完成，而基于2006年新《证券法》对上市公司非公开发行新股所持的全面肯定态度，当年5月颁布并施行的《证券发行管理办法》正式确立上市公司可以非公开发行新股并以定向增发的方式收购上市公司，增量式收购上市公司的时代随之开启。

对于存量式收购而言，通过存量股权的转移来实现上市公司控制权转移时，资金的流向是从收购者流入出让股权的原股东，此举并未对上市公司存量资产起到任何直接促进作用，收购者的动机可能十分复杂，上市公司的未来发展也更加不确定。

然而，定增收购则是通过上市公司资本的增加、新老股东权益比例的改变来实现控制权的转移，是一种以增量资金或资源来重组存量资产的行为。这种收购方式将原有的公司存量资产完全保存在上市公司体内，收购方支付的巨额资金最终流入上市公司，战略投资意味显而易见。即使是收购方觊觎上市公司的“壳”资源，当增量资金进入上市公司体内后，其未来整合也颇值得期待。

在中国企业并购史上，定向增发这一革命性金融工具的推出，意义非凡。2006年以后，无论是上市公司再融资，还是上市公司的重大资产重组活动，定向增发都扮演着极其重要的角色，并得到最广泛和最深度的运用。

定增收购的第一个尝鲜者正是早在1999年就通过定增方式引入境外战略投资者的华新水泥。在华新水泥之后，阳光股份（000608.SZ）向新加坡政府产业投资有限公司下属的Reco Shine Pte Ltd.发行股份12 000万股，后者因而以29.12%的持股成为阳光股份第一大股东，是为又一起定增收购案例。

百年老店，千里姻缘

110年的悠久企业史足令当世人肃然起敬！

被誉为中国水泥工业摇篮的湖北华新水泥股份有限公司，其前身湖北水泥厂于光绪33年（1907年）由清政府批准在黄石兴建；1946年引进美国先进设备重建，后更名为华新水泥厂；1988年，华新水泥厂发展成华新水泥厂（集团），历史可谓悠远绵长。按照华新官网，“历经清末朝、中华民国、中华人民共和国三个历史时期，华新历久不衰，始终引领着中国水泥工业发展的历史潮流”。华新水泥这家世人瞩目的百年老店，以跨越政治时代的持续发展见证了始于1883年的中国水泥工业的发展史。

民族爱国人士程祖福创办湖北水泥厂（来源：华新水泥官网）

华新水泥上市公司正式成立于1993年11月30日，其社会公众股A股（600801.SH）和B股（900933.SH）分别于1994年1月3日和12月9日在上海证券交易所挂牌上市。在上市当年底，公司的总股本为25 140万股，流通A股为4 800万股，B股为8 700万股，流通股合计为13 500万股。

作为国家重点支持的12家全国性大型水泥企业之一，截至2016年底，华新水泥在全国10个省市和海外拥有146家各类工厂，始终保持规模、技术、环保、效益在全国同行业的领先地位。2016年，公司总资产274.27亿元，净资产达99.95亿元，实现水泥和熟料销售总量5 270万吨，全年营业收入135.26亿元，归属于母公司股东的净利润4.52亿元，分别较上年同期增长1.92%和339.82%。

就在清政府批准兴建华新水泥的5年后，1912年，千里之外的欧洲大陆的瑞士，在一个名叫Holderbank的小村庄成立了一家主要生产水泥和混凝土的公司，公司以其诞生地命名：Holderbank。2001年，经过近90年的发展和整合后，Holderbank更名为Holcim（豪瑞），并已经成长为世界上水泥、集料、预拌混凝土及建筑工程相关服务领域内的最大供应商之一。

据华新水泥非公开发行报告书披露，作为世界领先的建筑材料生产商之一，截至2005年12月31日，豪瑞公司业务遍布全球各大洲70多个国家和地区，雇员人数超过59 000人；产品包括水泥、骨料、商品混凝土、化学添加剂，并提供相关服务与技术支持；豪瑞在全球拥有135家水泥厂，年装机生产能力达16 040万吨；直接或间接持有398家混凝料生产企业、989家混凝土搅拌厂和111家沥青生产企业。2005年度，豪瑞实现净销售额184.68亿瑞士法郎，营业利润33.16亿瑞士法郎，按照当时1瑞士法郎兑换6.14元人民币的汇率计算，其营业利润相当于人民币203.6亿元，相当惊人。

2000年，豪瑞公司已雄踞世界水泥第一生产商10余年，各方面具有较深厚的基础，但由于彼时欧美市场的不景气，加之法国Lafarge（拉法基）的崛起，2001年豪瑞退居拉法基之后排名世界第二。

对于豪瑞公司，事实上我们并不陌生，在四川双马股权转让一案中我们曾见过它的踪迹。2015年7月，法国的拉法基与瑞士的豪瑞成功合并，诞生了世界水泥新巨头——拉法基豪瑞。随后因同业竞争的原因，拉法基豪瑞将四川双马控股权转让予IDG幕后操盘的和谐恒源，而仅保留华新水泥唯一一个上市公司平台。

2006年3月7日，华新水泥发布董事会公告称，公司于前一日已与其第二大股东豪钦 B.V.签署框架协议，拟定豪钦B.V.将通过由公司向其定向发行A股的方式对华新水泥进行战略投资、增持公司的股份。该次战略投资实施完成后，豪钦B.V.将成为华新水泥的控股股东，前者的母公司豪瑞将通过豪钦B.V.间接持有华新水泥的股份并成为其实际控制人。

从豪瑞与华新水泥已达7年之久的合作经历来看，无论是豪瑞觊觎华新，还是华新意欲外嫁豪瑞，这则定增收购的公告并不意外。

世界巨头，齐聚中国

作为新中国建设的基础工业之一，水泥工业在改革开放后、尤其是1985～1995年的十年间得到蓬勃发展。1995年，中国水泥产量达到47 591万吨的新高，数量上基本满足了国民经济建设的需要，一举告别国内水泥长达45年之久的供不应求的历史。

然而，从1996年开始，水泥行业进入了过剩时代，产品的结构性矛盾也异常突出，总产量中的82%为立窑水泥，市场急需的旋窑水泥处于短缺状态。中国水泥行业在“从产量效益型向质量效益型转变”的理念下，进入规模扩张+技术升级的产业结构调整期。因为规模效益显著、性价比优势明显以及技术先进等因素，新型干法水泥日益受到市场的青睐，经过十年的结构调整，新型干法工艺已经主导了水泥技术的发展方向。截至2005年6月底，全国累计新型干法水泥生产线548条，形成熟料生产能力37 254万吨，接近全国水泥总产能的40%。①

从2005年开始的几年间，正处于行业低点的中国水泥市场因为全球水泥巨头的跑步入场而异常热闹，一众世界巨头纷纷出手，无一缺席。

世界头号水泥霸主拉法基收购四川双马觊觎西南地区水泥业，老二瑞士豪瑞增持华新水泥B股剑指中部市场，四号巨头德国海德堡集团（Heidelberg Cement Group）收购冀东扶风、冀东泾阳的股份主打西北市场，排名第五的意大利水泥集团（Italcementi Group）收购陕西富平水泥厂，爱尔兰最大的水泥企业CRH北上收购黑龙江小岭水泥并与亚太集团合资主攻东北。即使是进入最晚的世界三号选手墨西哥西迈克斯集团（Cementos Mexicanos S.A.，CEMEX）也于2009年在天津收购了一个混凝土厂以避免错失中国市场。毫无疑问，这些世界级的产业巨头齐聚中国，无不是看好中国庞大的市场需求和未来发展潜力。

此外，以金融投资为目的的摩根士丹利、国际金融公司和鼎晖中国基金等投资机构先后投资入股海螺水泥、山水集团、河南天瑞、蒙西水泥等水泥企业，目的自然是分享企业成长带来的投资收益。

《中国水泥》杂志在2007年9月刊发的《外资涌向中国水泥业的营销动因分析》一文对此有过较为全面的分析。文章称，中国巨大的水泥市场需求是引发外资入场的首要因素。2005年以来，中国的水泥产能已经超过12亿吨，同时水泥需求也达到10亿吨以上，成为世界上最大的水泥市场，任何一个水泥巨头都不可能忽视这个市场。中国的新农村建设、西部大开发、中部崛起和振兴东北等战略无不显示出巨大需求。

其次，水泥企业在中国的建设成本、生产成本为世界最低。中国新型干法水泥"低成本"的设计理念和处于世界领先水平的安装及装备制造技术，为水泥企业减少投资、降低成本提供了技术保障。

还有，国内水泥行业的低谷以及资本市场的疲软给拥有全球并购经验的巨头难得的抄底时机。2000年以来，行业的不景气使得众多国内水泥企业利润大幅下降甚至亏损，水泥上市公司的融资能力大幅减弱，加之资本市场的低迷导致融资功能并不给力，均为世界巨头提供了难得的低价收购机遇。

机会主义并不能完全解释这些大企业的集体行为，拉法基等世界水泥巨头

① 洪亮．外资"抄底"国内水泥市场［N］．中国证券报，2005-09-21.

布局全球战略的意图越来越明显。对于外资水泥巨头来说，通过掌控并购对象进而掌控市场资源和原材料资源是他们在并购中最为注重的。因此，他们追求产业整合、资源控制、区域市场垄断以及矿山等资源的垄断意图十分突出。这在拉法基控股四川双马以及豪瑞控股华新水泥的案例中表现极其明显。水泥是一种区域性很强的产品，控制了一个具有一定销售半径的区域水泥产品供应，就等于控制了一个区域的水泥市场及由此带来的垄断利润。当巨头们在世界各地的区域垄断中获得了高额回报时，把这些经验复制到中国水泥市场就变得十分自然。

在这样的背景下，豪瑞这位二股东开始加码对华新水泥的投资。2005年4月29日，也就是中国股权分置改革宣布启动的同日，豪钦B.V.通过大宗交易的方式增持华新B股876.13万股，相当于总股本的2.67%，从而其持股比例达26.11%。当日华新B股的收盘价为每股0.338美元，按1美元兑换8.2765元人民币计算，豪钦B.V.出资2 490.94万元人民币。

近8个月后，华新水泥A股股权分置改革方案于2005年12月16日股东会议通过，并于12月26日实施，12月29日，华新水泥成功完成了A股的股权分置改革工作。

股权分置改革由公司A股非流通股股东与流通股股东之间协商，解决相互之间的利益平衡问题。所以，豪瑞所持的B股数量及比例并未因华新水泥A股股改而发生任何变化。

股改方案中，流通A股股东每持有10股流通A股将获得全体非流通股股东支付的3股股份，这部分对价均由控股股东华新集团有限公司持有的国家股和法人股支付。以流通股4 800万股计算，华新集团有限公司为此支付了1 440万股的对价，支付对价后，其持股比例降至27.14%，这比豪瑞持股仅多出1个百分点。

豪瑞和控股股东的距离仅有一步之遥！

战略投资者变身实际控制人

2006年，至少有三大背景——股权分置改革的实质性完成、新《公司法》和新《证券法》的颁布、若干重要行业的WTO过渡期即将结束——对中国新阶段的并购市场具有举足轻重的作用。这一年中国并购市场的最大特征之一就是外资大举扫货行业中流砥柱，甚或是垄断地位的优质上市公司，这不仅仅局限于水泥行业，还涉及润滑油、装备制造、低压电器、炊具（苏泊尔收购案）等诸多行业，就某种意义而言，中国上市公司并购进入了“外资收购时间”。

“外资收购时间”最直接的诱因是，2005年12月31日，商务部、证监会、国家税务总局、国家工商总局和国家外汇管理局共同制定的《外国投资者对上市公司战略投资管理办法》（简称《战略投资管理办法》）正式颁布。值得强调的是，《战略投资管理办法》中“上市公司”专指“A股上市公司”；而“战略投资”指“具有一定规模的中长期战略性并购投资”，这既包括战略性并购也包括战略性投资；此外，上市公司必须是“已完成股权分置改革的上市公司和股权分置改革后新上市公司”！这就意味着该管理办法从法律上赋予了境外资本直接投资和并购A股上市公司的权利！

在这一系列背景下，豪瑞成为《战略投资管理办法》颁布以来，第一家按照该办法对上市公司进行战略投资的外国投资者。华新水泥也成为《战略投资管理办法》实施后，第一家宣布即将由外资股东担任控股股东的上市公司（事实上，尽管苏泊尔收购案较华新水泥的公告时间晚5个月，但是前者效率却很高，反而率先于2017年12月25日完成控股股东的变更）。

在拟向二股东豪钦 B.V.定向增发A股的公告发布1个月后，2006年4月7日，华新水泥召开2005年度股东大会，审议通过“关于外国投资者对华新水泥战略投资的议案”，本次定向增发A股为16 000万股，发行价格不低于3月7日董事会会议决议公告前20个交易日内A股股票均价的120%。照此计算，定向增发价格约为6.08元/股。

定向发行的初期进展也算顺利，华新水泥分别于2006年10月10日和2006年11月14日取得《商务部关于原则同意华新水泥股份有限公司引进境外战略投资者的批复》（商资批［2006］1430号）和证监会发审会审核通过华新水泥关于本次发行的申请文件。不过，证监会的核准批文却迟迟未发放，后续事态的发展似乎不那么顺风顺水了。

对于外资并购境内上市公司，尤其对业绩尚可而又排名领先的华新水泥来讲，各方对豪瑞的绝对控股十分谨慎且争论颇多，华新外嫁不得不一拖再拖。具体而言，国有资产是否外流、水泥行业是否需要引入外资、收购价格是否过低成为本案很长一段时间内的核心关注点。

在收购案的难以定论和不断延期的同时，华新水泥的股价却在2007年中国的世纪大牛市中得以暴涨，2007年10月15日，华新水泥创下40.2元/股的2007年最高价。

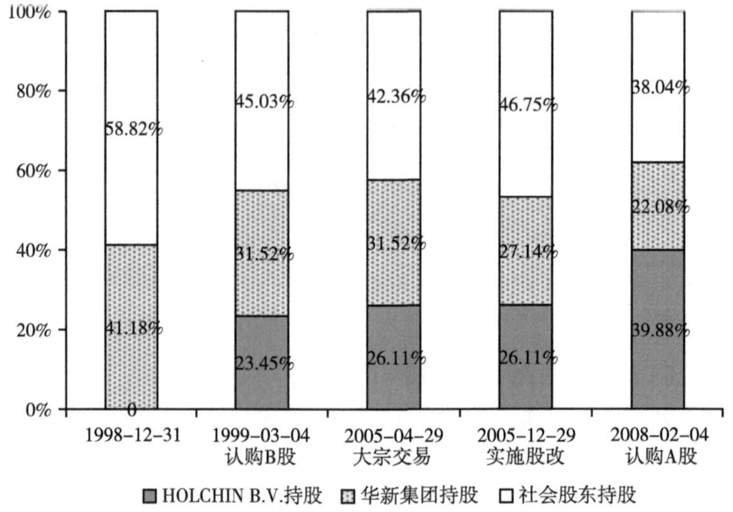

豪瑞增持华新水泥时间节点及股份比例

数据来源：华新水泥公告。

2007年12月3日，华新水泥发布第五届董事会第十八次会议决议公告称，“国家有关产业政策主管部门在进行审核时，对发行价格提出意见”，明确“发行价格不低于本次董事会决议公告日前20个交易日公司股票交易均价的百分之九十”。以当时股价来看，增发价格应不低于26.86元。相比此前方案中6.08元的发行价，提高了3倍多。

2008年1月8日，华新水泥引进境外战略投资者的方案获得中国证监会核准，非公开发行A股数量确定为7 520万股，较此前方案大幅缩减53%，增发价格为26.95元/股，以此计算，华新水泥募集资金总额为人民币202 664万元。同日，豪钦B.V.取得证监会《关于核准豁免HOLCHIN B.V.要约收购华新水泥股份有限公司股份义务的批复》（证监许可［2008］23号），2008年2月4日，华新水泥在中国证券登记结算公司上海分公司办理完毕相关股权登记手续。至此，华新水泥的A股非公开发行历时近两年的等待时间终获完成，可谓好事多磨。

本次发行完成后，豪钦B.V.将持有华新水泥8 576.13万股B股和有三年限售期的7 520万股A股，合计持有公司16 096.13万股，占公司发行后总股本（40 360万股）的39.88%，成为公司的控股股东。

从1998年战略投资B股到2008年认购定增A股，两家百年老店终于结束十年“爱情”长跑，成功牵手。

大事记

- 1907 年，华新水泥的前身湖北水泥厂由清政府批准兴建；1946 年引进美国先进设备重建，后更名为华新水泥厂；1988 年，华新水泥厂发展成华新水泥厂（集团）；1993 年 11 月 30 日，华新水泥股份有限公司正式成立；1994 年 1 月 3 日和 12 月 9 日，华新水泥 A 股和 B 股先后上市。
- 1912 年，生产水泥和混凝土的豪德班克公司在瑞士同名村庄成立；2001 年，豪德班克更名为豪瑞，并已经成长为世界上水泥、集料、预拌混凝土及建筑工程相关服务领域内的最大供应商之一。
- 1998 年 6 月，华新水泥宣布引入战略投资者——豪德班克，后者将认购华新水泥拟增资发行的 B 股 7 700 万股。
- 1999 年 3 月，证监会批准华新水泥的定向增发，华新水泥净募资 1 909.1797 万美元；豪德班克所属全资子公司豪钦 B.V. 以 23.45% 的大比例持股成为华新水泥的第二大股东。
- 2005 年 4 月 29 日，豪钦 B.V. 通过大宗交易的方式增持华新 B 股 876.13 万股，相当于总股本的 2.67%，其总持股比例达 26.11%，豪钦 B.V. 为此出资约 2 500 万元人民币。
- 2005 年 12 月 29 日，华新水泥成功完成了 A 股的股权分置改革工作。
- 2006 年 3 月 7 日，华新水泥发布董事会公告称，公司于前一日已与其第二大股东豪钦 B.V. 签署框架协议，豪钦 B.V. 将通过由上市公司向其定向发行 A 股的方式对华新水泥进行战略投资。该次投资实施完成后，豪钦 B.V. 将成为华新水泥的控股股东。
- 2006 年 4 月 7 日，华新水泥 2005 年度股东大会审议通过“关于外国投资者对华新水泥战略投资的议案”，本次定向增发 A 股为 16 000 万股，定向增发价格约为 6.08 元 / 股。

- 2006 年 10 月 10 日，华新水泥定向增发取得《商务部关于原则同意华新水泥股份有限公司引进境外战略投资者的批复》。
- 2006 年 11 月 14 日，证监会发审会审核通过华新水泥关于本次发行的申请文件；但核准批文却迟迟未发放。
- 2007 年 12 月 3 日，华新水泥发布公告称，“国家有关产业政策主管部门在进行审核时，对发行价格提出意见”。发行价格最终上调到 26.95 元 / 股，相比此前方案中 6.08 元 / 股提高了 3 倍多。
- 2008 年 1 月 8 日，华新水泥引进境外战略投资者的方案终获证监会核准，但非公开发行 A 股数量确定为 7 520 万股，较此前方案大幅缩减 53%。华新水泥募集资金总额为人民币 202 664 万元。
- 2008 年 2 月 4 日，华新水泥办毕相关股权登记手续。豪钦 B.V. 合计持有华新水泥 16 096.13 万股，占定向发行后总股本的 39.88%，成为控股股东。

丨下　篇丨

上市公司舞剑

ENEMY at the Gates

05 形态五 借壳上市

第12章

借壳上市：曲径通幽

公司被借壳，股价必暴涨，这几乎成为A股历史上颠扑不破的真理。翻倍是起点，几倍是标配、十余倍也不罕见。比如，2007年海通证券借壳的都市股份，股价最高涨幅近11倍；2015年巨人网络借壳的世纪游轮和2017年奇虎360借壳的江南嘉捷，股价也都上涨6倍有余。

不考虑二级市场的炒作因素，借壳过程中上市公司脱胎换骨式的变化无疑为股价上涨提供了“物质基础”。大多数“壳”公司借壳前的资产状况普遍窘迫，而借壳资产基本都具有较强的持续盈利能力，资产注入之后，上市公司依靠新股东和新业务可以迅速改善公司基本面，提升盈利能力。因此，借壳方、壳公司及双方股东无不趋之若鹜。

作为最具市场热度的上市公司并购重组类型，借壳上市在过去二十余年出现了“合并上市”、“重组上市”、“买壳上市”以及“曲线借壳”四大模式。

借壳上市：曲径通幽

尽管国内股票发行制度在本世纪初从审批制切换到了核准制，但上市审批手段与流程仍异常繁琐，大量公司在上市排队中形成“IPO堰塞湖”，少则一两年，多则三四年，等待过程十分漫长。于是，“借壳上市”成为企业快速上市的一条捷径，可谓“曲径通幽”。

“借壳上市”并不是严格的法律概念，其内含在二十余年的实践中也有所变化。就定义而言，一般是指，**借壳方通过收购上市公司的存量股份或认购上市公司发行的增量股份取得上市公司控股权，同时将自己所属资产通过出售或以资产认购新股方式注入到上市公司体内并成为其主营业务，从而实现借壳方非上市资产的间接上市行为**。

在借壳上市这种并购形式中，尽管法律上的合并方是上市公司（壳公司），被合并方是非上市公司，但实质上壳公司将控制权转移到了非上市公司股东手上，法律意义上的合并方向与经济意义上的合并方向恰恰相反，因而也被称为“反向购买”。采用这种方式，可以使拟上市资产绕过监管部门对其直接上市的严格要求，间接地取得上市地位。

在中国特色的资本市场中，“借壳上市”通常有狭义和广义之分。“狭义借壳上市”一般指上市公司的非上市控股母公司通过资产重组方式，将资产和业务注入该上市公司，从而实现母公司的上市，形象的叫法是“母借子壳上市”。这实际上就是我们后面章节将要介绍的又一类并购重组模式——“整体上市”。

在“广义的借壳上市”中，非上市资产一般是市场上独立的第三方资产，与上市公司不存在股权关系，本书所称的借壳上市便指此种情况。

最早出现的借壳上市模式是“买壳上市”。在股权分置改革之前，由于处于控股地位的“国家股”、“法人股”等非流通股普遍存在，所以通过场外购买非流通股的方式能够以极低成本获得上市公司控股权，即实现“买壳”，随后注入买壳方的相关资产，完成“上市”。

全流通后的中国A股并购市场，随着股权支付这一革命性并购工具的推出，上市公司通过新增股份合并非上市公司或购买非上市公司的资产来实现非上市公司上市的借壳模式喷薄而出，风起云涌。根据注入资产方式的不同，采用合并方式的称为“合并上市”，采用购买方式的称为“重组上市”，而“重组上市”已成为当前主流的借壳上市模式。

“曲线借壳”是近年来并购重组监管环境愈发严格背景下诞生的，主要通过规避上市公司控股权变更或主营业务变更来规避监管审核，从而达到变相借壳上市的目的。一定意义上讲，规避主营业务变更的曲线借壳形同“买壳上市”，因而可称为“新版本的买壳上市”，而规避控股权变更的曲线借壳仍类似“上市公司重大资产重组”，于是可谓之“类重组上市”。

回顾A股二十余年的借壳上市历程，股改之前的形式十分单一，基本上均采用“买壳上市”方式。比如2002年，中国迅速崛起的房地产企业曾掀起一轮买壳上市潮：莱茵置业买壳辽房天（000558.SZ）后注入地产资产；恒大地产拿下琼能源（000502.SZ）控股权后置入部分地产业务，但不久又将琼能源易手；琼海德A（000567.SZ）更换控股股东后亦转型为地产公司等。

股改之后，借壳上市日渐呈现出行业性的集体行为，不同时期的借壳方式也大不相同，按照时间顺序，主要形成以下几轮借壳浪潮：

1. 2006～2007年，券商行业的“合并上市”潮

都市股份（600837.SH）吸收合并海通证券、锦州六陆（000686.SZ）吸收合并东北证券、北京化二（000728.SZ）吸收合并国元证券、成都建设（600109.SH）吸收合并国金证券、石炼化（000783.SZ）吸收合并长江证券、长运股份（600369.SZ）吸收合并西南证券、延边公路（000776.SZ）吸收合并广发证券以及桂林集琦（000750.SZ）吸收合并国海证券等。

2. 2008～2010年，房地产企业的“买壳上市”潮

借壳SST幸福（600743.SH）的华远地产、借壳SST亚华（000918.SZ）的嘉凯城、借壳红河光明（600239.SH）的云南城投、借壳*ST雅砻（600773.SH）的西藏城投、借壳*ST国祥（600340.SH）的华夏幸福等一大批房地产公司通过先买壳、再注入资产的方式完成上市。

3. 2011～2012年，传媒公司的“买壳上市”潮

承接地产业，批量的传媒公司如法炮制，通过“买壳”方式实现借壳上市。譬如，借壳*ST鑫新（600373.SH）的中文传媒、借壳广电信息（600637.SH）的百视通，大地传媒、浙报传媒、长江传媒分别通过公开竞拍获得S*ST鑫安（000719.SZ）、*ST白猫（600633.SH）、华源发展（600757.SH）的控股权，随后置入传媒资产实现上市；

4. 2014～2015年，游戏公司掀起“重组上市”潮

游族网络借壳梅花伞（002174.SZ）、天神互动借壳科冕木业（002354）、游久游戏借壳爱使股份（600652.SH）、三七互娱借壳顺荣股份（002555.SZ）、艾格拉斯借壳巨龙管业（002619.SZ）、恺英网络借壳泰亚股份（002517.SZ）和巨人网络借壳世纪游轮（002558.SZ）等实现“重组上市”。

5. 2016年，快递行业的“重组上市”潮

顺丰控股借壳鼎泰新材（002352.SZ）、韵达股份借壳新海股份（002120.SZ）、申通快递借壳艾迪西（002468.SZ）和圆通速递借壳大杨创世（600233.SH）等。

就这样，A股不断掀起一轮又一轮的借壳上市潮，至今热度不减，与之随行的是一波又一波的行业狂欢，龙头企业不断涌现。

买壳上市：存量收购+资产注入

“买壳上市”又称“后门上市（Back Door Listing）”，这是相对直接上市而言的。“买壳上市”通常表现为“先买壳、再上市”两步走的过程，“买壳”一般是通过收购上市公司原股东的存量股份或通过无偿划拨、抵押拍卖等方式来获取上市公司控股权的。事实上，所谓“买壳”，即收购上市公司控股权，我们对此已十分熟悉，本书上篇上市公司收购中的近一半案例是以“买壳”为目的的。

对于资产的注入，通常有三种方式：与原上市公司资产置换、上市公司用现金购买和上市公司发行新股购买。由于拟上市的资产远大于原上市公司资产，所以一般情况下采用“资产置换+现金购买”或“资产置换+发行新股购买”两种组合方式实现资产注入。

上市公司原资产的处置与否及处置方式分别关系到壳公司的状态与方案设计。从壳公司的清壳情况看，可分为净壳和非净壳两种，当原资产不作处理、仍留在上市公司体内时即为非净壳，反之则为净壳。如果借“净壳”上市，则需要对壳公司进行清壳，将全部资产和负债置出上市公司，其方式可分为两种：一是由原控股股东或第三方直接承接上市公司原资产完成清壳；二是与资产注入同时进行，通过置换方式将上市公司原资产置换给借壳方从而完成壳公司清理。

A股第一例真正意义的“买壳上市”案出现在1994年。这年4月，珠海经济特区恒通置业股份有限公司（简称“珠海恒通”）受让上海市建筑材料（集团）总公司所持有的棱光实业（600629.SH）1 200万国家股，持股比例为35.5%，成为棱光实业第一大股东，这成为中国证券市场上第一例协议收购上市公司案例（详见本书第6章《帝国崛起：“股权分置”下的并购盛筵（1996～2004）》）。

完成了第一步的“买壳”，接下来就是“上市”。1995年12月，棱光实业以1.6亿元对价收购珠海恒通的全资子公司珠海恒通电能仪表公司（简称“电表公司”）的100%股权。与此同时，珠海恒通对电表公司未来三年利润作出年增长20%的业绩承诺，并且珠海恒通与棱光实业签订委托代管协议，由前者负责电表公司的运营管理。这意味着珠海恒通的电能仪表业务正式注入上市公司，完成借壳上市。

在2008～2010年房地产企业和2011～2012年传媒公司的借壳上市潮中，超过半数的案例采用“买壳上市”方式，实现相关资产上市，其中华夏幸福买壳上市的案例颇具代表性，我们将在第14章《华夏幸福：买壳上市跑出地产黑马（2009～2011）》介绍。值得一提的是，这一期间的拟上市企业均不约而同地借壳盈利能力极低、主营业务面临亏损且大股东已无力逆转局面的ST公司，其原因即在于沦为“壳”资源的ST公司，收购成本之低足够诱人。换言之，就“买壳”的成本来讲，股改后的ST公司和股改前的非流通股所起到的效果是一样的。

合并上市与重组上市：新增股份换取资产

“合并上市”与“重组上市”都是通过认购上市公司发行的增量股份来获取上市公司控股权的，属于上市公司的增量式收购，这与“买壳上市”的存量股权收购明显不同。显然，合并上市与重组上市存在的基础在于股权分置改革后，上市公司能够以股权作为支付工具来完成并购重组行为。

除了控股权获取方式与“买壳上市”不同外，获取上市公司控股权与注入资产的节奏也大不相同。“合并上市”与“重组上市”两个模式中，“买壳”与“上市”通常是同步完成的，而“买壳上市”的模式中“买壳”与“上市”则分步进行。

“合并上市”与“重组上市”两者间的不同之处则在于注入资产的方式不同，前者采用的是上市公司向非上市公司的股东定向发行股份换股吸收合并非上市公司的方式，后者则是通过向非上市公司的股东定向发行股份购买非上市公司股权的方式。结果就形成：“合并上市”模式中的上市公司与非上市公司合并，非上市公司注销，上市公司成为存续公司，非上市公司的股东成为存续的上市公司股东；“重组上市”模式中，非上市公司成为上市公司的子公司，非上市公司股东成为上市公司股东。

2006～2007年的证券公司借壳上市基本采用的是“合并上市”方式，海通证券开券商“合并上市”先河，我们将在第13章《从乱世中走来：海通破局券商借壳上市（2006～2007）》中加以介绍。

“重组上市”的提法，最早出现在《公开发行证券的公司信息披露内容与格式准则第26号——上市公司重大资产重组（2017年修订）》中，该准则第七条第（三）款明确指出，《上市公司重大资产重组管理办法》第十三条规定的七款交易情形，[①] 简称“重组上市”。而过去数年大部分情况下，监管层和市场所称“借壳上市”即主要指“重组上市”。

“重组上市”指非上市资产经由上市公司重大资产重组变相实现上市的行为，即当上市公司的一项重大资产重组行为同时满足以下两个要件——一是上市公司发生“控制权变更”，即控制权要件；二是上市公司向收购人及其关联人购买的资产规模占上市公司资产规模的比例超过100%，即交易规模要件——时，非上市资产实现间接上市。

---

① 《上市公司重大资产重组管理办法》第十三条规定的七款交易情形，具体如下：

上市公司自控制权发生变更之日起60个月内，向收购人及其关联人购买资产，导致上市公司发生以下根本变化情形之一的，构成重大资产重组，应当按照本办法的规定报经中国证监会核准：

（一）购买的资产总额占上市公司控制权发生变更的前一个会计年度经审计的合并财务会计报告期末资产总额的比例达到100%以上；

（二）购买的资产在最近一个会计年度所产生的营业收入占上市公司控制权发生变更的前一个会计年度经审计的合并财务会计报告营业收入的比例达到100%以上；

（三）购买的资产在最近一个会计年度所产生的净利润占上市公司控制权发生变更的前一个会计年度经审计的合并财务会计报告净利润的比例达到100%以上；

（四）购买的资产净额占上市公司控制权发生变更的前一个会计年度经审计的合并财务会计报告期末净资产额的比例达到100%以上；

（五）为购买资产发行的股份占上市公司首次向收购人及其关联人购买资产的董事会决议前一个交易日的股份的比例达到100%以上；

（六）上市公司向收购人及其关联人购买资产虽未达到本款第（一）至第（五）项标准，但可能导致上市公司主营业务发生根本变化；

（七）中国证监会认定的可能导致上市公司发生根本变化的其他情形。

2008年4月，《上市公司重大资产重组管理办法》（简称《重组管理办法》）颁布。2011年8月，证监会第一次修订时，首次提出借壳上市与首次公开发行股票（IPO）上市标准趋同，[①] 在原《重组管理办法》第十一条后增加一条，作为第十二条，明确了相关资产的监管要求：上市公司购买的资产对应的经营实体持续经营时间应在3年以上，最近两个会计年度净利润均为正数且累计超过人民币2 000万元。上市公司购买的资产属于金融、创业投资等特定行业的，由中国证监会另行规定。这一标准与IPO相比，仅在“最近两个会计年度的净利润额”上有所放宽，但借壳上市较此前依“重大资产重组”标准审核的门槛明显提高。

对于盈利能力受行业周期或政策影响明显的企业，往往难以符合IPO连续三年盈利的上市条件，借壳上市“能绕过很多规章制度”的优势便足以让这些企业趋之若骛。由于不需经过IPO阶段保荐人的审慎核查及监管机构的层层审批，很长一段时间里，借壳上市成为内幕交易、利益输送、操纵股价的腐败滋生地。比如，券商借壳上市潮中的广发证券和国海证券因内幕交易等问题分别用了四年和五年才完成其崎岖的借壳上市进程。

针对借壳上市乱象及部分公司“打擦边球”的行为，证监会明确界定“借壳上市”的触发条件和边界，在2011年新增的第十二条中规定“自控制权发生变更之日起，上市公司向收购人购买的资产总额，占上市公司控制权发生变更的前一个会计年度经审计的合并财务会计报告期末资产总额的比例达到100%以上的交易行为”，同时还规定，上市公司在12个月内连续对同一或者相关资产进行购买、出售的，以其累计数分别计算相应数额，以堵上企业“化整为零”分批向上市公司注入资产的漏洞。

然而，2011年的这些规定只是开始，在此后的数年间不断从紧，越发严格。针对市场反映比较强烈的壳资源炒作等问题，证监会强化了对借壳上市的监管，在审核中对借壳上市条件的把握由与IPO标准“趋同”向“等同”逐渐过渡，并按照《首次公开发行股票并上市管理办法》（证监会令第32号）的相关规定提高了借壳上市的条件。

2013年11月，证监会在《关于在借壳上市审核中严格执行首次公开发行股票上市标准的通知》中，明确借壳上市条件与IPO标准等同，不允许在创业板

① 此处的“借壳上市”即指“重组上市”。

借壳上市。这主要源于两个考虑：一是提高借壳上市门槛，抑制市场对绩差股的投机炒作，从根本上减少内幕交易的动机，形成有效的退市制度；二是在部分IPO终止审查或不予核准企业转道借壳上市而规避IPO审查时，防止审核标准不一致带来的监管套利。这一通知内容在2014年对《重组管理办法》的最大规模修订中得到了确认，新《重组管理办法》第十三条明确借壳上市执行与IPO审核等同的要求和创业板不允许借壳上市。

不过，对借壳上市相关要求最为严格的要求却是第三次对《重组管理办法》进行修订时所作的规定。2015年前后，一批“红筹”企业如分众传媒、巨人网络、奇虎360等谋求从境外退市后回归A股市场，由于IPO排队时间较长，导致“壳”资源稀缺、炒作升温。同时出现了众多不符合标准条件的公司试图规避借壳上市认定标准的情况，事实上，由借壳上市引发的资本市场乱象，早已引发监管关注。

2016年9月9日，被业内称为“史上最严借壳新规”的新《重组管理办法》正式发布并施行，证监会明确此次修订重点就是进一步规范借壳上市行为。在修改后的《重组管理办法》中，证监会对借壳上市的多项标准均做了显著的细化，并新增多项约束性规定；同时将市场约定俗成的“借壳上市”明确称之为“重组上市”，取消重组上市的配套融资，以及延长相应股东的锁定期。

不过，相较于“合并上市”中吸收合并的复杂性和“买壳上市”中的分步实施，“重组上市”仍以简洁、高效成为现阶段主要的借壳上市方式，我们将通过第15章《百亿借壳：巨人网络的A股“征途”（2014～2016）》一案对重组上市进行详细介绍。

曲线借壳：闯关重组办法

与“买壳上市”、“合并上市”和“重组上市”不同的是，“曲线借壳”尽管形式上绕道而行、规避借壳审核，但最终依然是“借了人家的壳，上了我家的市”，因而，我们将其称为借壳上市的第四种模式。

当满足“上市公司控制权发生变更”和“上市公司向资产出售人购买的资产规模占上市公司资产规模的比例超过100%”时，上市公司重大资产重组构成

“重组上市”。换言之，只要不同时触及上述两个要求，就不会构成重组上市，现阶段绝大多数曲线借壳案例正是通过避开上述两个要求的方式来进行的。

在规避控股权变更上打算盘的“类重组上市”，早已成为规避借壳审核涉险闯关的密道。早在2014年，两家游戏公司游久游戏和三七互娱便是通过保持上市公司控制权不变的“二股东”套路成功过关的。不过，在监管转向形势下的2016年，这一套路明显失灵。

2016年修改后的《重组管理办法》参照成熟市场经验，主要从股本比例、董事会构成、管理层控制三个维度完善控制权变更的认定标准。此外，《重组管理办法》也明确指出，上市公司股权分散，董事、高级管理人员可以支配公司重大的财务和经营决策的，视为具有上市公司控制权。

2016年1月18日，三变科技（002112.SZ）发布重大资产重组预案拟以发行股份和现金支付的形式收购南方银谷100%股权，资产预估值28亿元，但2014年底三变科技资产总额仅为13亿元。此次交易完成后，三变科技的控股股东也发生变更，现任董事长卢旭日控制的企业通过认购定增而成为新的上市公司实际控制人，南方银谷的周发展及其一致行动人成为二股东，这被三变科技认为是不构成“借壳上市”的强有力证据。但不可否认的是，在资产总额、资产净额和主营业务三方面，收购标的已然超过上市公司。未来控股权变数的达摩克利斯之剑似乎随时会落下，8月6日，受困变相借壳上市嫌疑的三变科技公告终止此次收购。

2016年修订的《重组管理办法》另一核心是对于购买资产规模的判断指标全面升级，计算购买资产占上市公司前一年度的指标，由原来的总资产一项扩展至总资产、净资产、营业收入、净利润和股本五项。任何一项指标超过100%，都将触发借壳。此外，即便购买资产的计算指标并未触发借壳，但若此项收购可能导致上市公司主营业务发根本变化，以及出现证监会认定的其他情形时，也有可能被认定为借壳上市。这“五项指标+对主营业务的监管”基本上可以封杀利用资产比例来规避借壳的操作。

曾一度被视为规避借壳审核经典案例的西藏旅游（600749.SH）收购拉卡拉的交易便在这一修订面前知难而退。2016年2月，西藏旅游公告称以110亿元收购拉卡拉100%股权。西藏旅游2015年末的总资产为18.53亿元，不足拉卡拉资产总额的20%。上述交易完成后，上市公司控股权同时发生变更。但由于新任大股东及一致行动人在交易后合计持有拉卡拉15.8%股权，对应拉卡拉资产为17.38亿元，占前一年度西藏旅游资产总额的93.79%，因此上市公司坚称并未构成借壳上市。但在新规公布之后，绕过“借壳”门槛显然是不可能完成的任务，6月24日，西藏旅游公告终止收购。

不过，近年来也存在更换实控人但避开资产规模判定而实现“曲线借壳”的幸运儿，我们将在第16章《奥马搭台，中融金唱戏：联手闯关“曲线借壳”（2015～2017）》中看到中融金成功闯关的案例。这与买壳上市形式上类似，先变更控股权，再注入资产可以称为“升级版的买壳上市”

从颁布的2008年，到“最严新规”的2016年，《重组管理办法》已然历经三次大、小修订，而每一次修订对借壳的规范无一例外都是重点之一，从2011年与IPO标准“趋同”，到2014年“等同”，再到2016年控股权变更的最严认定和收购资产规模判断的指标升级，监管层严厉遏制投机套利的态势十分明确，“类重组上市”、“变相借壳”和“曲线借壳”将持续承压。

第13章

从乱世中走来：
海通破局券商借壳上市（2006 ~ 2007）

"小心行得万年船。"

——王开国，2016年3月

尽管券商是号称"离资本市场最近的行业"，但在1990年中国股市成立后的十余年间，沪深交易所的上市券商竟凤毛麟角，屈指可数。1994年宏源信托在深圳证券交易所IPO，于2000年更名为"宏源证券"后成为中国券商业首家上市公司；2003年中信证券登陆上海证券交易所，成为沪市第一家上市券商。除此以外，1990～2006年间的中国股市未见其他上市券商踪影。

然而，这一窘况在2006～2007年得到突变。从2006年8月开始至年底，国金证券、首创证券、东北证券、国元证券、海通证券、广发证券、国海证券、西南证券和长江证券九大证券公司相继启动借壳上市进程，二级市场上的"壳公司"纷纷停牌，券商第一轮上市潮正式启幕。

2007年7月31日，沪市上市公司都市股份更名为"海通证券"，标志着后者正式在上交所挂牌上市，并成为国内首家通过借壳方式上市的证券公司。而上市公司新增股份吸收合并证券公司，即所谓的"合并上市"，成为这一轮券商上市潮中普遍采用的借壳上市方式。

券商传奇

在中国金融领域，发展历程最为跌宕起伏且极具传奇色彩的行业恐怕非券商业莫属。

从1987年第一家证券公司——深圳经济特区证券公司（后更名为“巨田证券”）设立至今，较中国股市成立都要早的券商行业已风雨兼程30余载。在券商业30余年的发展史上，2006年形成了十分鲜明的分水岭：如果说2007年以来是券商业规范发展的十年，那么2006年及之前的二十年则可谓“券商乱世”。

自1987年至2006年，中国券商从无到有，从小到大，由无序走向规范，由大乱而大治，期间破产托管与合并重组层出不穷。在“乱世”的草莽岁月中，万国证券、君安证券、南方证券、华夏证券这些如雷贯耳的大型券商的成败兴衰成为中国券商行业发展史中叹为观止的画面；而管金生、张国庆、阚治东、赵大建等搅弄风云的券商大鳄的命运沉浮自然令人唏嘘不已。与曾经盛极一时而后黯然落幕的大型券商相比，闽发证券、大鹏证券、北方证券、大连证券、鞍山证券等数十家中小券商则匆匆收场，成批地走上了“不归路”。然而，乱象丛生且充满挑战的中国证券行业发展历程中，海通证券、中信证券、招商证券等少数公司虽一开始寂寂无闻但却清流般地稳健发展起来，成长为后来券商的中坚力量。

1. 草创阶段：1987～1991

从新中国第一家证券公司成立的1987年至沪、深交易所成功设立的1991年是券商行业发展的初创期。1987年9月，深圳经济特区证券公司正式成立，后于2001年更名为“巨田证券”，取“巨大的试验田”之意。然而，美好立意难以摆脱委托理财和保证金占用的巨额包袱，最终于2006年10月黯然退出市场。

20世纪八十年代末，为在全国范围内推广国债转让，1988年中国人民银行下拨资金在各省组建了33家证券公司；同期，财政系统也成立了若干证券公司。作为中国最早的一批券商，这些“地方部队”当时的主要业务是在区域市场经营国债，而在中国股市成立后逐渐转到股票的发行和交易业务。[①]在金融重镇上海，日后中国证券史上在不同时期分别成为证券业霸主的上海三大知名证券公司万国、申银、海通都在这一年先后成立。

2. 万国时代：1992 ~ 1995

1992年，华夏证券、国泰证券、南方证券的相继组建，为证券行业写下浓墨重彩的一笔。在中央政府的主导下，分别由工商银行、建设银行和农业银行牵头组建的前述三家证券公司分设在北京、上海和深圳，呈鼎足之势，时称为中国证券业的“中央军”，其注册资本均达10亿元，这令当时林立各省市、数量80余家的“地方军”为之仰视。持续十年之久的券商“中央军”时代就此开启。

尽管三大中央证券公司成立之初声名显赫，但从1992年至1995年间，风头最劲的却是早已成立并耕耘多年的上海万国证券。由上海国际信托投资公司等10家占股相差无几的股东所成立的万国证券是上海第一家股份制证券公司，被尊为“中国证券教父”的管金生担任首任总经理。

与众多隶属于人民银行或脱胎于大型国有银行的其他证券公司相比，市场化的万国证券以其高素质的团队、创新的服务、生猛的做派，从起步时的区区3 500万元资本金在短短6年时间内就发展到数十亿元的资产规模，堪称中国券商业的一大奇迹。在其鼎盛的1994年，万国证券A股交易占上交所总成交量的22%，B股则达到50%，在上交所会员中排名第一；而当年上市的上海12只B股中有8只由万国证券作国内主承销商。[②]

如日中天的万国证券虽擎“万国证券”、“证券王国”之旗号，但在1995年2月23日的“327国债事件”上却遭遇滑铁卢，发生60亿元巨额亏损。1997年1月，管金生被上海市高级人民法院判处有期徒刑17年，从而结束其中国证券业伟大实践者的生涯。1996年4月，万国不得不与它当年最强劲的竞争对手申银证券合并，后者由另一中国证券教父级人物阚治东所领导，7月17日，合并后的申银万国证券股份有限公司在沪正式创立揭牌。

在此期间，偏居西北的新疆宏源信托（000562.SZ）于1994年登陆深交所，

① 陆一. 陆一良心说股事：你不知道的中国股事那些事［M］. 浙江：浙江大学出版社，2013.

② 黄湘源. 股史荟萃：证券市场的准“滑铁卢之战”［OL］. 2001-06-16［2018-09-30访问］. http://finance.sina.com.cn/t/72526.html.

2000年更名宏源证券，摘得中国第一家上市证券公司桂冠；1995年，专注于投行业务的两家公司先后成立：中国第一家中外合资投资银行的中金公司和后来成为行业龙头且至今仍稳坐王者宝座的中信证券。

3. 君安时代：1996～1998

你方唱罢我登场，作别“万国时代”后，中国证券界旋即进入“君安时代”。1996～1998年，基本上是君安证券最辉煌的时期。早年间，行伍出身的张国庆军队复员后进入湖北人民银行系统，后辗转至深圳人民银行担任证券管理处副处长，1992年8月，张国庆“下海”在深圳创办了君安证券。尽管设立之初的注册资本仅5 000万元，但在张国庆的领导下，君安以其创新意识而领行业风气之先。

时势造英雄，1996～1997年的大牛市中，君安证券以长线坐庄在中国股市翻云覆雨，尤其在四川长虹一战中大获全胜，据称进账超过40亿元。在此期间，其交易量一直在深交所居前两名，在上交所亦在前六名之列，其国债交易量也居全国前十名。1993～1998年间，君安共为一百余家企业承担A股、B股上市及配股业务，筹资总额近300亿元人民币。截至1997年底，君安的总资产达175亿元，利润7.1亿元，名列全国第一。[①]

作为南中国最强悍的证券大鳄，张国庆与上海的管金生、阚治东并称中国股市“三大教父”。然而，巅峰之际的张国庆却兵败管理层回购。经过一系列腾挪安排，1997年张国庆团队所控制的君安职工持股会变成君安证券的实际控股股东，持股比例达77%。显然，这一举措在当时颇为大胆！结果并不意外，1998年9月，张国庆因涉嫌“侵吞国有资产，将国有资产变相转入私人名下”，以“虚假注资”和“非法逃汇”等罪获刑四年。同年底，君安证券被安排和与之同年成立的三大中央军之一的国泰证券合并为国泰君安，合并后的注册资本达37.3亿元，总资产300亿元。

君安气势恢宏之时，正是申银万国刚刚合并之际，双方的龙头之争自然在所难免。而事实上，证券霸主之争的背后一定程度上折射了当时深圳、上海两地金融中心城市的地位之争。在深圳市场成交量和涨幅均强于上海市场的形势下，1997年阚治东领导的申银万国加大在上海市场的自营规模，投入巨资炒作上海本地股陆家嘴。不过，如此肆无忌惮的炒作最终令申银万国遭受罚款和暂停股

① 邹愚．君安之父张国庆兵败MBO［N］．21世纪经济报道，2005-02-21．

票自营业务1年的处罚；阚治东也因此被撤职和记大过，并被判罚5年市场禁入。如此，与年初被判刑的管金生，加上一年后获刑的张国庆，二十世纪九十年代的中国股市三大“教父”无一幸免，全部落马。

4. 南方与华夏：1999 ~ 2002

世纪之交的几年间，中国券商乱象愈演愈烈，委托理财、操纵股价、挪用保证金等各色违法违规行为触目惊心；在此期间，原三大中央级证券公司中的南方证券和华夏证券一南一北几乎同时上演了陨落闹剧，不堪入目！

1999年的“5·19”行情启动了中国股市持续两年的大牛市。南方证券恰恰是这一时期最强悍的主力之一，例如虹桥机场一役直接撬动了国企大盘股的上涨，声名鹊起后以其凶悍坐庄风格而成市场风向标。1999年南方证券实现了股票、基金交易总额全国第二名、主承销募集资金总额第三名的耀眼成绩。不过，在南方证券非法资金运作的整个过程中影响最大、问题最突出的则是市场远近皆知的2001～2003年操纵哈飞和哈药股票事件，并直接导致南方证券走向破产。

2001年下半年，中国股市开始长达四年的漫漫熊途。曾经吸收的大量委托理财和保底合约，加之混乱的管理及不当的经营直接导致了证券公司财务、资金状况持续恶化。2002年6月，原申银万国总裁阚治东临危受命出任南方证券总裁，但南方证券危机四伏，资金链几近断裂，一年多后阚黯然辞职。2003年11月，南方证券爆发了大范围的信用危机；2004年1月，证监会、深圳市政府宣布对南方证券实施行政接管；最终，南方证券以令人心折的210亿元亏损和80亿元的央行救助成中国最大证券公司破产案。①2005年8月，中国建银投资有限责任公司（简称“建银投资”）接手南方证券74家营业部和投资业务成立中国建银投资证券有限责任公司（简称“中投证券”），2016年底中投证券并入中金公司，成为后者子公司。

与南方证券相比，华夏证券的资金窟窿似乎小了许多，但累计仍达80多亿元之巨，令人触目惊心。华夏证券的沦陷过程十分典型：左手挪用客户保证金，兴办实业；右手违规委托理财，做庄套利。两者均造成巨额亏损，唯有对外融资或扩股增资方能存活，但由于财务成本过高，终致无法收场，只能破产重组。

1998年7月开始的一年中，华夏证券被查出有30亿元左右的保证金被挪用。1999年8月证监会派出赵大建进入华夏证券，后来的事实显示，因集决策

① 于宁. 南方证券案虎头蛇尾［J］. 财经，2007（10）.

执行和检查于一身的赵拥有无上的权力，反而在其任内的两年竟是华夏政券历史发展最不规范、体制问题最严重的时期。2001年5月，北京市政府派出周济谱任华夏董事长，目的是“恢复公司治理结构”。

截至2004年6月华夏证券的亏损额总计约为55亿～60亿元，周和赵同时被免职。随后，为重组华夏证券，中信证券与中国建银投资有限责任公司共同出资筹建中信建投证券。2005年10月始，中信建投证券受让原华夏证券的全部证券业务及相关资产。作为曾经三大全国性老牌券商之一，华夏证券带着市场赋予它的辉煌和它扔给市场的耻辱，一起走进历史的坟墓。①

5. 券商综合治理：2003～2006

大鬼大闹，小鬼小闹，是二十年券商乱世的真实写照。

2001到2005年的熊市中，大小券商的各种违规行径在市场热情退却后逐渐显露。2003年下半年起，全行业风险集中爆发：连年巨额亏损，庞大资金缺口，挪用客户资产、坐庄等违规问题十分普遍。这一轮熊市也成为中国券商史上最为黑暗的年代，据相关统计，全部130多家券商的净资产仅为386亿元，违规负债数以千亿计，而4年熊市中累计亏损额高达831亿元。②

面对行业乱局，证监会重拳出击，风险处置、日常监管和推进行业发展三管齐下，开始了长达三年、刮骨疗伤式的综合治理。③2003年8月，被业界誉为极具“里程碑”意义的“证券公司规范发展座谈会”拉开了券商整顿和改革大幕，同时证监会对券商提出严禁挪用客户交易结算资金、严禁挪用客户委托管理的资产、严禁挪用客户托管的债券“三大铁律”。从这一年开始，监管机构陆续公布了多项与券商治理相关的法律法规，例如，《证券公司内部控制指引》《证券发行上市保荐制度暂行办法》《关于进一步加强证券公司客户交易结算资金监管的通知》《证券公司综合治理工作方案》和《证券公司证券自营业务指引》等。

监管风暴不断加码升级，全面铺开，最终吹塌了30余家证券公司。2002年8月，鞍山证券被民族证券托管；2003年底，佳木斯证券、新华证券两家券商被撤销；2005年和2006年，亚洲证券、北方证券、河北证券、中关村证券等30多家高风险券商进入处置程序。同时，指导重组了近20家风险券商。2007年，证

① 郭宏超. 华夏证券之死［N］. 经济观察报，2005-11-21.

② 潘圣韬. 券商三年综治“破茧成蝶”［N］. 上海证券报，2009-09-25.

③ 中国证券监督管理委员会. 中国资本市场二十年［M］. 北京：中信出版社，2012.

券公司综合治理圆满收官，证券公司的规范运作水平上了一个新台阶，并由此进入规范发展阶段。

券商行业历经几度洗牌，潮起潮落，大乱大治。不可否认，在中国金融领域，作为重要金融机构的券商，极大丰富了非银行金融机构的版图，其独特的影响与作用非其他金融机构可以取代。在监管层扶优除劣的思路下，券业版图随后重新构筑，一批具备潜质的券商已经崭露头角，行业资源逐渐向中信、海通这些券商聚拢。

常青海通

在1988年央行成立的第一批地方券商中，海通证券的名气远不如同在上海的申银和万国，在后两者叱咤风云之时，海通依然作为地方小券商偏安一隅稳健经营。不过，从后来的事实来看，正是“稳健乃至保守”的理念使海通成为中国证券行业中唯一立于不败之地且日新日上成长为行业巨头的券商。最早的一批证券公司或改名换姓、或更换门庭、或不复存在之时，海通则成为其中唯一未被更名、未被注资的大型证券公司。在乱象丛生而充满挑战的30年中国证券公司发展历程中，海通证券似乎成为唯一的长跑冠军，可谓“券商常青树”。

海通证券脱胎于交通银行上海分行的证券二部，于是从“上海”和“交通”各取一字谓之“海通”。经中国人民银行批准，上海海通证券公司于1988年9月22日正式成立，注册资本为人民币1 000万元。在万国证券最鼎盛的1994年，源于中国金融体系的银、证分离改革，海通证券改制为有限责任公司。当年夏天，时任交通银行郑州分行行长、后任民生银行董事长的中国金融界大佬董文标受命到上海担任海通证券董事长并操办其改制。交通银行把全国各分行中的证券营业部全部划归海通，海通证券资本金增至10亿元，从地方性的小券商成为全国性的大型证券公司。

生于乱世，绝无坦途！原海通证券董事长王开国在2016年曾撰文描述了海通成长路上早期的一些坎坷。[①] 1995年的一笔期货交易令海通证券亏损3亿余元，

① 王开国. 创新，海通证券公司成长、发展、壮大的必由之路［J］. 金融时代，2016（3）.

同年又因全国几个问题金融市场关闭而深陷金融三角债，1996年的自营业务涉嫌操纵股价而遭到证监会处罚并暂停一年。1995年入职海通的王开国从1997年开始担任董事长和总经理，并在董事长任上稳坐19年直至2016年卸任。一定程度而言，正是在奉承“稳健乃至保守”理念的王开国的带领下，海通证券保证了战略运营的稳健和高管团队的稳定，并一路成长为与中信证券比肩的证券业龙头，如果为海通打一个标签的话，那么“稳健”再恰当不过。王开国和中信证券前董事长王东明亦成为继上世纪九十年代管金生、阚治东、张国庆三大证券“教父”之后，证券业最有影响力的人物。事实上，财经媒体普遍对王开国的评价较高且颇为正面，因此在其离任时称“券业将作别最后一位大佬”。①

在王开国掌舵海通的最初几年，中国股市正处于一轮多头行情中，尤其是1999年“5·19”行情开启的两年大牛市，令海通证券得到了长足的发展，实力大大增强。基于业务的顺风顺水，海通证券于2001年底整体改制为股份有限公司并以此为契机启动了增资扩股、A股借壳上市、H股IPO和定向增发等一系列资本动作。

2002年，在身处熊市中的众券商狼狈不堪时，海通证券则完成最大的一轮增资扩股，注册资本金增至87.34亿元，一举成为当时国内证券行业中资本规模最大的综合性证券公司。海通证券A股于2007年在上交所借壳上市，H股于2012年4月在香港联交所挂牌上市，2015年5月定向增发H股募资近330亿港元，这数次资本运作时机的把握和决断成为海通发展历程中的关键点并一度为市场所称羡。

回看海通证券30年的发展，赫然发现券商中如海通基业长青者寥寥无几，而业务之健硕，也鲜有公司可匹敌。海通证券官网声称“以经纪、投资银行、资产管理等卖方业务为本体，以资本型中介业务和投资业务为两翼，以创新和国际化为驱动力”是为其经营方略。传统的经纪业务至2017年底，境内拥有331家营业

海通证券董事长周杰在海通证券30周年高端论坛上（来源：新浪财经）

① 张榆，王端．海通证券王开国卸任在即 券业将别最后一位“大佬”[OL]．2016-07-22 [2018-09-30访问]．http://finance.caixin.com/2016-07-22/100969105.html.

部，境内外拥有超过1 130万名客户；投资银行业务在金融、高科技企业和民营企业的发行承销、国有企业改制重组、文化传媒企业并购重组等方面享有盛誉；海通拥有海通资产管理、海富通基金和富国基金等专业资产管理子公司，资产管理总规模近万亿元。[①]

同时，通过直投子公司海通开元和其他七家股权投资管理子公司，海通亦成为国内证券业PE投资领域的佼佼者；海通证券的创新业务居于市场前列，其中公司融资融券和股票质押融资等资本中介业务规模行业第一，柜台市场业务处于行业领先地位；国际化方面屡有斩获，2010年，成功收购香港本地老牌券商大福证券，2015年，收购葡萄牙圣灵投资银行，到2017年底，境外业务覆盖14个国家和地区。

合并上市：券商第一轮上市潮

2007年前，上市券商是中国股市实打实的稀缺品种，但到十余年后的2018年上半年，A股市场已有大小上市证券公司40家，并成为中国股市举足轻重的权重板块，蔚然可观，异常繁荣。

券商上市无非两条途径，一是首次公开发行，即IPO；另外便是通过上市公司的资产重组实现上市，即借壳上市。统计40家上市券商，IPO上市和借壳上市的比例大体为6:4，分别为23家和17家，足见借壳上市于券商上市的重要性。借壳上市中，合并上市的有9家，其中海通证券等8家公司为上市公司吸收合并证券公司实现后者借壳上市；另有1家反向吸收合并上市的案例，为非上市的申银万国吸收合并上市的宏源证券成申万宏源。类重组上市的有6家，包括国投安信、广州证券、国盛证券、江海证券、华创证券和华鑫证券；此外，中山证券和同信证券则分别被锦龙股份和东方财富收购而具有上市公司地位。

2006到2018年这十余年时间里共爆发了三轮证券公司上市潮。

第一轮是2006至2007年的“合并上市”潮，共有8家券商成功上市。在海通证券于2007年7月成功借壳上市之后，东北证券（000686.SZ）于2007年

① 资料来源：《海通证券股份有限公司2017年年度报告》.

8月、国元证券（000728.SZ）于2007年10月、国金证券（600109.SH）和长江证券（000783.SZ）于2007年12月先后均通过“合并上市”登陆中国股市；而在2006年下半年就同步起跑借壳上市的西南证券（600369.SH）因财务指标不符合监管要求、广发证券（000776.SZ）因原总裁涉嫌内幕交易、国海证券（000750.SZ）因拟借壳上市公司大股东反对及内幕交易分别拖至2009年、2010年、2011年才得以完成上市。唯一的例外是首创证券借壳S前锋（600733.SH），因后者股权分置改革问题至今10余年不能修成正果，使得第一轮券商上市潮始终未能画上句号。

第二轮是2010年前后的IPO上市潮。从2009年光大证券（601788.SH）、招商证券（600999.SH）到2012年的西部证券（002673.SZ），先后共有8家公司首次公开发行上市。

第三轮是始于2015年的“IPO+类重组”上市潮。共计21家券商登陆资本市场，包括国泰君安（601211.SH）、国信证券（002736.SZ）、东方证券（600958.SH）、中国银河（601881.SH）等大型券商在内的13家证券公司通过IPO实现上市，而申万证券（000166.SZ）和安信证券（600061.SH）、国盛证券（002670.SZ）等另8家券商则通过类重组方式实现上市。此外，中信证券（600030.SH）、太平洋证券（601099.SH）和中山证券（000712.SZ）分别于2003年、2007年和2013年通过IPO或重组实现上市。

始于2006年的券商“合并上市”潮，至少是以下三个条件触发的。

其一，证券公司在后股权分置时期对资本金的强烈渴求。一方面，中国证券市场直接融资的发展要求证券公司必须主动提升资本规模。2006年资本市场一个十分重要的背景就是股权分置改革即将完成，资本市场各项基础制度设施逐步完善，中国经济即将进入证券化时代。显然，为承揽大型企业集团的上市，提高资本实力成为证券公司发展的充分条件。另一方面，以“净资本为核心”的动态监管凸显了券商资本规模前所未有的重要性。2006年正是券商三年综合治理的关键阶段，同年7月，证监会公布了《证券公司风险控制指标管理办法》和《关于证券公司净资本计算标准的通知》，此举意味着净资本已然成为券商各项业务开展和规模扩张的必要条件。

其二，行业复苏和监管放行提供极佳上市时机。某种程度而言，2006年以来，券商上市算得上占尽天时地利。随着资本市场股权分置这一制度性问题的解决，2006年初以来，二级市场出现了由熊转牛的明显迹象，加之证券行业经营环境的改善，证券行业得到全面复苏。而从政策面来看，监管层近年来已在不同场合多次强调要进一步拓宽券商融资渠道，2006年3月，证监会机构部有关负责人也曾明确表示鼓励一批优秀券商着手IPO、借壳上市的工作。[①]在三年综合治理的关键时期，这一表态对券商上市无疑是一粒定心丸。

其三，历年亏损窘境令证券公司只能选择借壳上市。IPO对企业的财务指标要求十分刚性，比如“最近三年必须盈利且最近三年的累计净利润不低于3 000万元”。从2002年起，证券业已经连续四年全行业亏损，至2006年方才首次出现赢利，多数券商到2007年还难以达到IPO在“持续盈利”方面的要求。具体而言，除了广发证券、中信证券、平安证券等创新类券商每股净资产超过面值1元以上，许多创新类券商与规范类券商的每股净资产只有几角钱，历史上形成的亏损尚没有利润予以弥补，即这些券商的未分配利润为负数。比如海通证券2005年年报显示未分配利润为-52.98亿元。在此背景下，借壳上市无疑成为多数券商上市首选路径。当时的形势下，尽管在操作上较为谨慎，但政策上监管层对券商借壳上市比较认可，而且倾向于“已经制定切实可行的第三方存管方案的创新类和规范类券商”，尤其是由地方政府主导的券商借壳上市更可能获得批准。比如上海市政府在海通证券借壳上市过程中所起到的作用不容忽视。

换壳风波

在2006～2007年的券商借壳上市潮中，海通证券成第一家修成正果者，但海通既不是市场上首家冒出借壳传闻的证券公司，所借壳标的也不是第一家停牌和公告的上市公司，甚至在和壳方大股东已草签合作协议的情况下竟然出现被地方政府强行要求换壳的波折。

2006年春夏，市场上证券公司借壳上市的传闻与相关上市公司的“辟谣”不时传出，于是，暧昧中的目标“壳”公司在二级市场的股价大幅波动，据不完全统计，到第三季度已经有几十只股票因“券商借壳”概念而一飞冲天。比如市场上最早出现的广发证券借壳延边公路（000776.SZ）的传闻，从4月到10月20日股票停牌时，后者股价上涨了3倍以上，市场的炒作热情可见一斑。

① 于扬. 券商整改大限敲定：10月31日［N］. 证券时报，2006-03-28.

根据后来的事实，这一期间最终有9家上市公司发布了券商借壳公告。2006年9月5日，成都建投（600109.SH）公告其控股股东成都市国有资产监督管理委员会正与国金证券有限责任公司就借壳上市事宜进行磋商，后者成为漫天传言中的第一家正式公告借壳的券商。

2006年国庆节后的一周，海通借壳上市的消息已然不是什么新闻。不过，10月15日晚，沪市上市公司都市股份（600837.SH）一则停牌公告则令媒体一片哗然，海通证券借壳突现临阵大换壳；随后，《中国证券报》等众多证券媒体纷纷对此报道，壳公司将由9月29日停牌的锦州六陆（000686.SZ）更换为刚刚停牌的都市股份。

这一变化着实令人意外。此前媒体广泛报道，敲定借壳上市方案的海通证券已将借壳对象锁定为地处辽宁的上市公司锦州六陆，后者为中国石油持股53.55%的控股孙公司。我们曾在本书第10章《A股私有化：国家队的“土豪”游戏（2005～2006）》中介绍，2006年2月，中石油完成了旗下持股比例集中的辽河油田、锦州石化、吉林化工三家公司的私有化。对于在外流通股有40%多的锦州六陆，出于私有化成本的考虑，中石油一直希望将其出售。而海通证券管理层亦定下“选壳两原则”，即“找央企，不找民营企业；找大企业，不找小企业、差企业”。显然，海通证券和锦州六陆算是门当户对，如果不是此番变故，海通证券的股市代码或为000686。不过，后来锦州六陆的归宿也颇为理想，由东北证券成功借壳。

根据《证券市场周刊》10月19日的报道，10月13日正待公布的海通证券借壳锦州六陆的方案被上海市政府否决，海通证券的借壳对象更换为沪市上市的上海本地公司都市股份。该报道称，上海对上市资源的考量是促使海通证券临阵换壳的主要原因之一，锦州六陆乃深圳上市的非上海本地企业。在上海市国资上市公司中尚有大量重组资源的情况下，锦州六陆很难被纳入上海当地上市资源重组的视野。①

然而对海通证券而言，借壳锦州六陆与都市股份，技术方案及成本完全不同。借壳尚未股改的锦州六陆，可以走股改绿色通道，将会省去很多程序；同时，原大股东中石油在拿走全部资产的同时，其所持锦州六陆的股权相应注销。而借壳已完成股改的都市股份，海通则要受制于都市股份大股东光明食品集团在股改时所做的“三年不减持股权”的承诺，光明食品集团仍将是新公司的股东。

先是海通证券管理层力主借壳锦州六陆，后有大股东上海市政府强推借壳

---

① 吴德铨．海通证券闪电换壳都市股份［J］．证券市场周刊，2006（39）．

都市股份，这一决策的刚性转换使我们似乎再见十年前沪、深金融中心之争的影子，“肥水不流外人田”的背后则清晰可见券商这一重要金融机构在借壳操作过程中利益调整的复杂性。在这个过程中，上海市政府起到了极其重要的作用，一定程度而言，其强力主导及高效率的介入似乎也成为海通证券成功借壳的关键所在。

当然，上海市政府也是海通证券换壳的最大赢家：海通证券共计66家股东，其中持股5%以上的股东——上海上实（集团）有限公司（简称“上实集团”）、东方集团实业股份有限公司（简称“东方集团”）、上海烟草（集团）公司（简称“上海烟草”）、上海电气（集团）总公司（简称“上海电气”）、鼎和创业投资有限公司（简称“鼎和创投”）和申能（集团）有限公司（简称“申能集团”），除东方集团外，其余均为上海市大型国企，它们在海通上市过程中均获益匪浅。

从上海市国资控股的70多家上市公司中量身挑选的都市股份，2005年11月完成股改，2006年6月每10股送转3股后，总股本3.58亿股，大股东持股2.41亿股，占比67.36%。都市股份是上海市食品业航母——光明食品（集团）有限公司（简称“光明集团”）旗下五大上市公司之一，所属行业为批发和零售贸易，以蔬菜、瓜果、粮油作物、花卉、草坪、绿化苗木种植及上述业务的加工、批发和零售为主营业务。都市股份2005年每股收益0.5元，净资产收益率22.29%，在上海市排名前列，确属绩优股。从这个角度来看，换壳都市股份，上海市政府也算是煞费苦心。

首家借壳破茧出

2006年12月29日晚，都市股份正式公告了《上海市都市农商社股份有限公司重大资产出售暨吸收合并海通证券股份有限公司报告书（草案）》（以下简称《合并报告书（草案）》）。在这一年的最后一个交易日，经历换壳风波后的海通证券终于掀开借壳的“红盖头”，千呼万唤始出来。

根据《合并报告书（草案）》，本次借壳由三个步骤组成：都市股份先造“净壳”，然后新增股份换股吸收合并海通证券，最后新公司定向增发募资做大净资产。

1. 都市股份造“净壳”。

都市股份向第一大股东光明集团转让全部资产及负债，参照截至2006年9

月30日（即合并基准日）经评估核准的净资产值，转让价款确定为人民币7.56亿元。同时，都市股份现有全部业务及全部职工也将随资产及负债一并由光明集团承接。另外，作为对光明集团在本次合并后承接都市股份原有资产、负债、人员、业务等所造成的经营压力，及其已在都市股份股权分置改革中支付的上市流通股对价的补偿，海通证券向光明集团支付补偿款人民币2亿元。

2. 都市股份新增股份换股吸收合并海通证券。

该合并采取上市公司作为吸收合并主体和存续公司，海通证券作为被合并方，待资产和负债全部转入都市股份体内后注销。都市股份向原海通证券股东发行新股，换股吸收合并海通证券，换股比例的确定以双方市场化估值为基础。

根据华泰证券出具的专项财务顾问报告，采取市盈率估值法、收益现值法，分别得到海通证券的股权价值分别为2.10～2.38元/股和2.10元/股，在此估值基础上，采用较为保守的预期，确定海通证券的股权价值为2.01元/股。都市股份的换股价格以2006年10月13日的收盘价5.8元为基准，由此确定海通证券与都市股份的换股比例为1∶0.347，即每1股海通证券股份换0.347都市股份股份。海通证券在本次合并前的总股本约为87.34亿股，换为都市股份30.31亿股，合并完成后都市股份总股本将增加至约33.89亿股，即原海通证券股东拥有合并后都市股份总股本的89.43%。

换股吸收合并前后都市股份之股份结构变化表

股东		换股吸收合并之前		换股吸收合并之后	
		持股数量（股）	持股比例（%）	持股数量（股）	持股比例（%）
换股前海通证券股东	上实集团	0	0.00	277 784 993	8.20
	东方集团	0	0.00	208 210 284	6.14
	上海烟草	0	0.00	208 210 284	6.14
	上海电气	0	0.00	196 237 381	5.79
	鼎和创投	0	0.00	173 508 570	5.12
	换股后持股5%以下股东	0	0.00	1 967 048 488	58.04
	小 计	0	0.00	3 031 000 000	89.43
换股前都市股份股东	光明集团	241 343 291	67.36	241 343 291	7.12
	无限售条件流通股股东	116 929 619	32.64	116 929 619	3.45
	总 计	358 272 910	100.00	3 389 272 910	100.00

数据来源：都市股份公告。

对本次交易持异议的股东，将由光明集团全资子公司上海市农工商投资公司作为第三方赋予本公司除光明集团外的所有股东现金选择权，具有现金选择权的股东可以全部或部分行使现金选择权，行使现金选择权的股份将按照每股人民币5.80元的换股价格取得现金，相应的股份过户给上海市农工商投资公司。这部分股份现金对价总额约为6.78亿元。

合并完成后，海通证券原法人主体资格将被注销，存续公司将依法申请承接海通证券相关经营资质，公司名称变更为“海通证券股份有限公司”，公司注册地址、经营范围和公司章程均相应变更和修改。

合并完成后，持有存续公司股份超过5%的股东共计六家，分别为上实集团、光明集团、东方集团、上海烟草、上海电气和鼎和创投。原海通证券大股东上实集团仍为存续公司第一大股东，其持有存续公司8.20%的股份，而光明集团以高达7.12%的持股比例位列新公司的第二大股东。

3. 定向增发做大净资产。

本次合并前，海通证券截至2006年9月30日的净资产仅为32.23亿元，提升净资产显得十分迫切。作为本次合并交易案的一部分，上市公司在吸收合并海通证券完成后，存续公司向经中国证监会核准的特定投资者非公开发行不超过10亿股的新股，发行价格不低于与海通证券合并时的换股价格，即5.80元/股。不过，公告合并交易后的都市股份股价上涨巨大，以至于募资的发行价格最终定在35.88元/股，共计募资近260亿元。

通常的吸收合并交易在程序上至少有4个里程碑，依次是：上市公司停牌，公告交易方案，证监会审核，发行上市。对于本案，合并完成后的非公开发行另需证监会单独审核。因此，整个交易过程具体如下：

2006年10月16日，都市股份停牌。

12月30日，都市股份发布《合并报告书（草案）》。

2007年6月9日，都市股份公告本次资产出售暨吸收合并经证监会证监公司字［2007］90号文件核准。

6月18日至6月22日的现金选择权申报期间，由于都市股份50元以上的股价与现金选择权5.80元的价格相差悬殊，显然不会有投资者申报行使现金选择权。

6月29日，都市股份新增股份30.31亿股上市。

7月6日，两公司合并工商变更登记完成。

7月31日，都市股份更名为“海通证券”，标志着海通证券正式在上交所挂牌上市，并成为国内首家通过借壳方式成功上市的券商。

10月22日，海通证券非公开发行股票申请获得证监会证监发行字［2007］368号文件批复，核准公司非公开发行股票不超过10亿股。海通证券实际发行了7.25亿股，共计募资260亿元。

11月20日，非公开发行的股票上市。

至此，海通证券借壳上市案形成全赢的欢喜局面，相比于都市股份停牌前5.8元的股价和海通证券2.01元的换股价格，本次交易完成后，新上市公司股价出现巨幅上涨，并于2007年11月2日上摸68.53元的最高价，此后长期在50元上下高位震荡。海通证券原股东、原都市股份的大、小股东俱皆坐享财富增长盛宴！

在这一轮券商上市潮中，海通证券虽未最先起跑，但却最早到达终点。2007年借壳上市后，海通证券的总资产、净资产以及总市值便连续十年位居国内证券行业第二位，仅次于中信证券；直至国泰君安2015年A股上市及2017年H股上市后，海通证券的A、H股总市值才降至第三位，但却相差无几。

大事记

- 1988年9月22日，经中国人民银行批准，脱胎于交通银行上海分行的上海海通证券公司正式成立，注册资本为人民币1 000万元。
- 1994年，董文标受命担任海通证券董事长，海通改制为有限责任公司。交通银行把全国各分行中的证券营业部全部划归海通证券，海通资本金增至10亿元，从地方性的小券商成为全国性的大型证券公司。
- 1995年，王开国入职海通，从1997年开始担任董事长和总经理，并在董事长任上稳坐19年直至2016年卸任。
- 2001年底，海通证券整体改制为股份有限公司。
- 2002年，海通证券完成最大的一轮增资扩股，注册资本金增至87.34亿元，一举成为当时国内证券行业中资本规模最大的综合性证券公司。
- 2006年9月29日，锦州六陆停牌。

- 2006 年 10 月 15 日晚，沪市上市公司都市股份宣布股票停牌，海通证券借壳弃锦州六陆换都市股份。
- 2006 年 12 月 29 日晚，都市股份正式公告了《上海市都市农商社股份有限公司重大资产出售暨吸收合并海通证券股份有限公司报告书（草案）》。都市股份作为吸收合并主体和存续公司，海通证券作为被合并方，海通证券与都市股份的换股比例为 1∶0.347，合并完成后都市股份总股本将增加至约 33.89 亿股，原海通证券股东拥有合并后都市股份总股本的 89.43%。
- 2007 年 6 月 9 日，都市股份公告本次资产出售暨吸收合并经证监会核准。6 月 29 日，都市股份新增股份 30.31 亿股上市。7 月 6 日，两公司合并工商变更登记完成。7 月 31 日，都市股份更名为“海通证券”，标志着海通证券正式在上交所挂牌上市，并成为国内首家通过借壳方式成功上市的券商。
- 2007 年 10 月 22 日，海通证券非公开发行股票申请获得证监会批复，核准公司非公开发行股票不超过 10 亿股。海通证券实际发行了 7.25 亿股，共计募资 260 亿元。11 月 20 日，非公开发行的股票上市。借壳上市后，海通证券的总资产、净资产以及总市值便连续十年位居国内证券行业第二位，仅次于中信证券。
- 2012 年 4 月，海通证券 H 股在香港联交所挂牌上市。
- 2015 年 5 月，海通证券定向增发 H 股募资近 330 亿港元。

第14章

华夏幸福：“买壳上市”跑出地产黑马（2009 ~ 2011）

野蛮生长。

——引自《野蛮生长》书名

一眼十年，沧海桑田。2007年10月16日，沪指一举创下6 124.04点的历史峰值，但随后十年间，中国股市却历经数轮沉浮，几多喜悲。令人遗憾的是，就在大洋彼岸的美国、隔壁的印度、“经济失落二十年”的日本，连同家门口的香港，股市指数屡屡刷新历史高点的同时，十年后的2017年10月16日，上证指数仍不无悲情地以几近腰斩的3 378.47点来“祭”念十年前的6 124点。

不过，精彩纷呈的沪深个股却能一扫大盘指数没能重回历史峰位的阴霾。如今，十年前1 462家上市公司中的三分之二，其复权股价已突破6 124点时的价位，股价涨幅超过10倍的公司亦达到18家。

然而，问鼎十年涨幅榜冠军的既不是贵州茅台、格力电器这样的超级白马股，也不是海康威视、东方财富等新兴成长股，而是彼时尚未登陆资本市场、后来借壳国祥股份上市的房地产公司——华夏幸福。身处房价在2008～2017十年十倍涨幅的房地产业，受益于京津冀地区丰富而低成本的土地储备，扛鼎产业新城的商业模式，华夏幸福业绩与股价齐飞的“幸福”故事似乎就不那么意外了。

房地产的黄金年代

2007年10月16日，与这一轮超级大牛市中的大部分股票一样，国祥股份（600340.SH）即使濒于ST边缘，其股价仍高高在上，当日收盘价为8.09元。此后十年，经历华夏幸福借壳后的4次送股和7次分红，到2017年10月16日，按后复权计算的华夏幸福收盘价为235.27元，涨幅达到惊人的2 808%，以绝对优势碾压第二名东方雨虹2 338%的涨幅，成为A股十年涨幅榜冠军。

华夏幸福十年上涨28倍成A股涨幅榜冠军

资料来源：Wind。

当我们看到股价暴涨的华夏幸福成为A股十年第一长牛的时候，我们不得不把目光拉回其所处的房地产业——过去20年中国经济最重要的支柱产业之一。股市创下6 124点以来的振荡下跌十年正是中国房地产业高速发展的新黄金十年，尤其是北京、上海、深圳等一线城市的部分住宅价格在2008～2017年间更是上涨了十倍左右。

在中国改革开放40年的进程中有若干个极其重要的关键年份，1998年无疑就是这样的"大年"之一，很多重要的改革在这一年开启，譬如，所谓"房改”的住房制度改革。

在1998年前的十多年里，最吸引民众目光的行业可能是出现海尔、TCL、三株、太阳神等显赫一时的明星企业的家电和日用消费品行业，但回顾中国的产业发展史，能够清晰可见，从1998年开始，房地产业登上历史舞台。其标志事件是，当年7月，国务院发布重大决定，公布《关于进一步深化城镇住房制度改革加快住房建设的通知》，正式开启以“取消福利分房，实现居民住宅货币化、私有化”为核心的住房制度改革。这一改革彻底结束了在新中国延续了近半个世纪的福利分房制度，中国开始了真正的“商品房”时代。

曾任建设部总经济师兼住宅与房地产业司司长的谢家瑾，在其个人著作中介绍了1998年“房改”启动的大背景：[①]1997年亚洲金融风暴来势汹汹，国内经济形势跌宕起伏，“如何拉动内需”成为摆在中国政府面前的难题之一。于是，“通过多建房、多卖房，带动建材、钢材等需求”成为“扩大内需、拉动经济增长”的最优解之一。

自此，中国房地产业迈入了二十年从初步发展到产业繁荣的轰轰烈烈的成长历程，并逐步成为国民经济的重要支柱产业；同时，一波又一波的财富故事不断在这个行业上演，房地产业也成为日后各个财富排行榜单上首富数量最多的行业。

1998～2007年，是中国房地产行业“黄金年代”的上半场。在这十年，中国经济增速举世瞩目，城镇居民可支配收入从5 160元上升到13 785元，人口城镇化率从33%提升到46%，房地产投资和销售始终处于高速增长状态。

1998年全国房地产业年度投资额为3 614.23亿元，到2007年时，这一数据剧增到了25 288.8亿元，是1998年的7倍。1998～2007年间，房地产投资年均增速达24%，年度投资额增长率最低也超过了13%，高点出现在2003年，达到33%。1998年全国商品房屋销售面积仅为12 185.33万平方米、销售额为2 513.3亿元，2007年商品房销售面积、销售金额则分别为77 354.72万平方米、29 889.12亿元。十年间，商品房销售面积年均增速达20%。[②]

房地产业对国民经济增长贡献率的持续提升更显示了这一行业的发展繁荣。1999年以前，房地产开发投资额对于GDP的贡献度还不足5%，而到2007

---

① 谢家瑾. 房地产这十年——房地产风雨兼程起起伏伏之内幕［M］. 北京：中国市场出版社，2009.

② 数据来源：《中国统计年鉴》。

年时，其对于GDP的贡献度就翻了一倍多，达到10.13%。

2007年，国家针对房地产行业实施一系列调控政策，全国范围内房产销量放缓，银行不断收缩信贷，房地产行业资金压力加大。不过，政策的调控效果却不尽如人意，房价上涨的势头并没有出现拐点。而最终导致房价下跌、交易萎缩的是2008年席卷全球的金融危机。

也正是从2008年开始，中国房地产行业进入了"黄金年代"的下半场。从2008年开始的十年，中国房地产业经历了至少三轮涨跌循环。2009年，在前所未有的宽松货币政策和各地不遗余力的挽救下，房地产市场从金融危机中起死回生，继而再现癫狂，房价暴涨。于是，接踵而至的就是2010～2011年的猛烈调控，先后发布新"国十条"、新"国八条"和新"国五条"等。

接下来，从2012年的市场回暖到2014年的投资、销售和价格全面下行，房地产市场再次完成一轮涨跌。到了2015年，在被迫出台政策刺激房地产后，2016年房价达到历史新高，包含"限购"、"限贷"、"限价"、"限售"等组合拳的新一轮房价调控如约而至……

就这样，中国房地产始终处在至今尚未打破的"刺激——上涨——调控——下跌——再刺激——再上涨——再调控——再下跌"的怪圈中循环往复，监管层屡屡出手治市但似乎又"不得其法"。

从供给侧来看，与上一个十年相比，在"黄金年代"的下半场，房地产行业进入门槛降低，竞争更加激烈，利润也随之下降。在2011年的阶段高点之后，行业利润开始逐渐下滑。

根据《中国统计年鉴》的数据，这十年的房地产行业平均毛利润率下降至34.8%，平均净利润率下降至12.2%。与传统行业和制造业相比，房地产行业仍然是赚钱的行业，但和上一个十年相比，成色在迅速退化。

国家统计局的数据显示，这十年，房地产投资平均增速下降至18.5%，商品房销售面积平均增速下降至9.4%。2016年，全国房地产开发投资102 580.6亿元，扣除价格因素比上年实际增长7.5%；房屋新开工面积166 928万平方米，增长8.1%；房地产开发企业土地购置面积22 025万平方米，比上年竟下降3.4%；商品房销售面积157 348.53万平方米，比上年增长22.5%。

显然，绝大部分房地产企业还是靠着"拿地——盖房——卖房"的传统产销模式盈利，整体上，房地产行业的新盈利模式还没有建立起来。然而，就在这样的行业背景下，曾经的二线地产商——华夏幸福携"产业新城"的新商业模式逐步成长为国内地产巨头并跻身中国地产500强TOP10之列，成为这十年地产界最大的黑马之一。

王文学的“华夏幸福”

2017年10月12日，在最新发布的《胡润百富榜2017》上，华夏幸福的掌舵人、1967年出生于河北霸州的王文学以575亿元身价位列大陆富豪第28位。事实上，王在这份榜单的TOP30上已经雄踞数年，最近三年的财富持续上涨，分别为480亿元、485亿元和575亿元。

1998年7月10日，就在启动中国房地产业黄金二十年的“98房改”宣告的一周后，年仅31岁的王文学在比邻北京的河北廊坊成立了华夏房地产开发有限公司。显然，华夏幸福的起步和房地产行业的启动在时间点上极度重合，在华夏幸福官网发展历程的介绍中，其描述这一起步是“抢抓机遇、准确定位”，文字不掩自豪。三个月后，华夏幸福第一个房地产项目“华夏花园”开盘销售。

据媒体介绍，早年毕业于廊坊市工业学校、只有中专学历的王文学1992年下海，在廊坊繁华地段新华路开了火锅店，随后餐饮生意越做越大并赚得第一桶金。火锅店宾客盈门，当地政府官员成为其常客，王最初的政府人脉资源即建立于此。到上世纪90年代中期，王文学主动放弃政府楼堂馆所装修业务的欠款，为后来进军房地产积攒了早期的“印象分”：1998年的“华夏花园”项目的开发土地批条及银行贷款即受益于此。①

四年后的2002年，被称为华夏幸福企业发展史上的“转型年”。这一年的6月，以固安工业园区奠基为标志，华夏幸福正式开启“产业新城”的全新房地产模式——以产业为依托、地产为载体，实现土地的整体开发与运营，打造产、学、研产业集群的新型产业形式，华夏幸福以此在中国地产界独树一帜并迅速成为“另类黑马”；王文学在日后则被称为“产业新城拓荒者”，名震产业地产江湖。

在2002年，北京正南50公里的廊坊，辖下各区县发展并不均衡。北部的

① 董文艳. 地产另类华夏幸福［J］. 财经，2017（14）.

固安产业新城（来源：华夏幸福官网）

香河、三河、大厂三地与北京一体化程度颇高，而南部的固安则贫穷荒芜，毫无生机。不过，王文学却决定落脚贫穷落后的固安，这是日后证明十分正确、当时颇为大胆的决策，因而华夏幸福能用极低的价格获得现在看来非常优质的土地。颇为有趣的是，与华夏幸福同处一城但战略风格迥异的荣盛发展则以中等城市商品住宅开发为主，于2003年成功登陆深交所中小企业板，股市代码为：002146，现阶段也已成为数百亿元市值的地产巨头。

华夏幸福与固安县政府合作开创的"政府主导，企业运作"的"固安模式"日益受到全国多地政府青睐，其发展思路在于"以产促城，以城带产，产城融合，城乡一体，共同发展"，开发城市最终形成经济发展模式、城市发展模式和民生保障模式三位一体的产业新城。

产业新城模式主要依赖城市周边的产业和居民外溢，因此，华夏幸福坚持在二线城市周边拿地，并形成"以园区开发立项，地产开发随行"独特的"园区 + 地产"双轮驱动的盈利模式。因而，华夏幸福营业收入主要来自两部分——园区开发运营收入和地产开发收入，过去几年，含产业发展服务、基础设施建设、土地整理、物业管理服务等在内的园区开发运营收入始终远超地产开发收入，直到2017年，后者才上升至48.51%，形成各占半壁江山之势。

华夏幸福的产业新城模式从2007年开始加速，从深耕京津冀到异地复制，逐渐布局了国家级城市群及优势区域，包括长三角、珠三角、中原城市群、成渝城市群及长江中游城市群等区域。2007年5月，与廊坊市大厂县潮白河工业区签约；2012年，与沈阳苏家屯区签订协议建设沈水生态科技创新城；2013年，与环上海区域的嘉善合作建设新城；2015年，"固安模式"再将版图扩大至长江经济带，先后进驻上海市金山区枫泾镇以及四川省眉山市仁寿县等地。据2017年年报，华夏幸福运营、新建和规划的产业新城从北到南、由西到东覆盖辽宁、北京、河北、河南、四川、重庆、湖北、湖南、安徽、江苏、上海、浙江、广东十三省、市的近四十个产业新城项目。

随着全国业务布局的狂飙突进，从2015年开始，华夏幸福以产业地产领头羊的身份连续三年跻身全国房地产企业十强。[①]这个起家于廊坊、正在向全国扩张、以产业新城运营商为标签、又将大概率受益于雄安新区这一风口的企业，正在构筑其独特的且被证明是颇为正确的企业成长路径。

矗立在很多高铁站的华夏幸福广告牌

地产公司借壳上市潮

近年来，房地产行业已成为稳居中国股市权重前五的行业板块，仅次于银行、保险和石油，与汽车行业不相上下，并且早已领先于券商、煤炭、钢铁等行业。截至2017年底，房地产板块130余家上市公司，占沪深股市上市公司总数的3.7%，总市值2.5万亿元左右，占沪深股市总市值的3.88%。

然而，在上市公司数量如此之多的房地产业，一个令人颇为愕然的景象是，其中超过六成的房地产企业上市并不是通过IPO实现的，而多采用“借壳上市”的方式登陆资本市场。

对于房地产作为商品极可能带来的投机性，中央政府一直比较警惕并采取抑制发展的政策，随着1998年“房改”催热房地产市场之后，监管层更是一再宏观调控。自2007年以来，证监会要求房地产公司IPO，都需要征求国土资源部意见，而从2010年1月“国十一条”出台后，征求意见的范围扩展到住建部。事实上，从2010年开始，房地产公司IPO便绝迹于中国证券市场，即使2015年12月招商蛇口（001979.SZ）和新城控股（601155.SH）两家公司在A股上市，也并非一般的IPO，二者分别换股吸收合并上市公司招商地产（000024.SZ）和新城B股（900950.SH）实现上市，原上市公司注销以不占用新的IPO指标。

房地产企业“借壳上市”活动在二十世纪末开始出现，2002年以前总体

① 根据中国房地产业协会与中国房地产测评中心联合发布的“中国房地产开发企业500强榜单”，华夏幸福2016～2018年连续三年排在第9名。该榜单以前一年数据确定当年的排名，例如，2016年的排名是以2015年数据确定的。

并不多，2003至2004年出现一波小高潮，前后有十余家上市公司易主，后更换主业为房地产。知名房地产公司万通地产就是在此期间借壳先锋股份（600246.SH）而上市的。

发轫于2006、2007年的房地产行业"借壳上市"潮是中国证券史上最大的一轮地产公司上市潮，2008～2010年是其高峰，个别案例延续到2011、2012年完成，以致于沪深两市现有的房地产上市公司，除IPO和后来改变主业的以外，相当数量都是在这轮热潮中借壳上市的。

这数十家借壳上市的公司中除了本案的华夏幸福外，还有为数不少的明星公司。譬如，地产大佬任志强掌舵的华远地产于2008年借壳湖南幸福实业（600743.SH）实现上市，因2016年恒大许家印入主而在二级市场名声大噪的嘉凯城于2009年成功借壳*ST亚华（000918.SZ），近年身陷由融创孙宏斌发动的股权争夺战而备受瞩目的西南地产巨头金科股份在2011年借壳重庆东源钢业（000656.SZ）完成上市。此外，一批地方性的城投公司如云南城投（600239.SH）、西藏城投（600773.SH）也纷纷在此期间实现借壳上市。

1998年后，政策支持下的房地产行业高速发展，加之行业本就属于资本密集型行业，旺盛的资金需求使得2007年前后房地产企业发展在国内融资渠道的单一和持续性缺失背景下显得颇为窘迫，于是登陆资本市场获取更多资金成为众多房地产企业不可忽视的融资途径。此外，"借壳上市"市场成本低廉、上市进程短暂、上市手续简便，以及IPO受阻宏观政策调控，用前者弃后者自然成为房地产企业上市的集体选择。

2008年，席卷全球的金融危机成为房地产公司借壳上市进入高潮期的直接诱因。中国的房地产市场大踏步行进了十年之后，在2008年终于遭遇第一次深度调整。从第三季度开始，房地产市场便快速下行，并显现出加速下滑的趋势。显然，银行不断收缩信贷和全国范围内房产销量放缓，使处在水深火热中的大量中小房地产企业面临资金极度紧张的困境。

在房市深度调整的同时，中国股市更是重挫。2008年10月28日，上证指数已从一年前6 124.04点的高位腰斩再腰斩，跌至1 664.93点，跌幅达72.81%。沪深个股更是惨不忍睹，金融危机的杀伤力史无前例，股价较年初跌去70%以上的股票数量占比达1/3，破发、破增、破净比比皆是。股价新低复新低的壳公司更是批量出现，ST公司数以百计，为股市一时之盛况。股市上这一情况的出现，无疑为房地产公司借壳上市提供了成本大幅降低的难得机会。

于是，在2006至2007年的券商借壳热潮刚刚退却之际，房地产企业则接棒担当了中国企业接下来三年借壳上市的主力军。在这轮房地产企业借壳上市潮中，超过半数的房地产公司采用“先买壳、再上市”两步走的“买壳上市”方式，先获得上市公司控股权，然后再由上市公司反向收购非上市公司的相关业务和资产，即所谓的资产注入，从而实现相关资产的上市。在上市公司“壳”的选择上，房地产企业亦不约而同地借壳盈利能力差、主营业务面临亏损且大股东已无力逆转局面的ST公司，无疑，极低的收购成本是沦为“壳”资源的ST公司的最诱人之处。

*ST国祥：一个“好壳”

2009年2月14日，在上海证券交易所上市的浙江国祥制冷工业股份有限公司（简称“国祥股份”）发布了一则当时并未引人过多关注的大宗交易公告，截至2009年2月12日收盘，第一大股东陈天麟通过上交所大宗交易系统出售其所持有的国祥股份285万股，占公司总股本的1.96%，交易价格为5.4元/股，交易总金额为1 539万元。显然，这一成交量不大、成交金额不高、交易前后股价运行平稳的大宗交易是再普通不过的股权转让，不过，就是这一十分平常的大宗交易正以不被人察觉的方式开启了华夏幸福的“买壳上市”之旅。

4个多月后的6月24日，仍处于重大重组事项停牌中的国祥股份发布了关于第一大股东股权转让的公告，陈天麟于2009年6月22日与华夏幸福基业股份有限公司[①]签署了《股权转让协议》，约定将其所持有的全部国祥股份3 096.5465万股（占总股本的21.31%）转让给华夏幸福，转让金额为人民币

① 华夏幸福基业股份有限公司，其前身即1998年成立的华夏房地产开发有限公司，是王文学开展房地产业务的控股主体，在受让上市公司浙江国祥制冷工业股份有限公司的控股权后，于2011年10月更名为“华夏幸福基业控股股份公司”，上市公司则同时更名为“华夏幸福基业投资开发股份有限公司”。2013年1月，上市公司再次变更为现名“华夏幸福基业股份有限公司”。因此本文中，华夏幸福基业股份有限公司及其简称“华夏幸福”在借壳上市前、后分别指上市公司的控股母公司“华夏幸福基业控股股份公司”和上市公司本身“华夏幸福基业股份有限公司”。

2.2亿元。随之于次日披露的《国祥股份详式权益变动报告书》中，华夏幸福报告其关联方鼎基资本管理有限公司（简称"鼎基资本"）正是此前2月份大宗交易的接盘方。这一更换大股东和实际控制人的公告在市场上的震撼力相当重磅，以致于10余天后复牌的国祥股份在七天内股价大涨40.76%。至此，一个谋划已久的上市公司卖"壳"交易浮出水面。

国祥股份前身为浙江国祥制冷工业有限公司，成立于1993年5月28日，由祖籍为浙江东阳的台湾人陈和贵先生与绍兴市制冷设备厂共同出资发起设立。2003年经证监会证监发行字［2003］144号文审核批准，国祥股份于12月30日在上海证券交易所成功上市，成为沪深股市台资第一股，陈和贵以27%的持股比例位居第一大股东。2006年，陈将全部持股转给其子陈天麟并退出国祥股份股东之列。

国祥股份的主营业务为中央空调、冰水主机、热泵等空调设备的制造安装及配套服务，其产品85%以上在国内销售，15%销往港澳台及境外。尽管顺利上市，但公司业绩表现却始终不佳，尤其是2006至2008年，由于中央空调品牌的增加，竞争加剧，加之2008年全球金融危机导致产品需求迅速下滑，公司经营举步维艰。2006～2008年实现净利润分别为749万元、-3 117万元、-3 853万元。毫无意外，2009年5月4日，连续两年亏损的国祥股份"披星戴帽"，被实行退市风险警示，沦为"*ST国祥"。显然，此时投身方兴未艾的卖壳潮便成为*ST国祥寻求自救、脱身困境的捷径，2009年6月10日，公司停牌启动了"卖壳+重组"的自我救赎。

在2008年的全球金融危机冲击下，华夏幸福也未能幸免。根据宏观经济环境、房地产市场情况等方面的变化，华夏幸福对存货资产计提减值准备，这直接导致2008年出现4亿元的大额亏损。在上市道路的选择上，如此不堪的财务数据令华夏幸福只能弃IPO而选借壳。

如果按照"壳公司"的标准来衡量，*ST国祥股权分散，尽管第一大股东持股仅23.27%，但依然掌握控股权；公司股价低，以2009年6月10日停牌前的7.04元收盘价和1.45亿股的总股本计算，总市值不过10亿元出头，是为理想的"壳公司"。事实上，通过2009年2月的大宗交易和6月的协议转让，华夏幸福两次均以与市价相差无几的价格进行收购，最终控股*ST国祥的代价仅为2.345亿元，称得上一桩极为划算的买卖。

曲折上市，锁定“幸福”

2009年6月10日，*ST国祥因筹划重大重组事宜开始停牌。7月9日，*ST国祥携《浙江国祥制冷工业股份有限公司重大资产置换及发行股份购买资产暨关联交易预案》（简称《交易预案》）复牌，重组一事水落石出。《交易预案》称，浙江国祥拟以其全部资产及负债与华夏幸福持有的京御地产100%股权进行整体资产置换，置换差额部分由浙江国祥向华夏幸福发行股份购买。“更换控股股东+注入地产资产”立刻引爆市场热情，*ST国祥股价如火上浇油般地一口气连拉七个一字涨停，从停牌前的7.04元涨至9.91元，此后经过2个月的震荡走高后，在9月9日公告重组报告书草案次日，股价创下12.63元的上市新高。

变身为*ST国祥控股股东的华夏幸福注入旗下地产资产的方式与当时房地产公司借壳上市的主流方式并无二致，即“资产置换+定向增发”。2007年已实施完毕的卧龙地产借壳ST丹江（600173.SH）就是其中一例，后者以其全部资产和负债与浙江卧龙置业集团有限公司的全部资产和负债进行置换，部分置换差额由ST丹江向卧龙置业发行股份支付。“资产置换+定向增发”可谓是上市公司未动用一分钱现金情况下剥离不良资产、置入优质资产，实现脱胎换骨的捷径。

本次拟注入上市公司的资产为华夏幸福持有的廊坊京御房地产开发有限公司（简称“京御地产”）的100%股权。经过一系列内部资产重组，华夏幸福的房地产业务相关资产及负债按账面值整体转让给京御地产，即后者成为华夏幸福旗下唯一的地产资产平台，主要包括：京御地产直接持股的京御幸福等9家全资子公司组成的房地产开发业务，京御地产全资子公司九通投资通过旗下九通发展等5家100%控股子公司从事河北固安工业园区及大厂潮白河工业区的区域开发业务。地产业务之外的金融资源，包括华夏幸福控股的廊坊鼎顺信用担保公司，以及廊坊银行和廊坊农村合作社的少量股权并不在置入资产之列。

以2009年4月30日为评估基准日，第三方评估机构北京天健兴业资产评估有限公司对京御地产100%股权进行了评估。通过成本法评估，并辅以收益现值法验证，注入资产的评估净值为16.7亿元，较7.25亿的净资产增值127.78%，这一评估增值主要体现在房地产开发项目的评估增值和九通投资的长期股权投资的评估增值上。

基于相同的评估基准日，国祥股份置出资产的净资产为2.53亿元，由浙江勤信资产评估有限公司出具评估报告，评估净值最终定为2.66亿元，较净资产增值5.09%。

置出资产主要包括上海国祥制冷工业有限公司（简称"上海国祥"）和浙江国祥空调设备有限公司（简称"国祥空调"），二者皆为*ST国祥的全资子公司，2011年9月8日，两家公司股权已由*ST国祥变更登记至华夏幸福基业控股股份公司名下，完成资产置出。事实上，一周前的9月1日，上海国祥和国祥空调重组，前者的业务、资产和负债转入后者，上海国祥几近空壳。一年后，2012年9月21日，华夏幸福基业控股股份公司便将所持国祥空调100%股权以8 000万元价格转让给浙江国祥股权投资有限公司，[①] 至此，华夏幸福与原国祥股份的资产业务再无关联。

14.04亿元的资产置换差额由*ST国祥向华夏幸福发行股份购买。按照《上市公司重大资产重组管理办法》的规定，发股价格不低于国祥股份审议重大资产重组相关事宜的首次董事会决议公告日前20个交易日的交易均价，即2009年5月8日至6月8日期间的交易均价：6.32元/股。[②]不过，由于实施这一交易时已在两年后，期间2011年6月1日上市公司实施了每10股转增6股的资本公积转增股本方案，因此，发股价格相应调整为3.95元/股，发行股份数量由22 214.1912万股调增为35 542.706万股。

交易完成后，公司总股本达到58 794.654万股，华夏幸福及其关联方将合

① 浙江国祥股权投资有限公司由原国祥股份董事会秘书陈根伟设立并控股，在受让国祥空调100%股权后，以该资产为主体成立浙江国祥股份有限公司并于2015年8月11日挂牌新三板，股市代码为：833249。

② 2008版的《上市公司重大资产重组管理办法》第四十二条规定："上市公司发行股份的价格不得低于本次发行股份购买资产的董事会决议公告日前20个交易日公司股票交易均价。"这一规定在2016版中第四十五条修订为："上市公司发行股份的价格不得低于市场参考价的90%。市场参考价为本次发行股份购买资产的董事会决议公告日前20个交易日、60个交易日或者120个交易日的公司股票交易均价之一。"

计持有上市公司40 953.1804万股股份，占公司发行后总股本的69.65%。京御地产成为浙江国祥100%控股的子公司。

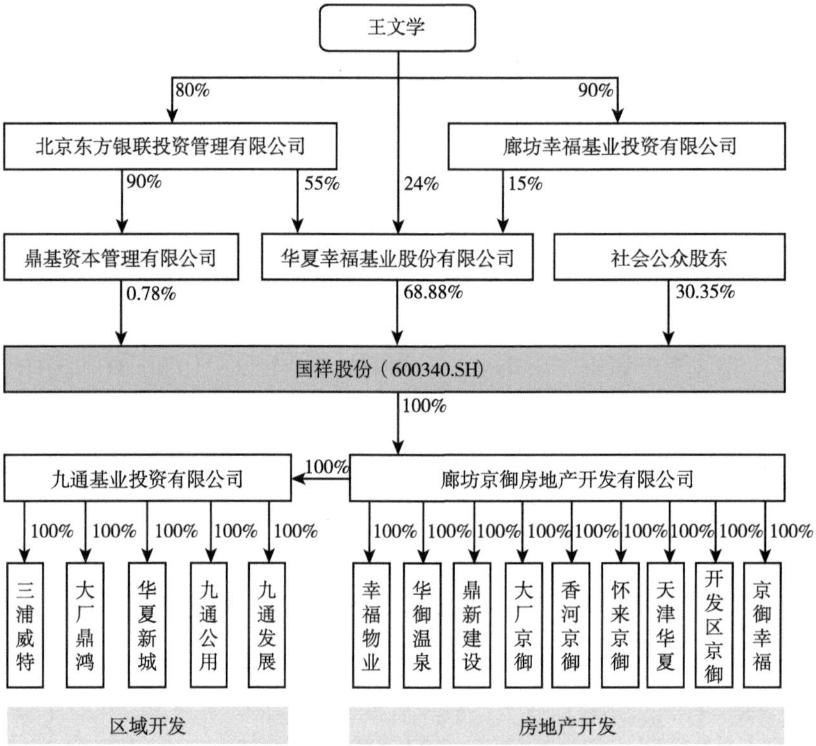

增发完成后国祥股份股权结构

资料来源：国祥股份公告。

尽管*ST国祥火速转让控股权、迅速推出重组预案、草案，然而这一重组仍旧慢了一拍，受宏观政策调控，2009年下半年证监会逐渐收紧和暂停房企重组审核。2010年1月11日，证监会下发了《审查一次反馈意见通知书》后，整个重组审核工作便停摆一年多。直到2011年8月26日，证监会才下发国祥股份发行3.55亿股股份购买资产的核准文件，11月2日，国祥股份更名为华夏幸福，华夏幸福借壳案尘埃落定，守得云开见月明。

在这条马拉松式的借壳上市路中，华夏幸福虽输了时间，却赢了股价，截至2011年8月31日，ST国祥已经涨至16.02元/股，以此计算，合计拥有4.1亿股的华夏幸福账面浮盈近50亿元，可谓赚得盆满钵满，不过，这只是日后10倍涨幅的起点而已。

华夏幸福曾在2009年9月的重组草案中承诺京御地产2009～2011年实现归属于母公司所有者的净利润分别不低于2.46亿元、3.16亿元和4.41亿元，在2011年修订后的重组报告书中则确认京御地产2009年、2010年分别实现净利润为2.53亿、4.17亿元，大幅超过承诺值。基于此，华夏幸福进一步作出盈利承诺：2011～2013年归属于母公司所有者的净利润分别为9.49亿元、12.84亿元、14.71亿元。这一承诺的业绩相当惊人：与其他地产商2010年的业绩相比，一线公司金地集团和招商地产的净利润分别为27亿元和20.1亿元，二线龙头首开股份净利润仅为13.45亿元。以此判断，华夏幸福跻身国内二线地产，似乎不是什么问题。

后来的事实显示，上市后的华夏幸福在2011～2013年的业绩高速成长，分别实现13.6亿元、17.8亿元和27.1亿元的净利润，远超当初业绩承诺。其在二级市场上的表现更令人瞠目，股价不断创新高，于2015年6月16日首次突破千亿市值，成为房地产市场和资本市场上一时无二的双料"黑马"。

大事记

- 1993 年 5 月 28 日，台湾人陈和贵与绍兴市制冷设备厂共同出资设立浙江国祥制冷工业有限公司；2003 年 12 月 30 日，国祥股份在上海证券交易所成功上市，成为沪深股市台资第一股，陈和贵以 27% 的持股比例位居第一大股东。2006 年，陈和贵将全部持股转给其子陈天麟并退出国祥股份股东之列。
- 1998 年 7 月 10 日，31 岁的王文学在比邻北京的河北廊坊成立了华夏房地产开发有限公司。2002 年 6 月，以固安工业园区奠基为标志，华夏幸福正式开启"产业新城"的全新房地产模式。
- 2009 年 2 月 12 日，华夏幸福关联方鼎基资本通过大宗交易方式受让国祥股份第一大股东陈天麟所持有的国祥股份 285 万股，占公司总股本的 1.96%，交易总金额为 1 539 万元。
- 2009 年 5 月 4 日，连续两年亏损的国祥股份被实行退市风险警示，沦为

*ST 国祥。

- 2009 年 6 月 10 日，*ST 国祥因筹划重大重组事宜开始停牌。
- 2009 年 6 月 22 日，陈天麟与华夏幸福签署《股权转让协议》，约定将其所持有的 3 096.5465 万股国祥股份全部转让给华夏幸福，转让金额为人民币 2.2 亿元。
- 2009 年 7 月 9 日，*ST 国祥公告《浙江国祥制冷工业股份有限公司重大资产置换及发行股份购买资产暨关联交易预案》，国祥股份拟以其全部资产及负债与华夏幸福持有的京御地产 100% 股权进行整体资产置换，置换差额部分由国祥股份向华夏幸福发行股份购买。同日，*ST 国祥股票复牌，随即连拉七个一字涨停，从停牌前 7.04 元涨至 9.91 元，此后经过 2 个月的震荡走高后，在 9 月 9 日公告重组报告书草案次日，股价创下 12.63 元的历史新高。
- 2010 年 1 月 11 日，证监会下发审查一次反馈意见通知书后，受宏观调控影响，重组审核工作停摆。
- 2011 年 8 月 26 日，证监会终于下发国祥股份发行 3.55 亿股股份购买资产的核准文件；11 月 2 日，国祥股份更名为华夏幸福，华夏幸福借壳案尘埃落定。
- 2011 年 9 月 8 日，国祥股份的置出资产（主要是国祥空调）变更至华夏幸福名下，完成资产置出。2012 年 9 月 21 日，华夏幸福将所持国祥空调 100% 股权以 8 000 万元价格转让给浙江国祥股权投资有限公司，华夏幸福与原国祥股份的资产业务再无关联。
- 2015 年开始，华夏幸福以产业地产领头羊的身份，连续三年跻身全国房地产企业十强。
- 2015 年 6 月 16 日，华夏幸福首次突破千亿市值，成为房地产市场和资本市场上一时无二的双料“黑马”。
- 2017 年 10 月 12 日，在《胡润百富榜 2017》上，华夏幸福的王文学以 575 亿元身价位列大陆富豪第 28 位。
- 2017 年 10 月 16 日，按后复权计算的华夏幸福股价为 235.27 元，较 10 年前的涨幅达到惊人的 2 808%，成为 A 股十年涨幅榜冠军。

第15章

百亿借壳：巨人网络的A股“征途”（2014 ~ 2016）

“我下半辈子的归宿就是网络游戏。”

——史玉柱，2007年12月

1997年，搜狐、网易和新浪的集体诞生，宣告了中国互联网元年的到来。此后的二十年间，网络门户、搜索引擎、即时通信、在线旅游、网络游戏、电子商务等一波又一波的互联网浪潮在中国轰轰烈烈地滚滚而来。到2014年，互联网经济在中国GDP中占比达7%，与定义国民经济支柱产业的8%指标仅一步之遥。

然而，一个长期以来颇为尴尬而饱受诟病的现实是，以BAT为代表的中国互联网企业群体无不选择境外上市而缺席国内资本市场。当国内资本市场以其陈旧的上市理念和顽固的审核机制错失整整一代互联网企业时，互联网新经济的红利自然全部拱手相让于国外资本市场。

不过，在所有的互联网模式中，网络游戏可能是唯一一个例外！这个具备互联网特性、商业模式清晰且不断涌现明星企业的行业逐渐因其确定而强劲的盈利能力和极佳的现金流成为登陆国内资本市场企业最多的互联网细分行业。而网游资产登陆A股的窗口期恰恰始于上市公司并购重组闸门大开的2013年。

中国网游的IPO征途

网络游戏是相对单机游戏而言，玩家须通过网络连接而进行的多人在线游戏。

在中国与世界几乎同步拥抱互联网时代、又一起迎接移动互联网革命的大潮中，中国网络游戏的表现无疑是最具亮色的垂直领域之一，并在过去二十年中经历了PC客户端游戏、PC网页游戏和移动游戏三代次第演进的历程。据第三方机构的研究数据显示，端游、页游和手游在2017年的市场份额分别为31.9%、7.6%和57%，合计占中国游戏市场的96.5%。[①]

任何一个时代的任何一个领域都会诞生属于那个时代和领域的巨头型企业，中国网游也不例外，端游如盛大网络、第九城市、网易、巨人网络、完美世界、畅游，页游如三七互娱、游族网络、天神娱乐，以及手游领域的昆仑万维、恺英网络、中清龙图，还有端、页、手游三栖的全球游戏新霸主——腾讯。这些公司无一例外都是其所属细分领域或整个行业的巨头，在推动整个游戏行业向前行进过程中立下赫赫战功。

各个游戏巨头在业务领域狂飙突进式发展的同时，他们的上市活动也如影随形。从中国网络游戏诞生至今，游戏企业在2004年、2007年和2013～2015年共吹响了3次上市集结号，一定程度而言，一浪高过一浪的上市浪潮更能折射中国游戏业近二十年发展进程中的辉煌。

1996年前后，可谓中国网络游戏的“史前文明”期，以《侠客行》为代表的文字网络游戏（即Mud，俗称“泥巴”）开始盛行。2000年，第一款真正意义上的中文图形网络游戏——台湾雷爵公司研发的《万王之王》进入大陆运营，遂成为中国第一代网游无可争议的王者之作。自此，网络游戏这个亟待发展的新兴产业挺进了中国这块无比辽阔的市场，并在这一高速发展的市场上大踏步经历了近二十年的黄金时代，而到腾讯公司的神作《王者荣耀》风靡全中国的2017年，中国网络游戏的市场规模已将2 000亿元人民币大关狠狠地踩在了脚

① 中国音数协游戏工委，伽马数据，国际数据公司．2017年中国游戏产业报告［R］．2017-12-19.

下，并占全球市场规模的27%，成为全球最大的游戏市场。

2001 ~ 2004 年是中国网络游戏的起步期。在该时期，韩国网游敲开了国内网游市场的大门，并势不可当地席卷整个中国市场。迎接“韩流”入境的则是两家同处上海均成立不久的新公司：盛大网络和第九城市。2001 年 11 月，盛大从韩国Actoz公司代理的《热血传奇》正式上线，这一原本为韩国的二流网络游戏却成为中国网游市场上的第一款巅峰之作和最大赢家之一，盛大顺势崛起，并造就了陈天桥中国首富的传奇。在《热血传奇》上线一年后，第九城市携手韩国Webzen公司在国内上线《奇迹MU》，并迅速与《热血传奇》二分中国网游天下。得益于这两款游戏的大获成功，盛大网络（SNDZ. NASDAQ）和第九城市（NCTY. NASDAQ）在2004 年 5 月和 12 月先后登陆美国纳斯达克，完成上市。

2004 年 6 月 16 日，腾讯公司（00700.HK）在香港联交所主板公开上市，总市值62亿港元。这家以即时通信起家、兴于网游、2016 年跃居亚洲最大市值公司并仍保持高速增长的互联网巨头在上市之初并不是网络游戏的“玩家”。腾讯2003 年代理《凯旋》开始试水网游市场，2004 年推出《QQ堂》初尝甜头，而2005 年正式公测的《QQ幻想》才成为腾讯正式进军中国网游市场的风向标。此时，加上2000 年上市、于2001 年和2003 年先后推出回合类网游《大话西游》与《梦幻西游》而咸鱼翻身的网易（NTES. NASDAQ），已然有四家网游上市企业，2004 年因而成为中国网游企业上市的第一个关键年份。

2005 ~ 2008 年形成中国网络游戏的快速发展期。在此期间，中国网游市场大洗牌，韩国游戏独霸江湖的局面演变成中、韩、美三分天下。2005 年 4 月，全球第一网游《魔兽世界》由九城代理在国内正式公测，并成为其后十余年间中国最流行产品，被玩家奉为“神作”。2006 年，中国网络游戏盈利模式巨变，“时间免费，道具收费”的所谓免费运营模式全网推行。这一年，中国企业界的传奇人物——史玉柱正式进军网游，其所推出的《征途》成为当年免费模式网游的巅峰之作。2007 年，《天龙八部》让搜狐在网游打了一次翻身仗，完美时空的《诛仙》也演绎了网络小说改编成网游的成功范例。到2007 年底，中国本土原创网游以强硬姿态将韩国产品的市场占有率压到了20%以下。

除了国产网游产品大翻身，在资本市场上，2007 年担纲了中国网游企业的第二个上市年。当年 7 月 26 日，完美时空（PWRD.NASDAQ）登陆美国纳斯达克市场；10 月 9 日，依赖《剑侠情缘网络版》系列网游起死回生的老牌软件公司金山（03888.HK）在香港联交所挂牌；11月1日，巨人网络（GA.NYSE）在美国纽交所上市；11月2日，国产魔幻网游代表作《魔域》的研发商福建网龙（00777.HK）在香港联交所挂牌。作为此批网游企业上市潮的延续，2008年金融危机后，搜狐拆分游戏板块畅游（CYOU.NASDAQ）于2009年在纳斯达克上市。至此，加上此前的盛大、第九城市、网易、腾讯，中国已经有了九家海外上市网游服务商，巨头格局隐隐形成。

据iResearch的调研数据，在众端游巨头基本完成上市的2008年，中国网游行业迎来了不无兴奋的里程碑：市场规模首次突破200亿元人民币。①

然而，接下来的一年则令传统游戏公司略感不安，端游市场在近十年的高速发展后，增速在2009年开始大幅放缓，仅为30.2%，首次降到50%以下。不过，中国网游的另一扇窗却在这一年悄然打开——网页游戏登上历史舞台，中国网络游戏进入页游时代。

崛起于2008年下半年的网页版SLG（策略类游戏）——《热血三国》直接促使网页游戏商业模式的形成。2009年顺势成为网页游戏发展最为多样化的一年：Q版回合制的《天书奇谈》、ARPG（动作角色扮演游戏）《黑暗契约》和休闲类游戏《弹弹堂》均纷纷上线。随后几年间，SLG和ARPG的大作轮番诞生，到2012年页游月收入过亿产品已多达五款，分别是漫游谷的《七雄争霸》、第七大道的《弹弹堂》和《神曲》、天神互动的《傲剑》、以及厦门光环科技的《神仙道》，这直接使得当年页游市场规模达到98.1亿元。

中国的网络游戏在美国苹果公司的创世纪产品——iPhone发布两年后的2009年，迎来了最大的变革——智能机时代，移动游戏开始孕育。2011年，休闲单机游戏《捕鱼达人》引领手游市场。2012年，市面上涌现了多款标杆性的产品，《龙之力量》成为SLG类的代表产品；《三国来了》令业界看到卡牌游戏的盈利能力；吸收页游玩法的《大掌门》取得了不俗成绩；采用端游玩法的《我叫MT》亦取得极大成功。

2013年，移动游戏以不可逆转之势崛起，中国网络游戏进入手游时代。蓝港的《王者之剑》、银汉的《时空猎人》等ARPG标杆产品相继上线。国内四个主流手游类型——休闲单机、SLG、卡牌、ARPG——全部登场，该年度手游市场规模达87.7亿元。到2014年，中清龙图发行的国民现象级手游《刀塔传奇》

① 艾瑞咨询. 中国网络游戏行业发展报告（2008-2009年）[R]. 2008-12.

一举杀出腾讯游戏霸榜重围，成为国内首款月流水突破2亿元的手游产品，这年底整个手游市场规模达276亿元。

2013年页游格局初定和手游刚刚崛起，产品爆发带动了资本爆发，众多页游、手游公司掀起上市狂潮。从2013年到2015年间，大批的新兴网游企业登陆资本市场，迎来网游史上最轰轰烈烈的一波上市浪潮。在上市方式的选择上，IPO上市潮和借壳上市潮几乎同步席卷资本市场；在上市地的选择上则泾渭分明，受限于国内发行的审核阻力和美国市场对中国游戏概念的不待见，港交所成为IPO首选市场，而借壳上市公司全部集中于正处在并购重组闸门大开的A股市场上；在时间窗口上，IPO主要集中于2013～2014年，而借壳上市则密集发生在2014～2015年。

2013年10月3日，成立于2009年、集游戏研发和发行平台于一体的云游控股（00484.HK）成功上市，成为这一波上市潮中的首家公司。受益于《凡人修真》等修仙类网页作品的大卖，云游控股上一年度净收入在中国页游研发商中排名首位，占市场份额的24%。云游控股上市半个月后，10月18日，由蔡宗建和池元等人创办的IGG（00799.HK）亦登陆港交所，IGG成立于2005年，是一家专门将国内产品输出海外的运营平台，后来成为港交所除腾讯外表现最优异的手游公司。2013年11月12日和2014年7月25日，成立于2004年的博雅互动（00434.HK）和1998年成立的联众游戏（06899.HK）先后上市成功，作为两家均成立10年以上的老牌棋牌游戏公司，此番上市算是功德圆满。

2014年8月7日，刚成立三年的乐逗游戏母公司创梦天地（DSKY.NASDAQ）在纳斯达克IPO，成为这波上市潮中唯一选择在美国上市的公司。乐逗以在国内发行海外精品手游著称，先后成功发行了《水果忍者》、《神庙逃亡》等系列休闲游戏，在玩家群体内影响颇高。12月5日，由厦门光环科技和北京凯罗天下合并而成的飞鱼科技（01022.HK）登陆港交所；业界人士称，因同为知名天使投资人蔡文胜投资的团队，两者合并谋求IPO似乎也不意外，前者的代表作为《神仙道》PC版及手机版，《保卫萝卜》则是后者公司的大作。2014年12月30日，因原金山软件高级副总裁王峰创办而为人周知的蓝港互动（08267.HK）在香港创业板上市。国内A股方面，11月28日，昆仑万维（300418.SZ）通过了证监会的首发审核，在2015年1月21日登陆国内创业板，亦是这一期间A股唯一IPO上市的网游股。

除了上市潮中的集中上市外，其他年份IPO上市的企业实属凤毛麟角，数量极少。这波上市潮启动前的2012年的5月11日，国内“功能机手游第一股”的掌趣科技（300315.SZ）在深交所创业板上市，在上市前一年的2011年，其营收中的84.3%来自功能机上的单机版游戏。同年9月16日，同是功能机手游提供商、第一视频旗下的中手游（CMGM.NASDAQ）以“只上市、不融资”的“介绍上市”方式在纳斯达克挂牌上市。在掌趣上市两年前，一家并不知名、以军事题材为主的所谓“红色”网游公司——中青宝（300052.SZ）于2010年2月11日在创业板发行上市，成为国内首家在国内创业板上市的网游公司。

在这轮上市潮后，一直默默耕耘端游的三家公司——冰川网络（300533.SZ）、电魂网络（603258.SH）和吉比特（603444.SH）分别于2016年8月18日、10月26日和2017年1月4日登陆A股，但对端游审美疲劳的资本市场来讲，它们的IPO并没有引起多大波澜。

游戏公司的借壳狂欢

中国的并购重组市场从2013年开始呈现爆发式增长，客观上是IPO暂停和并购重组闸门大开的原因，主观上则是国家经济结构调整和产业升级的背景下，上市公司通过并购重组实现产业整合、提高经营能力的强烈意愿所致。因此，2013年被业内人士兴奋地称为“A股市场化并购元年”。

智能手机大规模普及，消费群体发生转移，游戏规模持续数年几何级数增长都使网络游戏成为A股并购市场的大热门。越来越多的传统企业转向互联网过程中，发现具备互联网特性、商业模式清晰的游戏行业在利润及现金流等财务指标上的表现皆非常迷人，收购游戏资产的意愿自然十分强烈。截至2017年底，A股网游概念股总量在百家左右，其中将近八成的网游资产都是在2013～2015年这一A股并购重组大发展时期以“或借壳上市或卖身给上市公司”的方式完成其证券化过程的。粗略统计，2013年共有22起手游并购，总金额达203亿元，比如掌趣科技25亿元并购玩蟹科技和上游信息，华谊兄弟（300027.SZ）6.72亿元并购银汉科技，天舟文化（300148.SZ）12.54亿元并购神奇时代等。

在2013年A股上市公司启动对网游资产的并购潮后，网游企业主导的借壳上市在2014年进入“狂欢季”。以2014年5月16日增发A股上市和6月5日上市公司更名为标志，凭借《大侠传》、《大将军》等备受欢迎的页游产品，游族网络借壳梅花伞（002174.SZ）一案完美收官并成为A股首例借壳上市的游戏公司。

在这一持续两年多的游戏公司借壳上市潮中，共计出现8例游戏借壳或“变相借壳”案例。接棒游族网络的是2012年突破亿元月流水的网页游戏《傲剑》的开发商天神互动，2014年1月14日，停牌三个月的科冕木业（002354.SZ）复牌公告天神互动借壳，7月29日证监会下发核准批文，9月17日，科冕木业新增股份上市，天神互动借壳成功。

游久游戏是第一家通过“变相借壳”上市的游戏公司，我们曾在本书第2章《壳王之路：爱使股份二十年（1994～2014）》中介绍游久游戏通过爱使股份获得上市资格的案例，方案设计中以实际控制人在交易前后不发生变更为由否认借壳上市。2014年9月28日，爱使股份（600652.SH）增发新股购买游久游戏通过证监会的审核。

三七互娱恐怕是这一轮游戏公司上市潮中上市过程最为周折的公司，最初通过资产切分来规避实际控制人变更的“变相借壳”方案无疑遭证监会质疑，在“二进宫”的情况下才得以通过。2012年，三七互娱在成功发行页游大作《龙将》、《神曲》和《秦美人》后实现突飞猛进，迅速扩张，一举将4399、360等平台抛在身后，并奠定行业联运平台一哥的地位。2013年10月10日，顺荣股份（002555.SZ）公告收购三七互娱60%的股权，但2004年3月27日证监会因上市公司控制权存变动隐忧而否决此案。不过，2个月后，该并购交易卷土重来再次上会审核，最终在12月2日得以通过。2015年2月3日，上市公司更名为顺荣三七，标志着三七变相借壳案完成，同年底，三七互娱剩余40%的股权也注入上市公司体内。

同样的“变相借壳”情况出现在艾格拉斯身上。2014年5月23日，中小板上市公司巨龙管业（002619.SZ）公告收购艾格拉斯100%股权，标的艾格拉斯为成立于2010年的手游研发商，其代表产品为《英雄战魂》。在承诺不谋求上市公司控制权的前提下，2015年1月中旬，证监会审核通过该案。

2015年4月17日，泰亚股份（002517.SZ）公告，拟通过资产置换、发行股份及股权转让等一系列交易，实现恺英网络的借壳上市。本次交易中恺英网络作价63亿元，成为当时最大的游戏公司借壳案。借助于旗下移动互联网平台——XY苹果助手和代理的手机游戏《全民奇迹》，恺英网络业绩颇为亮眼，并承诺2015～2017年的利润分别不低于4.6亿元、5.7亿元、7亿元。12月18日，泰亚新增股份上市，恺英网络借壳收官。

在这轮游戏公司借壳潮尾声，迎来了两起百亿借壳大戏，其中之一就是我们即将讲到的巨人网络131亿元借壳案，另外一个则是与巨人同从美股回归A股的完美世界以类借壳方式登陆A股的案例。2016年1月7日，完美环球（002624.SZ）发布公告以120亿元的交易对价购买刚刚完成私有化的完美世界，因后者为同一实际控制人所控制公司，本案实质上形成整体上市，因此，交易很快通过证监会的审核，新增股份于2016年4月28日完成上市。

在这八家借壳或变相借壳上市的游戏公司中，六家公司位居2017年底A股前十大市值游戏公司之列，巨人网络745亿元的市值稳坐A股游戏板块霸主的位置，三七互娱、完美世界、恺英网络、游族网络及天神互动的市值分别为480亿元、430亿元、319亿元、198亿元及160亿元。未在前十之列的艾格拉斯和游久游戏，其市值也达到了不可小觑的118亿和61亿元。

对比来看，A股借壳上市的游戏公司从利润规模，还是市值体量都远远超过同期港股IPO的企业，2017年底，不计入腾讯的港股游戏公司中市值最高的网龙和IGG不过116亿和112亿港币，这较艾格拉斯还要逊色不少，而其他的港股游戏公司不过20亿元人民币左右，曾经的知名网游公司蓝港市值在2017年底甚至跌至区区6亿港币。无怪乎，游戏市场中已然很少听到这些公司的声音。

巨人网络进退纽交所

巨人网络美国上市（来源：CNET科技资讯网）

2007年必定是史玉柱人生中最春风得意的年份之一，除《征途》游戏大卖外，资本市场上的巨人网络更是风光无限。

2004年10月21日，巨人网络的前身上海征途网络科技有限公司（简称“征途网络”）成立。2006年7月，海外上市主体Giant Interactive

Group Inc.（简称“GA”）设立，9月，GA的中国境内全资下属公司上海征途信息技术有限公司（简称“征途信息”）设立并与征途网络及其股东签署了一系列VIE（协议控制）协议。2007年10月12日，征途网络更名为上海巨人网络科技有限公司（简称“巨人网络”）。

2007年11月1日，北京时间晚上9点半，史玉柱敲响美国纽交所开市钟，成立仅三年的巨人网络通过Giant Interactive Group Inc.挂牌上市，股市代码：GA。巨人网络以15.5美元的单价共发行6 739万股美国存托股份（ADS），IPO融资额达惊人的10.45亿美元，公司总市值达到42亿美元。这一融资额远超2005年百度1.09亿美元和2006年新东方3亿美元的首发募资额，创造了中国概念股在美IPO融资额的新纪录，以致于有评论称，史玉柱——二十世纪九十年代初那个民族产业英雄似乎一夜回归，因为这次是实打实地从美国拿回了真金白银。

IPO风光的背后是《征途》游戏的超常表现。在中国网络游戏盈利模式巨变的2006年，号称永久免费的《征途》于4月21日正式开始公测，从此，“史玉柱”式的营销无所不用其极，网游广告毫无先例地蔓延到了中央电视台，《征途》成为当年免费模式网游的巅峰之作。史玉柱创造了中国免费网游新历史。按照业内人士评论，“姑且不论《征途》是否算的上一款优秀的网游，但是至少我们要承认，它是中国运营最成功的网游之一！”①

然而，与IPO时的盛况相比，上市后的巨人却唱了一曲高开低走、节节败退、长达四年熊途的股市悲歌，到2011年10月4日更是创下3.02美元的历史最低价，较IPO发行价下跌80.52%，其惨状堪称一时之纪录。如此走势，原因至少有三：首先是宏观因素，2008年席卷全球的金融危机，无人幸免；其次是微观因素，《征途》以及后来的《巨人》等产品生命周期问题成了摆在巨人网络面前的一道坎，在线用户数、ARPU值（每用户平均收入）相继进入瓶颈期，业绩增长乏力；最后则是美国资本市场并不看好不具备成长性的中概游戏股，所给予的估值倍数相当低迷。

如果说宏观因素属客观原因，只能随行就市，公司经营为主观原因，可主动改善，那么不同资本市场所存在的悬殊估值差异则令众多美国上市的游戏股

① 腾讯游戏．网游十年之2006年：免费网游巅峰之作《征途》[OL]．2009-11-24[2018-09-30访问]http://games.qq.com/a/20091124/000294.htm.

无可奈何、无能为力。2013年底，巨人的市盈率在15倍左右，畅游、完美世界、盛大游戏俱在5～15倍之间，而国内的游戏公司市盈率动辄百倍，甚至高达数百倍，根据2013年12月31日数据，掌趣科技市盈率为132倍，中青宝的市盈率为126倍。显然，从盛大网络率先私有化的2011年以来，从美国市场退市、再寻求国内A股上市，一退一上之间的巨大增值空间毫无疑问地成为众多中概股私有化的最主要动因之一。

2013年11月25日，巨人网络公告接到董事长史玉柱及霸菱亚洲投资所组成的买方财团11.75美元/ADS的私有化要约，以巨人网络2.4亿总股本计算，买方财团对巨人网络整体估值报28.2亿美元。

2014年3月17日，巨人网络宣布达成最终的私有化协议，每ADS价格为12美元，此时，该财团成员总计实际拥有巨人总股本的49.3%，因此，尚需要筹集约14.6亿美元的资金来购买剩余的50.7%的股份。这部分资金最终由三部分组成：第一部分是由霸菱和弘毅等PE（私募股权）基金提供的现金，约为5亿美金；第二部分是民生银行、巴黎银行等银行的贷款和授信，共计约8.5亿美元左右；最后一部分则是由巨人及其子公司所持现金来提供。

2014年7月18日，巨人网络宣布已要求纽交所次日起停止该公司的ADS交易，至此，巨人网络的私有化宣告完成。

世纪游轮“沉没”A股

2015年10月31日，停牌长达一年之久的世纪游轮（002558.SZ）终于发布重大资产重组公告，公司拟向巨人网络的全体股东发行股票购买巨人网络100%的股权，其作价达131亿元。11月11日，世纪游轮复牌，毫不意外，二级市场对这一天价借壳上市案所给予的热情是最高规格的，从复牌当日直到12月8日的20个交易日，天天一字涨停，股价从31.65元一举跃上200元大关，达到212.94元，上涨573%，令视者无不目瞪口呆。而20个连续一字板则创下中国股市非ST重组类股票复牌连续涨停天数的最高记录！

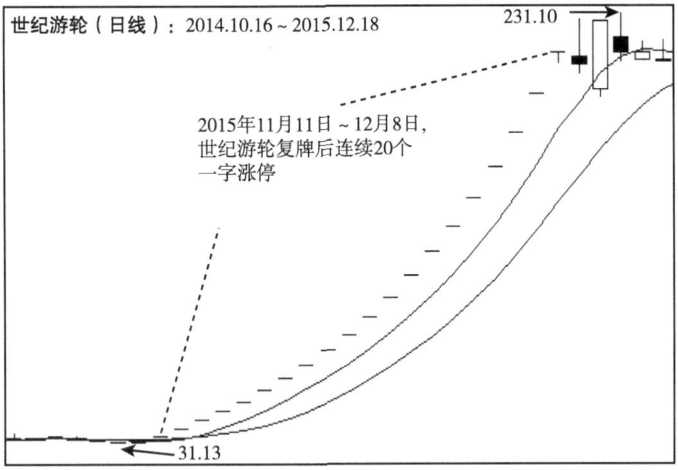

世纪游轮复牌后连续 20 个一字涨停

资料来源：Wind。

对于超过百亿元的重组，在2015年重大资本运作频发的A股市场，交易价格并不算高，但能够在资本市场引起如此广泛关注的，似乎就只有巨人网络一家！

在某种意义上，巨人网络借壳，世纪游轮持股74.28%的实际控制人彭建虎、彭俊珩父子是最大的获益人。1994年4月，彭建虎创立了重庆新世纪游船旅游公司，后更名为：重庆新世纪游轮有限公司（简称“新世纪有限”）。2006年11月13日，公司全体股东——彭建虎等10位自然人共同作为发起人签署了《发起人协议书》，同意新世纪有限整体变更为重庆新世纪游轮股份有限公司（简称“世纪游轮”）。2011年，从事内河涉外豪华游轮运营业务和致力于高端休闲旅游业务拓展的世纪游轮，已拥有5艘五星级标准豪华游轮，组织欧美、亚洲及国内游客来观光游览重庆、三峡等长江景观。当年3月2日，世纪游轮登陆深交所中小板，股市代码：002558。上市之初的世纪游轮可谓光彩照人，一时间“长江航运IPO第一股”、“游轮第一股”、“重庆旅游企业第一股”、“全国旅游业民营企业第一股”等美誉加身。

然而，上市之后，世纪游轮的发展并不顺利。2012年底限制“三公消费”的政策导致整个游轮市场萎缩，加之长江内河游的竞争加剧，公司主营业务受到很大冲击，业绩连年下滑，颇为不堪，其2011～2014年度的净利润分别为4 344.32万元、4 019.05万元、310.89万元和1 058.15万元。而2015年6月1日的“东方之星”沉船事故更是重挫长江游轮市场，致使世纪游轮2015年巨额亏损达3 253.78万元。

2014年10月27日，忧患之余的世纪游轮发布筹划重大事项的停牌公告，12

月13日确认为重大资产重组事项继续停牌，到次年11月11日复牌止，其停牌时间长达1年零15天，可谓漫长。

2015年7月30日，世纪游轮公告，彭建虎与信利光电股份有限公司（简称“信利光电”）的控股股东信利工业（汕尾）有限公司（简称“信利工业”）已签署《合作框架协议》，双方同意世纪游轮向信利光电股东发行股份购买信利光电股权，交易完成后，信利工业将成为世纪游轮的控股股东，信利光电将成为世纪游轮的控股子公司，即信利光电将通过世纪游轮借壳上市。

如果考量世纪游轮的壳属性，不仅股权集中，而且盘子小，公司总股本仅为6 545万股，在停牌之前，市值仅为20.71亿元。相比其他债务、官司缠身的公司来说，世纪游轮实属一个干净的迷你版的壳公司。

不过，信利光电与世纪游轮似乎有缘无份，没能最终牵手，两者的联姻“闪婚”、“闪离”。2015年10月9日，世纪游轮发布公告称选择了新的重组方——巨人网络，无疑，史玉柱和巨人网络的高知名度在与世纪游轮的合作上增添了砝码。

A股游戏第一“巨人”

世纪游轮的整个停牌期漫长到1年零15天之久，以致于其上市4年多时间竟然有近四分之一在停牌中度过。不过好在从2015年10月9日进入“巨人时间”后，世纪游轮的并购重组得以切换到快车道，此后进展神速，月月可见里程碑。

10月31日公告预案，11月11日复牌，12月15日公告草案；在确定和巨人进行重组三个月后的2016年1月8日，本次交易便收到中国证监会出具的《行政许可申请受理通知书》，2月16日完成证监会行政许可项目审查一次反馈意见的回复；3月2日，迎来最重要的里程碑，世纪游轮重大资产重组事宜经中国证监会并购重组审核委员会2016年第15次工作会议审核并获得有条件通过；4月5日，上市公司收到了证监会下发的证监许可［2016］658号《关于核准重庆新世纪游轮股份有限公司重大资产重组及向上海兰麟投资管理有限公司等发行股份购买资产并募集配套资金的批复》，本次交易获得证监会核准。至此，巨人网络借壳世纪游轮一案一锤定音，完美收官。4月21日，发行股份购买资产的新增44 368.627

万股新股上市。5 月 24 日，因募集配套资金而非公开发行的 5 319.15 万股上市。

从复牌的 2015 年 11 月 11 日至收到证监会核准批文的 2016 年 4 月 5 日，前后时间不到 5 个月，其过程一气呵成，节奏明快，与此前漫长的停牌且无所作为相比，确实令人拍手称“快”。而这一速度也创造了游戏公司借壳上市案审核速度的最新记录，此前的记录则由游族网络借壳梅花伞创造，在该案中，从 2013 年 10 月 24 日复牌到 2014 年 3 月 28 日核准历经 5 个月零 4 天。

回顾世纪游轮和巨人网络的一揽子交易，主要由以下三个部分组成：1. 上市公司原资产出售；2. 上市公司发行股份购买游戏资产；3. 募集配套资金。其中，前两个部分互为前提、互为条件，共同构成交易方案不可分割的组成部分，其中任何一项因任何原因终止或不能实施，则整个交易将终止实施；第三项实施与否或配套资金是否足额募集均不影响前两项交易的实施。显然，巨人网络借壳上市为交易核心，能否募集资金则次之。

1. 上市公司原资产出售

为实现上市公司的净壳身份，彭建虎父子以现金方式受让世纪游轮全部资产及负债，具体由三个步骤构成：上市公司新设全资子公司用以承接置出资产，上市公司原资产和负债转移至新设公司，彭建虎父子受让新设公司的 100% 股权。

2016 年 4 月 29 日，上市公司的全资子公司重庆冠达游轮有限责任公司（简称“冠达有限”）设立完毕。上市公司置出的资产包括船舶及装饰、房屋及装饰、办公设施及汽车等固定资产，货币资金、应收账款、其他应收款等流动资产，以及长期股权投资等；置出负债主要包括应付账款、其他应付款、应付职工薪酬及应交税费等经营性负债。2017 年 3 月 30 日前，上述全部资产及负债已转移至冠达有限。截至评估基准日 2015 年 9 月 30 日，置出资产的评估值为 60 423.62 万元，各方协商确定的交易价格为 60 424.00 万元，2017 年 3 月 29 日上市公司收到彭建虎为受让置出资产而支付的全部交易对价。

2. 上市公司发行股份购买游戏资产

这是一系列交易的最主要部分。

根据评估公司出具的《资产评估报告》，以 2015 年 9 月 30 日为评估基准日，采用收益法确定巨人网络的股东全部权益价值为 131.24 亿元，相对于巨人网络的净资产 9.65 亿元，增值额为 121.59 亿元，增值率为 1 260.08%。

按照《上市公司重大资产重组管理办法》第四十五条的规定，上市公司发行股份的价格不得低于市场参考价的 90%。市场参考价为本次发行股份购买资产的董事会决议公告日前20个交易日、60个交易日或者120个交易日的公司股票交易均价之一。在巨人的借壳交易中，综合考虑上市公司原有业务的盈利能力及股票估值水平后，市场参考价选择了其中价格最高的，即前20个交易日的交易均价29.58元/股，这无疑对世纪游轮原股东最为有利，因而最易获得小股东的支持。依此计算，本次交易的股份发行数量为44 368.63万股，计入上市公司原股本6 545万股，交易后总股本增至50 913.63万股。为募集配套资金，上市公司非公开发行5 319.15万股，公司总股本则增至56 232.78万股。

交易前，巨人网络的股东共计8个法人，实为三个不同性质的股东群体，其中上海兰麟投资管理有限公司（简称“兰麟投资”）和上海腾澎投资合伙企业（有限合伙）（简称“腾澎投资”）为实际控制人史玉柱的持股平台，上海中堇翊源投资咨询中心（有限合伙）（简称“中堇翊源”）和上海澎腾投资合伙企业（有限合伙）（简称“澎腾投资”）为管理层持股平台，上海鼎晖孚远股权投资合伙企业（有限合伙）（简称“鼎晖孚远”）、上海铼钸投资咨询中心（有限合伙）（简称“铼钸投资”）、弘毅创领（上海）股权投资基金合伙企业（有限合伙）（简称“弘毅创领”）和上海孚烨股权投资合伙企业（有限合伙）（简称“孚烨投资”）为投资机构。史玉柱通过兰麟投资及其一致行动人腾澎投资实际控制巨人网络47.57%的股权，为实际控制人。

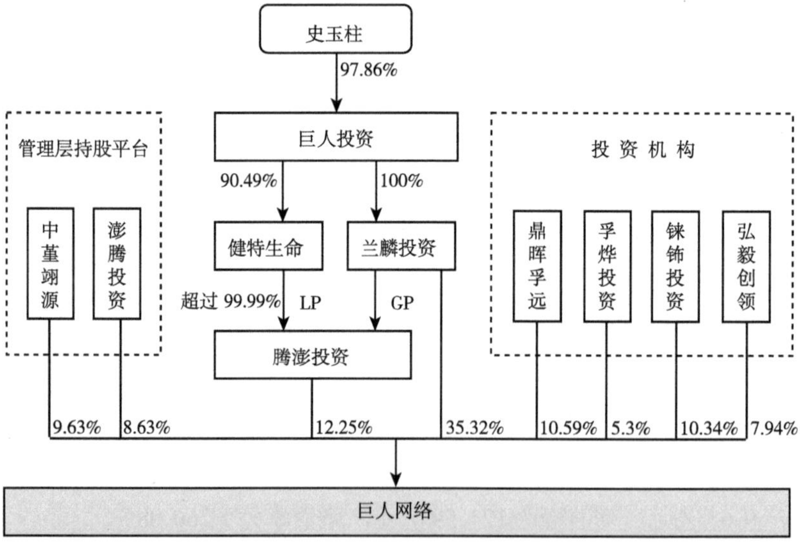

交易前巨人网络产权控制结构图

资料来源：世纪游轮公告。

发行股份购买资产和募集配套资金完成后，史玉柱通过兰麟投资和腾澎投资控制上市公司的股份比例为37.53%，为上市公司的实际控制人，管理层通过中堇翊源和澎腾投资持有上市公司14.41%的股权，鼎晖孚远、铼钸投资、弘毅创领和孚烨投资等原巨人网络投资人共计持有上市公司的股权比例为26.96%，世纪游轮原控股股东彭建虎父子则持有8.65%的新上市公司股权，参与非公开发行的新机构投资人持股9.46%，社会公众持股2.99%。

世纪游轮重组前后股份结构变化表

股东		重组前		重组后	
		持股总数（股）	持股比例（%）	持股总数（股）	持股比例（%）
史玉柱持股平台	兰麟投资	0	0.00	156 723 643	27.87
	腾澎投资	0	0.00	54 326 299	9.66
管理层持股平台	中堇翊源	0	0.00	42 724 440	7.60
	澎腾投资	0	0.00	38 306 386	6.81
原巨人网络投资人	鼎晖孚远	0	0.00	46 996 884	8.36
	铼钸投资	0	0.00	45 862 513	8.16
	弘毅创领	0	0.00	35 247 663	6.27
	孚烨投资	0	0.00	23 498 442	4.18
原世纪游轮实际控制人	彭建虎	43 721 700	66.80	43 721 700	7.78
	彭俊珩	4 895 000	7.48	4 895 000	0.87
其他社会股东		16 833 300	25.72	16 833 300	2.99
8名参与配套融资的机构投资人		0	0.00	53 191 489	9.46
合计		65 450 000	100.00	562 327 759	100.00

数据来源：世纪游轮公告。

重组实施完毕后，巨人网络成为上市公司世纪游轮的全资子公司，同时，巨人网络原全体股东共同承诺巨人网络在2016年、2017年、2018年实现的扣除非经常性损益后归属于母公司股东的净利润分别不低于10.02亿元、12.03亿元、15.03亿元。2017年4月28日和2018年4月26日，上市公司出具的2016年和2017年的年报显示，其扣非后的净利润分别为10.31亿元和12.44亿元，这意味着三年对赌期的前两年超额完成了业绩承诺。

3. 募集配套资金

2015年10月31日公告的重组预案中，募集配套资金方案为世纪游轮以不低于29.58元/股的发行价格，向不超过10名符合条件的特定对象非公开发行股份募集配套资金不超过50亿元。

在2016年4月5日获得核准批文后，4月20日，发行人和保荐机构接受认购对象的申购报价，最终确定本次新股发行价格为94元/股，比发行底价29.58元高出217.78%，而与申购报价日（2016年4月20日）前20个交易日均价126.09元/股的比率则为74.55%。最终，募集资金总额为50亿元，扣除发行费用9 000万元，募集配套资金净额为49.1亿元，用于网络游戏的研发、代理与运营发行、在线娱乐与电子竞技社区、互联网渠道平台的建设、网络游戏的海外运营发行平台建设、大数据中心与研发平台的建设。由于发行价格大幅提高，相应的发行股数则由1.69亿股减少为5 319.15万股，该部分股份锁定期为12个月。

在2016年5月24日——非公开发行股份上市当日，巨人网络收盘价118.15元，公司总市值达665亿元人民币，稳居A股游戏板块市值第一的宝座，较第二名完美世界397亿元的市值多出268亿元。一年后的2017年5月26日，参与定增的投资人持股解除限售，持股市值约87.77亿元，浮盈37.77亿元，年化投资回报率达75.53%。而巨人网络“A股网游市值第一股”的桂冠一直保持至今。

大事记

- 1994年4月，彭建虎创立重庆新世纪游轮有限公司。2011年3月2日，世纪游轮登陆深交所中小板，成为“长江航运IPO第一股”和“全国旅游业民营企业第一股”。
- 2004年10月21日，巨人网络的前身上海征途网络科技有限公司成立。
- 2006年7月，Giant Interactive Group Inc. 设立；9月，GA的中国境内全资下属公司上海征途信息技术有限公司设立，随后与征途网络及其股东签署了一系列VIE协议。2007年10月12日，征途网络更名为上海巨人网络科技有限公司。
- 2007年11月1日，成立仅三年的巨人网络通过Giant Interactive Group Inc.

成功在纽交所挂牌上市。IPO 融资额达 10.45 亿美元，创下中国概念股在美 IPO 融资额的新纪录，公司总市值达到 42 亿美元。

- 2011 年 10 月 4 日，巨人网络创下 3.02 美元的历史最低价，较 IPO 发行价暴跌 80.52%。
- 2013 年 11 月 25 日，巨人网络公告接到史玉柱为代表的买方财团 11.75 美元 / ADS 的私有化要约，买方财团对巨人网络整体估值报 28.2 亿美元。2014 年 3 月 17 日，巨人网络宣布达成最终的私有化协议，每 ADS 价格为 12 美元。2014 年 7 月 18 日，巨人网络宣布次日起停止 ADS 交易，私有化宣告完成。
- 2014 年 10 月 27 日，世纪游轮开始停牌，到次年 11 月 11 日复牌止，停牌时间长达 1 年零 15 天。
- 2015 年 7 月 30 日，世纪游轮公告，信利光电股份有限公司拟借壳世纪游轮上市。但到 10 月 9 日，世纪游轮发布公告称选择了新的重组方——巨人网络。
- 2015 年 10 月 31 日，世纪游轮发布重大资产重组预案，公司拟向巨人网络的全体股东发行股票购买巨人网络 100% 的股权，其作价达 131 亿元。
- 2015 年 11 月 11 日，世纪游轮复牌，从复牌当日直到 12 月 8 日的 20 个交易日连续一字涨停，股价从 31.65 元一举达到 212.94 元，上涨 573%。20 个连续一字板创下中国股市非 ST 重组类股票复牌连续涨停天数的最高记录！
- 2015 年 12 月 15 日，世纪游轮公告重大资产重组草案。
- 2016 年 3 月 2 日，世纪游轮重大资产重组事宜经证监会审核并获得有条件通过；4 月 5 日，本次交易获得证监会核准。
- 2016 年 4 月 21 日，世纪游轮发行股份购买资产的新增 44 368.627 万股新股上市；5 月 24 日，因募集配套资金而非公开发行的 5 319.15 万股上市。发行股份购买资产和募集配套资金完成后，史玉柱通过兰麟投资和腾澎投资控制上市公司的股份比例为 37.53%，为上市公司的实际控制人。
- 2017 年 4 月 28 日和 2018 年 4 月 26 日，上市公司出具的 2016 年和 2017 年的年报显示，扣非后的净利润分别为 10.31 亿元和 12.44 亿元，意味着巨人网络三年对赌期的前两年超额完成了业绩承诺。

第16章

奥马搭台，中融金唱戏：联手闯关“曲线”借壳（2015 ~ 2017）

看见绿灯快快行，看见红灯绕开行。

——《大败局Ⅱ》

中国经济改革中的“闯关”传统在资本市场自然不会缺席，反而频繁上演！“曲线”借壳就是其中最为典型的“闯关”运动之一，当然，黯然失败者不在少数，幸运过关者常常有之。

2016年初，战略新兴板夭折和注册制搁浅，使得“曲线”借壳风潮再起。这一年，国内知名的第三方支付公司拉卡拉、中国第一家地铁WiFi运营商南方银谷分别变相借壳西藏旅游、三变科技，但均闯关失败，未能幸免；然而，一家名不见经传的互联网金融公司中融金却成功借道奥马电器，成为“曲线”借壳上市的幸运儿。

“借壳”“上市”，一拆三

2015年10月29日晚间，停牌3个月的中小板上市公司奥马电器（002668.

SZ）一口气发布了18则宣布其多元化转型动作的公告。这一系列公告主要宣布三大事项：第一，自然人赵国栋协议受让奥马电器3 369.7万股股份并成为上市公司新的实际控制人；第二，奥马电器拟以6.12亿元现金收购赵国栋控股的中融金（北京）科技有限公司（简称“中融金”）51%的股权，直指彼时最热的互联网金融项目；第三，奥马电器拟向包括赵国栋所控制公司在内的不超过十名特定对象募集资金不超过26.08亿元，全面布局互联网金融业务。

毫无疑问，三大重磅事项的任何一件都会在二级市场上掀起不小波澜，更何况三箭齐发！股票复牌后的奥马电器股价没有丝毫悬念的一路飙涨，一改IPO后持续三年的萎靡状况，一口气连拉出9个涨停板，并且开板后持续上涨，11月26日创下128.98元的历史最高价，不到一个月时间股价较停牌前的35.22元大涨266.21%。而同期沪深股市2 700余只股票却因始于2015年6月的大股灾而近九成都处于下跌状态，甚至半数跌幅都在30%以上。

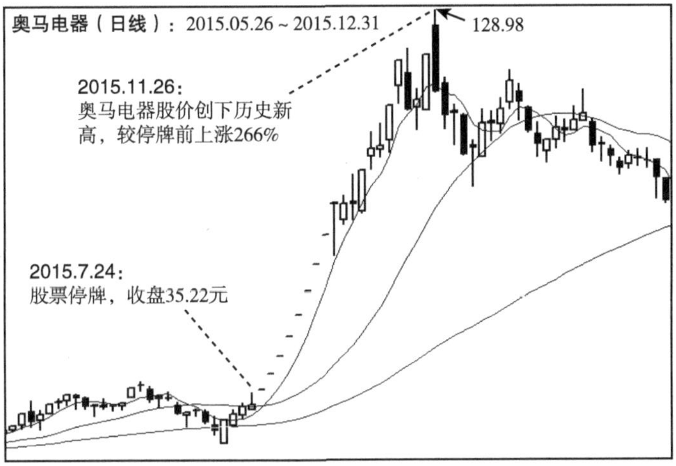

奥马电器股价交易公告后一个月上涨2.67倍

资料来源：Wind。

简单分析不难发现，公告中的相关交易结束后，赵国栋将成为上市公司实际控制人，并通过非公开增发进一步增持上市公司股票，而最重要的是赵所控制的中融金的51%资产将实现借壳上市。在后面的介绍中，我们将毫不意外地看到，中融金剩余49%的股权也最终注入到上市公司体内。显然，三个动作组合在一起便是极其标准的“重组上市”，因为它涵盖了重组上市的三个基本要素：控制权变更、发行股份和购买资产，但却一拆三、化整为零，使得重组上市变身为“股权转让+非公开发行+现金购买资产”的组合拳。

这一“曲线”借壳上市的方案设计颇为巧妙，除了设法避免构成重大资产重组以成功规避借壳上市审核等财技之外，我们也能看到过程中每一步的精妙算计与步步为营，其终局就是本次交易的核心人物赵国栋几乎分文未花就获得一家上市公司的控制权和数十亿身价。

- **股权转让是组合交易基石**

截至签署股权转让协议的2015年10月28日，奥马电器由蔡拾贰、蔡健泉叔侄，王济云、吴世庆、姚友军等三名现任高管，关志华、梁锦颐以及苏冬平（通过东盛投资有限公司持股）等三名原管理层共同控制，这八人直接或间接合计持有奥马电器57.56%的股份，并占据前十大股东的八席，牢牢掌握控制权。其中，蔡拾贰持有约3 224万股，占比19.5%；蔡健泉持股2 479.71万股，占比15%。上述八方连同另一名同为前十大股东之一的刘丽仪合计持股10 012.7592万股，作为本次股权交易的转让方，该九方并未转让其全部持股，仅转让其中的5 419.03万股。

具体来讲，奥马电器原九名股东转让股份基本分成两类情况：第一类是只转让了所持全部股份的25%，这源于“上市公司的董、监、高在其任职期间，不得转让超过其所持股份总数的25%”的规定，主要包括蔡拾贰、王济云、吴世庆、姚友军等四人；第二类情况是将其所持奥马电器股份大部分或全部予以转让，即除前述四人外的剩余五方，其中，刘丽仪和梁锦颐的股份转让殆尽，另外三方转让了所持股份的78%～86%不等。

作为股权受让方，赵国栋协同桐庐岩华投资管理合伙企业（简称“岩华投资”）、西藏金梅花投资有限公司（简称“金梅花投资”），以36元/股的价格共耗资19.51亿元受让前述九名奥马电器股东所转让的股份。受让完成后，赵国栋将持有奥马电器3 369.72万股，占比20.38%，一举超过蔡拾贰的14.62%的持股比例成为第一大股东。在总计19.51亿元收购对价中，赵国栋出资12.13亿元，岩华投资出资2.88亿元，金梅花投资则出资4.5亿元，而后二者于2015年10月刚刚设立，显然是为此次股权收购而专门设立的机构。

奥马电器股权转让情况表

转让方	原持股数（股）	转让股数（股）（占所持股份比）	现持股数（股）	现持股占总股本比	受让方	受让对价（元）
蔡拾贰	32 241 431	8 060 357（25.00%）	24 181 074	14.63%	赵国栋	290 172 852
王济云	9 921 431	2 480 357（25.00%）	7 441 074	4.50%	赵国栋	89 292 852
吴世庆	6 201 431	1 550 357（25.00%）	4 651 074	2.81%	赵国栋	55 812 852
姚友军	3 720 000	930 000（25.00%）	2 790 000	1.69%	赵国栋	33 480 000
关志华	6 201 431	5 304 370（86.00%）	897 061	0.54%	赵国栋	190 957 320
梁锦颐	4 425 806	4 425 806（100.00%）	0	0.00%	赵国栋	159 329 016
刘丽仪	4 958 569	4 958 569（100.00%）	0	0.00%	赵国栋	178 508 484
东盛投资有限公司	7 660 355	5 987 423（78.00%）	1 672 932	1.01%	赵国栋	215 547 228
小计	75 330 454	33 697 239（44.73%）	41 633 215	25.18%	小计	1 213 100 604
蔡建泉	24 797 138	8 000 000（32.26%）	4 304 279	2.61%	岩华投资	288 000 000
		12 492 859（50.38%）			金梅花投资	449 742 924
小计	24 797 138	20 492 859（83.00%）	4 304 279	2.61%	小计	737 742 924

数据来源：奥马电器公告。

按照上述方案，赵国栋个人将出资12.13亿元完成奥马电器20.38%股权的收购，不过事实上，赵氏个人以其闪转腾挪的财技分文未花便获得了这部分股权。

- **股票质押获收购资金**

在成为奥马电器掌门人之前，1979年出生于山东的赵国栋，过往最知名的经历不过是曾担任京东集团前副总裁而已。2003年，赵国栋创立网银在线（北京）科技有限公司（简称"网银在线"），这是国内最早一批从事第三方支付业务的企业之一。2012年，网银在线出售给京东集团，赵国栋出任京东副总裁并负责京东第三方支付业务。

2015年1月，赵国栋从京东离职，旋即收购成立不久的中融金64.55%的股权并出任董事长。同年5月，中融金引入高榕资本等投资机构后，赵的持股比例稀释到58.10%。10月29日，奥马电器现金收购中融金51%的股权，其中赵出售的比例为30.29%，按照中融金51%股权6.12亿元的作价，赵将获得3.64亿元股权转让款，扣除个人所得税后，其净收益将近3亿元。根据10月30日奥马电器披露的《详式权益变动报告书》，赵国栋所获上述现金对价将作为其实际控制并持股57%的西藏融金汇通投资有限公司（简称：融金汇通）认购上市公司非公开发行股份的部分资金来源。当然，该等款项亦可作为赵购买上市公司股权的部分资金来源，但一定只是很小比例的部分。

赵国栋最重要的资金来源，也是备受媒体关注的则是：股票质押。

按照股权转让协议的约定，赵国栋所受让的3 369.72万股奥马电器股票，分10%、45%和45%三期支付股权转让款，最后一期支付时间为股份全部过户后5个工作日内。11月18日，也就是股权转让协议签订20天后，上述股份转让完成了过户登记手续。而就在此后几乎一周内，赵国栋于11月22日和26日分别将奥马电器2 000万股和1 369万股股票质押给海通证券进行融资，质押期大约为一年半。当时奥马股价已然高高在上，按照110元/股左右的价格，中小板股票4折质押率计算，赵国栋能够融到15亿元左右的现金。显然，这用来支付前述12.13亿元的股权转让款绰绰有余！

日后，通过股票质押融资支付受让上市公司股权的现金对价在奥马电器于2017年3月29日公告的“2016年年报问询函的回复”中得到了确认，只不过部分股票的质押融资对象从海通证券换成了天风证券。

2015年11月，“史上最严借壳新规”尚未推出，按照当时《上市公司重大资产重组管理办法》（简称《重组管理办法》）的规定，判断是否构成借壳上市需同时满足两个要件，一是上市公司发生控制权变更，二是上市公司向收购人及其关联人购买资产总额占上市公司控制权发生变更的前一个会计年度经审计的合并财务会计报告期末资产总额的比例超过100%。

很显然，奥马电器的实际控制人由蔡拾贰变更为赵国栋，第一个要件完全满足；此时，如果规避借壳上市审核，唯一的方式只有设法不满足第二个要件。

分步交易，避审核

- **分步收购中融金**

中融金的成长速度谓之“火箭速度”，毫不为过。

2014年9月，尹宏伟、蒋月华、杨鹏三个自然人共同设立中融金（北京）科技有限公司，主要从事互联网金融服务业务，旗下拥有互联网P2P平台“好贷宝”、“钱包金服”和手机APP“卡惠”等产品。

2015年2月，赵国栋现身中融金，从部分原股东处受让中融金64.55%的股权，原股东蒋月华退出股东会。两个多月之后的5月，高榕资本（深圳）投资中心（简称“高榕资本”）、北京华清道口联金投资管理中心（简称“联金投资”）和北京思诺启点创业投资合伙企业（简称“思诺启点”）对中融金进行增资，三家投资方在增资后合计持有中融金10%的股权，赵国栋的持股比例下降到58.10%。

在运作奥马电器一案中，除了互联网金融行业的多年浸淫与深厚积累、高超的资本运作财技外，赵国栋在行业内和资本圈的人脉资源同样十分重要。公开资料显示，高榕资本、联金投资等投资机构正是赵的清华大学五道口金融学院金融EMBA的朋友圈好友。

2015年10月29日，奥马电器公告以6.12亿元的对价购买中融金51%的股权。在转让的51%中融金股权中，赵国栋、尹宏伟和杨鹏三名管理层分别转让30.3%、11.48%和2.58%，合计转让44.36%，占本次转让的86.96%；高榕资本转让2.55%，联金投资则将其所持的4.1%的股权全部转让，退出股东会，二者合计转让6.65%，占本次转让的13.04%；思诺起点未参与本次转让。交易结束后，奥马电器、赵国栋、尹宏伟、王军、高榕资本、杨鹏和思诺启点分别持有中融金的股权比例为：51%、27.80%、10.53%、4.95%、2.45%、2.37%和0.90%。

转让前后中融金股东持股情况

姓名或名称	转让前股权比例	转让后股权比例	转股比例	转让对价（亿元）
奥马电器	0.00%	51.00%	–	–
赵国栋	58.10%	27.80%	30.29%	3.64
尹宏伟	22.01%	10.53%	11.47%	1.38
王军	4.95%	4.95%	0.00%	0.00
高榕资本	5.00%	2.45%	2.55%	0.31
杨鹏	4.95%	2.37%	2.58%	0.31
思诺启点	0.90%	0.90%	0.00%	0.00
联金投资	4.10%	0.00%	4.10%	0.49
合计	100.00%	100.00%	51.00%	6.12

数据来源：奥马电器公告。

从成立到被上市公司收购，仅一年零两个月，其时间之短令人咋舌；不过，与之相比，中融金的估值成长则更令人惊叹。根据北京中同华资产评估有限公司出具的《资产评估报告》，中融金收益法下的评估值为12.90亿元，市场法下的评估值为15.10亿元。经买卖双方协商，最终确定中融金51%股权的交易价格为6.12亿元。

反观其历史财务指标，经信永中和会计师事务所审计的2014年及2015年1～9月的财务报告，截至2015年9月30日，公司总资产9 734.40万元，净资产8 494.07万元，2015年1～9月的营业收入为5 623.68万元，净利润为2 369.44万元。这一财务数据与中融金12亿元的整体估值相差颇为悬殊。

然而，赵国栋、尹宏伟和杨鹏三名管理层却给出了十分激进的业绩承诺：中融金在2015至2017年度的净利润，分别不低于6 200万元、1.40亿元以及2.40亿元。同时，奥马电器与赵国栋等三名“业绩承诺方”签署的《业绩补偿协议》中显示，如果业绩没有达标，业绩承诺方中各补偿义务主体按照其本次转让的股权对应的相对持股比例承担补偿义务。需要说明的是，由于王军、高榕资本、思诺启点系中融金财务投资人，并未实际参与公司的经营管理，因此不参与业绩对赌。

如此激进的业绩对赌以及相应的补偿约定使赵国栋等人向奥马电器原股东表达交易信心的意图显得十分明确。因此毫不意外，在11月23日奥马电器召开的2015年第三次临时股东大会上，尽管与该关联交易有利害关系的赵国栋等人按规定放弃投票权，但本次收购相关事项依然高票通过。一个多月后的12月28日，中融金51%股权过户至奥马电器名下。

中融金剩余49%的股权交易则要在一年半后方才实施，其时间安排与此期间奥马电器非公开发行股票接受马拉松式审核不无关系；当然，更重要的原因是为了规避12个月内连续收购同一标的需累计计算相关财务指标的规定，以避免被认定为重大资产重组。

2017年2月27日，历经一年零4个月的监管审核后，奥马电器非公开发行新增股份在深交所成功上市。一个月后的4月8日，奥马电器即发布关于收购中融金49%股权的关联交易公告，收购价格为7.84亿元，收购完成后，上市公司将持有中融金100%股权。

按照上述交易价格计算，中融金股东全部权益价值为16亿元，这较前次51%股权收购时的12亿元整体估值增长了33%。对此高估值，交易协议中依然设计了业绩对赌条款，赵国栋等中融金原股东承诺中融金在2017至2019年度的净利润分别不低于2.40亿元、2.64亿元以及2.90亿元。

根据大华会计师事务所出具的大华审字（2017）002103号《中融金（北京）科技有限公司审计报告》，中融金2015年度、2016年度扣除非经常性损益后的净利润分别为6 271.36万元、14 620.17万元，高于此前承诺的6 200万元、1.40亿元。

5月9日，中融金49%股权已办理完毕工商过户手续，这意味着中融金成功实现“借壳上市”。

- **不构成借壳上市**

自2014年以来，在证监会的监管理念中，发行股份购买资产和构成借壳上市的重大资产重组均应提交并购重组委审核，2014版和2016版的《重组管理办法》均在第四十七条和第二十九条分别对这两类情况做了明确规定。因此，在奥马电器收购中融金的交易过程中，最关键的操作就是：首先，采用现金收购而非发股收购，回避了增发新股审核；其次，分步交易而非一次性交易则令前后两次收购均不构成重大资产重组，自然就不构成借壳上市了。

这两步交易是如何不构成重大资产重组的？

在收购中融金51%股权的交易时，《重组管理办法》第十二条“上市公司最近一个会计年度”的财务指标即为奥马电器2014年度的财务指标，所需要比较的财务指标——总资产、净资产、营业收入及净利润分别为：32.15亿元、15.16亿元、44.61亿元及2.03亿元。

根据2014版《重组管理办法》第十四条的规定，“上市公司取得被投资企业控股权的，其资产总额以被投资企业的资产总额和成交金额二者中的较高者为准，营业收入以被投资企业的营业收入为准，资产净额以被投资企业的净资产额和成交金额二者中的较高者为准”。

截至2015年9月30日，中融金的资产总额、资产净额和营业收入分别为：9 934.40万元，8 698.12万元和5 817.86万元，而前两项指标均显著小于成交金额6.12亿元，因此以6.12亿元作为资产总额和资产净额与上市公司相应财务指标对比。比较结果十分明显，中融金的资产总额、资产净额和营业收入分别占上市公司相应财务指标的比例为：19.04%，40.37%和1.30%，标的资产的资产总额、资产净额、营业收入三项指标均未达到奥马电器最近一个会计年度经审计的合并报表对应财务指标的50%，即标的资产相关财务指标未达到《重组管理办法》第十二条规定的重大资产重组标准而“不需要经过有关部门批准”。不过，收购标的成交金额和上市公司的净资产比例已经十分逼近50%，收购中融金交易拆成两步走势在必行。

中融金51%股权与奥马电器相应财务指标对比

财务指标	标的资产（中融金51%股权）	奥马电器（2014年度）	标的资产占奥马电器比例
资产总额（元）	612 000 000.00	3 214 743 247.71	19.04%
净资产额（元）	612 000 000.00	1 516 148 305.99	40.37%
营业收入（元）	29 671 099.00	4 461 013 038.37	0.67%

数据来源：奥马电器公告。

在收购中融金49%股权的交易时，2016版新《重组管理办法》已推出半年有余，重大资产重组的规定进一步区分为两种情况：一是第十二条的“一般重大资产重组”，其规定仍然沿袭原规定；二是第十三条“‘重组上市’的重大资产重组”，即计算购买资产占上市公司前一年度的指标，由原来的总资产一项扩围到总资产、净资产、营业收入、净利润和股本五项，任何一项指标占比超过100%的收购，连同可能导致上市公司主营业务发生根本变化的收购，均属于此类重大资产重组。

根据北京市金杜律师事务所出具的奥马电器收购中融金49%股权不构成重大资产重组的法律意见书，标的资产的资产总额和资产净额仍以成交金额——7.84亿元为准，中融金49%股权对应的营业收入为：1.45亿元，奥马电器2016年度的资产总额、净资产额和营业收入分别为：53.35亿元、20.50亿元和50.41亿元。最终标的资产的资产总额、资产净额和营业收入占上市公司相应财务指标的比例分别为14.70%、38.24和2.87%，依然不构成《重组管理办法》第十二条规定的“一般重大资产重组”。

中融金49%股权与奥马电器相应财务指标对比

财务指标	标的资产（中融金49%股权）	奥马电器（2016年度）	标的资产占奥马电器比例
资产总额（元）	784 000 000.00	5 334 686 758.79	14.70%
净资产额（元）	784 000 000.00	2 050 407 347.90	38.24%
营业收入（元）	144 936 352.81	5 041 417 186.44	2.87%

数据来源：奥马电器公告。

在是否构成第十三条“‘重组上市’的重大资产重组”上，按照法规要求，相关财务指标以中融金100%股权累计计算，中融金的资产总额和资产净额以两次收购价格之和13.96亿元计，中融金2016年的营业收入和净利润分别为：2.96亿元和1.46亿元，最终中融金的资产总额、营业收入、净利润及资产净额占上市公司控制权发生变更的前一个会计年度（即2014年）相应指标的比例分别为：43.42%、6.63%、71.97%及92.08%，未达到100%，同时收购未导致上市公司主营业务发生根本变化，因此本次收购不构成“重组上市”。

奥马电器和中融金成功“闯关”！

中融金100%股权与奥马电器相应财务指标对比

财务指标	标的资产（中融金100%股权）	奥马电器（2014年度）	标的资产占奥马电器比例
资产总额（元）	1 396 000 000.00	3 214 743 247.71	43.42%
营业收入（元）	295 788 475.12	4 461 013 038.37	6.63%
净 利 润（元）	146 201 728.23	203 148 039.71	71.97%
净资产额（元）	1 396 000 000.00	1 516 148 305.99	92.08%

数据来源：奥马电器公告。

定向增发，实换股

定向增发是本次一系列操作的最后一步，却是众多关系人低成本获得上市公司股权的唯一方式。

据2015年10月30日公告的非公开发行预案，奥马电器将以31.07元/股的价格向含赵国栋关联方融金汇通在内的八名投资者增发8 394.5万股，融资26.08亿元用于投资设立钱包金服（北京）科技有限公司、钱包汇通商业保理有限公司和钱包智能科技有限公司三家公司，分别实施互联网金融云服务平台项目、供应链金融项目和智能POS项目三个互联网金融项目。而31.07元/股的发行价格则根据定价基准日（2015年10月30日）前20个交易日股票交易均价的90%确定。

这一定增项目因需通过监管审核以及中途更换保荐券商而成为本次系列交易中实施时间最为漫长和波折的环节。11月23日，奥马电器2015年第三次临时股东大会通过本次非公开发行股票的相关议案；2016年1月12日收到证监会出具的非公开发行股票申请受理通知书；2月16日和4月6日分别收到证监会出具的本次非公开发行项目审查反馈意见通知书和二次反馈意见通知书。

6月29日，由于主办券商西南证券被证监会立案调查，奥马电器被迫撤回2015年度非公开发行股票申请文件，并聘请东吴证券负责本次非公开发行股票的保荐承销工作；7月13日，因实施2015年度权益分派方案，上市公司公告调整非公开发行股票发行价格和发行数量，发行价格在公司2015年度利润分配方案实施后由不低于31.07元/股调整为不低于30.91元/股，发行数量上限由不超过8 394.49万股调整为不超过8 437.95万股；8月1日，奥马电器公告非公开发行A股股票预案的修订稿；8月11日，“二进宫”的奥马电器非公开发行股票项目得到证监会受理；9月9日，证监会给予反馈意见并对拟投入7.04亿元的供应链金融项目重点问询；4天后的9月13日，奥马电器火速对证监会下发的反馈意见给予回复，同时发布《2015年度非公开发行A股股票预案（二次修订稿）》。在此修订稿中，奥马电器对预案进行调整，或因从事商业保理供应链金融服务业务涉及财务性投资而不符合《上市公司证券发行管理办法》第十条第三款的相关规定，[①]本次非公开发行项目取消供应链金融项目。最终，非公开发行的股票数量调整为6 160.37万股，拟募集资金总额调整为19.04亿元，各发行认购对象的认购数量按比例下调。

10月26日，奥马电器历时整整一年的非公开发行A股股票项目最终获得中国证监会发行审核委员会审核通过；12月19日，证监会下发《关于核准广东奥马电器股份有限公司非公开发行股票的批复》；2017年2月27日，几经曲折，本次非公开发行新增股份6 160.37万股在深交所成功上市。

如果以上市当日（2月27日）奥马电器72.37元的收盘价估算，相较于30.91元/股的定增价格，本次参与认购各方的账面投资收益俱皆相当可观，为此耗费的一年多时间似乎不值一提。然而从另外一个角度而言，八个认购对象所代表的主体及其在一系列方案中的动作颇值得玩味，或明或暗地折射一定利益安排。

首先，最大的认购方为融金汇通，认购比例达46.01%。融金汇通由原中

① 《上市公司证券发行管理办法》第十条第三款：除金融类企业外，本次募集资金使用项目不得为持有交易性金融资产和可供出售的金融资产、借予他人、委托理财等财务性投资，不得直接或间接投资于以买卖有价证券为主要业务的公司。

融金主要股东赵国栋、尹宏伟及杨鹏共同设立，分别持股57%、28%及15%。在中融金股权出售给奥马电器后再行认购上市公司的定向增发，本质上正是一种股权置换行为。对赵国栋本人而言，其对上市公司的控制权则明显提升，由20.38%上升到27.34%。

其次，由33名中融金员工出资设立的北京融金核心壹号投资中心（有限合伙）认购比例为6.13%，其普通合伙人张佳为中融金副总裁；另由部分中融金员工和赵国栋朋友圈好友共计37人出资成立的北京融金核心叁号投资中心（有限合伙）认购比例为5.37%，普通合伙人权秀洁为中融金首席财务官，与杨鹏是夫妻关系。这部分定增实际是对中融金员工的股权激励行为。

再次，投资机构的认购。金梅花投资和岩华投资与赵国栋联合收购了奥马电器原股东股权，参与定增认购并不意外，认购比例合计为16.10%。此外，前海开源定增22号资产管理计划和深圳东源基石资本管理中心（有限合伙）则为新增的投资机构，分别认购14.57%和3.83%。值得关注的是，前海开源22号的99.74%的出资额皆为海通证券提供，而给赵国栋提供质押融资的亦为海通证券，显然，这不可能是巧合。

最后，刘展成是本次八名定增参与方中唯一代表原奥马电器管理团队的认购对象，认购比例为7.98%，认购金额1.52亿元。1978年出生的刘毕业于中南财经大学，1999年毕业后加入科龙电器，后加入奥马电器，2013年开始任职奥马电器董事及副总经理，据此经历判断，1.52亿元对刘来讲可谓巨资。一个合理的推测是，刘大概率是以奥马电器员工集体代言人的身份参与此次认购。

我退你上，各取所需

奥马电器的早期故事，听来十分励志。

2001年，被媒体称为“中国家电业最具现代气质、资产质量最好”的科龙电器被格林柯尔收购，后者成为科龙第一大股东。此后科龙的故事众所周知，被“蹂躏”和“肢解”的科龙岌岌可危。时任科龙副总裁兼容声冰箱总经理的蔡拾贰见科龙家业风云飘摇，惋惜之余带领一干干将离开科龙开始自立门户。

2002年，奥马电器的前身施耐电器成立，此时拥有近二十年冰箱行业经验的蔡拾贰已然55岁，可称“老将出马”。自此，依托数十年冰箱产品的技术开发和成本掌控优势，在蔡拾贰的带领下，奥马冰箱首先跟国内大企业做OEM（代工生产），然后凭借技术优势，发展自有品牌和产品。如今，奥马冰箱以其“国外出口+国内代工+自主品牌销售”业务互为支撑，互相配合，逐渐从“区域强势”向“全国领先”跨越。奥马电器2016年年报显示，2016年全年冰箱业务实现营业收入47.20亿元，冰箱销量736.87万台，2009～2016年冰箱整体销量保持在行业前五名，而国外出口方面连续八年排名第一。

2012年4月16日，奥马电器在深交所上市，总股本16 535万股。不过，已属传统产业的冰箱加工显然不能激起资本市场的兴趣，上市的三年中，尽管业绩稳定，经营稳健，但股价一直比较低迷，始终在20元/股上下震荡，毫无亮色。直至2015年上半年，跟随牛气十足的市场大盘，奥马股价风格渐变，逐级攀升到每股40元左右。

2015年的奥马电器却开始讲述“新一代壳公司”的故事。

2015年6月21日，筹划重大主题定向增发事项的奥马电器开始停牌，显而易见的是，长期低迷后的奥马股价此刻正处于相对高位，无疑是主动寻求资本运作的理想时机。曾经厌恶顾维军资本运作而出走的蔡拾贰，此时选择了臣服。不过，这一次停牌似乎是蔡的一次演习。一个月后，刚刚躲过股灾初期急剧下跌的奥马电器却公告中止筹划重大事项并复牌。就在人们对此极度失望之时，十分戏剧性的一幕发生了，奥马股票复牌并交易4个交易日后，7月27日，奥马电器意外的公告因重大事项再次停牌。后来的事实显示，这次长达三个月的停牌不仅又一次避过股灾，而复牌后奥马电器更是给股东抛了个股价上涨近3倍的大礼包。

从财务指标上看，奥马电器虽说不上白马股，但绩优股则当之无愧！纵览2012年上市以来的三年，企业财务状况稳定，总资产和净资产连续三年保持增长，2012～2014年分别为23.23亿元和11.72亿元、28.61亿元和13.51亿元及32.15亿元和15.16亿元；债务控制稳健，资产负债率一直稳定在50%左右，远低于家电行业60%的水平，作为以代工生产为主的企业，可见其债务风险较低的优势。企业经营业绩稳健，上市后年净利润均在1.5亿元以上，2012～2014年公司营业收入和归属于上市公司股东的净利润分别为34.57亿元和1.64亿元、42.57亿元和1.96亿元及44.61亿元和2.03亿元，始终保持一定的成长。如此稳健的财务数据令人在奥马电器身上见不到半点传统“壳公司”连年亏损、濒临退市的踪影。

不过，近年来互联网概念和成长股理念横扫A股，固守冰箱代加工这一传统行业的奥马电器行业既不“新”、增长也不“快”，因此，二级市场上股价一直走势低迷，难有起色，市值在30亿元上下震荡，或许，只有16 535万股的总股本和30亿元上下的总市值成为属于“壳公司”的唯一特征。

然而，正如我们前面的介绍，奥马电器如此上佳的财务数据才使中融金“借壳上市”得以成功，其核心即在于上市公司的资产规模庞大，在标的公司的相关财务指标与之比较时不构成重大资产重组。

从某种角度而言，一条借壳上市的新思路若隐若现，那些资产规模庞大、业绩尚佳、行业传统、市值不高的上市公司或将成为借壳新宠，是为“新一代壳公司”！不过，成为新一代壳公司还必须具备另一个条件，那就是：上市公司大股东积极的退出意愿。

在本案中，即使奥马电器业绩优异，蔡拾贰等原股东的退出意愿已显露无疑，其原因可能有二：其一，从股东层面讲，创始团队和主要股东均年事已高，2015年蔡拾贰68岁、蔡健泉60岁、关志华58岁、苏冬平51岁、王济云和吴世庆均49岁，只有姚友军尚属年轻为42岁，退出变现实属人之常情，在股价相对高位通过协议转让退出，自然理想之道。其二，从公司层面讲，对于传统的家电行业，尤其是冰箱代加工业务，没有新的技术和创新注入，单凭原始团队之力恐难有更大的突破，这在历史三年多的低迷股价走势中一览无余；而互联网金融行业无疑是近年来热点中的热点，发展迅猛，跨界互联网金融，上市公司的“壳”资源价值得以最大化，原股东收益自然水涨船高。

蔡拾贰等奥马电器原股东对中融金的配合显然也十分到位，比如，控股权发生变更后的2015年11月27日，上市公司公告包含蔡拾贰在内的14名原奥马电器董事、监事和高管集体辞职，显然不单是为未来进一步减持创造宽松条件，更重要的则是放弃上市公司主导权。

奥马电器在控股权变更后实施“冰箱+互联网金融”双主业，不过可以预见的是，在未来的某一刻，冰箱业务置出上市公司体外极可能是当初设计好的剧本。而逐渐告别野蛮生长期的互联网金融行业将越来越规范、监管也将越来越严格，赵国栋所掌舵的互金业务能否理想落地和实现业绩对赌，无疑是未来奥马电器成功成仁的悬念所在。

大事记

- 2002 年，55 岁的原科龙副总裁蔡拾贰创建奥马电器前身——施耐电器。2009 ~ 2016 年奥马电器冰箱整体销量保持在行业前五名，而国外出口方面连续八年排名第一。
- 2012 年 4 月 16 日，奥马电器在深交所上市，总股本 16 535 万股。
- 2014 年 9 月，中融金（北京）科技有限公司成立，主要从事互联网金融服务业务。2015 年 2 月，赵国栋从中融金的部分原股东处受让 64.55% 的股权；同年 5 月，高榕资本、联金投资和思诺启点对中融金进行增资，三家投资方合计持有中融金 10% 的股权，赵国栋的持股比例下降到 58.10%。
- 2015 年 7 月 27 日，奥马电器因重大事项停牌。
- 2015 年 10 月 29 日晚间，奥马电器公告：自然人赵国栋协议受让奥马电器 3 369.7 万股股份并成为上市公司新的实际控制人；奥马电器以 6.12 亿元现金收购赵国栋控股的中融金 51% 的股权；同时向包括赵国栋所控制公司在内的不超过十名特定对象募集资金不超过 26.08 亿元。
- 2015 年 10 月 30 日，奥马电器股票复牌，连续拉出 9 个涨停板，并且开板后持续上涨，11 月 26 日创下 128.98 元的历史最高价，不到一个月时间股价较停牌前的 35.22 元大涨 266.21%。
- 2015 年 11 月 18 日，赵国栋受让的奥马电器 3 369.7 万股股份完成过户登记手续。11 月 22 日和 26 日赵分两次将奥马电器 2 000 万股和 1 369 万股股票质押给海通证券进行融资，随后赵利用该融资支付受让上市公司股权的现金对价。
- 2015 年 11 月 23 日，奥马电器临时股东大会高票通过收购中融金 51% 股权事项。12 月 28 日，中融金 51% 股权过户至奥马电器名下。同时，赵国栋等原股东承诺中融金 2015 至 2017 年度的净利润分别不低于 6 200 万元、1.40 亿元及 2.40 亿元。
- 2016 年 1 月 12 日，奥马电器收到证监会出具的非公开发行股票申请受理通知书；2 月 16 日和 4 月 6 日分别收到证监会出具的本次非公开发行项目审查反馈意见通知书和二次反馈意见通知书。

- 2016 年 6 月 29 日，由于主办券商西南证券被证监会立案调查，奥马电器被迫更换券商为东吴证券。
- 2017 年 2 月 27 日，奥马电器非公开发行的新增股份在深交所成功上市。
- 2017 年 4 月 8 日，奥马电器宣布收购中融金剩余的 49% 股权，收购价格为 7.84 亿元。在完成 2015 和 2016 年业绩承诺后，赵国栋等原股东承诺中融金 2017 至 2019 年度的净利润分别不低于 2.40 亿元、2.64 亿元以及 2.90 亿元。
- 2017 年 5 月 9 日，中融金 49% 股权办毕工商过户手续，奥马电器持有中融金 100% 股权。这意味着中融金成功实现“借壳上市”。

形态六
整体上市
06

第17章

整体上市潮涌资本市场，中国船舶上演股王神话（2007）

忽如一夜春风来，千树万树梨花开。

——媒体评论2007年整体上市热潮

就某种意义而言，发轫于2004年而兴盛于2007年的“整体上市”被认为是股权分置改革之后我国证券市场上又一项重大金融革新，因此，在把2006年称为“股改年”的同时，人们往往将2007年相提并论地称作“整体上市年”。

股权分置改革解决了非流通股与流通股两类股东之间的利益协调问题，在利益趋于一致的基础上，控股股东资产注入式的整体上市实际上成为股改的必然延续，非上市资产的证券化和上市公司的市值提升均符合控股股东利益，这在一定程度上化解了早期中国证券市场分拆上市所导致的并发症——控股股东与上市公司间的利益冲突问题。

在2007年千股奔腾、万民欢腾的史无前例的大牛市中，“整体上市”概念股毫不意外地成为这一年表现最为出色的板块之一。作为股改后的整体上市第一股，300元的股价令中国造船业巨头——中国船舶一跃成为中国股市第一高价股，表现耀眼，不可直视。

从分拆上市到整体上市

中国证券市场整体上市的大幕在2004年被正式拉开。这年1月，TCL集团以“换股吸收合并子公司TCL通讯+IPO”的方式实现整体上市；随之，武钢集团、宝钢集团、百联集团等一批集团公司通过其下属的上市公司平台先后登陆资本市场，虽然这些公司的整体上市模式不尽相同，但均称得上彼时证券市场的创新之举。在此后的十年间，整体上市对解决国内证券市场“分拆上市”等历史积弊问题更是作用直接、意义重大。

然而，一如并购领域其他诸多相关概念一样，尽管实践丰富而创新迭出，但“整体上市”并无明确而统一的法律定义。关于现阶段中国资本市场的“**整体上市”，主要是指集团公司或母公司借助旗下上市公司通过换股吸收合并、定向增发、现金收购等并购重组方式将未上市的业务和资产注入上市公司而实现的整体上市，或者，集团公司或母公司通过换股吸收合并旗下上市公司同时重新发行股票实现的整体上市，我们称之为“资产注入式的整体上市”**。

此外，与“资产注入式的整体上市”极易相互混淆的是“直接IPO式的整体上市”，即集团公司或母公司通过股份制改造，在集团层面或母公司层面形成多元投资主体或产权多元化，集团公司或母公司的资产全部进入股份公司并直接公开发行上市。例如中国石油、中国石化、中国铝业的集团上市均属于这种情况。显然，尽管均称为“整体上市”，但两者的内含和性质十分不同，前者是集团非上市经营资产的整体上市，属于上市公司重大资产重组的范畴，证券市场并未因此增加一家上市公司；而后者则是企业的整体上市，属于IPO行为，在上市指标上形成证券市场的增量，因此这种“直接IPO式的整体上市”不属于本书内容。

“整体上市”的出现与中国证券市场早期的“分拆上市”密切相关，因果相连。所谓分拆上市，就是将企业部分资产剥离出来，通过重组改制，再到资本市场上市，也可称为部分上市、剥离上市。事实上，从“分拆上市”到“整体上市”所折射的正是中国资本市场证券发行监管体制从“审批制”到“核准制”的变革。

1990～1993年是中国资本市场的起步期。这个时期，股票上市的政策和操作均采用试点的做法，市场各方对股票上市均持观望态度，以致于拟上市公司数量少、规模小，也就谈不上分拆上市。

1993～2000年，中国资本市场处于建设和发展期。1993年4月25日，国务院颁布建国后第一部关于公开发行股票的法规——《股票发行与交易管理暂行条例》，标志着股票发行的审批制正式确立。在法规不健全、市场参与各方不成熟尤其是拟上市公司质量参差不齐的资本市场早期，兼具宏观额度调控和微观严格审查的审批制无疑是当时促进市场发展和控制市场风险的上策，其主要体现为额度管理、地方政府和证监会两级审批以及发行价格上的限制。1993～1995年为“额度管理”阶段，实行“总量控制”；1996～2000年为“指标管理”阶段，“总量控制与限报家数”相结合，既控“额度”，又控“指标”。

这一富有中国特色的“额度制”所实施的结果就是，囿于证券市场极其有限的市场容量，发行的总体规模不能满足拟上市公司的融资需求。比如，1993至1997年国务院证券监管机构共进行了四次股票发行额度的分配，其中1993年为50亿股，1994年为55亿股，1996年为150亿股，1997年为300亿股（1995年因大熊市而未下达股票发行额度）。在地方利益平衡、利益均沾的原则下，额度被进一步分拆，分配至每家公司时便成很小的部分。因此，客观上，很多公司在上市过程中，不得不分拆出部分资产进行上市。此外，对于那些整体资质达不到上市要求，而又急切需要上市融资的大型企业，尤其是国有企业便主动通过重组、剥离、分割等形式将优质资产分拆上市，而把其他资产留给母公司或者集团。可以说，分拆上市是满足当时监管和市场要求的“上有政策，下有对策”的讨巧之举。

然而，受限于额度制及资产质量而采取分拆上市的弊端在日后发展中日益显现，主要表现有三：其一，企业业务或生产链条的完整性被人为割裂，导致上市公司小型化、独立性差和竞争力差的情况尤为普遍，业绩波动十分明显；其二，上市公司经营发展严重依赖大股东，导致关联交易和同业竞争及其相关的治理问题层出不穷；其三，大股东占用上市公司资金乃至损害上市公司利益的行为屡见不鲜，中小投资者的利益间接受到侵害。

1999年7月1日开始施行的《中华人民共和国证券法》明确了核准制的法律地位，随后，证监会又陆续制定了一系列与《证券法》相配套的法律法规和部门规章，构建了股票发行核准制的基本框架。2001年3月17日，证监会宣布取消股票发行审批制，股票发行市场化方向的核准制正式登上历史舞台，对股票发行的数量和额度则不再有具体的限制。

于是，具有一定纠偏和修正意味的整体上市应运而生并逐渐得到推崇，早期额度审批制下上市的公司所面临的关联交易严重、公司规模偏小、上市公司及中小投资者利益受损等问题，均可以通过集团公司或母公司资产的整体上市得到解决。

整体上市潮涌资本市场

整体上市在2004年1月TCL集团首开先河之后，并没有立即出现市场观察者预期中的热潮。到股权分置改革大部分完成时的2006年中，仅有武钢股份（600005.SH）、宝钢股份（600019.SH）、鞍钢新轧（000898.SH）、太钢不锈（000825.SZ）及本钢板材（000761.SZ）等钢铁企业和百联股份（600631.SH）、中国软件（600536.SH）等少数几家公司完成整体上市。

始于2005年5月的股权分置改革，到2006年底，已完成或者进入改革程序的上市公司共1301家，占应改革上市公司的97%，股权分置改革任务基本完成。与之相伴随的是，在2006年第四季度，整体上市的企业开始集中出现，金岭矿业（000655.SZ）、上港集团（600018.SH）、神火股份（000933.SZ）、上海汽车（600104.SH）、泛海建设（000046.SZ）和长力股份（600507.SH）等公司先后完成整体上市。

股改的完成最终引发整体上市持续数年的热潮。2007年无疑是热潮中的高潮，全年彻底完成整体上市的案例有云南铜业（000878.SZ）、铜陵有色（000630.SZ）、包钢股份（600010.SH）、中国船舶（600150.SH）、建峰化工（000950.SZ）、葛洲坝（600068.SH）、东方电气（600875.SH）、深圳能源（000027.SZ）、莱茵置业（000558.SZ）、华菱管线（000932.SZ）和首开股份（600376.SH）等11家企业，几近过去3年的总和，而股市上涉及整体上市概念的上市公司则有上百家。

股权分置改革的成功推行解决了非流通股与流通股两类股东之间的利益协调问题，让上市公司大、小股东的利益趋于一致。一定程度而言，上市公司控股股东的行为从股改前的“掏空上市公司”向股改后的“资产注入”转变，非上市资产的证券化和上市公司的市值提升均符合控股股东利益，上市公司也从传统的“圈钱工具”变身为经济领域优质资产的“吸纳器”。

来自于政策层面的引导与支持无疑是整体上市大发展的最大推手。

一方面，证监体系在2005年就提出整体上市的动议，2005年8月23日，中国证监会、国资委、财政部、中国人民银行、商务部五部委联合发布《关于上市公司股权分置改革的指导意见》明确："在解决股权分置问题后，支持绩优大型企业通过其控股的上市公司定向发行股份实现整体上市，支持上市公司以股份等多样化支付手段，通过吸收合并、换股收购等方式进行兼并重组，推动上市公司做优做强。"11月，中国证监会《关于提高上市公司质量意见》要求“支持具备条件的优质大型企业实现整体上市”，全国各地落实这一意见的主要措施之一就是："支持（上市公司）采用吸收合并、定向增发等方式在境内资本市场上实现集团整体上市，彻底解决与上市公司之间的不当关联交易和同业竞争的问题。"

另一方面，国资体系对中央企业整合提出很强的针对性指导意见。在央企整合中，整合的方向是主业清晰和主业资产的集中，表现为集团间的合并或集团内企业间的整合。2006年12月19日，国资委发布了《关于推进国有资本调整和国有企业重组的指导意见》，鼓励已经上市的国有控股公司通过增资扩股、收购资产等方式，把主营业务资产全部注入上市公司。2007年7月31日至8月2日，国资委召开研讨会，明确表示“要加快整体改制、整体上市步伐”。2007年10月15日，时任国资委主任李荣融称，到2010年中央企业缩减到80家至100家的目标不会动摇。

自2004年以来的整体上市实践过程中，其模式创新层出不穷，到2007年底，中国证券市场上主要的整体上市模式至少有七种：

- 以TCL集团、上港集团为代表的集团换股吸收合并上市公司+重新IPO模式
- 以百联股份、攀钢钢钒为代表的上市公司换股吸收合并其他上市公司模式
- 以武钢股份、宝钢股份为代表的再融资反向收购集团资产模式
- 以鞍钢新轧、中国船舶为代表的定向增发反向收购集团资产模式
- 以中国软件、邯郸钢铁为代表的现金反向收购集团资产模式
- 以葛洲坝、中山公用为代表的上市公司换股吸收合并集团公司模式

- 以东方电气为代表的定向增发反向收购集团资产＋要约收购其他上市公司模式

就整体上市模式的演进发展而言，有三个现象值得强调。其一，尽管股改前的整体上市企业数量少，但大多是整体上市主要模式的首创者，上述七种模式的前五种在股改前就已亮相；其二，上市公司定向增发反向收购的模式以其过程简便和操作高效成为最主要的整体上市模式，占总数量的六成左右，而其典型代表即为中国船舶整体上市案；其三，虽然整体上市模式细分上可能多达十余种，但其核心运作方式上不外乎合并和收购两大类，集团换股吸收合并上市公司＋重新IPO、上市公司换股吸收合并其他上市公司和上市公司换股吸收合并集团资产均属于合并类，其他模式则属于收购类。

此外，在对2008年底之前完成整体上市的35家公司的统计中，实际控制人为国资委的有9家，为地方国资委的有22家，合计31家，占比近九成，可见国资委无可争议地成为整体上市行为的主要推动者；而整体上市公司的行业属性上，钢铁行业有13家，占比37.14%，房地产业有4家，电力等公用事业有3家，有色金属业有2家，这在一定程度上说明在钢铁、有色、地产和公用事业这类资本投入大、规模效益明显的领域的上市公司更有动力来推动整体上市。

分拆上市的沪东重机

2007年元月，中国股市的牛市行情已然行进18个月，不过，大盘指数却在3000点关口高位震荡，犹豫不前，似乎在等待某个身披金甲、驾着祥云的勇士才可冲关。

1月29日，沪东重机（600150.SH）在停牌仅4个交易日后便携一纸非公开发行公告复牌，受此影响，沪东重机股价连续6个一字涨停，到2017年春节休市前的短短15个交易日，股价从37.72元直线飙升至最高80元，涨幅高达114%。随后，确乎宛如越战越勇的勇士一般，沪东重机开启了其登顶2007年中国股市第一高价股的征程，并和一干整体上市相关股票以资产注入概念彻底引爆2007年的历史性大牛行情。

1997年，沪东重机股份有限公司（简称“沪东重机”）由中国船舶工业总公司（简称“中船总公司”）两家下属企业联合发起、以募集方式设立。具体来讲，经中船总公司和国家经济体制改革委员会批准，沪东造船厂（后更名为沪东中华造船（集团）有限公司）和上海船厂（后变更为上船澄西船舶有限公司）分别以前者所属的柴油机事业部和后者所属的造机事业部的净资产投入股份公司，按募集方式设立沪东重机。而沪东造船厂和上海船厂保留其余未划入股份公司的全部剩余资产，仍作为国有独资企业存在。因此，沪东重机主营业务十分突出，集中在船用柴油机的生产和销售上面，在2007年整体上市的前三年，该业务占公司主营业务收入的87%以上且保持相对稳定。

显而易见的是，沪东重机的设立与上市是颇具代表性的分拆上市，其招股书曾明确提示投资者，“公司与两家发起人在生产经营、提供服务等方面相互关联，存在一些关联交易，这些交易是否能够长期稳定、互惠互利，可能会影响到本公司的经济效益”。此外，沪东造船厂和上海船厂“是本公司的相对控股股东，在今后公司的生产经营和管理上，可能会受到它们的影响，从而可能会忽视中小股东的某些合理建议及其利益。”

1998年4月16日，经中国证监会批准，沪东重机发布招股说明书，发行额度为7 000万股，向社会公开发行人民币普通股6 300万股，向公司职工配售700万股公司职工股，发行价格为每股3.83元，发行后的股本总额为21 953.92万股。5月20日，沪东重机登陆上交所，成功上市。

不过，和大多数分拆上市的企业一样，这种计划性的上市行为根本无法激活企业经营。新成立的沪东重机已是当时国内产量最大的船用大功率柴油机生产企业，1997年的市场占有率超过50%，但在上市的次年以及2000年，沪东重机便告连续两年亏损，2001年4月，上海证券交易所对公司股票实行特别处理，股票简称改为“ST重机”，局面颇为尴尬。

成立于1982年5月的中国船舶工业总公司，是由原中华人民共和国第六机械工业部所属全部138个企事业单位和交通部所属的15个大中型修造船企事业单位合并而成的国有船舶企业。为鼓励国有企业竞争和发展，1999年一大批国有企业按政策分拆重组，当年7月1日，中国船舶工业总公司亦被分拆为中国船舶工业集团公司（简称“中船工业集团”）和中国船舶重工集团公司（以下简称“中船重工集团”）。以长江为界，“两船”的船厂分别在江南和江北，“南船”和“北船”的叫法由此而来。

作为中国十大军工集团之一，中船工业集团是国内产量规模最大、管理技术水平最为先进的特大型造船集团，能够建造符合世界上任何一家船级社规范，满足国际通用技术标准和安全公约要求，适航于任一海区的现代船舶。作为中国船舶工业的主要力量，旗下聚集了一批中国最具实力的骨干造修船企业、船舶研究设计院所和船舶配套企业等。产品涵盖散货船、油船、集装箱船等主要船型和液化天然气船、海洋工程装备等高技术、高附加值产品。2006年，中船工业集团造船产量已超600万吨，连续三年稳居世界造船公司第三位，堪称“中国造船之王”。

2006年下半年，金岭矿业、上港集箱、神火股份、上海汽车等一批国有企业整体上市的示范作用，加之股改基本完成和整体上市政策助推，中船工业集团借旗下沪东重机整体上市步伐逐渐加快。2007年一开年，沪东重机便抢跑全流通时代整体上市第一股，资本市场为之一振，炒作热情立刻被引爆。

百亿资产造船业霸主

在沪东重机整体上市的案例中，其运作效率之高堪为标杆。2007年6月21日，沪东重机公告其非公开发行申请获证监会发审委有条件审议通过，此时距离1月29日上市公司公告定向增发方案不到5个月，与4月18日非公开发行股票申请获股东大会审议通过仅仅2个月，距离证监会5月29日受理本次申请也只有3周多的时间。这一快马加鞭的过程与当时政策上证监会鼓励央企优质资产整体上市、为该类项目审核开辟“绿色通道”、优先上会审核不无关系。

7月13日，本次定向增发申请收到证监会正式核准批文；8月1日，沪东重机公司正式更名为中国船舶工业股份有限公司，股票简称变更为“中国船舶”；9月20日，非公开发行的新股上市，至此，中国船舶整体上市完美收官。

根据沪东重机公告的《非公开发行股票的发行情况报告书》，本次非公开发行以30元/股的价格向控股股东等特定对象定向增发4亿A股，同时收购上海外高桥造船有限公司（简称“上海外高桥”）100%的股权、中船澄西船舶修造有限公司（简称“澄西船舶”）100%的股权和广州中船远航文冲船舶工程有限公司（简称“远航文冲”）54%的股权等三大资产，最终实现中船工业集团核心民品业务的整体上市。非公开发行股票发行价格之所以定在30元/股，是以不低于本次重大资产重组首次董事会决议公告日前20个交易日公司股票均价的90%（即28.23元）为依据的。

本次发行的认购方式分为资产认购和现金认购两部分，认购对象相应分为两类：其一为以资产认购方，即资产出让方，包括控股股东中船工业集团（持有沪东重机53.27%的股权）、宝钢集团和上海电气，共认购3亿股，占本次发行总量的75%；其二为现金认购方，包括中信集团、中船财务公司、中国人寿、社保基金等财务投资人合计认购的0.65亿股，以及中船工业集团和宝钢集团合计认购的0.35亿股，共占本次发行总量的25%。

中船工业集团用以认购本次新股的资产包括其所持上海外高桥66.66%的股权、澄西船舶的100%股权及远航文冲54%的股权；宝钢用以认购本次新股的资产为其所持有的上海外高桥16.67%的股权，上海电气用以认购本次新股的资产为其所持有的上海外高桥16.67%的股权。

按照发行报告书的介绍，这三大标的中的造船资产确乎优质靓丽。上海外高桥注册资本14.3985亿元，是我国最大、最现代化的船舶制造厂商，被国内外誉为“中国第一船厂”，2006年造船产量达300万吨以上，约占中船工业集团造船总吨位的50%。截至2006年年底，上海外高桥总资产135.20亿元，净资产24.82亿元，主营业务收69.60亿元，净利润9.75亿元。

另两家修船企业虽然规模偏小，但盈利情况也算得上理想。澄西船舶注册资本4.409亿元，是中船工业集团所属的大型修船企业，是中国修船行业的领导者主力军，截至2006年底，澄西船舶总资产40.58亿元，净资产8.27亿元，主营业务收入26.54亿元，净利润2.58亿元。远航文冲注册资本6.41亿元，有40多年的修船经验，是中国最早承修外轮的修船厂之一，也是中国南方最大型的修船基地，截至2006年底，公司总资产8.83亿元，净资产7.45亿元，主营业务收入4.96亿元，净利润1.04亿元。

根据北京中企华资产评估有限公司出具的资产评估报告，以2006年10月31日为评估基准日，采用收益法的评估结果，上海外高桥100%的股东权益价值为60.79亿元、澄西船舶100%的股东权益价值为23.49亿元，远航文冲54%的股权价值为8.87亿元，总计93.14亿元。沪东重机与资产出让方签定的发行股票收购资产协议约定，评估价超过认购本次发行股份总数75%（3亿股）等额资产的部分，即3.14亿元使用募集资金按照比例向相关公司收购。

非公开发行完成后，中船工业集团核心民品主业，包括大型民用船舶制造业务、修船业务注入沪东重机，连同原船用大功率柴油机制造业务，新上市公司实现核心民品造（船）、修（船）、配（套）三大业务的完整产业链，形成中船工业集团核心民品独立的上市平台，并成为具备国际竞争力的船舶公司。

中国船舶之一代股王

非公开发行在2006年5月《上市公司证券发行管理办法》颁布后被确立为一项基本的证券市场制度，随后旋风般地成为中国证券市场革命性的金融工具。以沪东重机为代表的一批整体上市企业无疑是非公开发行制度推出的最大受益者之一。就本质而言，沪东重机的上述非公开发行方案实际上是上市公司的重大资产重组行为。2008年4月，《上市公司重大资产重组管理办法》正式颁布，第四十一条规定“特定对象以现金或者资产认购上市公司非公开发行的股份后，上市公司用同一次非公开发行所募集的资金向该特定对象购买资产的，视同上市公司发行股份购买资产。”换言之，如果沪东重机推迟一年进行整体上市的话，它将接受的是证监会并购重组委的重大资产重组审核，而不是非公开发行审核。

中国船舶整体上市，最大的获益方非国有资本莫属，这也是政府不遗余力推动中央企业等更大范围的国有资产整体上市的原因所在。整体上市前，沪东重机停牌前股价37.72元，股本2.63亿股，总市值为99.04亿元，控股股东中船工业集团所持53.27%的股权价值为52.76亿元；中船工业集团、宝钢集团和上海电气所持外高桥、澄西船舶及远航文冲的净股东权益之和为37.11亿元；此外，中船工业集团和宝钢集团分别现金认购9亿元和1.5亿元。

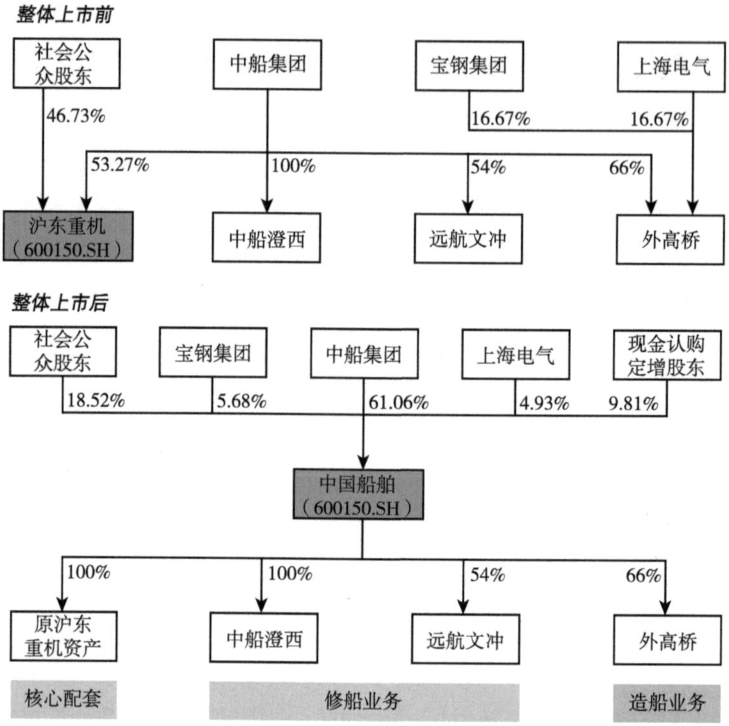

中国船舶整体上市前后股权结构

资料来源：沪东重机公告。

发行完毕后，中国船舶总股本跃升至6.63亿股，中船工业集团、宝钢集团和上海电气持股比例分别为61.06%、5.68%和4.93%。按三年后本次定向增发股份解除限售的2010年9月27日的收盘价57.81元计算，上述三大国有集团持股市值总计约为275亿元左右，较三年前的百亿权益账面浮盈了175%。解禁之后，宝钢集团、上海电气、中船工业集团分别于2012年2季度、2013年4季度和2014年4季度进行了首次减持套现，获利不菲。

沪东重机选择整体上市的时机可谓恰到好处，股权分置改革基本完成、二级市场牛市行情、证监会和国资委推动支持整体上市令其占尽外部天时，而中国船舶行业的景气周期则提供了地利，为新注入资产的发展创造了绝佳的产业发展基础。作为一个典型的周期性行业，船舶业正处于2000年以来持续上扬的航运景气周期中，加之国家振兴船舶工业，做强做大民族造、修船工业的行业政策，均为中国造、修船企业的发展和业绩增长提供机遇和底气。2007年前后正是景气周期顶峰，此时整体上市，控股股东所获得的增值收益显然是最大的，而其他中小股东共赢亦是不争的事实。

根据沪东重机、外高桥、中船澄西、远航文冲2006年度财务报告，当沪东重机从单一经营造船配套设备的船用柴油机制造商转型为国内一流的具备船舶制造、维修、核心配套能力的造船企业之后，其收入结构发生重大变化：从船用柴油机收入占比87%到造船、修船、核心配套分别占比65.62%、13.31%、18.97%，上市公司的基本面出现积极变化，可持续发展能力与竞争力无疑大大增强。其耀眼业绩在收购完成当年以及次年的财务报表中一览无余，2007年、2008年的净利润分别为29.18亿、41.6亿，较2006年的2.68亿分别增加惊人的9.89倍、15.52倍。

中国船舶整体上市后股价最高达300元

数据来源：Wind。

在2007年的历史性大牛市中，整体上市在二级市场上的威力令人叹为观止。到2007年底，中国船舶最终录得685.35%的全年涨幅，而其于2007年10月11日所创下的300元股价则创下A股1993年规范发展以来个股股价的最高纪录，碾压高价股长青树贵州茅台，较其230.10元的2007年最高价高出30%，而这一纪录足足保持了8年之久，直至2015年上半年爆炒小盘股时，才被全通教育等公司打破，中国船舶无可争议地成为2007年度股王。

大事记

- 1997年，沪东重机股份有限公司由中国船舶工业总公司旗下沪东造船厂分拆出的柴油机事业部与上海船厂分拆出的造机事业部联合设立。
- 1998年5月20日，沪东重机登陆上交所，成功上市，股本总额为21 953.92万股。
- 2001年4月，分拆上市的负面影响显现，沪东重机1999～2000年连续两年亏损，上海证券交易所对公司股票实行特别处理，股票简称改为“ST重机”。
- 2007年1月24日，沪东重机因重大事项停牌。
- 2007年1月29日，沪东重机复牌，发布非公开发行股票及收购资产的公告。本次非公开发行股票总额不超过4亿股，发行价格为30元/股；同时，收购上海外高桥100%的股权、澄西船舶100%的股权和远航文冲54%的股权等三大资产。
- 2007年4月18日，沪东重机非公开发行股票申请获股东大会审议通过。
- 2007年7月13日，沪东重机非公开发行股票申请获中国证监会核准。
- 2017年8月1日，沪东重机公司正式更名为中国船舶工业股份有限公司，股票简称变更为“中国船舶”。
- 2007年9月20日，沪东重机非公开发行的新股上市，中国船舶整体上市完美收官。
- 2007年10月11日，中国船舶股价达到300元，创下A股1993年以来个股股价的最高纪录。
- 2012年2季度、2013年4季度和2014年4季度，本次非公开发行的资产出让方宝钢集团、上海电气、中船工业集团分别进行了首次减持套现，获利不菲。

第18章

整体上市：共和国第一工业的资本救赎（2004 ~ 2010）

一座钢厂一座城。

——形容钢厂对国民经济重要性的俗谚

工业化国家几乎都是从大炼钢铁开始其工业化进程的，有如一切工业之母，钢铁产业不可替代地担当一个国家工业化与现代化的产业支撑。我国也不例外，钢铁产业在新中国实现社会主义工业化的进程中功不可没，改革开放以来，我国已然成为世界上最大的钢铁生产国和消费国。

原本就为国企脱贫解困而推出的中国资本市场，在早期发展阶段，钢铁行业理所当然地成为分拆上市数量最多的行业之一。于是，在始于2004年的整体上市热潮中，钢铁行业毫不意外地成为资本市场整体上市步子最快、数量最多、规模最大的第一方阵。

共和国第一工业：整体上市主力军

1949年新中国成立时，战争废墟上的中国钢铁工业谈不上有任何基础。

1949～1978年形成中国钢铁工业发展的第一阶段，被称作“以钢为纲”阶段。这一阶段经历了“两个黄金发展期”：第一个是1953年至1957年国民经济的第一个五年计划期间，第二个是1963年至1965年的国民经济调整期间。

现今耳熟能详的大部分钢铁厂皆新建或扩建于此期间，如武钢、包钢、鞍钢等三大钢铁基地，山西太原、四川重庆、北京石景山、安徽马鞍山、湖南湘潭等五家年产30万吨到100万吨钢的中型厂，此外还在河北邯郸等十八个城市建设年产10万吨到30万吨钢的小型钢铁厂，从而形成所谓的“三大”、“五中”、“十八小”的钢铁工业格局。这为新中国钢铁工业的日后发展奠定了极其重要的基础。

1978～2000年，进入钢铁工业发展的第二阶段——稳步发展时期。改革开放后的前14年，即1978～1992年间，引进国外先进技术对老钢厂实施技术改造成为中国钢铁工业的重点；在行业整体生产规模扩张的基础上，新建上海宝钢、天津无缝钢管公司两座现代化大钢厂以及一些乡镇钢铁企业，而宝钢的建设无疑是我国钢铁工业史上的最大事件，它使国内钢铁工业，甚至是新中国工业的综合实力都上了一个大台阶。

党的十四大之后，从1993年开始，中国钢铁工业进入总量控制时期，由长期规模扩张为主转向调整优化结构、提高综合竞争力为主；钢铁产品由长期数量短缺转向阶段性、结构性过剩。国家提出“控制总量，优化结构，大力提高冶金工业发展的质量和效益”的方针，并在全行业特别是大中型钢铁企业中展开了压缩生产总量的工作。此后，新增钢厂数量锐减。

二十世纪九十年代初，意在拯救国有企业脱困的中国股市横空推出，于是，从1994年1月马鞍山钢铁股份有限公司登陆A股开始，数以几十计的久旱待甘霖的老钢厂便集体性地登陆资本市场募集资金获取新发展。原三大钢铁基地的鞍钢、武钢、包钢分别于1997年12月、1999年8月、2001年3月分拆上市，而首钢和宝钢也于1999年12月和2000年12月先后分拆上市，钢铁第一大省——河北省的唐钢和邯钢则早在1997年4月和1998年1月上市，此外，新余钢铁、韶钢、本钢、杭钢、酒钢等数十家钢企亦纷纷登陆资本市场。

不过，正如我们在中国船舶整体上市案中所介绍的那样，囿于2000年前的“额度制”所限，中国证券市场有限的市场容量，显然不能满足资金密集型的钢铁企业的融资需求。此外，2002年前，钢铁行业盈利能力强的优质资产主要集中在新建的钢铁后加工环节——冷轧或热轧工序上，因此，把钢铁后加工环节从集团分拆出来单独上市成为大多数钢企上市的最优解。

2001年开始，中国钢铁工业进入了新的发展阶段——整合发展时期，资本市场在这一阶段起到了关键性的作用。2010年及以前主要是钢铁企业集团内的整合以及整体上市，2011年至今则进入行业内集团间的整合阶段。

2003年，钢铁行业景气度迅速提升，钢企利润前移，前端工序的盈利能力大大超过曾被认为是优质资产的后端工序，这种情况下，通过整体上市来整合人为割断的产业链和抵御行业的周期性调整成为钢铁企业的共识；同时，上市公司与集团公司之间一直饱受诟病的关联交易与同业竞争问题都使得整体上市势在必行。另外，因为铁矿石价格这个钢铁行业最大变量的存在，使得钢铁行业提升行业集中度的并购整合比其他行业更为迫切，而借助整体上市将未上市资产证券化带来的变现，自然是整合行业所需资金的最佳来源。于是，在始于2004年的整体上市热潮中，钢铁行业毫无意外地成为资本市场上整体上市的第一方阵和主力军。

自2004年6月武钢完成钢铁经营性资产的整体上市，到2010年10月南钢股份实现整体上市，先后有17家钢铁公司实施了主业资产整体上市。根据年度整体上市的案例数量，这一轮持续7年的钢铁企业整体上市潮中，能够清晰地划分为三个阶段。

股权分置改革前的2004～2005年是钢铁行业整体上市的启动阶段，仅有武钢股份（600005.SH）和宝钢股份（600019.SH）两家公司完成整体上市；随后的2006～2008年则是钢企整体上市的高潮阶段，共有十一家公司完成整体上市，鞍钢新轧（000898.SH）、邯郸钢铁（600001.SH）、包钢股份（600010.SH）和山东钢铁（600022.SH）的整体上市均发生在此期间；2009～2010年则进入尾声，攀钢钢钒（000629.SZ）、酒钢宏兴（600307.SH）、南钢股份（600282.SH）和河北钢铁（000709.SZ）共四家公司收官整体上市。

一定程度而言，钢铁行业的整体上市称得上A股公司整体上市的一个缩影，主流的整体上市模式在钢铁行业中均可以找到相应案例。

按照出场序，以收购为主要手段的类型包括：

- 武钢、宝钢为代表的再融资反向收购集团资产模式
- 鞍钢、包钢为代表的定向增发反向收购集团资产模式
- 邯钢的现金反向收购集团资产模式

以合并为主要手段的类型是：

- 攀钢、唐钢为代表的换股吸收合并其他上市公司模式

武钢股份：钢企整体上市第一股

早在股权分置改革之前，监管部门就开始了以定向增发为代表的金融创新活动，以个案审批的方式进行定向增发的尝试。武钢整体上市就是在这样的试点中完成的。

2003年11月18日，武钢股份（600005.SH）发布《武汉钢铁股份有限公司关于资产收购及关联交易的公告》，公司拟增发新股，以募集资金收购母公司武钢集团旗下未上市的钢铁业务及资产。武钢整体上市启动。

一个月后的12月19日，武钢股份股东大会通过该增发新股议案和《钢铁主业收购协议》；随后，2004年5月25日，增发新股的申请获证监会股票发行审核委员会审核通过；6月23日，新增发的141 042.40万股发行完毕，其中社会公众股为56 400万股，暂不流通的国有法人股为84 642.40万股；7月5日，社会公众股上市流通。武钢整体上市收官。

根据增发新股结果公告，武钢股份最终以6.38元/股——比股权登记日前10个交易日股票收盘价之算术平均值6.8元低6.18%——的定价向社会公众公开发行56 400万股社会公众股，向武汉钢铁（集团）公司定向增发84 642.40万股国有法人股，共募集资金89.99亿元；武钢股份总股本扩大56.22%，从250 857.60万股增至391 900万股，其中流通股增至94 800万股，增幅达146.88%，占总股本比例为24.19%，而国有股占总股本的比例则由原来的84.69%下降至75.81%。

1999年武钢股份IPO时，受发行额度的限制，武钢集团仅将其钢铁业务最后端包括冷轧薄板厂和冷轧硅钢片厂的冷轧工序分割至武钢股份上市。因此，本次武钢集团整体上市的钢铁主业囊括了钢铁生产流程中的炼铁系统、炼钢系统和轧钢成材厂等全部资产。以安永华明会计师事务所进行的专项审计为基础，中喜会计师事务所有限责任公司出具了《资产评估报告书》，在资产评估基准日2003年6月30日，钢铁主业资产总额的评估价值为198.6亿元，负债总额的评估价值为106.55亿元，净资产的评估价值为92.01亿元，基于此，本次钢铁主业资产最终确定的收购价格为95.43亿元。前述募集的近90亿元资金全部用于本次资产收购，而不足部分由武钢股份自筹解决。

资产注入后的武钢股份拥有炼铁、炼钢、轧钢等一整套现代化钢铁生产工艺流程及相关配套设施，产品将由原有的冷轧薄板、冷轧硅钢片2个产品大类、200多个品种，增加到热轧板卷、中厚板、大型材、高速线材、棒材、冷轧及涂镀板、冷轧硅钢等7个产品大类、500多个品种。上市公司一举实现钢铁生产流程工艺的一体化经营，由一家170万吨钢材深加工规模的企业发展成为钢铁年综合生产能力900万吨的大型钢铁联合企业。

从财务数据上，武钢集团所注入资产的优质程度可见一斑。根据模拟合并的财务报表分析，截至2003年6月底，武钢股份总资产从71.86亿元增加到250.14亿元，股东权益由55.06亿元增至131.73亿元，其增幅分别为248.09%和139.24%；主营业务收入从38.19亿元增至106.42亿元，净利润则由3.44亿元涨至12.04亿元，增幅分别达惊人的1.78倍和2.50倍；而武钢股份的净资产收益率则由原来的6.25%上升至9.14%。

武钢股份及模拟合并的财务报表分析

财务指标[①]	武钢股份	模拟合并	合并后增加
总资产（万元）	718 603.72	2 501 399.52	248.09%
总负债（万元）	167 984.68	1 184 121.89	604.90%
股东权益（万元）	550 619.03	1 317 277.70	139.24%
主营收入（万元）	381 896.78	1 064 157.97	178.65%
净利润（万元）	34 414.30	120 359.90	249.74%
净资产收益率	6.25%	9.14%	46.24%

注：①总资产、总负债、股东权益为截至2003年6月30日的期末余额；主营业务收入、净利润、净资产收益率为2003年1月1日～6月30日的期间发生额。

数据来源：武钢股份公告。

与此同时，此前广泛存在于上市公司和母公司之间的大量关联交易在收购后改善极为显著。例如，武钢股份向武钢集团购买原材料的关联交易金额比例由79.60%降至31.08%，这对完善上市公司的治理结构意义十分明显。

武钢股份定向增发非流通的国有法人股和向社会公众公开增发的流通股相结合的再融资方式，即"定向增发+公募增发"的所谓"武钢模式"，在股权分置改革之前确乎是一种融资创新。在市场对上市公司增发颇为"抵触"的背景下，此次混合增发对上市公司、流通股股东和大股东各方利益的兼顾，无疑是本案成功的关键所在。

第一，混合发行。这种发行方式主要基于两方面考虑：首先，全部定向增发，将违反《公司法》。本次增发前，武钢股份流通股比例仅为15.30%，如果武钢股份100%定向增发暂不流通的国有法人股，其股本结构将不符合当时的《公司法》对于上市公司上市条件的规定，即公司股本总额超过4亿元的，社会公开发行股份的比例至少为15%。其次，悉数公开增发，市场不接受。中国股市十余年来，上市公司大股东不断上演圈钱游戏，投资者反感再融资已是不争事实，化解投资者抵触情绪无疑成为方案制定的重要考量因素。

第二，同股同价。与发行方式相比，发行价格同样是十分敏感的关键点。发行方案中，武钢股份向武钢集团定向增发国有法人股不超过12亿股，武钢集团书面承诺按照本次公开发行确定的价格全额认购，且该部分股份暂不上市流通。这无疑赢取市场好感，武钢集团以与社会公众完全一致的发行价格全额认购，至少保证了再融资过程中的公平性原则。

第三，以资入股。就武钢模式的实质而言，大股东武钢集团并没有实际的现金流出，但以资产入股毕竟从某种程度上降低了流通股东的付出代价，有券商分析师就此指出，[①] 这是"上市公司再融资过程中对流通股东的一种妥协"，"此次收购行为，看作是流通股东对不负责任的再融资行为坚持不懈抗争所取得的阶段性胜利。"

二级市场上，第一家整体上市钢企的光环、"武钢模式"的混合发行创新和优质资产的实质性注入均构成武钢股价表现不俗的催化剂。自非公开发行公告以来，市场便很买账，武钢股价一路震荡走高，从2003年11月17日的收盘价5.03元起步，到增发新股上市的2004年7月5日以6.73元收盘，区间涨幅高达33.8%，而沪市大盘同期仅上涨8.77%，2004年2月23日更是创下9.07元的历史最高价，足见市场的认可度之高。

武钢整体上市方案确乎领风气之先，成为当时证券市场的开创之举，为一时之典范。武钢增发新股上市一个月后，2004年8月12日，中国最大的钢铁企业——宝钢集团的整体上市方案如法炮制，浮出水面，宝钢股份公告称拟增发

① 田磊. 西南证券：透视武钢增发预案 创新还是妥协?[OL]. 2003-11-19［2018-09-30访问］. http://finance.sina.com.cn/roll/20031119/1257525913.shtml.

不超过50亿新股，向宝钢集团定向增发国家法人股和向社会公众增发社会公众股，前者不低于发行总量的50%，后者不超过总量的50%，所募集资金将全部用于收购大股东宝钢集团钢铁生产、供应链及其他相关业务资产。2005年5月9日，宝钢股份增发完成，流通股上市。

邯郸钢铁：钢企唯一现金收购案

在所有的整体上市模式中，以现金方式收购集团公司非上市相关资产是效率最高的模式。不过，这种整体上市模式有明显的局限性：要么上市公司资金雄厚，要么相关资产规模小，因而采用现金收购的整体上市案例屈指可数。

与其他上市钢企类似，1998年1月上市的邯郸钢铁（600001.SH）同样存在大量的关联交易。为进一步完善公司法人治理结构，减少关联交易，避免同业竞争，理顺工艺流程，邯郸钢铁于2006年8月19日发布了收购大股东邯钢集团部分资产的公告，利用公司自有资金收购集团公司所属的动力厂、热力厂、运输部生产经营性资产以及在建项目“中板新线”相关资产。截至2006年6月30日，控股股东邯钢集团持有上市公司邯郸钢铁股权为58.82%。

根据北京京都资产评估有限责任公司出具的评估报告，标的资产净资产评估值为20.36亿元，收购对价以此作为收购的定价依据，最终确定为20.82亿元。2006年9月8日邯郸钢铁股东大会审议通过上述收购议案；2006年9月30日完成资产交割手续。至此，邯郸钢铁生产经营所需的风、水、电、气等均由自身提供，完成整体上市。

邯钢整体上市对关联交易问题的解决效果相当明显，据2006年报披露，销售端的关联交易，邯郸钢铁的粗煤气销售额为5.28亿元，比上年度的8.95亿元明显减少；而在采购货物方面，2006年度电、风、氧气及煤气的金额总计为17.49亿元，比上年度的22.81亿元也减少23.32%。显然，邯钢整体上市减少关联交易的初衷得以一定程度的实现。

现金收购类的整体上市模式，操作局限性十分突出，尤其是对资本密集型的钢铁行业来讲，绝大部分钢企集团的未上市资产规模都极为庞大，上市公司自有资金根本无法撬动，因此，现金方式的案例仅有邯郸钢铁一家。

鞍钢股份：首创“定向增发反向收购”

鞍山钢铁集团（简称“鞍钢集团”）是新中国第一个恢复建设的大型钢铁联合企业和最早建成的钢铁生产基地，被美誉为“中国钢铁工业排头兵”、“中国钢铁工业的摇篮”和“共和国钢铁工业的长子”，其历史地位不言而喻。

鞍钢集团“中国钢铁工业排头兵”浮雕（来源：鞍钢集团官网）

1997年，因钢铁主业装备落后、效益低下而不具备整体上市条件的鞍钢集团，将效益上佳的厚板厂、冷轧厂及线材厂分拆重组为鞍钢新轧股份有限公司（简称“鞍钢新轧”）。当年7月24日和12月25日，鞍钢新轧（00347.HK，000898.SZ）先后登陆港交所和深交所，分别以1.63港元和3.90元人民币发行8.90亿股H股和3亿股A股，共募集资金约26亿元人民币。截至2004年12月31日，鞍钢新轧总股本29.63亿股，其中鞍钢集团持有国有法人股13.19亿股，占44.52%；流通A股7.53亿股，占25.43%，H股8.90亿股，占比30.04%。

2000年12月28日，鞍钢集团与中国华融资产管理公司（简称“华融资产”）、中国信达资产管理公司（简称“信达资产”）共同出资设立鞍钢集团新钢铁有限责任公司（简称“新钢铁公司”），注册资本178.67亿元，其中，鞍钢集团以钢铁主业中未纳入上市公司的资产115.01亿元出资，占63.47%；华融资产以对鞍钢集团的债权50亿元出资，占27.98%；信达资产以对鞍钢集团的债权13.66亿元出资，占7.65%。后来的2004年8月，鞍钢集团与信达资产、华融资产分别签订《股权转让协议》，向信达资产和华融资产购买其持有的全部新钢铁公司股权，新钢铁公司成为鞍钢集团的全资子公司。

于是，鞍钢集团的钢铁主业实际分割成两个独立运行的子公司——上市的鞍钢新轧和非上市的新钢铁公司，前者只拥有部分炼钢及轧钢资产与业务，而后者则包括烧结、炼铁、部分炼钢、能源动力及部分轧钢等相关资产与业务。根据上市公司披露的数据，鞍钢新轧与鞍钢集团的关联交易占到其主营业务成本的80%以上，相互间的协作明显受到证券市场关于关联交易规定的制约，主业效益的充分发挥和国际竞争力的提高均面临挑战。鞍钢钢铁主业整体上市，即把新钢铁公司注入上市公司，已然十分必要。

事实上，参考武钢模式，鞍钢新轧曾在2004年底就推出“定向增发+配股”再融资的整体上市方案，该方案与武钢模式的“定向增发+公开增发”的本质皆属再融资模式，差别在于在向控股股东定向增发融资的同时，前者利用配股替换了后者公开增发的融资方式，其配股比例为10:8。不过，由于A股的股权分置改革从2005年5月开始全面启动，不进行股改，上市公司不得增发新股扩充其资本，鞍钢整体上市因而一度拖延。此外，新钢铁公司以2004年8月31日为评估基准日的资产评估报告，于2005年9月1日已然过期，不得不重新进行评估。

尽管股改令鞍钢的整体上市有所延迟，但却也为其推出流程更简单、效率更高、成本更低的新整体上市方案创造了条件。

2005年10月21日，上市公司发布公告，鞍钢新轧股权分置改革方案和收购鞍钢集团新钢铁公司100%股权的调整方案同时推出，由此，鞍钢钢铁主业整体上市迈出关键一步。根据股改方案，鞍钢集团作为鞍钢新轧唯一的非流通股股东，采用同时向流通A股股东支付股票、认购权证的组合方式作为所持股份获得流通权的对价安排，股改方案实施后首个交易日，鞍钢集团持有的非流通股股份即可全部流通——这成为“定向增发”模式整体上市的基础与前提。股改之后，上市公司总股本未曾变动，鞍钢集团持股则由之前的13.19亿股降到11.31亿股，下降幅度约为14.29%，占比从股改前的44.52%下降到38.16%。

收购新钢铁公司的方案则从“定向增发+配股”的再融资方式调整为“新增股份收购资产”的方案。为此，鞍钢新轧新发行29.70亿流通A股收购鞍钢集团持有的新钢铁公司100%股权，收购完成后，总股本达59.33亿股，鞍钢集团持股比例大幅攀升至69.11%。按每股4.29元的价格，上市公司新增股票价值为127.41亿元。截至2005年6月30日，新钢铁公司资产净值为196.92亿元，定增股票规模与收购价款差额的69.51亿元则由上市公司分3年三期平均支付。4.29

元/股的定价取值为董事会决议公告日（即2005年10月21日）鞍钢新轧A股股票前二十个交易日收盘价的算术平均值，采用这一市场化定价向集团定向增发流通股，成为“定向增发”模式整体上市的关键所在。

这一当时极具创新性的整体上市案备受市场和监管等各方关注，“二进宫”的进展格外顺利。2005年12月28日，鞍钢新轧股东大会审议通过了公司新增股份收购资产的议案；2006年1月25日，证监会核准鞍钢新轧新增股份购买资产的申请；2月6日和3月13日，鞍钢新轧新增股份分别成功发行和上市。而二级市场上，在股改和整体上市的双重刺激下，鞍钢新轧新增股份上市日的复权价格较2015年10月17日停牌前大涨36.1%，而同期深证成指仅上涨15.79%。

6月20日，上市公司股东大会同意公司中文名称由“鞍钢新轧钢股份有限公司”变更为“鞍钢股份有限公司”，中文简称由“鞍钢新轧”变更为“鞍钢股份”。至此，鞍钢股份成为全流通时代第一家实现集团整体上市的上市公司，也是第一家采用定向增发反向收购集团资产的上市公司。

在鞍钢整体上市的案例中，鞍钢股权分置改革之后推出的交易方案较之前方案的最大不同之处在于放弃配股融资而使整个交易中不涉及现金流动，从而成为首家整体上市不融资的案例。一方面，新方案依然承继原方案中不超过30亿股的定向增发规模，另一方面，原23.714亿股的配股部分全部放弃，由此形成的收购差额则由上市公司分3年三期平均支付。尽管放弃配股可能是面对再融资市场巨大阻力之下的无奈决策，但却因不存在融资行为而独具创新性，并同时得到监管和市场的欢迎，从股东大会审议通过到证监会审核完成，耗时不到一个月，堪称神速。而这同一过程在武钢案例中则整整用了半年时间。

鞍钢集团整体上市案的创新之处还体现在真正意义的以资入股。如果说武钢模式中集团整体上市只是实质上的以资产入股，那么鞍钢模式的形式和实质则完全统一，直接以资产认购新增股份，这无疑大大降低交易成本和提高交易效率。能够肯定的是，如以现金认购上市公司新股，那么127.41亿元的巨额认购款大概率不可能全部来自于鞍钢集团的自有资金，融资所衍生的利息费用自然不可避免；此外，以资入股将认购新股、收购资产合二为一，交易效率的提升就显得十分明显了。

在鞍钢整体上市后的几年间，“定向增发反向收购”以其直接、简单、高效和低成本等优势成为钢铁行业整体上市的主流模式，包头钢铁、山东钢铁等其他十家地方钢企均复制鞍钢模式完成整体上市。

攀钢系："吸收合并"首现钢铁业

2007年11月5日，攀枝花新钢钒股份有限公司（000629.SZ，简称"攀钢钢钒"）发布复牌公告，称通过"非公开发行购买资产暨吸收合并"系列交易，实现对攀枝花钢铁（集团）公司（简称"攀钢集团"）钢铁、钒、钛业务和资产的整合。这意味着钢铁行业中央军四大巨头的最后一家继武钢、宝钢和鞍钢之后也开启了整体上市的进程。

整体上市的模式细分上可能多达十余种，但其核心运作不外乎收购与合并两大类别，武钢模式、邯钢模式和鞍钢模式均属于前者，而"定向增发+吸收合并"的模式则令攀钢成为四大钢企中唯一采用、也是钢铁行业第一家采用"吸收合并"完成整体上市的公司。

与武钢、宝钢不同的是，攀钢集团旗下钢铁主业资产形态多元，不仅有直接经营的业务资产、股权资产等非上市资产，更包括攀钢钢钒、攀钢集团重庆钛业股份有限公司（000515.SZ，简称"攀渝钛业"）和攀钢集团四川长城特殊钢股份有限公司（000569.SZ，简称"长城股份"）三家上市公司，因此选定攀钢钢钒作为集团整体上市的平台后，另外两家上市公司的置入无疑增加攀钢集团整体上市的操作难度。对上市公司进行整合的方式要么现金要约收购，要么换股吸收合并，而2007年的攀钢钢钒显然不具备要约收购的现金实力，换股吸收合并成为整合上市公司资产的唯一方式。

因此，这项因涉及吸收合并上市公司而变得十分复杂的方案使攀钢集团整体上市耗去近两年时间才得以完成。2007年8月13日，攀钢钢钒等三家上市公司齐齐停牌；11月5日三公司同时复牌并公告拟进行资产重组和攀钢集团整体上市的框架方案。不过，直到次年的4月14日，攀钢集团才接到国资委《关于攀枝花钢铁（集团）公司资产整合整体上市的批复》，原则同意攀钢集团资产整合整体上市的方案。

在经历等待国资机构审核以及确定提供现金选择权第三方等事项而两次推迟审议重组议案的董事会议日期后，5月15日，攀钢钢钒第五届董事会第十一次会议终于审议通过《攀枝花新钢钒股份有限公司发行股份购买资产、换股吸收合并暨关联交易报告书（草案）》等资产重组的具体方案，同日，攀渝钛业和长城股份亦召开董事会审议通过本次重组议案；6月23日，攀钢钢钒、攀渝钛业和长城股份分别召开临时股东大会审议通过本次重大资产重组方案的相关事宜。

根据交易报告书草案，整个交易主要由下述三个互为生效条件的部分组成：

1. 发行股份购买资产

攀钢钢钒向攀钢集团及其关联方发行股份购买其与钢铁、钒、钛、矿业等主业相关的经营性资产。发行股份的价格为攀钢钢钒本次重大资产重组首次董事会决议公告日（5月15日）前二十个交易日的交易均价9.59元/股；购买资产的评估值合计为740 714.92万元，按照本次重大资产重组首次董事会决议的发行上限向四家股份认购方合计发行7.50亿股。按照各认购方注入资产评估值，攀钢钢钒向攀钢集团、攀枝花钢铁有限责任公司（简称“攀钢有限”）、攀钢集团成都钢铁有限责任公司（简称“攀成钢”）和攀钢集团四川长城特殊钢有限责任公司（简称“攀长钢”）分别发行1.84亿股、1.87亿股、3.35亿股和0.44亿股股份。

2. 吸收合并攀渝钛业

攀钢钢钒采用换股方式吸收合并攀渝钛业和长城股份。

攀渝钛业和长城股份于2007年8月13日停牌前二十个交易日收盘价的均价分别为14.14元/股和6.50元/股，换股过程中给予参与换股的攀渝钛业和长城股份的公众股东20.79%的风险溢价（主要参考攀渝钛业和长城股份停牌前的收盘价：17.08元/股和7.74元/股），攀渝钛业和长城股份含风险溢价后的换股价格分别为17.08元/股和长城股份7.85元/股。

根据上述换股价格，攀渝钛业与攀钢钢钒的换股比例为1∶1.78，即每1股攀渝钛业股份换1.78股攀钢钢钒股份。换股吸收合并攀渝钛业共计新增攀钢钢钒A股3.33亿股。攀钢钢钒为吸收方和存续方，攀渝钛业为被吸收方。攀渝钛业全体股东所持有的攀渝钛业股份全部按照上述换股比例转换为攀钢钢钒的股份；吸收合并完成后，攀渝钛业的资产、负债、业务和人员全部进入攀钢钢钒，攀渝钛业注销法人资格。

3. 吸收合并长城股份

与吸收合并攀渝钛业类似，长城股份与攀钢钢钒的换股比例为1∶0.82，即每1股长城股份换0.82股攀钢钢钒股份，从而新增攀钢钢钒A股6.19亿股。吸收合并完成后，长城股份同样注销法人资格。

攀钢钢钒发行股份购买资产、攀钢钢钒吸收合并攀渝钛业、攀钢钢钒吸收合并长城股份三项交易共同构成公司本次重大资产重组不可分割的整体。

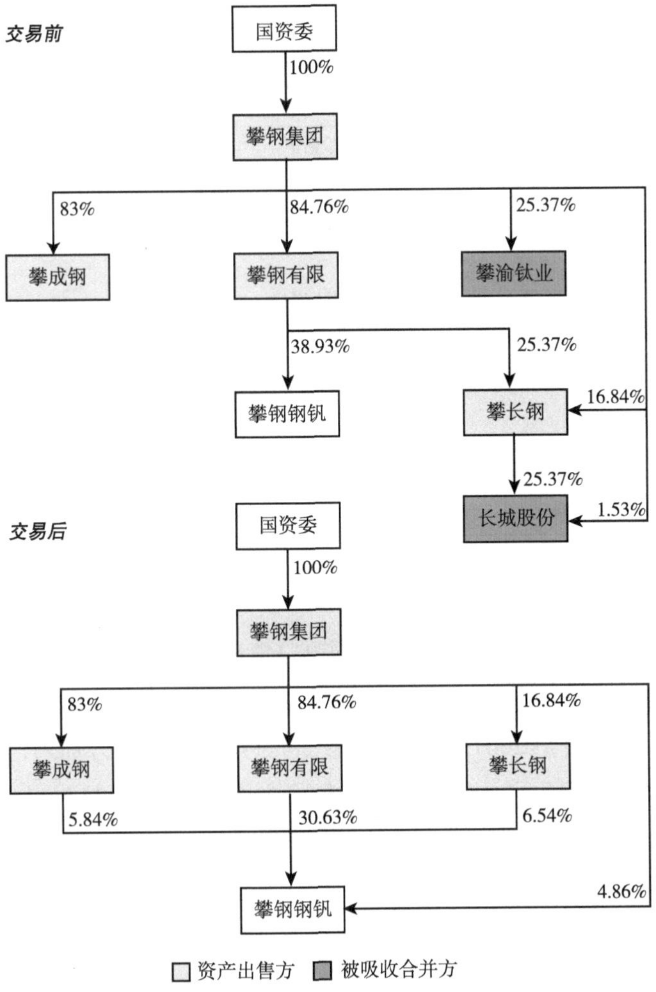

交易前后攀钢集团所属各主体持有资产情况

资料来源：攀钢钢钒、攀渝钛业、长城股份公告。

吸收合并前，攀钢钢钒是攀钢集团旗下三家上市公司中市值最大的一家，以停牌前最后一个交易日（即2007年8月10日）11.06元的收盘价和30.58亿股的总股本计算，总市值为338.22亿元；而同一时间点的攀渝钛业和长城股份的总市值分别为31.98亿元和58.38亿元。2007年11月和2008年11月，攀钢钢钒此前发行的认股权证两次行权，从而总股本增至40.25亿股。2009年4月28日，吸收合并完成后的攀钢钢钒总股本增至49.76亿股；到7月22日购买资产的7.50亿股新增股份上市后，总股本增加至57.26亿股，俨然一个超级大盘股。

交易前后攀钢钢钒股东持股结构的变化情况

股 东	本次交易前		新增股份		本次交易后	
	持股数量（股）	占总股本比例	换股合并增发（股）	购买资产增发（股）	持股数量（股）	占总股本比例
攀钢集团及其关联企业合计	1 566 972 309	38.93%	424 335 029	750 000 000	2 741 307 338	47.87%
攀钢集团	–	–	94 025 315	184 419 566	278 444 881	4.86%
攀钢有限	1 566 972 309	38.93%	–	186 884 886	1 753 857 195	30.63%
攀 成 钢	–	–	–	334 675 348	334 675 348	5.84%
攀 长 钢	–	–	330 309 714	44 020 200	374 329 914	6.54%
社会公众股东	2 457 758 392	61.07%	527 431 738	–	2 985 190 130	52.13%
合 计	4 024 730 701	100.00%	424 335 029	750 000 000	5 726 497 468	100.00%

数据来源：攀钢钢钒公告。

资产规模上，整体上市前的攀钢钢钒总资产、净资产、总收入和归属于母公司所有者的净利润分别为：228.25亿元、108亿元、211.98亿元和9.51亿元；这些财务指标在合并后2007年度备考模拟合并财务报表中分别为：491.67亿元、151.61亿元、375亿元和16.47亿元，较合并前分别上涨115.41%、40.38%、76.9%和73.19%，规模增长十分显著。

本次重组之前，攀钢有限全资拥有的矿业公司和煤化工厂是攀钢钢钒所需铁精矿、焦炭、焦炉煤气等原料、燃料的上游供应商，同时，攀钢有限与攀钢集团亦是攀钢钢钒的主力销售客户。本次交易后，彼此存在关联关系的主要资产均进入上市公司，经常性的关联交易大幅降低，仅在土地租赁、综合服务等方面存在少量关联交易。显而易见，整体上市在解决关联交易方面立竿见影。

经过长达半年的审核后，2008年12月24日，中国证监会核准本次重大资产重组方案，并同时核准豁免攀钢集团及其一致行动人因本次重大资产重组增持股份而触发的要约收购义务。而攀钢钢钒吸收合并攀渝钛业与长城股份的交割与换股则在2009年4月28日才完成，后两者的股票自2009年5月6日起终止上市；7月22日，上市公司向攀钢集团等交易对手方非公开发行购买资产的新股成功上市，这意味着历时两年的攀钢集团整体上市案终落帷幕。

事实上，旗下拥有多家同业竞争的上市公司的钢铁集团并不多见，因此吸收合并自然也不是钢铁行业中主流的整体上市模式。攀钢系完成整体上市后，在2010年唐钢股份吸收合并邯郸钢铁组成河钢股份和2012年济南钢铁吸收合并莱钢股份形成山东钢铁两案例中，相同的操作模式得以重现。不过，吸收合并的操作手法后来却成为同一行业内不同国企之间行政整合所采用的主要方式，在本书第21章《大象起舞：国企改革驶出“中国神车”（2014～2015）》一案中我们将再览吸收合并的运用。

大事记

武钢集团整体上市

- 1999 年，武钢集团将其钢铁业务最后端包括冷轧薄板厂和冷轧硅钢片厂的冷轧工序分割至武钢股份上市。
- 2003 年 11 月 18 日，武钢股份发布《武汉钢铁股份有限公司关于资产收购及关联交易的公告》，公司拟增发新股募集资金收购母公司武钢集团旗下未上市的钢铁业务及资产。武钢集团整体上市启动。
- 2003 年 12 月 19 日，武钢股份股东大会通过前述增发新股议案。
- 2004 年 5 月 25 日，增发新股的申请获证监会股票发行审核委员会审核通过。
- 2004 年 6 月 23 日，新增发的 141 042.4 万股发行完毕，其中社会公众股为 56 400 万股，暂不流通的国有法人股为 84 642.4 万股，共募集资金 89.99 亿元。
- 2004 年 7 月 5 日，社会公众股上市流通。武钢整体上市收官。

邯钢集团整体上市

- 1998 年 1 月，邯郸钢铁在上海证券交易所挂牌上市。
- 2006 年 8 月 19 日，邯郸钢铁发布收购大股东邯钢集团部分资产的公告，利用公司自有资金收购集团公司所属的动力厂、热力厂、运输部生产经营性资产以及在建项目“中板新线”相关资产。

- 2006年9月8日，邯郸钢铁股东大会审议通过收购议案。
- 2006年9月30日，邯郸钢铁收购邯钢集团部分资产完成资产交割手续，邯钢集团完成整体上市。

鞍钢集团整体上市

- 1997年，鞍钢集团将效益上佳的厚板厂、冷轧厂及线材厂分拆重组为鞍钢新轧股份有限公司。同年7月24日和12月25日，鞍钢新轧先后于港交所和深交所上市。
- 2000年12月28日，鞍钢集团新钢铁有限责任公司成立，鞍钢集团以钢铁主业中未纳入鞍钢新轧的资产115.01亿元出资，占63.47%。2004年8月，新钢铁公司成为鞍钢集团的全资子公司。
- 2005年10月21日，鞍钢新轧发布公告，鞍钢新轧股权分置改革方案和拟增发29.70亿流通A股收购新钢铁公司方案同时推出。收购完成后，鞍钢新轧总股本将达59.33亿股，鞍钢集团持股比例将升至69.11%。
- 2005年12月28日，鞍钢新轧股东大会审议通过了公司新增股份收购资产的议案。
- 2006年1月25日，证监会核准鞍钢新轧新增股份购买资产的申请。
- 2006年2月6日和3月13日，鞍钢新轧新增股份分别成功发行和上市。
- 2006年6月20日，鞍钢新轧钢股份有限公司更名为“鞍钢股份有限公司”，中文简称变更为“鞍钢股份”。鞍钢股份成为全流通时代第一家实现集团整体上市的上市公司，也是第一家采用定向增发反向收购集团资产的上市公司。

攀钢集团整体上市

- 2007年8月13日，攀钢钢钒、攀渝钛业和长城股份三家上市公司同时停牌。
- 2007年11月5日，攀枝花新钢钒股份有限公司发布复牌公告，称通过“非公开发行购买资产暨吸收合并”系列交易，实现对攀钢集团钢铁、钒、钛业务和资产的整合。攀渝钛业和长城股份亦同日复牌。
- 2008年4月14日，攀钢集团接到国资委《关于攀枝花钢铁（集团）公司资产整合整体上市的批复》，原则同意攀钢集团资产整合整体上市的方案。

- 2008 年 5 月 15 日，攀钢钢钒、攀渝钛业和长城股份分别召开董事会议审议通过《攀枝花新钢钒股份有限公司发行股份购买资产、换股吸收合并暨关联交易报告书（草案）》。
- 2008 年 6 月 23 日，攀钢钢钒、攀渝钛业和长城股份分别召开临时股东大会审议通过本次重大资产重组方案的相关事宜。
- 2008 年 12 月 24 日，中国证监会核准本次重大资产重组方案，并同时核准豁免攀钢集团及其一致行动人因本次重大资产重组增持股份而触发的要约收购义务。
- 2009 年 4 月 28 日，攀钢钢钒吸收合并攀渝钛业和长城股份完成，总股本增至 49.76 亿股。
- 2009 年 5 月 6 日，攀渝钛业和长城股份终止上市。
- 2009 年 7 月 22 日，攀钢钢钒购买资产的 7.50 亿股新增股份上市，总股本增至 57.26 亿股，这意味着历时两年的攀钢集团整体上市案终落帷幕，攀钢钢钒成为钢铁行业第一家采用“吸收合并”完成整体上市的公司。

第19章

创业板第一股：
“换股合并”起航千亿农牧航母（2015）

十年场外无人问，一举上市天下知。
——本书题

这句话用来形容本案的主角——温氏股份似乎再贴切不过。2015年11月2日，温氏股份以300498的股票代码正式登陆创业板市场，收盘价55.31元，较发行价上涨242.5%，总市值达到惊人的2005亿元，远超第二名东方财富的908亿元，跃升创业板市值第一股。

事实上，如果不是温氏股份的整体上市，你绝难窥见这家起步于华南小镇而异常低调的中国养猪、养鸡大王已然持续经营32年，并成为中国最大的畜牧企业，是2015年排名第332位的中国500强企业……整体上市后，除稳坐创业板市值第一股宝座外，温氏股份也成为A股农业类最高市值上市公司，并于2015～2017年连续三年位居沪深两市市值50强之列。

不过，更为人所关注的则是，拥有近7 000名自然人股东的温氏股份借道子公司大华农实现整体上市，成为创业板第一家，也是创业板至今唯一实现整体上市的企业；而“换股合并”的整体上市模式，正是11年前TCL集团破局A股整体上市时所采用的方法。

TCL集团破局整体上市

作为中国家电业数轮价格大战后的幸存者之一，赫赫有名的TCL在2004年前后的家电和手机市场上表现如日中天。不过，TCL在资本市场上的亮相却更为华丽：开创性地通过与旗下上市子公司TCL通讯设备股份有限公司（000542.SZ，简称“TCL通讯”）换股合并实现集团整体上市。

2004年1月30日，TCL集团股份有限公司（以下简称“TCL集团”）正式登陆深圳证券交易所，股票代码000100，成为国内证券市场第一起整体上市案例。当日，TCL集团以6.88元开盘，随后一路震荡走高，最高价达7.84元，最终以高位的7.59元收盘，较4.26元的发行价上涨78.17%。而过去两年首发融资额在10亿元以上的10余家上市公司，其股价首日涨幅平均仅为40%左右，两相比较，可谓风景这边独好。

与二级市场股价的靓丽表现相比，TCL集团破局A股整体上市的创新性模式和里程碑意义更为资本市场所关注。

1981年，TCL集团的前身——TTK家庭电器（惠州）有限公司创立。2002年4月19日，TCL集团股份有限公司由TCL集团有限公司以整体变更方式设立，由惠州市投资控股有限公司等49家股东作为发起人，为国有控股股份有限公司，总股本为15.92亿股。

1992年，中外合资企业TCL通讯设备有限公司与TCL模具注塑产品有限公司合并改组为外商投资的股份有限公司。经中国证监会核准，TCL通讯于1993年10月18日向社会公开发行人民币普通股票1 780万股，12月1日在深圳证券交易所上市交易。

与二十世纪九十年代普遍存在的分拆上市情况并无二致，上市的子公司通常为集团公司盈利最好的模块。彼时，TCL通讯所从事的电话机业务是TCI集团的核心业务，然而，随着TCL集团业务多元化和发展重心的战略性转移，电话机业务从原先的支柱产业变为从属产业。同时，TCL集团则发展成为一个以多媒体电子、通讯终端产品为主的多元化消费类产品制造商和销售商，其整体规模远超过TCL通讯。按照时任TCL集团董秘陈华明的说法，[①]“上市公司的融资能力已不能满足TCL集团快速增长的要求”，“TCL必须实现集团整体上市，依靠资本市场促进TCL集团技术的进步和大发展。”因而，建立更广阔的融资和资本运作平台成为TCL集团整体上市的主要动因之一。此外，作为解决集团公司和上市公司间关联交易的利器，整体上市对简化TCL集团与TCL通讯之间的关联交易，降低信息披露的成本，完善TCL集团整体的治理结构均立竿见影。

2003年9月30日，TCL通讯公告TCL集团“换股吸收合并+首次公开发行”的整体上市方案，公告称该方案是一个不可分割的整体，即换股合并与增发新股同时进行，互为前提。换股合并，亦称为吸收合并或换股发行，指合并方向被合并方的股东发行新股，被合并方的全部资产、负债及权益并入合并方，同时，被合并方法人资格注销。

在换股发行部分，TCL集团向TCL通讯全体流通股股东发行TCL集团人民币普通股，后者全体流通股股东将其所持有的TCL通讯全部流通股股份按照折股比例换取TCL集团换股发行的股份；TCL集团全资子公司TCL通讯设备（香港）有限公司（简称“TCL香港”）持有的TCL通讯非流通股，以1元/股的价格转予TCL集团后，在本次合并中不参与换股，一并作为TCL集团所持股权予以注销，显然，TCL集团在换股过程中对TCL通讯的全体流通股股东让渡了较大利益。TCL通讯的全部资产、负债及权益并入TCL集团，其现有的法人资格因合并而注销。

本次合并前，TCL通讯总股本为18 810.88万股，其中TCL集团持有5 962.88万股、占股本总额的31.7%，通过其全资子公司TCL香港持有4 702.72万股、占股本总额的25%，社会公众股8 145.28万股，占股本总额的43.3%。

根据方案，TCL通讯的换股折价为其过去两年九个月（即两年一期）的最高价，即TCL通讯全体流通股股东将以TCL通讯自2001年1月1日至2003年9月26日间的市场最高价21.15元的价格折为TCL集团的股份。在TCL集团公布的招股说明书中，新股发行价定为4.26元，因而对应的折股比例为4.96（4.96＝21.15元/4.26元），即每一股TCL通讯的股票可换取TCL集团4.96股股票。最终，TCL集团向TCL通讯全体流通股股东换股发行40 439.5944万股。

在首次公开发行部分，TCL集团以4.26元的价格发行5.90亿股新股，筹集

① 蒋德嵩. TCL上市 无间道Ⅱ［J］.新财经，2003（11）.

资金25.134亿，连同换股发行的4.04亿股，总股本增至25.86亿股，TCL集团实现整体上市。

TCL的品牌标识

TCL集团的整体上市案颇具示范意义，此后，同样采用"换股吸收合并"方式实现整体上市的案例还有：2006年上港集团吸收合并上港集箱（600018.SH），2011年金隅股份吸收合并太行水泥（600553.SH），2012年中国交建吸收合并路桥建设（600263.SH）和广汽集团吸收合并广汽长丰（600991.SH），2013年美的集团吸收合并美的电器（000527.SZ）和浙能电力吸收合并东南发电（900949.SH），2015年温氏股份吸收合并大华农（300186.SZ）和招商蛇口吸收合并招商地产（000024.SZ），2017年招商公路吸收合并华北高速（000916.SZ）等案例。该等案例皆为非上市的集团公司旗下拥有上市子公司，然后集团公司通过"换股吸收合并"完成整体上市。

分拆兽药资产 IPO

与证券市场早期大型企业集团受限于"额度制"而被迫分拆部分资产单独上市的情况不同，温氏集团分拆兽药资产独立上市代替集团上市，其实质原因乃是温氏集团IPO一直面临无法逾越的股东人数超出200人的法律障碍。温氏股份董秘梅锦方在温氏股份上市后曾坦言："其实困扰我们多年使得整体上市迟迟不能实现的主要原因就是6 823名自然人（除11位温氏家族成员和1名机构投资者外）持股82.58%这个问题，这超过了之前上市所限定的200名股东限额。"①

2015年4月28日，在公告温氏股份换股吸收合并之后，停牌4个月的广东大华农动物保健品股份有限公司（300186.SZ，简称"大华农"）一复牌便展开

① 周松清. 温氏集团吸并大华农整体上市［N］. 21世纪经济报道，2015-04-29.

了轰轰烈烈的涨停之旅，18个交易日连拉18个一字涨停，股价从停牌前的7.87元涨至43.8元，涨幅高达456.54%。大华农因而成为沪深两市人气最旺的股票之一。不过，与如此盛况相比，大华农在过去四年的表现却令人十分沮丧。

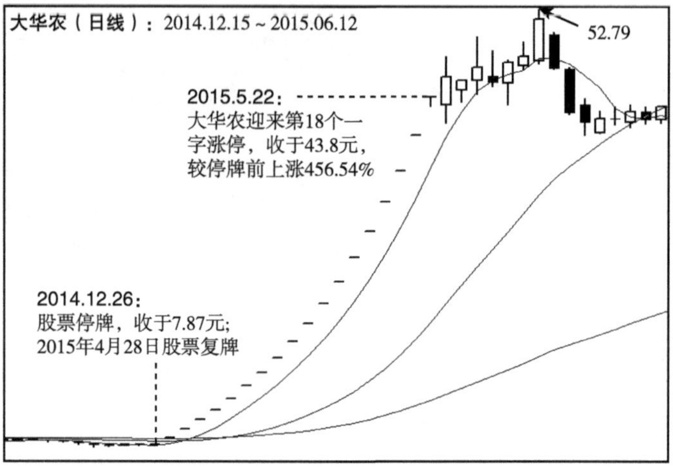

大华农复牌后连续18个一字涨停

资料来源：Wind。

2011年3月8日，大华农登陆创业板。但一度以高发行价、高市盈率和高募集资金"三高"发行的创业板上市公司们，上市之日便是股价见顶之时。当日，大华农高开低走，几乎以最高价的23.5元开盘，随后一路震荡走低，最终以22.41元收盘，几乎跌破22元的发行价，而23.97元的日最高价也成为大华农此后四年的最高股价，在温氏股份整体上市前从未突破过，这也是后来监管机构改革新股发行体制，坚守新股23倍市盈率发行的原因之一。

不过，大华农的分拆上市之路却谋划良久，煞费苦心。

成立于2004年8月9日的广东新华农动物保健品有限公司是大华农的前身，最初由温氏集团和广东温氏南方家禽育种有限公司（简称"温氏南方家禽"）分别持股90%和10%；2005年4月7日更名为广东大华农动物保健品有限公司（简称"大华农有限"）。根据大华农公告的《关于公司设立以来股本演变情况的说明》等文件，"2008年4月，温氏集团召开股东大会，通过《广东大华农动物保健品有限公司股改方案》。在该股改方案中，温氏集团决定以2008年3月4日为股权登记日，按温氏集团各员工股东（含退休员工）在股权登记日的持股数额从高到低排序，前200名员工股东取得入股大华农的资格，分两批入股，第一批34名股东于2008年4月受让温氏集团和温氏南方家禽在大华农有限100%的股权，第二批166名股东待大华农有限改制为股份公司后，以认购股份公司增发股份的方式入股。后因原温氏集团前200名股东中有4名不符合入股条件，因此2008年8月定向增发时为162人。"

2008年7月15日大华农有限整体变更为股份有限公司，注册资本人民币1.35亿元，2008年8月26日大华农定向增发6 500万股，增资完成后公司注册资本为2亿元。至此，经过一系列股权转让和增资，大华农变成以温鹏程、温均生、梁焕珍、温小琼、温志芬、伍翠珍、温子荣、陈健兴、刘容娇、孙芬、古金英等11位温氏家族成员为实际控制人、合计持股6 016.42万股或30.08%，其他185位自然人持股13 983.58万股或69.92%的股份公司。同时，上述温氏家族成员合计持有温氏集团15.59%的股权，为温氏集团的实际控制人。于是，大华农成为与原母公司温氏集团为同一控制人控制的两个业务独立的公司，这意味着大华农分拆上市最关键的一步——股权分拆——已完成。

在股权分拆的同时，温氏集团和大华农展开一系列重组动作逐步将兽药上下游相关资产全部纳入大华农体内以完成资产分拆。

最先是消除同业竞争的整合。原温氏集团持股58%的控股子公司肇庆大华农生物药品有限公司（简称"肇庆大华农"）主要从事高致病性禽流感疫苗的研发、生产和销售，与大华农有限公司均从事兽用生物制品的生产和销售，双方存在明显的同业竞争情况。通过2005年5月和2007年12月两次收购之后，肇庆大华农成为大华农有限的全资子公司，从而，两关联企业间的同业竞争情况得以彻底消除。

接下来就是减少关联交易的整合，主要通过对处于产业链上游的同一控制下的非免蛋资产和业务进行整合来实现。非免蛋是生产兽用疫苗的重要原料，相关业务和资产分布于温氏集团及其关联企业所拥有的5个非免蛋场及1个无特定病原实验动物中心。2007年下半年，非免蛋资产和业务全部转至大华农有限新设的全资子公司新兴大华农禽蛋有限公司体内。至此，温氏集团兽药资产分拆也得以大部分完成，此后大华农日渐成为资产、人员、财务、机构、业务独立运作的公司。

2011年2月25日，大华农以22元发行价、51.16倍的市盈率发行6 700万股，共募集资金14.74亿元，发行后总股本为26 700万股。显然，对上市公司来讲，是次IPO可谓完美；但对投资者而言，情况则恰恰相反，大华农上市后的四年，投资者无一人获利！

清障"千人持股"

管理学家彭剑锋曾撰文高度评价温氏股份是"中国最好的企业之一"，[①] 这位《华为基本法》的起草人之一认为"中国最好的企业，除了华为，还有温氏！"

据温氏股份2017年财报，全年销售商品肉猪1 904.17万头，同比增长11.18%，销售商品肉鸡7.76亿只，同比下降8.49%；实现营业总收入556.57亿元，较上年下降6.23%；归属于上市公司股东的净利润67.51亿元，较上年下降42.74%；截至2017年底，公司总资产490.4亿元，净资产326.17亿元。这一干夺目的经营数据使温氏股份成为中国农牧业绝对的王者。而2017年底，温氏股份总市值1 247.67亿元，稳居A股农林牧渔板块榜首，是第二名牧原股份612.36亿元市值的两倍有余。

在被认为"最传统、最低端"的农业领域，创立35年的温氏股份可谓基业长青！根据彭剑锋的观察，温氏股份持续成功的基石在于"精诚合作，齐创美满生活"的核心价值观。温氏创始人温北英在企业创立时期就提出了"齐创共享"的理念，"他很早就认识到人力资本的价值，提出企业发展的关键是人，大家一起创造价值，一起分享劳动成果"。

1983年，温北英与其子、同宗兄弟、同学等八人各出资1 000元，创办起簕竹鸡场。据2016年9月《商界》杂志报道，[②] 1985年，为扩大养殖规模，温北英号召鸡场30多名员工投资入股，募集了十几万元资金。1990年，簕竹鸡场发行内部股1万股，面值100元；1992年，又发行面值1000元的内部股。1994年，簕竹鸡场启动股改，设A、B股，每股100元……随后十余年，温氏连续增资扩股，股东数量一度达到8 000余人。就在同一时

① 彭剑锋．中国最好的企业，除了华为，还有温氏！[OL]．2016-02-22 [2018-09-30访问]．https://mp.weixin.qq.com/s/UD8PJjOmazF0a_zsQdQ2NA.

② 唐亮．温氏股份怎么养出8亿只鸡 [J]．商界，2016（9）．

期，与温氏同处广东、相距几百公里的深圳华为也启动了类似的全员持股制度。

温北英（左）及其子温鹏程（右）（来源：温氏股份官网）

然而，在上市路上，全员持股却成为温氏集团通向资本市场的难逾沟壑。

2013年之前，股东人数超过200人的公司谋求上市一直受重重政策所限制，这令包括温氏集团在内的众多因职工持股导致股东人数超过200人的公司十分沮丧。

首先是《公司法》、《证券法》等法律层面的规定。

在2006年修订之前，《公司法》并未规定股份有限公司股东人数的上限，也就是说，股东人数超200人是合法的；但从2006年1月1日至今，《公司法》第七十九条规定，“设立股份有限公司，应当有二人以上二百人以下为发起人”。自此，“超200人”问题被重点监管。

1998年颁布的《证券法》第十条规定，“公开发行证券，必须符合法律、行政法规规定的条件，并依法报经国务院证券监督管理机构或者国务院授权的部门核准；未经依法核准，任何单位和个人不得公开发行证券。”2006年1月1日施行的新《证券法》则进一步明确，“向特定对象发行证券累计超过二百人的”视为公开发行。

上述两部经济大法直接确立了股东人数超200人的股份有限公司的违法地位。

在企业IPO层面，最主要的法规即是《首次公开发行股票并上市管理办法》和《首次公开发行股票并在创业板上市管理办法》。

《首次公开发行股票并上市管理办法》第十八条规定，发行人不得有下列情形，“最近36个月内未经法定机关核准，擅自公开或者变相公开发行过证券；

或者有关违法行为发生在36个月前，但目前仍处于持续状态。”

《首次公开发行股票并在创业板上市管理办法》第二十条第二款规定，“发行人及其控股股东、实际控制人最近三年内不存在未经法定机关核准，擅自公开或者变相公开发行证券，或者有关违法行为虽然发生在三年前，但目前仍处于持续状态的情形。”

因此，未经法定机关核准，擅自公开或者变相公开发行证券，这是首发管理办法的禁止行为，换言之，如果拟IPO的公司报告期存在相关问题，或者报告期前发生但在报告期内未得到纠正，就无法实现IPO。

不过，随着2012年10月11日《非上市公众公司监督管理办法》（简称《非公办法》）的颁布，“超200人问题”得以突破，该管理办法第二条明确“股票向特定对象发行或者转让导致股东累计超过200人”的未上市股份有限公司纳入“非上市公众公司”监管范围。2013年12月26日证监会发布96号令《关于修改〈非上市公众公司监督管理办法〉的决定》，其中最为关键的是新增的第三十八条，“本办法施行前股东人数超过200人的股份有限公司，符合条件的，可以申请在全国中小企业股份转让系统挂牌公开转让股票、首次公开发行并在证券交易所上市。”这无疑是非上市公众公司监管最具里程碑意义的政策调整，标志着超过200人的公司监管进入了新的历史时期。

与《非公办法》配套的《非上市公众公司监管指引第4号——股东人数超过200人的未上市股份有限公司申请行政许可有关问题的审核指引》则更为明确而具体地规定，“对于股东人数已经超过200人的未上市股份有限公司，符合本指引规定的，可申请公开发行并在证券交易所上市、在股转系统挂牌公开转让等行政许可”，同时将“200人公司的审核标准、申请文件、股份代持及间接持股处理等事项的监管要求”进行了十分详细的规定。这意味着“200人公司”按照此细则进行规范且核准为“非上市公众公司”后即可申请首次公开发行。

对一直谋求上市的温氏集团而言，《非公办法》及其配套细则的颁布无疑是重大利好。温氏集团董秘梅锦方直言“（整体上市）在2012年证监会出台《非上市公众公司监督管理办法》后迎来了转机。”

据北京市嘉源律师事务所出具的法律文件，1993年7月26日，温鹏程等46人以新兴县簕竹鸡场名义投资设立新兴县温氏食品集团有限公司，次年更名为“广东温氏食品集团有限公司（简称“温氏有限”）”。2012年12月10日，温氏有限整体变更为广东温氏食品集团股份有限公司（简称“温氏股份”、“温氏集团"）。变更后的股份公司注册资本为314 214.48万元，股东为温鹏程等45名自然人和代其他员工股东持股的温氏集团工会。此时距离《非公办法》的颁布刚刚过去2个月。

为规范温氏集团工会的代持股行为，在温氏集团整体变更为股份有限公司后，公司根据《非公办法》及中国证监会的相关规定，以公证的方式对温氏集团工会代持股权进行了股权确权工作。2013年4月，温氏集团完成了股权还原工作，将集团工会代6 789名员工股东持有的股权还原为该等员工股东实际持有，并将记载有股东名册、当时的公司章程报云浮市工商局备案登记。为了促进温氏集团的股权管理的规范化和保障温氏集团股东的合法利益，2014年6月，温氏集团委托广东省股权托管中心有限公司对全部股东所持股份进行托管。

2013年3月21日，温氏集团召开了2012年度股东大会，审议通过了《关于向中国证监会申请核准为非上市公众公司的议案》。2014年7月，温氏集团向中国证监会报送了《关于申请纳入非上市公众公司监管的报告》。2014年9月2日，中国证监会向温氏集团出具了《关于同意广东温氏食品集团股份有限公司纳入非上市公众公司监管的函》（证监函［2014］339号），同意温氏集团纳入非上市公众公司监管。

纳入非上市公众公司监管意味着温氏集团具备了申报IPO的"合法身份"。

不过，中国证券市场IPO漫长排队的现实令人望而却步。在上市速度上，IPO与借壳上市、整体上市相比不可同日而语。究其原因则在于后者属于上市公司重大资产重组行为，不属于IPO范畴，无须IPO排队，不必通过证监会发行审核委员会的审核，而只走并购重组的审核通道，通过并购重组委员会的审核即可上市，这无疑大大加快企业的上市进程。于是，借道整体上市成为温氏股份上市的首选路径。

可比公司法估值520亿

作为上市公司，大华农的市值明确，因而本次吸收合并交易中第一焦点便是对温氏集团的估值。本案中并未按惯例对温氏集团进行资产评估，只对温氏集团股东全部权益进行了估值。

2015年4月23日，中国国际金融有限公司出具《中国国际金融有限公司关于广东温氏食品集团股份有限公司换股吸收合并广东大华农动物保健品股份有限公司之估值报告》，根据该报告，温氏集团股权全部权益价值为520亿元。

在估值报告中，中介机构认为温氏集团作为畜禽养殖企业，其经营业绩和盈利水平受到行业周期性供需变化、突发疫病等多方面因素的影响，呈现出较为明显的波动性特征，因而不适合用现金流折现法（即收益法）进行估值；同时，由于温氏集团采用紧密型“公司+农户”养殖模式，农户端承载大规模资产，温氏集团反而属于“轻资产”型公司，资产基础法评估难以量化温氏集团与农户稳定牢固的合作关系等各项无形资产的价值，从而无法完全客观反映温氏集团股东全部权益价值，因此，也不适合用资产基础法进行估值。

据《上市公司重大资产重组管理办法》第二十条，“评估机构、估值机构原则上应当采取两种以上的方法进行评估或者估值；上市公司独立董事应当出席董事会会议，对评估机构或者估值机构的独立性、评估或者估值假设前提的合理性和交易定价的公允性发表独立意见，并单独予以披露。”

基于此，中介机构采取可比公司法和可比交易法的估值方法来对温氏集团估值，同时，公司独立董事亦发表了独立意见并单独披露。

在可比公司法估值中，温氏集团主要产品为商品肉鸡、商品肉猪，因此选取圣农发展、牧原股份（002299.SZ）、雏鹰农牧（002477.SZ）、新五丰（600975.SH）、仙坛股份（002746.SZ）以及民和股份（002234.SZ）作为可比上市公司。报告中采用市盈率、市销率、市净率和企业倍数等基础价值比率，通过对其设置不同权重计算，最终测算的股权价值的加权平均值为1 143.12亿元。此外，前述可比上市公司的首发价/上市交易90日均价所体现的流动性折扣最大值为48.44%，温氏集团在520亿元估值的情况下，对应于54.51%的流动性折扣，远高于前值。

在可比交易法估值中，市场上同行业已完成的可比交易包括KKR集团（美国私募股权基金）投资圣农发展以及仙坛股份IPO两案例。参考这两宗交易，温氏集团股东全部权益价值的估值区间为512.56亿元至807.60亿元。相比之下，样本数量更多、估值结果更低的可比公司法并考虑流动性折扣的520亿元估值结果能够较准确地反映温氏集团的整体价值，其估值结果亦在可比交易法的区间内。

同时，本次交易并未设置业绩补偿及减值测试安排，这与温氏集团未采用收益现值法、假设开发法等基于未来收益预期的估值办法紧密相关。

《上市公司重大资产重组管理办法》第三十五条规定，"采取收益现值法、假设开发法等基于未来收益预期的方法对拟购买资产进行评估或者估值作为定价参考依据的，上市公司应当在重大资产重组实施完毕后3年内的年度报告中单独披露相关资产的实际盈利数与利润预测数的差异情况，并由会计师事务所对此出具专项审核意见；交易对方应当与上市公司就相关资产实际盈利数不足利润预测数的情况签订明确可行的补偿协议。"

温氏集团本次发行的A股股票的发行价格主要以可比上市公司法并结合可比交易法作为估值区间参考，并未采用"收益现值法、假设开发法等基于未来收益预期的办法"。因此，本次吸收合并不属于《上市公司重大资产重组管理办法》规定的必须签订补偿协议的情况。

吸收合并完成后，"温氏集团的主营业务由目前的商品肉鸡、商品肉猪等畜禽的繁育、养殖和销售，扩展至兽用生物制品、兽用药物制剂以及饲料添加剂的研发与生产销售，将拥有更加完整的畜禽养殖连；未来整合后的存续公司与评估基准日时点的温氏集团相比，在业务、资产及财务方面均将产生一定变化。"在该种情况下，对存续公司进行资产评估得出的评估结果与此次温氏集团估值结果可比性较弱，难以具备完全的减值测试条件。因此，大华农披露的吸收合并报告书中称，本次交易未涉及业绩补偿及减值测试安排的情况未违反《上市公司重大资产重组管理办法》相关规定。

一举上市天下知

2014年9月，通过证监会的非上市公众公司的资格审核后，温氏股份旋即展开换股吸收合并大华农的整体上市工作。2014年12月29日，大华农开始停牌；4个月后的2015年4月28日，大华农复牌公告《广东温氏食品集团股份有限公司换股吸收合并广东大华农动物保健品股份有限公司暨关联交易报告书》。

大华农复牌后的进程则更为快速。2015年5月18日，大华农股东大会上审议通过了本次换股吸收合并的交易方案；5月27日，大华农收到中国证监会行政许可申请受理通知书；6月26日，证监会下发《中国证监会行政许可项目审查一次反馈意见通知书》，7月16日，大华农就此反馈意见给予回复；7月31日，大华农收到证监会通知，本次吸收合并的交易获得有条件通过。至此，温氏股份吸收合并大华农的交易基本落下帷幕，这距离复牌仅3个月，效率奇高。

此后，10月8日，大华农收到证监会核准温氏股份吸收合并大华农的正式批复，大华农股票转换成温氏股份股票的工作随即启动；10月19日，大华农股票开始停牌，不再交易；换股登记日10月30日收市后，大华农股票实施换股，转换成温氏股份A股股票；11月2日，温氏股份股票在深圳证券交易所创业板上市及挂牌交易，同日大华农股票终止上市。

与TCL集团“换股发行+首次公开发行”的整体上市相比，因为不另向社会公众公开发行股票，温氏集团的整体上市方案并不复杂。温氏集团向大华农的所有换股股东发行股票交换该等股东所持有的大华农股票，同时，温氏集团承继及承接大华农的全部资产、负债、业务、人员、合同及其他一切权利与义务。

温氏集团本次发行价格以520亿元的估值和31.9亿股的总股本计算，为16.30元/股（除息前）。大华农的换股价格以定价基准日前二十个交易日大华农的A股股票交易均价，即8.33 元/股为基础，并在此基础上给予60%的换股溢价率确定。因此，大华农本次换股价格为13.33 元/股（除息前）。经除息调整后，温氏集团发行价格调整为16.15元/股，大华农换股价格调整为13.03元/股。

对于大华农13.33元的换股价格，考虑到2013年5月每10股转增10股的利润分配方案及历年的现金分红，这一价格较其历史23.97元的最高价已有超10%的溢价。在与大华农停牌前最后一个交易日收盘价、前5个交易日的均价、前30个交易日均价、前120个交易日均价及100%换手率期间均价相比，本次换股价格的溢价率分别为69.38%、70.22%、58.67%、57.17%及55.52%，较好地保护了大华农股东的利益。

经除息调整后而确定的大华农和温氏集团的换股比例为0.807，即每1股大华农参与换股股份可换取0.807股温氏集团本次发行的股份。大华农因激励对象行使股票期权导致股本总额由53 400万股增加至53 934万股，因此，换股后，温氏集团因本次吸收合并将发行A股股票43 524.738万股。

温氏集团在本次吸收合并前的总股本为319 000万股，发行后总股本增至362 524.738万股。实际控制人温氏家族在换股吸收合并前分别持有温氏集团、大华农的股票为50 786.95万股或15.92%、12 032.826万股或22.31%，而吸收合并后持有温氏股份的股票为60 497.449万股或16.69%。

温氏集团股本结构在交易前后的变化情况

股 东	换股吸收合并前				换股吸收合并后	
	持有温氏集团		持有大华农			
	持股数量（股）	持股比例（%）	持股数量（股）	持股比例（%）	持股数量（股）	持股比例（%）
温氏家族	507 869 531	15.92	120 328 326	22.31	604 974 490	16.69
非温氏家族成员的温氏集团董事、监事及高级管理人员	500 020 582	15.67	71 112 216	13.19	557 408 140	15.38
其他社会公众股东	2 182 109 887	68.40	347 899 458	64.50	2 462 864 750	67.94
合 计	3 190 000 000	100.00	539 340 000	100.00	3 625 247 380	100.00

数据来源：大华农公告。

吸收合并后，温氏集团前十大股东未发生变化。不过，温氏股份的股权结构依然极其分散，并无持股5%以上股东，单一最大股东温鹏程持股15 049.7905万股，仅为4.15%。

在通常的换股吸收合并案中，都会赋予异议股东现金选择权。本案亦不例外提供双重现金选择权，由温氏家族或其他第三方作为现金选择权提供方，以现金对价收购大华农和温氏集团异议股东要求售出的相关股票。

行使现金选择权的大华农异议股东，可就其有效申报的每1股大华农股票，在现金选择权实施日，获得由现金选择权提供方按照10.62元/股（除息前）的价格支付的现金对价，同时将相对应的股票过户到现金选择权提供方名下。这一价格以定价基准日前20个交易日的交易均价基础上溢价27.49%，符合市场惯例，远高于2010年以来市场主要换股吸收合并上市公司案例中现金选择权价格的溢价率。而赋予温氏集团异议股东的退出请求权，可就异议股东有效申报的每一股温氏集团股份，在退出请求权实施日获得退出请求权提供方按照每股16.30元（除息前）支付的现金对价，同时，将相对应的股份过户到退出请求权提供方名下。很显然，眼见二级市场上股价的数倍上涨，无论是大华农股东，还是温氏集团股东，均不会对交易存在异议，自然也不会行使现金选择权或退出请求权。

在整体上市的方案设计上，为保护中小投资者的利益，温氏集团十分周全地为其提供包括现金选择权和退出请求权等各种保护性措施，可谓煞费苦心。然而，不无遗憾的是，在温氏股份登陆创业板之后，再次上演大华农式的高开低走惨剧，俨然创业板的中石油，正如市场所言“解放了一批，又套住了一批！”

大事记

TCL 整体上市

- 1981 年，TCL 集团的前身——TTK 家庭电器（惠州）有限公司创立。2002 年 4 月 19 日，TCL 集团股份有限公司由惠州市投资控股有限公司等 49 家股东发起设立，为国有控股股份有限公司，总股本为 15.92 亿股。
- 1992 年，TCL 通讯设备股份有限公司由 TCL 通讯设备有限公司和 TCL 模具注塑产品有限公司合并改组而来。1993 年 10 月 18 日，TCL 通讯向社会公开发行人民币普通股票 1 780 万股，12 月 1 日在深交所上市交易。
- 2003 年 9 月 30 日，TCL 通讯公告 TCL 集团“换股吸收合并＋首次公开发行”的整体上市方案。
- 2004 年 1 月 30 日，TCL 集团以 4.26 元的价格发行 5.90 亿股新股，筹集资金 25.134 亿元，计入换股发行的 4.04 亿新股，总股本增至 25.86 亿股。至此，国内证券市场第一起整体上市案例成功完成。

温氏股份整体上市

- 1983 年，温北英创办新兴县簕竹鸡场。1993 年 7 月 26 日，温鹏程等 46 人以簕竹鸡场名义投资设立新兴县温氏食品集团有限公司，次年更名为广东温氏食品集团有限公司。此后的十余年，温氏集团连续增资扩股，股东数量一度达到 8 000 余人，但全员持股亦成温氏集团上市硬伤。
- 2004 年 8 月 9 日，大华农的前身——广东新华农动物保健品有限公司成立；2005 年 4 月 7 日，更名为广东大华农动物保健品有限公司；2008 年 7 月 15 日，公司整体变更为广东大华农动物保健品股份有限公司，注册资本人民币 1.35 亿元；2008 年 8 月 26 日大华农定向增发 6 500 万股，增资完成后公司注册资本为2亿元。

- 2011年2月25日，大华农以22元发行价、51.16倍的市盈率发行6 700万股，共募集资金14.74亿元，发行后总股本为26 700万股；3月8日，大华农在创业板成功上市。
- 2012年12月10日，广东温氏食品集团有限公司整体变更为广东温氏食品集团股份有限公司。变更后的温氏股份注册资本为314 214.48万元，股东为温鹏程等45名自然人和代其他员工股东持股的温氏集团工会。
- 2013年4月，温氏集团将集团工会代6 789名员工股东持有的股权还原为该等员工股东实际持有，完成了股权还原工作。
- 2014年9月2日，证监会同意温氏集团纳入非上市公众公司监管，这意味着温氏集团具备了申报IPO的"合法身份"。随后，温氏股份旋即展开换股吸收合并大华农的整体上市工作。
- 2014年12月29日，大华农开始停牌。2015年4月28日，在公告温氏集团换股吸收合并之后，大华农复牌，18个交易日连拉18个一字涨停，股价从停牌前的7.87元涨至43.8元，涨幅高达456.54%。
- 2015年5月18日，大华农股东大会上审议通过了本次换股吸收合并的交易方案；5月27日，大华农收到《中国证监会行政许可申请受理通知书》；7月31日，证监会通知本次吸收合并的交易获得有条件通过；10月8日，大华农收到证监会核准温氏股份吸收合并大华农的正式批复。
- 2015年11月2日，大华农股票终止上市，温氏股份正式登陆创业板市场，收盘价55.31元，较发行价上涨242.5%，总市值达到惊人的2005亿元，跃升创业板市值第一股。

第20章

产业并购进化：从配角到主角

从并购动机出发，与借壳上市和整体上市实现非上市资产证券化的并购目的不同，产业并购是向独立第三方进行的市场化并购，其意在实现上市公司相关的产业整合和产业价值提升。

近年来，在宏观经济结构调整与产业结构优化叠加资本市场制度创新与监管改革的双重背景下，上市公司寻求跨越式发展的动机史无前例地强烈，最具市场化特征的产业并购因而异常繁荣，逐渐完成从配角到主角的进化过程，并成为A股现阶段并购重组的主流模式。

产业并购：并购成长必由之路

产业并购，或称产业性并购、向第三方并购，是指不同企业间依据不同的产业逻辑而实施的并购。**就上市公司的产业并购而言，一个接受度比较高的定义是，“上市公司以自身为主体，以优化产业结构为目的，横向或者纵向并购产业链上的独立第三方企业，甚至是新的业务领域中的企业，突出协同效应，实**

现跨越式成长的并购方式。”[①]

从产业逻辑的角度看，产业并购可分为横向并购、纵向并购以及混合并购。横向并购是指同行业内从事相同商业活动的企业之间的并购；纵向并购是指处于不同生产阶段、价值链上下游企业之间的并购；混合并购则是指目标公司与并购企业既不属于同一行业、又没有纵向关系，并购方借此实现多元化经营或业务转型的并购。

本书第21章中国南车与中国北车的合并案例颇具代表性，该案不仅是典型的横向产业并购案，而且代表了国有上市公司之间合并的新模式，提供了国企改革的新样本；与之对应，第22章木林森挺进下游照明应用市场则为一宗民营上市公司发起的纵向产业并购，该案因复杂的境外资产收购和并购基金运用而为市场各方所关注。

此外，上市公司从控股股东而非第三方收购资产，尽管构成关联交易，但明显具备产业整合性质的案例，也归属于产业并购。这在股权分置时期十分普遍，例如，2001年1月21日，青岛海尔以20亿元对价从关联方青岛海尔投资发展公司收购青岛海尔空调器有限总公司74.45%股权显然属于产业整合的并购案例。

产业并购的价值导向是并购后的协同效应，即通过并购后的产业整合提高双方企业的绩效，实现企业成长。关于企业成长方式，目前有两个共识：其一是内生性成长，企业依靠内部积累不断扩张，逐渐长大，也称为有机成长；其二是外延式成长，将外部资源内部化，企业通过并购扩张得以迅速成长，或称之为并购成长。一定程度而言，这里的并购就是产业并购。

通过产业整合来实现企业成长的发展模式在国外由来已久。在过去一个多世纪，西方国家所经历的闻名遐迩的五次并购浪潮中的四次都是这一成长方式的例证：1895年到1904年的第一次浪潮——以合并同类项为特征的横向并购浪潮，1925年至1930年的第二次浪潮——以整合上下游为目的的纵向并购浪潮，20世纪50年代中期的第三次浪潮——以企业综合经营管理能力为中心的混合并购浪潮，以及20世纪90年代以来的第五次浪潮——全球范围配置生产要素的战略并购浪潮。

① 深圳证券交易所创业企业培训中心．上市公司并购重组问答［M］．北京：中国财政经济出版社，2014.

美国造就的经典产业并购案例数不胜数。早在19世纪80～90年代，洛克菲勒所创立的标准石油公司通过兼并40余家石油企业，垄断全美80%的炼油工业和90%的油管生意，成功创建控制石油勘探、生产、分销和市场的寡头。卡内基钢铁厂整合数百家中小钢铁企业造就的美国钢铁成为全球企业史上首破10亿美金的公司。在新经济领域，IBM通过并购保持长盛不衰，思科通过并购而崛起，谷歌通过并购完善生态系统和巩固互联网霸主优势等。

国内资本市场也不乏产业并购案例。二十世纪九十年代末声名鹊起的“德隆系”便是产业并购及产业整合的典型代表，利用新疆屯河、沈阳合金和湘火炬所谓的“三驾马车”整合番茄酱、棉花及乳业、水泥、汽车制造及机电业、旅游等传统产业，“德隆系”一度成为中国民营企业航母。中国企业界稳步发展近半个世纪的长青树“万向系”更是产业整合的翘楚，数十年间实现了对国内汽车零部件产业的高度整合，而且成功组建起一个包含汽车、新能源、农业、地产、金融诸多领域在内的庞大产业帝国。

就并购的意义，著名经济学家、诺贝尔经济学奖获得者乔治·斯蒂格勒通过对美国企业并购史的考察，在《通往垄断的寡头之路——兼并》一文中指出[①]：“企业通过兼并竞争对手成为巨型企业是现代经济史上一个突出的现象”，他甚至表示：“没有一个美国大公司不是通过某种程度、某种方式的兼并收购而成长起来的，几乎没有一家大公司主要是靠内部扩张成长起来的”。

蛮荒年代：2004年前

1993年底，上海强生（600662.SH）购买强生集团下属的第五劳动公司，旗下出租车规模由100辆扩大至700辆，该案因而成为早期的产业并购案例之一。从这开始，A股上市公司的产业并购大幕徐徐开启。

在1998年以前的市场环境中，“保壳”“保配”等维系上市公司地位或再融资资格成为上市公司资本经营的首要目标，因为有无配股资格是衡量上市公司

① 乔治·勒蒂格勒. 产业组织和政府管制［M］. 潘振民，译. 上海：上海人民出版社，1996.

质地的重要指标，尝试并购重组自然不失为上市公司的明智选择。而这段时间里所发生的并购重组大多表现为财务性重组，极少能看到以产业整合为目的的产业性并购踪迹。

自1998年以来，证券监督管理机构先后颁布了一系列关于重大资产重组监管的规范性法律文件。1998年2月，中国证监会出台了《关于上市公司置换资产变更主营业务若干问题的通知》，将上市公司资产重组活动正式纳入证券监管范围之中。2000年6月，《关于规范上市公司重大购买或出售资产行为的通知》出台，提出对重大资产重组的监管“由审批制调整为事后备案制”。2001年12月，中国证监会颁布《关于上市公司重大购买、出售、置换资产若干问题的通知》对重大资产重组活动的监管“由事后备案制调整为审批核准制”。

在上述三个法规文件的框架下，上市公司并购重组活动得到一定程度的规范和发展。上市公司及其控股股东逐渐把提升产业价值作为重组的首要目标，致力于改善企业经营的实质性并购重组正逐渐成为市场主流。以2000年为例，[①]上市公司共发生较大规模的资本运作432起，其中股权转让216起，收购兼并115起，资产置换、剥离等共101起，收购兼并案例中有横向并购46起、纵向并购10起、混合并购24起。

同时，这一时期的并购重组不乏开创之举，股份作为支付工具的探索和尝试就是其中之一。此前，上市公司并购重组的支付工具匮乏，现金支付是最主要也是唯一的支付工具，受限于此，并购重组规模普遍偏小。不过，从1998年开始，在监管机构推动以定向增发为代表的金融创新活动背景下，股份支付的探索案例开始出现。

1998年6月16日，巴士股份（600741.SH）发布“吸收合并”公告称，公司将大股东上海公交控股有限公司（简称“上海公交”）所属上海一汽公交公司、上海一电公交公司的经营性资产按每股4.5元折为国有法人股5 000万股进入公司，新增股份由上海公交持有。6月23日，交易获得中国证监会批准，巴士股份总股本由24 960万股增加到29 960万股。实质上，该案是发行股份购买经营性资产的案例，不过早期尚无如此表述，以致于公告称本案为“吸收合并”；此外，该案与现阶段的发股收购也有些许差别，比如，股权分置改革之前对上海公交发行的新股只能是法人股，而不是流通股。

---

① 方芳，闫晓彤．中国上市公司并购绩效与思考［J］．经济理论与经济管理，2002（8）．

类似地，1999年8月，经中国证监会和财政部批准，大众交通（600611.SH）向上海大众科技创业（集团）股份有限公司（简称“大众科创”）定向增发14 000万股社会法人股，发行价格为3.32元/股，共计人民币46 480万元。大众科创以评估后的991辆营运车辆、1 000辆车辆牌照、其持有的上海浦东大众公共交通有限责任公司51%的权益、上海交通大众客运有限责任公司10%的权益等经营性净资产和货币资金3 707万元进行全额认购新增的股份。巴士股份和大众交通两个案例成为股份作为支付工具最早期的代表性案例。

中国证券市场上第一个真正意义的上市公司合并案——1999年8月清华同方（600100.SH）对鲁颖电子的吸收合并——也在此期间出现。1998年，为全面清理地方性非法证券市场，国务院下发了《国务院办公厅转发证监会关于清理整顿场外非法股票交易方案的通知》。下半年，证监会开始受理上市公司申请吸收合并各地非法产权交易中心的挂牌企业的工作，上市公司吸收合并由此拉开帷幕。

1997年4月9日，山东鲁颖电子股份有限公司（简称“鲁颖电子”）股权证开始在山东省企业产权交易所挂牌，总股本2 731.02万股，其中，沂南县国资局持有1 008.8万股，占总股本37%，社会个人股1 722.22万股，占总股本63%。在国家清理整顿场外交易市场的大背景下，1998年8月27日，鲁颖电子停止交易并摘牌。同年10月28日，清华同方和鲁颖电子共同公告由前者向后者在册股东定向发行1 517万新股，其中国家股560万股、社会个人股957万股，前者以1:1.8的换股比例换取后者股份。合并前，鲁颖电子在高压电容行业处于领先地位；借此次并购，清华同方顺利进入电子元器件生产领域，并迅速成为该市场的领导者，这无疑是一次双赢的产业联姻。

股改时期：2005 ~ 2007

在西方的并购市场中，股份支付以其显著优于现金支付的规模等优势早已成为产业并购，特别是大规模的并购案例中十分成熟而普遍采用的支付方式。但在国内资本市场，股份支付直到2008年才正式成为支付工具。

2005年4月底，中国资本市场重大的改革——股权分置改革正式启动。在此之前，国内并购重组主要采取现金或承担债务方式来支付对价；股权分置改革之后，得益于二元股权结构的消失和全流通制度的施行，上市公司股份具备了充分的市场定价，在定向增发这一再融资工具推出的基础上，股份支付逐渐成为上市公司并购交易的主要支付手段。

2006年5月，随着股权分置改革取得阶段性成果——《上市公司证券发行管理办法》正式颁布，定向增发被正式确立为上市公司的再融资工具。随后，定向增发频繁应用到上市公司的资产重组活动中，直接催生了2006年之后几年中国船舶、东方电气等大批国企以及钢铁行业的整体上市潮和券商行业的借壳上市潮。

不过，这一期间的产业并购尚未形成气候。据相关资料统计，① 对2005～2007 年上市公司金额超过5 000万元的并购统计发现，以上市公司本身为主体发起的并购数量从2005年的71件增加到2007年的499 件，股份支付对上市公司并购重组的助推作用明显。其中整体上市或借壳上市的并购交易占到总交易事件的四分之三，而产业并购交易数量只占到四分之一，且交易额较小。

通过定向增发实现优质资产注入的关联交易并购依然是这一时期产业并购的主要形式，在定向增发中，没有能力整体上市或上市意愿不强的控股股东，通过注入优质资产而使上市公司改善基本面，提升盈利能力。地产、有色金属等行业成为此期间资产注入的高发行业。

2006年12月28日，经中国证监会批准，渝开发（000514.SZ）向控股股东重庆市城市建设投资公司以每股4.7元非公开发行31 133万股股份，收购其拥有的重庆国际会议展览中心资产以及位于合川市南办处牌坊村面积365 691平方米土地使用权资产。2007年1月25日，公司非公开发行的新股在深圳证券交易所上市，渝开发一案因而成为地产业较早实施定向增发收购资产的案例。

2007年2月2日，经证监会发文核准，云南铜业股份有限公司（000878.SZ）向控股股东云南铜业（集团）有限公司（简称“云铜集团”）在内的十名特定对象非公开发行了45 800万股股票，发行价格9.50元/股，其中，云铜集团以其下属公司（主要是四座矿山资产）股权认购本次发行股票总数的54.30%，增发A股于2007年2月5日上市。该案成为有色金属行业中发生较早且规模较大的产业并购案例。随后，南山铝业、驰宏锌锗等公司如法炮制，控股股东的优质资产

① 唐欲静. 产业并购及其价值创造研究［J］. 商业时代，2009（10）.

纷纷注入上市公司。

主语时代：2008 ~ 2012

2008年，股改大幕基本落下，长期制约我国证券市场的二元股权结构障碍逐渐消失，首家完成股改的三一重工股票年内解除限售期，中国资本市场进入全流通时代。在这一背景下，上市公司资产重组的利益博弈机制发生了很大变化，资产重组的动力日益加大、方式不断创新、数量也逐渐增多，比如，原国有股、法人股股东通过资产注入、股权转让等方式参与上市公司资本运作的积极性大为提高。

2008年4月16日，中国证监会发布了被称为“完善我国证券市场基础性制度建设的又一重大举措”的《上市公司重大资产重组管理办法》（简称《重组管理办法》），标志着上市公司并购重组迈入了规范与发展并举的新阶段。股份作为支付工具可以在并购交易中使用，发行股份购买资产成为上市公司最重要的资产重组方式。

事实证明，发股收购不仅仅是支付方式的改变，更重要的是，使得以上市公司为收购主体的并购成为主流。尤其在我国当前的金融制度之下，商业银行无法提供过桥资金，企业自身根本不可能实现大型的并购交易，而股份支付很容易促成几十亿元甚至上百亿元的大型并购，从而加速产业整合和优势企业做大做强。中国上市公司并购“从宾语时代向主语时代发展”，“主语式并购将成为未来我国并购市场的主流。”①

A股2008年最先发生的产业并购案例颇为意外的由一家刚登陆深交所中小企业板一年多的民营IT企业开局。2008年1月18日，北京东华合创数码科技股份有限公司（002065.SZ，简称“东华合创”）发布《关于公司向特定对象发行股份购买资产获得核准的公告》称，公司定向增发1 264万股，收购北京联银通科技有限公司（简称“联银通”）100%股权的事项，已获得中国证监会核准，发行价格为22.86元/股，标的总对价2.89亿元。

① “宾语时代”、“主语时代”的比喻由东方高圣在2008年提出。

与此前诸多A股产业并购案不同的是，东华合创发股收购联银通成为国内上市公司向独立第三方增发新股完成并购的“第一单”，而此前以定增方式收购资产的案例，对象一般是大股东或者关联方，该案的里程碑意义不言而喻。交易方案创造性地进行了“对赌”安排，联银通科技承诺2007年净利润将不低于3 000万元，2008年和2009年净利润分别比上一年增长不低于20%；若上述业绩承诺未能实现，联银通股东同意在次年将其本次认购股份的一部分按其本次认购的比例无偿赠送给东华合创的全部其他股东。显然，东华合创收购案颇具试点意味，例如“对赌安排”已暗合3个月后即将颁布的《重组管理办法》的监管精神，事实上，“对赌”成为此后数年并购的“标配”。

在中小板完成首例定增收购案两年半之后，创业板第一宗发股收购案也破茧而出。2010年9月15日，距创业板开板尚不足一年，北京立思辰科技股份有限公司（300010.SZ）停牌筹划重大资产重组。11月8日，公司复牌并公告称，拟通过增发方式收购张敏等持有的上海友网科技有限公司（简称“友网科技”）100%股权，友网科技资产价格最高不超过2.98亿元，发行股份的上限为1 604.74万股，增发价不低于18.57元/股。不过，该案却经历漫长的马拉松审核，直至2011年11月才得到证监会核准，又经历8个月，到2012年7月，收购才最终完成，新增股份上市。

主角时代：2013 年至今

2013年往往被媒体称为中国“市场化并购元年”，这一年前后，和全球第六次并购浪潮共振的中国企业并购同步进入新的阶段，而上市公司在并购浪潮中已无可争议地扮演最重要的角色之一。微观层面上，至少有三股力量决定着中国乃至全球的并购市场，国有巨无霸的上市公司、作为中国概念股的新兴互联网巨头、最具市场活力的中小板和创业板企业的并购基因似乎全被激活，无不纷纷展开兼并重组，要么全球拓展争夺资源话语权，要么战略布局继续扩大企业边界，要么优化资产配置谋求高速成长。简而言之，市场化并购井喷！

股权投资研究机构清科研究中心统计数据显示，从2013年开始，中国并购市场数据迭创新高，尤其是并购规模连年大幅增长。2013年共完成交易1 232

起，较2012年的991起增长24.3%；披露金额的并购案例总计1 145起，涉及交易金额共932.03亿美元，同比涨幅为83.6%；2016年是这一轮并购浪的高潮，全年中国并购市场完成并购案例3 105起，同比增长15.3%，其中披露金额的案例数为2 469起，共涉及交易金额18 435.53亿元，同比增长76.6%，中国企业正处在最波澜壮阔的并购浪潮之上。

一个不争的事实是，并购市场的参与各方逐步意识到，通过并购促进企业成长发展的“新常态”，已是不可改变的大趋势。Wind数据显示，2014年国内已完成的并购事件最主要的并购动机是横向整合、行业整合、多元化战略，通过这三大路径展开的并购数量超七成；统计2013～2018年的并购数据，以这三大目的为主的产业并购案例在中国并购市场中居绝对主导地位。

以中央企业为主的国有企业是此轮并购浪潮的主导力量之一。国企改革的顶层设计和产业升级转型的政策对国有企业的产业整合无疑起到了相当重要的推动作用，“兼并重组是做大国有资本的有效途径”成为监管当局的共识。

在国内市场，2013年1月，工信部、发改委、财政部等12部委联合发布《关于加快推进重点行业企业兼并重组的指导意见》，提出“促进汽车、钢铁、水泥、船舶、电解铝、稀土、电子信息、医药和农业产业化9大行业和领域兼并重组”，这些行业具有“规模效益显著”的共性，行业集中度的提升能有效降低生产成本、提高生产效率和提升行业竞争力，资本运作具备充足空间。在此后的数年，这9大领域的并购重组也正此起彼伏。

在海外市场，中央企业的出海并购是绝对主力。根据国资委的统计数据，2013～2016年间，中央企业累计实施并购1 532项，交易金额7 855亿元。大多数中央企业明确了并购服务于发展战略的原则，聚焦企业主业实施并购。例如，被誉为央企“并购王”的中国化工集团公司，从2006年开始已陆续并购了10家全球知名的外国企业，2017年6月，中国化工以430亿美元的价格收购先正达，创下中企海外单笔收购金额的最高纪录。

从2013年开始，以百度、阿里巴巴和腾讯三巨头为主的中国互联网公司掀起一波又一波的并购浪潮，百度收购糯米、91手机助手等，阿里收购优土、UC浏览器等，腾讯投资京东、搜狗等，美团、大众点评合并，携程、去哪儿合并，滴滴、快的合并，58、赶集合并等，这些并购案例令人目不暇接而又血脉贲张。

不过，就国内资本市场而言，最大的亮点无疑是中小板和创业板上市的民营企业在这一轮产业并购浪潮中的异军突起，盛况惊人。譬如，2014

年在808家上市公司为主体的并购中，有超过半数的475家是中小板和创业板的上市公司。事实上，正是从2013年开始，以东华软件、东方财富等公司为标杆，中国民营企业“并购成长”的逻辑初步确立起来，“十亿市值靠业务，百亿市值靠并购，千亿市值靠核爆业务+并购”的理念被普遍接受。[①]

2014年起，民营上市公司纷纷加速并购扩张，蔚为风潮；2015年，A股上市公司并购达到顶峰，横向并购、纵向并购乃至合纵连横案例令人眼花缭乱；2016年并购市场达到规模与数量的高点后，2017～2018年，来自监管层的趋严监管令并购重组迅速降温，尤其是证券化目的的借壳上市案例骤然减少，但基于产业逻辑的并购依然得到鼓励和发展，时至今日仍是并购市场的主角。

① “十亿市值靠业务，百亿市值靠并购，千亿市值靠核爆业务+并购”是本书作者于2014年提出的关于产业并购、企业市值和企业成长关系的理念。

第21章

大象起舞：国企改革驶出“中国神车”（2014 ~ 2015）

分久必合，合久必分。

——媒体评论中国南、北车合并

在中国高端装备制造中，高铁无疑是最接近世界先进水平的产业。2017年5月，来自“一带一路”沿线的20国青年评选出中国“新四大发明”，高铁名列其中并高居榜首。这一颇具趣味的民间评选，令近年本已“刷屏”不断的高铁再次点燃国民自豪情绪。

此前两年的2015年5月，由中国南车和中国北车合并而成的中国中车横空出世——这个被戏称为“中国神车”的庞然大物一举成为全球规模最大、品种最全、技术领先的高铁装备供应商。毫无疑问，这宗典型的横向并购案，因由两个经营业务类似、业绩实力相当、资产规模庞大、市值均近千亿的巨无霸国企的合体而备受市场关注。

国企改革四十年

改革开放40年来，国有企业改革一直在中国经济体制改革中居核心地位。一个普遍的看法是，从1978年至2018年，以多次党的重要会议为节点，国企改革历经初步探索、企业制度建设、监管体制改革以及全面深化四个阶段。

1978年党的十一届三中全会至1993年党的十四届三中全会是第一阶段。在所有权与经营权分离的前提下，改革推行承包经营责任制和转换企业经营机制，通过“放权让利”来激活国有企业活力。

从1993年党的十四届三中全会到2003年党的十六届三中全会为第二阶段。产权改革和现代企业制度建设成为国企改革重点，其目的是完成国有企业的公司化改造；“抓大放小”和“国退民进”先后成为国企改革的重要战略。对这两个阶段的国企改革，我们在第7章《“国退民进”中的造“系”烽烟（2001～2005）》中有所介绍。

从2003年党的十六届三中全会到2013年党的十八届三中全会的10年，国企改革进入第三阶段。“改革国有资产管理体制”、“调整国有经济布局和结构”成为国企改革的重点任务。在国有资产管理体制的改革方面，国务院设立国有资产出资人代表——国有资产监督管理委员会，国有资产所有者的权利、义务和责任得到统一；在调整国有经济布局和结构方面，国资委的成立推动了国有企业的调整重组，促进国有资本向关键领域和重点行业、优势大企业集中。

2013年11月的党的十八届三中全会则启动了全面、系统、深化的新一轮国资国企改革。其主要内容包括建立现代企业制度为核心的公司制改革、以混合所有制为核心的产权改革和以管资本为主的监管体制改革等方面。

2003年以后，国有企业的调整和重组一直是国企改革的重要内容，增强国有经济活力、放大国有资本功能、实现国有资产保值增值、“做强做优做大”国有企业始终为国企改革的主要目标。以中央企业为例，2003年，首任国资委主任李荣融宣称，国资委的目标是到2010年，将中央企业调整和重组到80～100家（这一目标最终在2017年得以实现）。同时，李荣融亦表态，“国家给三年时间，（中央企业）必须成为各行业的前三名，自己找对象，达不到的就要调整，不是你调就是我调。”

正是在这样的背景下，从中央企业到地方国企，其调整和重组呈现出全面开花的局面。而这一过程中，同一集团内不同企业间的“内部整合”和同一行业内不同集团间的“外部整合”形成两个实现“做强做优做大”的整合思路，这正暗合“不是你调就是我调”的监管态度。当国企改革嫁接资本市场时，前者便成了“整体上市”，后者则成为不同上市公司间的企业合并。

中国40年的国有企业改革成就斐然，国有企业已成为国民经济的中坚力量，这从美国《财富》杂志所评选的世界500强榜单可窥一斑。1989年，中国银行成为第一家、也是唯一一家登上世界500强榜单的中国大陆企业，而2017年，中国（含港台）共上榜115家企业，其中80家是国企，58家是央企。2017年全年国有企业营业总收入522 014.9亿元，同比增长13.6%；利润总额28 985.9亿元，同比增长23.5%；应交税金42 345.5亿元，同比增长9.5%；截至2017年底，所有者权益合计519 958亿元，同比增长11%，这与上个世纪90年代国企大面积亏损的窘况已天壤之别。①

资本市场“助推器”

从过往的历史和实践来看，资本市场在推进国企改革方面发挥了不可替代的作用。

股市开设之初，宗旨就是为国企脱贫解困服务，因而20世纪九十年代国有企业分拆上市盛行；到国企改革进入第三阶段后，随着股权分置改革的完成，国企整体上市大行其道；而近年来的新一轮国企改革阶段，以中国中车为代表的借助资本市场进行的国企整合接棒整体上市渐成主流。

对国企改革彰显“助推器”作用的资本市场日益成为国资国企改革的主战场，其逻辑不难理解。其一，资本市场的融资功能，扩大了国有企业筹集资金

① 数据来源：中华人民共和国财政部：《2017年1–12月全国国有及国有控股企业经济运行情况》.

的渠道；其二，资本市场的流动性功能和定价功能，促进了国有企业的资产重组和资源的优化配置；其三，资本市场的规则约束，促进了企业法人的治理结构改善和上市公司的质量提高；其四，资本市场的发展，推动了企业的公司制改造以及现代企业制度的建立和完善。在新一轮国企改革中，利用各类资本市场推进国有资产资本化、证券化为市场所期待。

整体上市对国企内部整合的意义，我们在第17章《整体上市潮涌资本市场，中国船舶上演股王神话（2007）》曾窥见一斑；而由监管层驱动的不同集团之间的“外部整合”较整体上市在国企改革全局上更见“疗效”。2017年8月28日，国资委发布消息称，中国国电集团公司与神华集团有限责任公司正式重组为国家能源投资集团有限责任公司。至此，国资委监管的中央企业户数已由2003年国资委成立之初的196家降至目前的98家，减幅达50%。与国家能源投资集团类似，经过整合而存留的国企尤其是央企绝大部分属于巨无霸企业，分布在电信、石油化工、煤炭电力、重型机械和钢铁等国民经济的重要领域，行业集中度十分明显。

需要指出的是，在国有企业的外部整合中，所采用的工具既包括合并、收购等扩张性的重组工具，也包括分立等专业性的重组工具，还有剥离、出售、破产等收缩性重组工具。2003年至今，合并式重组被普遍认为是提升国有竞争力的重要途径，事实上，此种“合并同类项”的横向并购亦成为央企及地方国企重组的最主要方式。到2017年底，过去15年累计缩减的98家央企中，近90%是靠合并或兼并退出的。

同一行业或领域内不同国有集团之间的“外部整合”已成为2013年底以来新一轮国企改革的重点，显然，这类行业整合的主要驱动力量来自政府自上而下的主导和推动，因此，可将其称之为“行政性整合”。

“整体上市”与“行政性整合”尽管绝大部分案例均发生在国有企业范围内，并购重组的目的也为实现国企改革的目标，但是二者仍存在明显的差异：其一为重组的驱动主体不同，前者为国企的集团公司，后者为主管政府机构；其二为重组范围不同，前者为同一集团不同企业之间，属于企业层面，后者则为同一行业不同集团之间，属于行业层面；其三，重组的直接目的不同，前者为了规避同业竞争、减少关联交易以及集团资产证券化，后者则为行业整合，规避无序竞争，做大做强龙头企业。

国企的“行政性整合”主要涉及国企集团及其所属的上市公司两个层面

的整合。在2003～2013年间，国企集团层面的整合一直是国企行业整合的主要形式，而上市公司层面合并案例却极为少见。不过，2013年以来，上市公司层面的整合开始日渐增多，例如，2015年百视通（600637.SH）吸收合并东方明珠（600832.SH）、2015年中国南车（601766.SH）吸收合并中国北车（601299.SH）、2017年宝钢股份（600019.SH）吸收合并武钢股份（600005.SH）等案例。形成这种趋势的一个很重要原因在于：历经上一轮国企改革中的整体上市，现阶段很大一部分国企集团的主要经营资产都集中在上市公司层面而非集团母公司层面，于是集团层面的合并与上市公司层面的合并势必同步发生。

对于涉及上市公司层面的国企行业整合，通常有两种情况：一种是先整合集团，再整合上市公司，如宝钢集团和武钢集团合并后，宝钢股份再吸收合并武钢股份形成新的上市公司。这与整体上市颇为相似，在两个集团合并成为一家公司后，由于面临同业竞争和关联交易等问题，新合并集团的旗下业务相近的上市公司则需要合并为一家。但从全局和整体上看，这类合并的出发点实质上是同一领域不同企业间的合并，其目的在于国企的行业整合，而非整体上市。另外一种是先直接合并上市公司，同步或随后再合并集团公司，也就是我们即将介绍的中国南车吸收合并中国北车的案例。

A股的吸收合并

2000年前后，经历百年并购的世界经济开始出现超大规模的上市公司合并案，比如，1999年戴姆勒奔驰公司与克莱斯勒汽车公司的合并，2000年美国在线与时代华纳的合并，以及2002年惠普与康柏的合并等，这些案例无一不在全球范围内引起巨大轰动。

就在同一时期，随着国内经济的发展和证券市场的完善，A股上市公司的合并案例也破茧而出。1998年，为全面清理地方性非法证券市场，国务院下发了《国务院办公厅转发证监会关于清理整顿场外非法股票交易方案的通知》（国办发［1998］10号文），这直接促使国内上市公司吸收合并的诞生。1998年下半年，证监会开始受理上市公司申请吸收合并各地非法产权交易中心的挂牌企业的工作，8月，清华同方（600100.SH）完成对鲁颖电子的吸收合并，成为我国第一个上市公司合并案。

所谓公司合并，是指两个或两个以上的公司依照《公司法》规定的条件和程序，通过订立合并协议，共同组成一个公司的法律行为。公司合并是企业并购重组十分重要的组成部分，根据我国《公司法》第九章，公司合并分为新设合并和吸收合并两种形式。新设合并是指参与合并的双方（或多方）公司合并之后，成立一个新的公司，原合并各方公司依法注销。**吸收合并，也称兼并，是指公司合并之后，合并方仍然存在，被合并方则被注销不再存在**。截至目前，国内上市公司的合并案几乎全部为吸收合并。

根据支付方式的不同，上市公司吸收合并的基本方式主要包括换股式吸收合并和现金式吸收合并两种。不言而喻，现金式合并指合并公司向被合并公司的股东支付现金来换取他们持有的目标公司股票。

凭借无需支付现金的优势，国内上市公司的合并几乎清一色采取换股式吸收合并形式——合并公司与被合并公司之间通过交换股票的方式完成合并。合并完成后，合并方的股东与以前一样继续持有原公司的股份，被合并方的股东则持有合并方新发行的股份；被合并方的总资产、总负债及所有者收益都集中在存续公司。

按照合并双方的上市属性，上市公司的换股吸收合并十分明显地分为三种类型：上市公司吸收合并非上市公司，非上市公司吸收合并上市公司以及上市公司之间的吸收合并。

在清华同方完成对鲁颖电子的吸收合并后，上市公司吸收合并挂牌企业风行一时，到2003年6月，证监会陆续批准了新潮实业（600777.SH）吸收合并新牟股份等其他13例合并申请。[①] 上市公司合并非上市公司的案例还大量出现在2006年开始的券商行业借壳浪潮中，海通证券、东北证券、国元证券、国金证券、长江证券、西南证券、广发证券和国海证券等多家证券公司借助上市公司的吸收合并完成借壳上市。

① 另外12个案例为：正虹科技（000702.SZ）吸收合并城陵矶，华光陶瓷（000655.SZ）吸收合并山东汇宝，青岛双星（000599.SZ）吸收合并青岛华青，大众科创（600635.SH）吸收合并无锡大众，龙电股份（600726.SH）吸收合并华源电力，宁夏恒力（600165.SH）吸收合并虎山粮机，同济科技（600846.SH）吸收合并山东万鑫，鲁西化工（000830.SZ）吸收合并鲁平化工，惠天热电（000692.SZ）吸收合并沈阳房联，亚盛集团（600108.SH）吸收合并山东龙喜，武汉石油（000668.SZ）吸收合并江原石化，三九生化（000403.SZ）吸收合并金汇医材。

2004年1月，TCL集团"换股吸收合并+IPO"的整体上市方案开创了我国非上市公司吸收合并上市公司的先河，也标志着我国上市公司吸收合并进入了一个新的阶段；根据方案，TCL创造性地在"集团IPO"的同时"吸收合并"子公司TCL通讯（000542.SZ），成为国内IPO同时进行吸收合并的首个案例（详见第19章《创业板第一股："换股合并"起航千亿农牧航母（2015）》）。

此后，非上市公司（包含尚未在A股上市的H股上市公司）换股吸收合并上市公司成为整体上市的主要形式之一。2006年10月，上港集团吸收合并子公司上港集箱（600018.SH）完成整体上市，成为股权分置改革之后首家非上市公司吸收合并上市公司的案例。2011年金隅股份（02009.HK）吸收合并太行水泥（600553.SH），2012年中国交建（01800.HK）吸收合并路桥建设（600263.SH）及广汽集团（02238.HK）吸收合并广汽长丰（600991.SH），2013年美的集团吸收合并美的电器（000527.SZ）及浙能电力吸收合并东南发电（900949.SH），2015年温氏股份吸收合并大华农（300186.SZ）及招商蛇口吸收合并招商地产（000024.SZ），2017年招商公路吸收合并华北高速（000916.SZ）等均为整体上市的案例。当然，也存在行政性整合的案例，比如，2014年申银万国吸收合并宏源证券（000562.SZ）便是一例。

某种意义而言，如果考虑TCL案例中在"集团IPO"的同时吸收合并TCL通讯，那么TCL集团的合并案似乎也可视为上市公司之间的吸收合并。不过，中国证券市场上第一例真正意义上的、成功的上市公司间吸收合并案则是2004年轰动一时的第一百货（600631.SH）换股吸收合并华联商厦（600632.SH）一案。

2004年11月，上海市第一百货商店股份有限公司吸收合并上海华联商厦股份有限公司正式完成。合并方案针对非流通股和流通股分别设定两个折股比例，华联商厦和第一百货非流通股折股比例为1∶1.273，流通股折股比例为1∶1.114。这一合并有效地解决了上海百联集团有限公司旗下第一百货及华联商厦同业竞争与关联交易等问题，从而实现百联集团商业资产的整体上市。

第一百货与华联商厦的合并属于同一集团控制下的两家上市公司合并，与之不同的是，2010年唐钢股份（000709.SZ）吸收合并邯郸钢铁（600001.SH）与承德钒钛（600357.SH）的案例中，三家公司原分别属于不同的集团——唐钢集团、邯钢集团及承钢集团。

2008年6月，在河北省政府主导下，唐钢集团、邯钢集团及省属其他钢铁企业在集团层面先合并形成河北钢铁集团有限公司，承钢集团亦为集团一级子公司。从此前辽宁省的“鞍（钢）本（钢）合并”，到山东省的“济（钢）莱（钢）合并”，再到“唐邯合并”，钢铁行业在省级政府主导下的集团合并蔚然成风。集团层面的合并势必引起上市公司层面的整合，尽管“唐邯合并”在集团层面合并晚于“鞍本合并”与“济莱合并”，不过上市公司层面的唐钢股份、邯郸钢铁及承德钒钛的合并却率先实施完成，从而成为行政性整合目的的首个案例。

不过，上市公司“壳平台”作为一种稀缺资源，很少有上市公司愿意在换股吸收合并过程丧失掉上市资格。从这个角度看，上市公司间的换股吸收合并似乎只是那些不在意“壳价值”的国有企业的游戏，因此，这类案例在过去十年间屈指可数，主要包括：2015年百视通吸收合并东方明珠、2015年中国南车吸收合并中国北车、2017年宝钢股份吸收合并武钢股份等案例。

南北车分分合合

2015年4月3日，中国南车和中国北车同时公告，经中国证监会并购重组委的审核，两家公司合并之重大资产重组事项获得无条件审核通过。受此消息刺激，4月7日复牌交易的南、北车股票旋即开启了又一轮声势浩荡的上涨，9个交易日录得8个涨停，亢奋的市场情绪令人目瞪口呆。

4月17日，南、北车A股迎来最后一个一字涨停，股价创下历史新高，计入H股的两车合并总市值突破8 000亿元大关，达8 806亿元人民币，这较半年前停牌时的1 600亿元暴涨450%，而同期上证指数的涨幅仅为86%。大象起舞，蔚然壮观！以当日收盘价计算，合并后的中国中车总市值一举超过中国石化的8 428亿元，排在中国石油、工商银行、农业银行、中国银行和中国人寿之后，位列沪深两市第六名；同时，中国的“神车”亦成为全球市值最高的机车制造企业，远超德国西门子（1 142亿美元）、法国阿尔斯通（91亿美元）、加拿大庞巴迪（67亿美元）和日本川崎重工（63亿美元）等国际市场上的竞争对手。

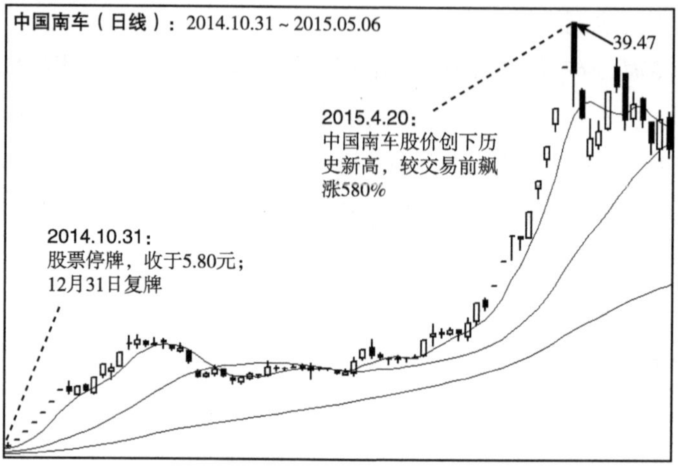

中国南车股价在交易公告后4个月上涨580%

资料来源：Wind。

中国南车、中国北车合并的故事最早可以追溯至二十世纪八十年代。

1986年，中国南车、北车的前身——中国铁路机车车辆工业总公司成立，这家隶属于原中华人民共和国铁道部的国营企业，承担了国家绝大部分铁路机车车辆及配件的生产。2000年9月，在国企改革破除垄断的大背景下，中国铁路机车车辆工业总公司分拆为中国北方机车车辆工业集团公司和中国南方机车车辆工业集团公司。分拆后的两家公司以长江为界划江而治，分立经营，但核心产品体系基本相同，各自拥有独立的研发体系、生产产能、供应链及销售渠道，经营实力旗鼓相当。

2008年8月，中国南车股份有限公司成功境内外同时首次公开发行（601766.SH，01766.HK，简称“中国南车”）；2009年12月及2014年5月，中国北车股份有限公司（简称“中国北车”）也先后在上海证券交易所和香港证券联合交易所成功上市，股票代码分别为601299.SH和06199.HK。

2000年之后的十几年时间，中国铁路事业迅猛发展，好风凭借力，中国南车和中国北车自然进入快速发展期。两家公司不仅包揽了国内所有动车组市场，还有八成以上的货运列车，以及大部分城市轨道车辆份额。借助庞大的国内市场，从2011年开始，两家公司的营业收入便稳稳站住世界轨道交通行业的前两名位置。根据德国知名咨询公司SCI Verkehr的报告，南、北车2014年轨道交通装备的总收入全球第一，且是第二名庞巴迪的3.1倍、第三名阿尔斯通的4倍。

与此同时，全球主要经济体和众多发展中国家的轨道交通市场快速成长，为中国南、北车提供了新的增长机遇，然而，两家公司由于长期以来主业相同、制造能力相似、技术研发投入重复，在海外市场开拓过程中竞争的手段似乎只有价格战，南、北车兄弟相残的戏码屡屡上演。早在2011年的土耳其项目中，北车刻意压价致项目旁落韩国公司；2013年，阿根廷项目恶战，南车低价中标；2014年，墨西哥项目南车中标又被取消等。压缩自身利润，受益的自然是项目所在地，这无异于损害了国家利益，打压价格不仅影响利润水平，同时也制约技术研发投入，显然不利于高铁技术的长远发展。于是，新一轮国企改革的大背景下，规避国际市场上的恶性竞争成为南北车合并的直接诱因，业内人士喊话“减少恶性竞争和资源浪费，形成一个拳头对外。”

因而近年来，南、北车合并传言时有声起。最新的传闻是2014年9月初见诸媒体的题为《国资委暗推南北车整合》、《传国资委推南北车整合各自方案已上报》、《传国资委力推南北车合并以促高铁技术出口》等新闻报道。9月5日，两家公司同时发布澄清公告辟谣，称公司及控股股东未上报有关南车和北车合并方案给国资委。

但一切事实都会闪烁传言的影子，仅仅50余天后，10月28日，中国南车A股及港股、中国北车A股及港股全部停牌，公告称拟筹划重大事项，前述传闻似乎不是捕风捉影。12月31日，两家公司发布《关于中国南车股份有限公司与中国北车股份有限公司合并方案的议案》并复牌，同时公告了于12月30日签署的《中国南车股份有限公司与中国北车股份有限公司之合并协议》，合并传言坐实。

中车合并驶出“高铁速度”

复牌后，两家公司股票双双暴涨。以南车为例，12月31日南车H股大涨32.32%，次交易日再涨18.01%，股价从7.89港币涨至12.32港币；南车A股涨势更是惊人，到2015年1月22日，股价最高涨至14.65元，较停牌前5.8元大涨152.59%。不过，这只是第一轮上涨而已，如前所述，通过证监会审核后，两车股票更是不断上演翻倍走势。

对于中国南、北车合并案，股票复牌似乎意味着项目完成，因为国企改革的份量在那里，复牌后面的审核程序不出意外地顺利，国务院国资委、境外反垄断审查机构和中国证监会等三大类监管机构均予绿灯放行。

2014年12月31日，中国南车和中国北车发布合并预案；2015年1月21日，发布合并报告书草案；3月3日，合并获得国务院国资委的批准；3月9日，合并方案获得中国南车和中国北车A股和H股股东会的审议通过；3月11日，中国南车公告合并通过了包括澳大利亚、德国、巴基斯坦、新加坡等境外反垄断审查机构的批准。

3月18日，中国南车公告证监会已受理“H股增发”和本次合并的申请材料；4月3日，经证监会并购重组委的审核，两家公司合并之重大资产重组事项获得无条件审核通过；4月23日，本次合并涉及的中国南车H股增发已获得中国证监会核准；4月27日，收到证监会出具的《关于核准中国南车股份有限公司吸收合并中国北车股份有限公司的批复》。至此，本次合并案的外部审核全部完成，历时不足4个月，资本市场助力国企改革的效率之高可见一斑。

5月7日，中国南车和中国北车股票停牌进行换股工作。5月20日，中国北车终止上市，A股和H股股票分别从上海证交所和香港联交所摘牌。本次合并涉及的H股换股于5月26日完成，中国南车新增发行H股股份23.47亿股；A股换股于5月28日完成，南车新增发行A股股份111.39亿股。

6月1日，中国南车完成工商变更登记手续，公司更名为“中国中车股份有限公司”；6月8日，中国南车股票复牌，股票代码维持601766不变，股票简称则由“中国南车”变更为“中国中车”。

根据《中国南车股份有限公司、中国北车股份有限公司合并报告书（草案）》，中国南、北车合并技术上采取中国南车吸收合并中国北车的方式进行合并，即中国南车向中国北车全体A股和H股换股股东分别发行中国南车A股111.38亿股新股和H股23.47亿股新股，新发行的A股和H股股票分别在上交所和港交所上市，中国北车的A股和H股相应予以注销。合并后新公司中国中车的总股本高达272.88亿股，两家公司的原控股股东南车集团和北车集团分别持股28.91%和27.01%，实际控制人仍为国务院国资委。同时，中国中车承继与承接中国南车与中国北车的全部资产、负债、业务、人员、合同、资质及其他一切权利与义务。

中国南、北车和中国中车在合并前后的持股结构

股东	中国南车		中国北车		中国中车	
	持股数量（股）	持股比例（%）	持股数量（股）	持股比例（%）	持股数量（股）	持股比例（%）
A股股东	11 779 000 000	85.34	10 126 083 903	82.60	22 917 692 293	83.98
南车集团及其下属企业	7 889 406 857	57.15	–	–	7 889 406 857	28.91
北车集团及其下属企业	–	–	6 700 158 074	54.65	7 370 173 881	27.01
其他股东	3 889 593 143	28.18	3 425 925 829	27.95	7 658 111 555	28.06
H股股东	2 024 000 000	14.66	2 133 696 400	17.40	4 371 066 040	16.02
合计	13 803 000 000	100.00	12 259 780 303	100.00	27 288 758 333	100.00

数据来源：中国南车、中国北车公告。

本次南、北车合并方案构成中国南车A股重大资产重组、A股增发、H股非常重大资产收购、H股增发和H股清洗豁免，同时构成中国北车A股重大资产重组、A股主动退市、H股重大资产出售和H股下市，涉及众多的证券监管部门审批事项及两地证券市场的操作衔接，无疑增加了项目操作的复杂程度。不过，这些证券市场操作尽管繁琐，但称不上难题，事后证明，在精确的时间表之下，本次合并在复牌公告后5个月左右即宣告完成，堪称“高铁速度”。

在上市公司层面完成合并之后，2015年9月26日，中国中车发布关于第一大股东与第二大股东合并的进展公告称，中国北车集团吸收合并中国南车集团公司涉及的工商变更登记已经完成，北车集团已更名为“中国中车集团公司”。至此，历时将近一年的南北车重组工程全部完成。

对等合并：国企改革新样本

与2014年前唐钢股份吸收合并邯郸刚铁等案相比，中国南车与中国北车的合并至少有两个截然不同之处：其一，两个涉及资产量庞大、经营状况良好、业绩实力相当、市值均在800亿元左右的巨无霸之间的合并重组，在国内并无先例；其二，中国南、北车的合并案横跨境内外沪、港两个资本市场，风险因

素较多，决策程序复杂。这必然决定本次合并案在合并模式、定价方式、操作程式等方面与先期上市公司合并案例显著有别。

2011～2013年，中国南车收入分别为807.10亿元、904.56亿元、978.86亿元，归属于母公司所有者的净利润分别为35.03亿元、40.09亿元、41.40亿元。2014年1～10月，收入为946.77亿元，归属于母公司所有者的净利润为45.45亿元。2014年10月28日停牌前A+H股总市值为809.34亿元。

相比之下，中国北车毫不逊色。2011～2013年，中国北车收入分别为891.97亿元、922.61亿元、972.41亿元，归属于母公司所有者的净利润分别为26.00亿元、34.00亿元、41.29亿元。2014年1～10月，收入为745.16亿元，归属于母公司所有者的净利润为44.56亿元。2014年10月28日停牌前A+H股总市值为782.32亿元。

因此，在现行资本市场环境和政策框架下，南北车重组开创性地提出“对等合并”方式，即上市公司先合并、集团公司后合并的重组步骤。合并原则上，“坚持对等合并、着眼未来、共谋发展，坚持精心谋划、稳妥推进、规范操作”；技术路径上，上市公司层面由南车股份吸收合并北车股份，集团公司层面则由北车集团吸收合并南车集团。

至于上市公司层面选择南车合并北车，与前者总市值、收入、利润等指标略高于后者不无关系。一般而言，由市值较高的公司合并市值较低的公司符合资本市场惯例。此外，核心技术实力的差异应是考虑因素之一。电力机车专家、中国工程院院士刘友梅曾对媒体表示，当时唯一能出口的CRH380A型车所有零部件、子系统等均是中国知识产权，其国产化的基础则源自南车团队，而中国北车的CRH380B则尚未完全实现国产化。①

本次合并的定价方式是南北车重组的另一个核心问题。据合并报告书草案，其定价原则是，为使“同一公司的所有A股股东和H股股东获得公平对待”，合并前后同一公司的不同类别股东持有股票的相对比例需保持不变，这实质保持了两公司各自的股本结构不变。从而，中国南车和中国北车的A股和H股采用同一换股比例进行换股。

为实现上述目标，定价上主要分为确定市场参考价和制定换股比例两个步

① 顾梦琳. 分家14年南北车再聚首——合并后新公司简称为中国中车［N］. 京华时报，2014-12-31

骤。第一步，合并双方在以相关股票于首次董事会决议公告日（2014年12月29日）前20个交易日的交易均价作为市场参考价，以此计算，中国南车A股和H股的市场参考价分别为5.63元/股和7.32港元/股，中国北车A股和H股的市场参考价分别为5.92元/股和7.21港元/股。

第二步，综合考虑历史股价、经营业绩、市值规模等因素，确定换股比例为1∶1.10，即每1股中国北车A股股票可以换取1.10股中国南车A股股票，每1股中国北车H股股票可以换取1.10股中国南车H股股票。依此换股比例测算，中国北车的A股和H股换股价格分别为6.19元/股和8.05港元/股，这较其A股5.92元/股和H股7.21港元/股的市场参考价分别溢价4.61%和11.68%。

在一般的吸收合并交易中，定价机制设计通常均会考虑吸收方给予被吸收方一定的市场溢价，对于同时涉及A+H股的情况，将给予相同的溢价水平。然而，此次合并中，中国南车的H股市场参考价（7.32港元）高于中国北车的价格（7.21港元），而中国南车的A股市场参考价（5.63元）低于中国北车的价格（5.92元），形成了价格的“剪刀差”。

在这种局面下，如果选择“等溢价率”换股方案，那么中国北车H股股东的换股比例将显著低于A股股东，十分可能引发H股股东质疑，进而在股东大会上用脚投票。而“等换股比例”的定价机制有效化解这一尴尬，通过保证中国北车所有A股/H股股东能换到中国南车A股/H股同样比例的股票，实现对等合并；当然，其结果则是中国北车H股股东获得较A股股东更高的溢价水平。

此外，南北车合并依然按照市场惯例给予异议股东现金选择权。行使现金选择权的中国南车与中国北车的A股、H股异议股东，可就其有效申报的每一股股份，在现金选择权实施日，按照定价基准日前20个交易日的股票交易均价（即前述市场参考价）获得现金对价。不过，这显然是流于形式的。在中国南车公告现金选择权实施提示性公告的前一个交易日，其A股股票收盘价为29.45元，相对于A股异议股东5.63元的现金选择权行权价格溢价423.09%，若行使现金选择权，显然得不偿失。一定意义而言，中国南车和中国北车合并对进一步提升我国装备制造业的国际竞争力作用明显，这一国家经济支柱产业的转型升级无疑将助推中央政府“高端装备走出去”、“互联互通”、“一路一带”等战略目标的实施落地。

作为首例两家A+H股上市公司的换股吸收合并案例，中国南、北车合并堪称新一轮国企改革的里程碑，试点效果卓然，示范意义显著。中国中车集团公司董事长崔殿国在回答媒体的采访中颇为兴奋，“中国中车集团公司的成立，为深化国有企业改革提供了借鉴、积累了经验，创造了可复制、可推广的改革模式。”①

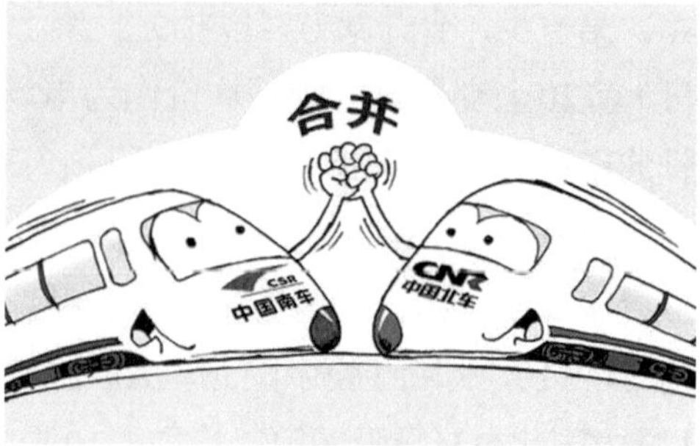

中国南、北车合并漫画（来源：新华社）

就在一年多后，另一起央企合并案再次轰动整个资本市场：钢铁行业两大巨头宝钢股份与武钢股份合并，合并后的宝钢股份被市场称为“中国神钢”！

大事记

- 1986年，中国南车、北车的前身——中国铁路机车车辆工业总公司成立。2000年9月，在国企改革破除垄断的大背景下，中国铁路机车车辆工业总公司分拆为中国北方机车车辆工业集团公司和中国南方机车车辆工业集团公司。
- 2008年8月，中国南车股份有限公司成功在上交所和港交所同时IPO；2009年12月及2014年5月，中国北车股份有限公司亦先后在上交所和港交所成功上市。
- 2011年以来，中国南、北车在海外市场开拓过程中的价格战屡屡上演。
- 2014年10月28日，中国南车A股及港股、中国北车A股及港股全部停牌。
- 2014年12月30日，中国南、北车签署《中国南车股份有限公司与中国北车股份有限公司之合并协议》；12月31日，中国南车和中国北车发布合并预案并复牌。复牌后，两家公司股票双双暴涨。
- 2015年1月21日，发布合并报告书草案；3月3日，合并获国资委批准；3月9日，合并方案获中国南车和中国北车A股和H股股东会的审议通过；

① 国资小新. 中国中车集团公司正式成立 两车重组圆满竣工［OL］. 2015-09-28［2018-09-30访问］. https://mp.weixin.qq.com/s/isFkN4fHB_VPJnpK7SAlDg.

3月11日，中国南车公告合并通过了包括澳大利亚、德国、巴基斯坦、新加坡等境外反垄断审查机构的批准。

- 2015年4月3日，中国南车和中国北车同时公告，两家公司合并之重大资产重组事项获证监会无条件审核通过。至此，本次合并案的外部审核全部完成，历时不足4个月，资本市场助力国企改革的效率之高可见一斑。4月7日复牌交易的南、北车股票旋即开启了又一轮上涨，4月17日，南、北车合并总市值达8 806亿元人民币，较半年前停牌时的1 600亿元暴涨450%。
- 2015年5月7日，中国南、北车股票停牌进行换股工作。5月20日，中国北车终止上市，A股和H股股票分别从上交所和港交所摘牌。本次合并涉及的H股换股于5月26日完成，中国南车新增发行H股股份23.47亿股；A股换股于5月28日完成，南车新增发行A股股份111.39亿股。
- 2015年6月1日，中国南车完成工商变更登记手续，更名为“中国中车股份有限公司”；6月8日，中国南车股票复牌，股票代码维持601766不变，股票简称变更为“中国中车”。
- 2015年9月26日，中国中车发布关于第一大股东与第二大股东合并的进展公告称，中国北车集团吸收合并中国南车集团公司的工商变更已经完成，北车集团更名为“中国中车集团公司”。至此，历时将近一年的南北车重组工程全部完成。

第22章

并购无疆：
木林森蛇吞象晋级世界级选手（2016 ~ 2018）

冲出亚洲，走向世界。

——网评民营企业跨境并购潮

这回的竞技场不是运动场，而是全球资本市场。2018年1月4日，中小板上市公司木林森发布公告称，公司间接收购全球照明巨头欧司朗旗下通用照明业务板块朗德万斯的交易获中国证监会有条件通过，这宗历时10个月停牌、又8个月审核的并购案终于尘埃落定。

朗德万斯20亿欧元的巨额年营收、40余国家的全球渠道以及世界级百年老店的品牌皆令国内LED玩家心动不已。雄踞国内LED封装业务第一交椅的木林森收购朗德万斯挺进下游照明应用市场，无疑是近年来A股公司所发起的一宗十分典型的产业纵向并购案例。

在近几年的跨境并购热潮中，本案作为一宗借力并购基金完成的跨境并购交易而格外吸引市场目光，不同于财大气粗的国有企业直接“买、买、买”的海外并购模式，木林森“设立并购基金——并购基金收购——上市公司发股收购”的三步出海模式则独辟A股民营上市公司跨境并购的新途径。

LED 点亮新世纪

发光二极管（Light Emitting Diode，LED）是一种直接将电能转换成光能的半导体器件。

2014年，诺贝尔物理学奖被授予日本科学家赤崎勇、天野浩和美籍日裔科学家中村修二，以表彰他们在发明新型高效、环境友好型光源，即蓝光LED方面所做出的巨大贡献。1993年，蓝光LED问世，此后二十余年间，LED技术迅速发展，现阶段LED光源的各方面性能都达到或超过了传统光源，LED行业也成为半导体行业中举足轻重的分支。

人类在照明光源领域已然经历四代：第一代的白炽灯，第二代的荧光灯，第三代的气体放电灯，第四代便是LED灯。作为新一代光源，LED灯以其长寿命和节能著称，且其亮度还在不断提高过程中。

诺贝尔奖新闻发布会上给出的一组数据指出：LED寿命长达10万小时，荧光灯是1万小时，而白炽灯只能维持1000小时；LED耗电量比常规的白炽灯节省90%，比荧光灯节省30% ～40%；从效能来看，19世纪的灯泡是16流明/瓦，20世纪的荧光灯管是70流明/瓦，21世纪的LED灯效能则高达300流明/瓦。诺奖评选委员会表示，全球电力消耗有大约四分之一是用于照明用途，LED灯无疑将显著节约能源；“白炽灯照亮了20世纪，而21世纪将因LED灯而闪亮”的颁奖词更是形象地描述了蓝光LED的划时代意义。

LED产业链较为明晰，分为上游芯片，包括LED芯片、外延片及相关原料；中游封装，通俗地讲就是把LED包起来；下游应用，包括仪器仪表指示灯、交通信号灯等方向，现阶段室内外通用照明、景观灯、液晶背光源和显示屏成为LED应用最广泛的四大领域。近年来，LED在照明领域发展尤为迅速，其市场规模在整个LED产业中近乎半壁江山，根据第三方产业研究机构的数据，2014年全球LED照明产值达到3 408亿美元，同比增长38%。[①]

① 高工LED产业研究所（GLII）. 延续增长 2017年全球LED照明产值或超6千亿［OL］. 2015-03-05［2018-09-30访问］. http://www.gg-led.com/asdisp2-65b095fb-57638-.html.

从全球的LED市场格局来看，亚洲、美国、欧洲三大区域主导全球市场，一线的知名厂商在产业链上游拥有强大的技术实力，垄断着高端市场。目前，综合实力排在全球前列的大厂有日本的日亚化学、夏普、丰田合成，韩国的三星、LG、首尔半导体，台湾的亿光电子、晶元光电、光宝科技，德国的欧司朗，荷兰飞利浦，美国的科锐等。这些全球性的巨头在LED全产业链上基本均有所布局，随着市场的快速发展，他们纷纷扩产，抢占市场，导致竞争不断加剧。因此，近年来产业链中劳动力密集型的中下游环节已开始向劳动力成本低的发展中国家或地区转移。

相对来讲，国内LED产业起步较晚，由于封装的进入门槛较低，大多厂商以封装业务为主，并形成了一定的产业规模，成为全球重要的中低端LED封装生产基地。目前已形成以珠三角、长三角、福建江西地区、北方地区为首的四大片区和大连、上海、深圳、南昌、厦门、扬州、石家庄等七大基地的产业格局，形成了包括LED外延片的生产、LED芯片的制备、LED芯片的封装以及LED产品应用在内的较为完整的产业链。

而各个细分领域的龙头企业均已纷纷登陆资本市场，如产业上游的三安光电（600703.SH）、士兰微（600460.SH）、华灿光电（300323.SZ），中游的木林森（002745.SZ）、国星光电（002449.SZ）、瑞丰光电（300241.SZ），下游的利亚德（300296.SZ）、佛山照明（000541.SZ）、洲明科技（300232.SZ）、勤上光电（002638.SZ）等数十家上市公司。从市值上看，截止2017年12月31日，分处产业上游、下游和中游领头羊的三安光电、利亚德和木林森位列A股LED行业的市值前三甲，市值依次为：1 036亿元、317亿元和240亿元。

1997年，木林森的前身中山市木林森电子有限公司在广东省中山市成立；2010年，改制为木林森股份有限公司（简称“木林森”）；2015年2月，也就是公司成立18年后，木林森在深交所中小企业板成功上市。木林森成立以来一直专注在LED产品的生产及研

木林森厂区（来源：木林森官网）

发领域深耕细作，2011至2016年间公司实现了34.09%的年复合增长率，其营收规模位居中国LED企业领先地位，并成为全球前十大LED器件制造商；同时，作为国内LED封装巨头，公司20年来专注于生产LED封装及LED应用，封装器件产能达350亿颗/月，根据木林森引用DIGITIMES Research的数据，按2016年营业收入计算，木林森已是全球第四大LED封装厂商。

挺进下游＋布局海外

从2012年开始，在产业并购井喷的背景下，面对爆发性成长的绿色照明市场，国内LED行业的并购整合陡然提速。产业链上下游的纵向整合占据主要比例，尤其是对下游渠道资产的兼并案例异常惹眼。比如，三安光电2012年以23.52亿新台币成为台湾璨圆第一大股东，2013年又以2 200万美元全资收购美国Luminus；德豪润达在2012～2013年两次耗资共计18.43亿元收购雷士照明27.10%的股份成为后者第一大股东等案例。这些案例要么是通过兼并扩充实力，稳固自身的龙头位置，要么布局LED照明渠道，拓展新的市场区域。

而2015年底以来，中国企业与资本开始发起对海外顶级照明企业的大型跨境并购，包含木林森洽购欧司朗通用照明业务在内，还有以金沙江创投为首的中资财团33亿美元收购飞利浦旗下飞利浦照明（Lumileds）80.10%股权（因未通过美国监管机构审批而折戟）；上海飞乐音响1.50亿欧元收购喜万年（Havells）80%股权等。

Wind数据显示，LED封装市场规模自2010年的270亿元增长至2016年的734亿元，年均复合增长率为18.14%。作为国内封装绝对龙头，木林森一直享有行业的增长红利，其营业收入中80%以上来自封装业务。不过，近年来行业增速已然开始逐渐下滑，加之高端市场被欧美厂商占据，公司面临着极为激烈的市场竞争环境，转型升级势在必然。

在这一背景下，木林森开始借助资本力量不断向LED上下游投资扩产以进行产业延伸，加强木林森的资产规模和生产能力，完善LED产业链的布局。公司在上游LED芯片、PCB（Printed Circuit Board，印刷线路板）等原材料领域加大力度投资布局，通过入股、投资、战略合作等方式与澳洋顺昌、华灿光电、晶电、欧司朗等境内外LED芯片领军企业形成长期稳定的战略合作伙伴关系，确保公司能够获取充足、稳定、优质的原材料供应。

与上游芯片及原材料领域相比，下游通用照明行业发展前景更为可观。2016年，我国通用照明市场规模为202亿美元，约为LED封装市场规模的两倍。挺进下游照明应用领域，无疑是木林森获得持续发展的必由之路，在此方向上，木林森多管齐下，近两年持续投资超过80亿元建造LED照明灯具厂，目标产能超过13亿套/年，而目前仅约3.6亿套/年；在渠道建设上公司持续加强布局，目标在3年内打造1 800家专卖店，40 000家营销网点，相比2015年提升超过100%。"世界有好灯，首选木林森"，木林森打造全球照明龙头的目标清晰可见。

不过，中国照明市场规模巨大但极度分散，缺乏广泛受认可的品牌、分销渠道层级较多且复杂，市场集中度极低。相比之下，全球照明行业经过多年的发展，行业整体平稳，竞争格局基本稳定，高度成熟。

欧司朗（OSRAM）是全球第二大的照明产品及方案提供商，总部位于德国，2015财年销售额近56亿欧元，与GE、飞利浦共同占据全球近50%的市场份额。欧司朗产品组合包括通用照明与特种照明，且横跨从光源到自定义灯光管理系统的照明产业全价值链。其照明业务在全球绝大多数市场排名均在前三，在西欧居首位，品牌影响力、销售渠道、生产能力等方面均处在世界一流水平。

1906年OSRAM品牌在德国柏林注册商标，历经百年耕耘，凭借丰富的产品线以及长期以来备受好评的经典照明产品，欧司朗跻身为"2014年50个最佳德国品牌"之一；旗下喜万年（Sylvania）品牌亦拥有超百年历史，在美洲市场拥有良好口碑及影响力，是世界上最受认可的灯具及照明设备品牌之一。需要指出的是，欧司朗旗下喜万年（Sylvania）品牌在20多年前与喜万年（Havells）本是一家，1993年北美区的喜万年业务被欧司朗收购，剩余部分则在2007年被印度投资公司Havells收购。

然而，欧司朗通用照明业务近年来却面临颇为尴尬的局面：一方面，传统光源的市场逐渐萎缩，但短期内又不会立即消失；另一方面，LED光源业务遭遇亚洲、尤其是中国新兴的LED厂商的夹击，利润空间大大压缩。2015年，欧司朗通用照明业务营收达20亿欧元，占欧司朗总营收的40%，增长已明显放缓，较2014年仅增长0.7%；该业务的税息及摊销前出现4 210万欧元的亏损，报告称主要是因内部关厂、裁员所致，而2014年利润为2 350万欧元。

对欧司朗而言，选择剥离通用照明这块萎缩而微利的业务似乎是必然选择。早在2015年欧司朗便曝出调整发展战略，拟出售照明业务，以期从综合照明服务商转变为专业照明服务商。为此，欧司朗将旗下通用照明业务打包成朗德万斯（LEDVANCE）——主要包括传统光源与LED光源两大块业务；同时在剥离初期，朗德万斯可被授权使用OSRAM及Sylvania品牌，延续百年老店的品牌优势。这无疑为希望进军全球照明领域的厂商提供了绝佳机会。

因此，朗德万斯出售的消息甫一出现，不少中国买家便纷至沓来，其中包括中国老牌照明企业德豪润达、飞乐音响、佛山照明、木林森等。由于中国LED产业启动较晚，国际市场上的中国品牌知名度及影响力与欧司朗不可同日而语，因此，20亿欧元的巨额年营收、40余国家的全球渠道以及世界级的品牌均令中国买家心动不已。

不过，欧司朗在对买家的筛选上却颇为挑剔。因为出售的是下游的通用照明业务，技术壁垒高、利润高的上游芯片业务以及封装业务仍然保留，欧司朗显然不希望业务存在竞争的企业作为买方。德豪润达拥有自己的芯片部门，自然会构成一定的利益冲突；飞乐音响与佛山照明这样的纯下游厂商虽然不会造成利益之争，但明显缺乏协同效应。相比之下，木林森在封装上的统治实力可以和欧司朗的芯片业务相协同，而封装的高效率与低成本又对欧司朗的封装业务形成强力补充，最终木林森击败众多竞争对手，虏获欧司朗芳心。

跨境并购二十年

1999年，中国开启了“走出去”战略。到2001年，“走出去”战略写入《国民经济和社会发展第十个五年计划纲要》，我国对外开放从“引进来”跨入“引进来”与“走出去”相结合的新阶段。同年，中国成功加入WTO，为中国企业“走出去”提供了有利的国际环境和条件。由此，中国企业在经济全球化与双向对外开放背景下开始和全球经济展开更为多元的互动，包括海外并购、新建投资等形式的中国对外直接投资成为这一国家战略实施的重要途径之一。

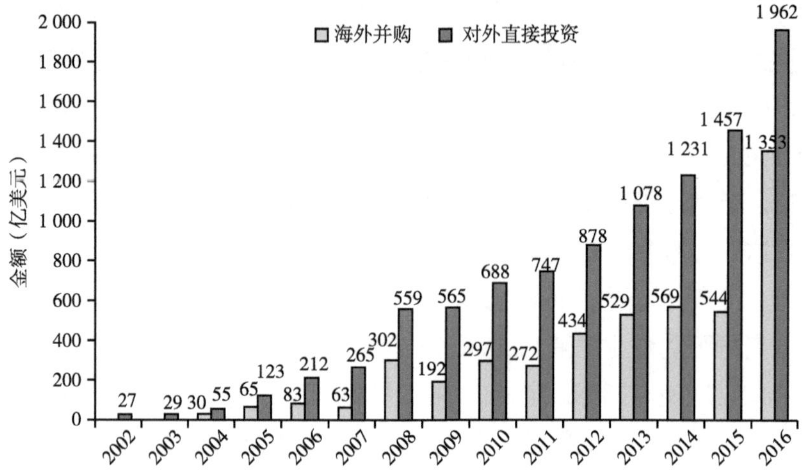

中国企业历年海外并购与对外直接投资规模

数据来源：商务部、国家统计局、国家外汇管理局，2016年度中国对外直接投资统计公报。

1. 第一波热潮：探索（2004～2007）

2005年前后，多宗有影响力的案例掀起了中国企业海外并购的第一波热潮，比如，TCL收购法国汤姆逊、上海汽车超过5亿美元收购韩国双龙、联想电脑以17.5亿美元收购IBM PC业务、中国石油41.8亿美元收购哈萨克斯坦PK石油公司以及中国海油竞购美国优尼科石油公司等交易无不引起举国轰动。不过，这些交易的结局却败多胜少，但其在跨境并购领域所积累的早期经验和教训对后来者的意义则不言而喻。

商务部对外发布的数据显示，2005年中国对外直接投资金额突破百亿美元，为122.60亿美元，并购类投资额达65亿美元，占对外直接投资总额的比例达到53%，在经历数年的海外并购探索后，跨国并购已然成为中国企业“走出去”的主要方式之一。2006和2007两年在并购总金额上延续了2005年的水平，分别为82.5亿美元和63亿美元，但在对外直接投资总额的占比则回落至39%和24%。

2. 第二波热潮：抄底（2008～2012）

2008年，蔓延全球的金融海啸使各国资产出现深幅调整，中国企业顺势开启了一轮抄底式的海外投资和并购潮，数量不仅显著增加，并购规模也迅速扩大。该年并购交易总额达到302亿美元，较上年增长379%，占中国对外直接投资的比例再一次超过一半，为54%。个别案例为这一数字做了不小贡献，比如，2008年2月，中国铝业以140.50亿美元闪电参股全球第二大采矿业集团力拓12%股权并成为后者单一最大股东，成为有史以来中国企业规模最大的一次海外并购；9月，中国石化以20.70亿加元的价格赢得加拿大石油开采商TYK石油公司全部股权的收购；10月，中海油服耗资超过170亿元收购挪威海洋石油钻井公司Awilco。

然而，由于全球经济环境持续恶化和境内企业并购经验匮乏等因素，2008年以来的境外抄底行动正遭受巨额浮亏而饱受质疑。据相关媒体报道，[①] 中国铝业、中投公司、中国平安等企业的海外并购账面损失高达2000亿元。显然，中国企业海外并购绝非一帆风顺，2009年的海外并购总金额回落至192亿美元。尽管如此，一些集中于能源及资源行业的代表性案例仍彰显中国企业高涨的“出海”热情，比如，中国五矿以13.86亿美元收购澳大利亚OZ矿业公司的100%股权；中国石油10.2亿美元对新加坡石油公司45.51%股份的收购；中国石化收购瑞士Addax石油公司，总价约72.4亿美元等。

“走出去”战略实施以来，海外并购的主体一直以国有企业为主，不过在2009年之后，越来越多的民营企业在海外并购中崭露头角，开始扮演“生力军”角色。尽管从并购金额来看，海外并购的主角依然是国企，民企并购规模相去甚远；但从并购事件的多寡上来看，民营企业逐渐占据优势。

浙江吉利集团应该是民企群体中的典型代表，2009年收购全球第二大自动变速器制造企业澳大利亚DSI公司，2010年18亿美元收购沃尔沃一案更成为中国企业境外收购的亮点。事实上，到2012年，民企海外并购大军已悄然形成。据普华永道的一份报告显示，[②] 民营企业海外并购交易活动总额在2012年惊人地增长了171%，愈来愈多的中国民营企业正大规模地投入到海外并购行列中，比如以3.24亿欧元收购德国水泥泵制造商普茨迈斯特的三一重工等。

3. 第三波热潮：井喷（2013-2015）

从被业界称为国内“市场化并购元年”的2013年至2015年形成中国企业海外并购的新一波浪潮，这得益于国家“走出去”战略的持续推动以及“一带一路”战略的提出，企业对外投资表现出强劲的增长势头，跨国并购案例数量

① 济川. 海外收购2000亿学费测“风浪”[N]. 中国证券报，2008-12-18.

② 普华永道. 2012年中国企业并购回顾与2013年前瞻[R]. 2013-01-30.

和交易金额齐增，年度并购金额迈过500亿美元关口，为数众多的企业通过境外并购来实现产业转型，以及在全球范围配置资源。

2013年，中国对外直接投资金额首破1 000亿美元，达到1 078.40亿美元，并购类投资金额水涨船高达到529亿美元，占比49%。这一年中国企业共实施对外投资并购项目424起，涉及70个国家或地区，采矿业仍然是海外并购的首要方向，其金额占比达64.7%。中国海油148亿美元收购加拿大尼克森公司100%股权项目，创下截至2013年中国企业海外并购金额之最。

2014年中国企业共实施对外投资并购项目595起，交易总额569亿美元。中国五矿集团联营体58.50亿美元收购秘鲁拉斯邦巴斯铜矿项目，成为该年中国企业实施的最大海外并购项目。不过，受全球大宗商品市场持续低迷等因素的影响，采矿业并购金额虽然保持首位，但从上年的342.30亿美元大幅下滑到179.10亿美元，同比下降47.70%。制造业领域中，联想集团收购摩托罗拉手机业务、IBM X86服务器业务和东风汽车公司收购法国标致雪铁龙集团14.10%股份的单项并购金额均在10亿美元以上；此外，国家电网公司26.30亿美元收购意大利存贷款能源公司35%股权，中粮集团15亿美元收购香港来宝农业集团51%股权项目也颇为引人关注。

2015年海外并购依然保持活跃，并购疆域进一步拓展，年度交易总额544.40亿美元。中国化工橡胶公司52.90亿美元收购意大利倍耐力集团近60%股份，是2015年中国企业实施的最大海外并购项目。多宗金融领域并购项目成为焦点，如中国民生投资股份有限公司17.90亿美元全资收购天狼星保险集团、中国工商银行7.70亿美元收购英国标准银行60%股份和3.16亿美元收购土耳其Tekstil银行75.50%股份等。文化娱乐领域并购金额增幅明显，由上年的1亿美元增至32.30亿美元，主要项目有万达文化产业集团以9亿美元收购美国世界铁人公司100%股份、以7.50亿美元收购瑞士盈方体育传媒公司90.40%股份等。

4. 第四波热潮：顶峰（2016至今）

2016年可谓中国企业跨境并购的爆发年，是中国企业对外投资并购最为活跃的年份，数量、金额均创历史之最。这与国家在境外投资方面的扶持政策相继出台不无关系，2014年9月，商务部发布新修订的《境外投资管理办法》，确立了“备案为主、核准为辅”的管理模式；2015年3月，银监会对《商业银行并购贷款风险管理指引》进行了修订，放宽商业银行开展并购贷款业务的条件。在一系列政策保驾护航下，中国企业出海以战略导向的产业并购风生水起，

2016年共实施完成并购项目765起，交易总额1 353.30亿美元，较上年大幅增长148.60%，占中国对外直接投资金额的比例达68.99%，为历史最高。

中国信达资产88.80亿美元收购南洋商业银行100%股份，成2016年最大海外并购项目。而中国化工集团2016年2月公告并于2017年完成的先正达收购案则成为截至2018年6月底中国最大规模的海外并购案例，达430亿美元，中国企业已成为全球巨头合并的重要参与者。青岛海尔55.80亿美元收购美国通用电气家电业务项目、腾讯控股等41亿美元收购芬兰Supercell公司84.30%股权、天津天海物流投资管理有限公司60.10亿美元收购美国英迈国际公司、中国长江三峡集团37.70亿美元收购巴西朱比亚水电站和伊利亚水电站30年经营权项目，分别成为截至2016年底中国企业在制造、信息技术、交通、电力领域最大的对外投资并购项目。

新时期，我国企业跨国并购在并购主体、行业分布等方面呈现显著变化。

首先，参与跨国并购的主体中，民营企业进一步增多。民营企业整体上体制灵活，比国企、央企更具活力和务实弹性；相较于后者，民营企业受到目标国安全审查的严格程度也颇为宽松，投资或并购交易的成功率因而得以大幅提升。

根据2017年一份中国企业跨境并购研究报告，① 从宣布的并购交易金额口径来看，2016年民营企业成为中国企业海外并购的主要推动力量，其交易数量较上年增加了三倍，并在交易金额上超过了国有企业；同时，以私募股权和资产管理公司基金为代表的财务投资者参与的跨境并购交易集中出现，2016年超过381亿美元，是上年的两倍以上。私募股权基金已经在海外并购交易中扮演了举足轻重的作用，并成为交易结构中的常客，本案中，木林森快速完成收购欧司朗照明业务与其民营企业属性及并购基金的积极参与关系密切。

其次，跨国并购的行业结构不断优化，热点行业显著转移，已从原先产能过剩的能源、矿产、化工等领域转向信息技术、传媒娱乐、生物医药等新兴领域，以及高端制造业，在一定程度上反映了中国企业跨国并购的新趋势，并购目的逐渐从“寻找资源”转向获取先进技术、管理经验、品牌以及全球市场。显然，跨国并购已然成为中国企业参与国际分工合作的重要方式，对提升中国企业在全球价值链中的地位、服务国内经济转型升级发挥着重要作用。本案中，木林森获得品牌与市场的并购目的正是这一趋势的具体投射。

① 易界，胡润百富. 2017中国企业跨境并购特别报告［R］, 2017-06-06.

上半场：并购基金助力境外收购

2016年7月15日中午，木林森发布公告称，公司股票自当日下午13：00起临时停牌。自此，直到2017年5月1日止，木林森先后以临时停牌、筹划重大投资事项和重大资产重组事项等原因连续停牌，历时近10个月之久。

7月15日晚间，即临时停牌数小时之后，木林森发布关于认缴义乌和谐明芯股权投资合伙企业（有限合伙）（简称“和谐明芯”）出资的公告，称木林森拟担任和谐明芯的有限合伙人，以自有资金认缴后者17 857万元出资。公告显示，该合伙企业的一般合伙人（GP）为珠海和谐卓越投资中心（有限合伙）（简称“和谐卓越”），认缴出资比例为0.002%，木林森、和谐浩数投资管理（北京）有限公司（简称“和谐浩数”）与义乌市国有资本运营中心（后更名为“义乌市国有资本运营有限公司”，简称“义乌国资”）同为有限合伙人（LP），认缴出资比例分别为28.572%、35.713%与35.713%。

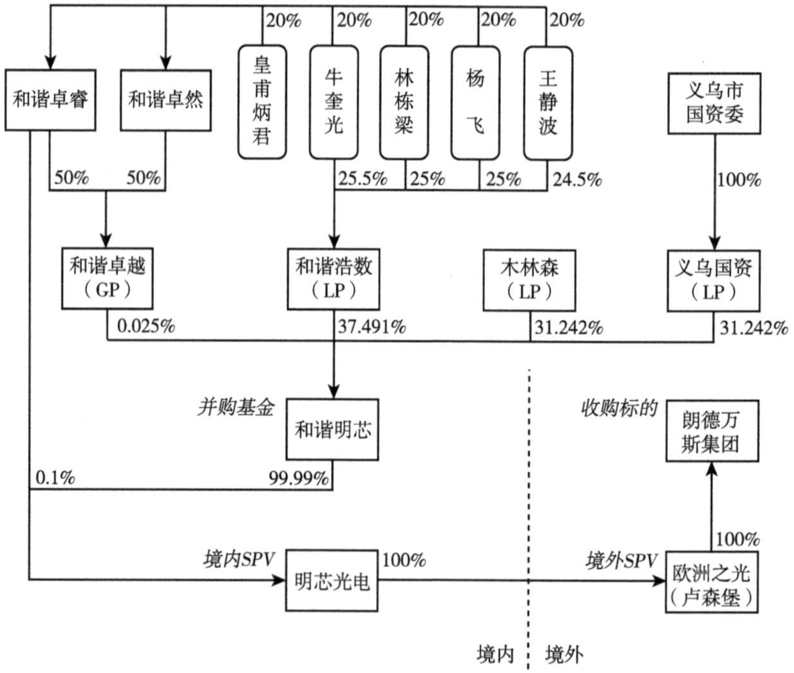

并购基金及境内外特殊目的平台股权结构

资料来源：木林森公告。

后为满足境外收购的资金需求，12 月 5 日，经所有合伙人签署的变更决定书，和谐明芯最终的认缴出资额调整为：和谐卓越为 100 万元，和谐浩数为 15 亿元，木林森为 12.5 亿元，义乌国资为 12.5 亿元，出资比例分别为 0.025%、37.491%、31.242%和31.242%。

对于和谐浩数，我们并不陌生，在四川双马一案中曾见过它的踪迹。作为知名风险投资基金IDG资本旗下的基金管理公司，和谐浩数是IDG资本在中国境内开展业务经营的主要载体，其出资人包括林栋梁、牛奎光、杨飞、王静波等四人。而和谐明芯的一般合伙人和谐卓越的GP——和谐卓睿（珠海）投资管理有限公司（简称“和谐卓睿”）与LP——和谐卓然（珠海）投资顾问有限公司（简称“和谐卓然”）依然以林栋梁等人为主要出资人，显然，IDG资本主导了这一“上市公司+PE”模式并购基金的全面运作。

近年来，由于国内二级市场高估值以及创投行业的竞争格局变化等原因，IDG资本频频现身A股市场，参与了多宗资本运作案例，包括收购四川双马（000935.SZ）的控股权、向当代明诚（600136.SH）出售新英体育以及助力华灿光电（300323.SZ）收购美新半导体等。在木林森收购欧司朗全球照明业务中，IDG并购基金依托自身的境外资源和并购经验主导了对朗德万斯的收购，成为其跨境并购领域的标志性案例。从早期的VC到中后期的PE、MA，以及直接控制上市公司产业平台，IDG已然形成“全产业链”式的战略布局。

早在2015年4月，欧司朗管理委员会宣布将把分拆的通用照明业务转为独立的法律结构——朗德万斯，并计划将其出售以及在全球范围内招选买家；6月，欧司朗监事会批准了这一计划。经过一年多的业务剥离及法律程序，2016年7月1日，朗德万斯开始正式独立运营。

在欧司朗进行战略收缩的同时，包括木林森在内的多家A股上市公司积极参与竞购。2015年11月6日，木林森宣布，为增强企业竞争力，优化整合行业资源，董事会同意公司参与竞购欧司朗部分照明业务资产，并授权孙清焕董事长代表公司洽谈收购事宜及签署相关文件。就在同一时间，此前曾投资华灿光电而对半导体行业颇为熟悉的IDG介入本次竞购交易，合伙企业和谐明芯即为此而设立并购基金。

在境外资产收购过程中，和谐明芯在境内外分别下设了两层股权结构：和谐明芯（义乌）光电科技有限公司（简称“明芯光电”）及其在卢森堡的全资子公司Eurolight Luxembourg Holding s.à.r.l（简称“欧洲之光”），二者分别为境内上市公司拟收购的标的公司及境外收购目标资产的主体。这两家公司本身并无实际业务，是向目标公司股东购买目标公司100%股权的境内、外特殊目的平台（Special Purpose Vehicle，SPV）。

明芯光电由和谐明芯与和谐卓睿在2016年7月21日设立，分别持股99.9%和0.01%，注册资本为40亿元人民币。根据木林森的收购报告书披露，由于交割资金出境需在国内履行多项审批程序，例如对外投资、外汇管理等，明芯光电本身为股权投资合伙企业，并计划作为后续将朗德万斯置入上市公司交易的交易对方，因此和谐明芯决定设立明芯光电作为下层标的公司，并由明芯光电履行相应的境内审批手续。

由于朗德万斯主要生产经营均在境外，同时考虑税收架构等因素，需要在境外设立一层特殊目的平台以便履行股东权利，最终明芯光电在比邻德国、欧元区内重要的私人银行中心卢森堡设立欧洲之光，并以欧洲之光作为直接持有朗德万斯的主体。

德国时间2016年7月26日，明芯光电与OSRAM GmbH（简称“欧司朗德国”）、OSRAM SYLVANIA Inc.（简称“欧司朗美国”，与欧司朗德国合称“欧司朗集团”）于德国慕尼黑欧司朗总部签署了股份收购协议，向二者收购LEDVANCE GmbH（简称“朗德万斯德国”）、LEDVANCE LLC（简称“朗德万斯美国”，与朗德万斯德国合称“朗德万斯集团”）的100%股权。

股权收购协议的签署意味着境外资产收购的主要工作得以完成，但由于标的公司朗德万斯业务遍布全球多个国家或地区，资产交割需要通过美国、马其顿、墨西哥、土耳其、波兰、俄罗斯、德国等七个国家的多个政府部门审核。与此同时，对海外企业的收购在境内仍需要履行商务主管部门、发改委、外汇管理部门等部门的审批和备案程序。因此，协议签署之后，交易便进入颇为漫长的审核之路。

在境外，2017年2月11日，经过5轮问询及答复，美国外资投资委员会（CFIUS）的审查最终获得通过。至此，境外交割历时超过半年的海外审批已经全部完成，海外审批主要包括：马其顿反垄断审查、墨西哥反垄断审查、土耳其反垄断审查、波兰反垄断审查、俄罗斯反垄断审查、俄罗斯外国安全审查、德国经济和能源部审查以及美国外资投资委员会的审查等。在国内，到2017年初，明芯光电陆续取得了发改委批文、浙江省商务厅批文以及商务部同意备案的复函等主要批准文件。万事俱备，只待交割。

欧洲中部时间2017年3月3日，欧司朗集团将朗德万斯德国100%股权及朗德万斯美国100%所有权以初始作价4.857亿欧元（以1欧元=7.40元人民币计算，约合人民币35.94亿元）出售给明芯光电在卢森堡的子公司欧洲之光，境外交割正式完成。明芯光电通过欧洲之光间接持有朗德万斯集团100%股权，朗德万斯集团将成为和谐明芯的全资子集团。

下半场：境内发行股份收购

在明芯光电和欧司朗集团签署收购协议两天后，2016年7月29日，木林森发布公告称，待明芯光电依收购协议完成对朗德万斯的收购后，上市公司将在全面尽职调查的基础上，与和谐明芯商议收购其持有的明芯光电股权事宜。2017年3月，欧洲之光收购朗德万斯100%股权交割完成，本次交易的境内部分——木林森向明芯光电股东发行股份购买明芯光电100%股权并募集配套资金——随即正式启动。

3月31日，木林森公告收购明芯光电的重大资产重组预案。从预案中能够清晰看到，本案并无特别之处，与现阶段主流的上市公司重大资产重组案例类似，是标准的“发行新股+支付现金收购资产同时募集配套资金”模式。5月2日，在回复深交所中小板公司管理部的重组问询函后，木林森股票复牌。

随着标的资产审计、评估相关工作的完成，9月30日木林森发布了重组报告书草案，上市公司拟向明芯光电的股东——和谐明芯与卓睿投资支付40亿元的交易总对价。现金支付不超过12.54亿元，占比31.35%，其中400万元支付给卓睿投资；发行股份的方式支付不超过27.46亿元，占比68.65%，发行股份总数不超过9 682.6516万股，全部支付给和谐明芯。同时向不超过10名特定对象发行股份募集配套资金，总额不超过12.05亿元，但该募集资金并不用于现金对价的支付，而是以不超过11.80亿元用于义乌LED照明应用产品项目，不超过7 500万元用于本次重组相关费用的支付。

按照重组管理办法，新股发行价格依据定价基准日前120个交易日股票交易均价的90%（即28.53元/股）进行确定，在考虑除权除息事项后最终调整为28.36元/股。

本次交易前，上市公司实际控制人、董事长孙清焕直接持有3.56亿股股份，占总股本5.28亿股的比例为67.32%，通过中山市榄芯实业投资有限公司（简称“中山榄芯”，孙清焕持股28%）间接持有204.96万股股份，占总股本比例的0.39%，合计持有木林森67.71%的股权。不考虑配套融资影响，本次交易完成后，孙清焕直接持股比例将变更为56.89%，合计持股比例变更为57.22%，仍为公司的实际控制人。

木林森交易前后股权结构变化

股 东	本次交易前		本次交易后	
	持股数量（股）	持股比例（%）	持股数量（股）	持股比例（%）
孙 清 焕	355 660 700	67.32	355 660 700	56.89
中山榄芯	7 320 000	1.39	7 320 000	1.17
其他股东	165 347 218	31.30	165 347 218	12.31
和谐明芯	–	–	96 826 516	15.49
合 计	528 327 918	100.00	625 154 434	100.00

数据来源：木林森公告

12月初，证监会下发针对本交易的反馈意见通知书；12月21日，木林森回复该意见并同步公告了重组报告书的修订稿。2018年1月4日，木林森发布公告，中国证监会2018年度第一次并购重组委会议有条件通过本案，公司间接收购朗德万斯的交易获中国证监会有条件通过，这宗历时十个月停牌、八个月审核的并购案终于尘埃落定。6月20日，新增股份上市。

对于这一整体上较为常见的发股收购方案，仍有个别问题得到业内人士关注，首先就是避免上市公司循环持股问题。由于木林森作为本次重组交易对方之一和谐明芯的有限合伙人，持有和谐明芯31.242%的份额，那么显然，和谐明芯以朗德万斯资产认购上市公司发行的新股后自然导致木林森间接持有自身股份的情况。

因此，经交易各方友好协商形成“支付现金对价——上市公司退伙——新增股份上市”三个步骤解决循环持股问题。具体来讲，本次交易作价中的现金对价将主要用于木林森退伙，资金来源为上市公司自有资金或自筹资金。现金对价支付完成后，各方共同安排上市公司从和谐明芯处退伙，并由和谐明芯以现金对价退还木林森在和谐明芯的财产份额。退伙手续完成后，上市公司再将和谐明芯所获得的新增股份登记上市。

上市公司退伙后的和谐明芯，其合伙人和谐卓越、和谐浩数与义乌国资的出资比例分别变更为0.0364%、54.5256%和45.4380%。事实上，如果发行股份购买资产最终完成，并购基金和谐明芯将以96 826 516股木林森股份占发行后上市公司总股本比例的15.49%，跃升为木林森第二大股东。

需要指出的是，并购基金获得的上市公司股份发行价为28.36元/股，2018年1月4日交易通过证监会审核时的最新收盘价为45.5元/股，以此计算，并购基金账面浮盈达60.44%。很显然，尽管最终退出尚需时日，但并购基金阶段性的小目标无疑已达成。

根据模拟口径编制的财务报表，明芯光电2015年、2016年、2017年1～6月份分别实现归母净利润26 185.79万元、–19 477.62万元、–25 074.66万元。受重组计划等非经营性因素影响，朗德万斯在剥离过程中产生了较大的重组费用，标的业绩出现亏损。不过，标的营业收入及营业成本规模较为稳定，根据评估机构进行的盈利预测，朗德万斯从2017年7月至2027年期间正常经营及考虑关厂计划综合后利润总额为8.98亿欧元（折合人民币为69.62亿元）；其2018～2020年三年预测净利润分别为2 979.2万欧元、4 268.4万欧元、6 498万欧元，折合人民币约为2.31亿元、3.31亿元、5.04亿元。

对前述盈利预测，重组方案并未设置业绩补偿承诺——成为本交易的另一个关注点！如果考虑到目标公司历史业绩亏损，而证监会依然给予放行，监管层对产业并购的支持态度似乎不难得出：只要标的公司业务前景明确、能够增强上市公司盈利能力且不损害中小股东利益，并购通过证监会审核的概率将大大增加。

上市公司在证监会就重组方案反馈意见的答复中称，“交易对方和谐明芯、卓睿投资均未作出业绩补偿，主要系交易双方友好协商、商业谈判的结果”。首先，前次境外交易明芯光电收购朗德万斯100%股权系市场化交易、未设置业绩补偿机制；其次，前次境外收购，总交易成本即为40亿元，本次交易作价较前次境外交易成本未产生溢价；第三，本次交易未设置业绩补偿承诺未违反证监会相关规定，根据《上市公司重大资产重组管理办法》第三十五条，上市公司向控股股东、实际控制人或者其控制的关联人之外的特定对象购买资产且未导致控制权发生变更的，无需签署补偿协议，上市公司与交易对方可以根据市场化原则，自主协商是否采取业绩补偿；最后，上市公司与朗德万斯属于产业链上下游，具有较强的协同效应，本次并购有利于保护中小投资者权益。

不管怎样，木林森一案无对赌约束而成功过会，无疑颇具标杆意义而令业界印象深刻。

大事记

- 1997 年，中山市木林森电子有限公司成立；2010 年，木林森改制为股份有限公司；2015 年 2 月，木林森在深交所中小企业板成功上市。按 2016 年营业收入计算，木林森是全球第四大 LED 封装厂商。
- 2015 年 4 月，欧司朗宣布将把分拆的通用照明业务转为独立的法律结构——朗德万斯，并在全球范围内招选买家。
- 2015 年 11 月 6 日，木林森宣布董事会同意公司参与竞购欧司朗部分照明业务资产，并授权孙清焕董事长代表公司洽谈收购事宜。同一时间，IDG 介入本次竞购交易。最终木林森、IDG 组成的买方团击败众多竞争对手成为朗德万斯的买家。
- 2016 年 7 月 15 日，木林森股票自下午 13：00 起停牌。
- 2016 年 7 月 15 日晚，木林森发布与 IDG 资本共同设立义乌和谐明芯股权投资合伙企业（有限合伙）的公告，和谐明芯是木林森为收购朗德万斯而设的并购基金。
- 2016 年 7 月 21 日，和谐明芯下设明芯光电和欧洲之光两家 SPV，后二者分别为境内上市公司拟收购的标的公司及境外收购目标资产的主体。
- 2016 年 7 月 26 日，明芯光电与欧司朗集团于德国慕尼黑欧司朗总部签署了股份收购协议，收购朗德万斯集团的 100% 股权，这意味着境外资产收购的主要工作得以完成。随后，交易进入境内、外多个政府部门审核。2017 年 2 月，境内外审批全部完成。
- 2017 年 3 月 3 日，境外交割正式完成，朗德万斯集团交易作价约合人民币 35.94 亿元。明芯光电通过欧洲之光间接持有朗德万斯集团 100% 股权，朗德万斯集团成为和谐明芯的全资子集团。
- 2017 年 3 月 31 日，木林森公告收购明芯光电的重大资产重组预案。
- 2017 年 5 月 2 日，停牌历时近 10 个月的木林森股票复牌。

- 2017年9月30日，木林森发布了重组报告书草案，上市公司拟向明芯光电的股东——和谐明芯与卓睿投资支付40亿元的交易总对价。
- 2018年1月4日，木林森发布公告，公司间接收购朗德万斯的交易获中国证监会有条件通过，这宗历时10个月停牌、又8个月审核的并购案终于尘埃落定。
- 2018年6月20日，木林森收购明芯光电的新增股份上市。

第23章

“故事大王”的并购“保壳”路（2014 ~ 2017）

“不想玩大数据的厨子都不是冒险家。”
——《中国企业家》2014年16期封面文章

A股江湖每天都在上演不同的剧本，但“保壳保配”和拉抬股价、操纵市值这样的重头戏却从未间断，而戏中主角非财务并购莫属。回顾A股二十五年的并购史，财务并购对我们来讲并不陌生，甚至在数量上比产业并购还要多。

与产业并购所具备的战略属性不同，财务并购并非从企业发展战略的高度出发，而更加关注并购给企业带来的短期绩效或市值提升。基于这样的目的，财务并购以资格并购、报表并购、题材并购、跟风式并购、投机性并购、忽悠式并购以及虚假并购等扮相扑面而来。

产业并购看战略价值，财务并购看短期绩效

“战略”一词最早来源于军事理论，其意义是从长远和全局的角度上考虑战事，目前常常将其运用到现代企业管理的理论和实践中。当一个并购行为是

以强化企业核心竞争力为基础，以优化企业价值链和增加企业价值为目的，以提升企业的行业地位和长期竞争优势为目标，那么这个并购行为一般被称为战略性并购。显然，战略性并购是企业出于自身可持续发展的需要、侧重长期收益和长远目标而采取的并购行为，同时涉及技术、产品、市场、管理以及资本多个要素的协同，因此，战略性并购实际上是企业的一种发展“战略”。

事实上，产业并购正是在一定的产业逻辑基础上，从企业战略高度出发所实施的并购行为，目标是实现企业的规模扩张或成长发展，换言之，作为企业发展战略的一种实现手段，产业并购自然是战略性并购。相对产业并购，**财务并购（或称财务性并购），并非从企业的长远发展角度来考虑，也不满足企业全局的战略需求，而更关注并购给企业带来的短期绩效或市值提升**。

对于上市公司作为主体发起的财务性并购，具体存在三种并购动机：实现保留配股资格或上市地位的特殊目的、简单合并报表利润以提升自身市值或者单纯从目标企业的买卖差价中获得投资性收益。

最早出现在A股市场的财务性并购是以获取投资收益为目的的。1993年10月，深宝安举牌收购延中实业，开中国上市公司收购先河；而在该收购6年后，深宝安完全退出延中实业并获得3亿元左右的投资收益（详见第1章《“敢为天下先”：新中国首例上市公司收购（1993）》）。因而从并购方角度来看，这无疑是一宗上市公司发起的财务性并购案。

很显然，目标公司的业务与收购方是否相关不是重点，收购方仅仅在乎目标公司的财务状况。从这个意义上说，财务并购是一种短期的报表盈利行为，通过收购方和目标公司两者财务上的整合，解决收购方的财务困境；同时，二级市场上的并购重组通常会使公司的股票价格得到上涨，企业在资本市场上可以进一步融得更多资金，利益相关方亦利用二级市场的价差获得更多收益；此外，未来出售标的公司亦可能获得投资性收益。

在A股上市公司收购第三方资产中，从形式上看，财务性并购与产业性并购在操作方式、实施过程、审核程序等方面相差无几；但在实质上，它们在并购动机、关注焦点、目标企业及并购整合等方面存在根本区别。

首先，财务性并购的短期利益行为倾向严重。上市公司通过财务性并购活动粉饰经营业绩，短期内扭转或改善公司财务状况，在季报、中报，尤其是年报等财务报表上营造出扭亏为盈、维持良好业绩或业绩暴增的景象，其最终目的无非在于保持企业上市资格和满足配股融资条件，或者利用题材并购来拉抬股价实现二级市场获利。相较于获取投资收益的并购动机，以“保壳保配”为目标的“资格类财务并购”和以“炒作股价”为目的的“题材类财务并购”在A股更加广泛的存在，从而形成了A股上市公司财务性并购的两大类型。

其次，财务性并购更关注财务报表的短期改善。当上市公司由于宏观环境不佳、行业竞争激烈、企业经营不善等各种原因导致上市公司相关财务指标无法达到监管机构的规定时，由于上市公司的主要经济利益与这些考核指标直接勾稽在一起，因此这种情况下，企业的关注焦点由原来的长期可持续发展转变为当下对监管机构考核指标的满足。那些题材并购或者跟风式并购一样关注短期指标的改善，因为可以通过炒作一系列并购重组相关的信息，制造公司即将有重大改变的假象，在短期内吸引投资者的目光，哄抬股价，达到在二级市场获取暴利的目的。

再次，财务性并购中的目标公司往往需要具备良好的财务绩效或者热点题材。这不难理解，只有良好的财务绩效才能保证并购后上市公司的合并报表满足监管考核指标，同样，只有热点题材才能足够吸引市场目光和炒作资金的流入，进而实现炒作股价的目的。

最后，就并购后的整合而言，产业并购通常包括产权、人员、文化、经营和业务等多维度、多层面的系统性整合，相比之下，财务性并购的整合则要简单粗暴得多，在股权层面进行变更后，财务报表便按照会计规则机械式地更新合并范围，甚至对目标公司毫无财务管控的并购案例在A股上市公司中也十分常见，也就是所谓的“报表并购”。

产业并购和财务并购的异同

		上市公司的财务性并购	上市公司的产业性并购
相同点	交易方式	• 操作方式、实施过程、审核程序、支付方式	
不同点	并购动机	• 保持上市资格或配股资格 • 提升二级市场股价或市值 • 获取投资性收益	• 短期目标：优化企业价值链、增加企业价值 • 长期目标：提升企业的行业地位和长期竞争优势
	关注焦点	• 短期财务报表的改善	• 长期收益和长远目标
	目标企业	• 具备良好的财务绩效 • 具备热点题材的企业	产业价值链上的企业： • 横向合并同类项 • 纵向整合上下游 • 相关多元化
	并购整合	• 产权层面的整合 • 财务报表的合并	多维度、多层面的系统性整合： • 产权层面的整合 • 人员、文化的整合 • 经营、业务的整合

“保壳保配”，并购为资格所累

公司上市的一个主要目的是通过证券市场的直接融资功能来募集资金，扩大经营规模和提高经营效率。1998年以前，“配股”是上市公司再融资的唯一途径，因此“配股资格”之于上市公司的意义不言而喻。

为规范上市公司的股票发行行为，证监会于1994年9月出台《关于执行〈公司法〉规范上市公司配股的通知》，对上市公司配股融资首次明确提出了盈利能力的指标性要求：“公司在最近三年内连续盈利”，同时“公司净资产税后利润率（即净资产收益率）三年平均在10%以上”。毫无疑问，这一要求使大批业绩较差的上市公司将失去再融资资格，“保配”旋即成为对再融资十分依赖的上市公司的第一要务，生产半导体用多晶硅和石英玻璃制品的棱光实业（600629.SH）便是其中一例。

1994年4月，棱光实业的控股权发生变更，成为A股证券市场第一宗上市公司协议收购案例（详见第6章《帝国崛起：“股权分置”下的并购盛筵（1996～2004）》）。棱光实业由于主导产品多晶硅的生产成本过高及市场不景气，上市后的经营状况疲态尽显，主业副业倒挂，1994年主营业务甚至出现亏损。尽管1993～1995年的净利润和净资产收益率指标满足配股要求，但未来数年则不容乐观。于是，1995年12月，棱光实业100%收购新大股东恒通集团全资子公司——恒通电能仪表公司（简称“恒通电表公司”），意在保净资产收益率、保配股资格。1996年和1997年，棱光实业合并报表的净利润分别是1 614万元和2 214万元，净资产收益率分别为12.16%和10.98%，配股资格成功保全，棱光实业得偿所愿。而同期恒通电表公司的净利润则分别为2 388.80万元和2 202.76万元，这意味着没有恒通电表公司的贡献，上市公司财务报表将出现一年亏损和一年持平的窘况。

对一个成熟完善的证券市场来讲，上市公司退市制度是至关重要且不可或缺的组成部分。在法律层面，1994年颁布的《公司法》在第一百五十七条中规定，上市公司最近三年连续亏损，国务院证券监督管理部门可以暂停其股票上市资格。1998年底，《证券法》颁布，第五十五条亦明确规定，上市公司最近三年连续亏损的，其股票暂停上市交易。

在操作层面，1998年4月22日，深沪交易所宣布，根据1998年的股票上市规则，对连续两年亏损等财务状况异常的上市公司股票将进行特别处理（Special Treatment，缩写为“ST”）以示存在退市风险，股票名称前加“ST”，涨跌幅度限定在5%以内。2001年2月，中国证监会发布的《亏损上市公司暂停上市和终止上市实施办法》进一步明确了股票暂停上市、终止上市的实施办法。

根据WIND资讯终端的统计，从2001年水仙电器（600625.SH）成为A股市场“退市第一股”以来，到2018年7月刚刚完成退市的吉恩镍业（600432.SH）、昆明机床（600806.SH）和烯碳新材（000511.SZ），剔除吸收合并、私有化等主动退市公司，A股累计有54家上市公司因亏损和欺诈发行等因素被强制退市。

经过十余年的改革迭代，现阶段的退市制度已形成多样化的退市标准，除了“连续亏损”退市指标外，还增设了“资不抵债”、营收不达标以及交易量和价格等标准。不过，净利润、净资产和收入等财务性指标仍是最主要的退市考核指标。退市节奏上，如果上市公司最近两个会计年度的净利润连续为负值，或者最近一个会计年度的期末净资产为负值或营业收入低于1 000万元，将被实施“退市风险警示”，在股票简称前加“*ST”，即所谓的“披星戴帽”（此时，“ST”意为“其他风险警示”）；如果一年后前述指标未能扭转，上市公司将“暂停上市”，即暂时不在交易所交易；进一步地，再一年后的财务情况依然如此，那么上市公司将被“终止上市”，即从沪深交易所摘牌进入三板市场、场外交易市场或是完全退出证券交易市场。

A股退市之财务条件简表

	退市条件	退市风险警示	暂停上市	终止上市
主板	连续亏损	2年	3年	4年
	净资产连续为负	1年	2年	3年
	营业收入连续低于1000万	1年	2年	3年
创业板	连续亏损	–	3年	4年
	净资产连续为负	–	1年	2年

资料来源：据《上海证券交易所股票上市规则》、《深圳证券交易所股票上市规则》整理。

1996年前后，由于宏观经济形势恶化等多种原因，亏损的上市公司大量出现；在1998年ST制度推出后，证券市场随即形成了蔚为壮观的ST板块。这些被ST的上市公司不仅将失去配股资格，甚至极可能被“摘牌”退市。从这时起，A股市场上一场场保壳大戏年复一年地轮番上演，经过长时间的博弈，亏损企业的保壳套路已然十分娴熟，不外乎拿补贴、免债务、卖资产、搞重组，利用财务报表操纵，循环制造“两年亏，一年盈”的数字游戏。由此，以“保壳保配”为直接目标的上市公司并购重组浪潮蔚然成风，绵延中国股市二十年。

1998年4月28日，从事废旧物资回收和金属材料批发零售的沈阳物资开发股份有限公司（000511.SZ）因连续两年亏损，成为首家被特别处理的上市公司；在特别处理期间，股票简称“辽物资A”改为“ST辽物资”。面对钢材市场的不景气和股票特别处理的压力，辽物资在地方政府的支持下转身采取了资产重组的方式来改善局面。通过与沈阳银基集团股份有限公司的资产置换，上市公司1998年实现净利润1 066.6万元，扭亏为盈。次年2月10日，深交所决定自1999年4月27日起，撤销对公司股票交易的特别处理，股票简称由“ST辽物资”变更为“银基发展”。辽物资借由资产重组保壳成功，并成为A股第一支“摘帽”的上市公司股票。

湘鄂情连环并购，解忧“退市危机”

近年来，被资本市场戏称为“故事大王”的北京湘鄂情股份有限公司（002306.SZ，简称“湘鄂情”）上演的连环并购故事引起市场各方为之侧目。在主营业务遭受重创后，这家曾载誉“高端餐饮第一股”的中小板上市公司在2014年8月将名字由“湘鄂情”更换为似乎更为“高大上”的“中科云网”，并且不断发起对环保、影视、大数据及光伏等领域的收购，试图化解退市危机。然而，故事终究是故事，闹剧的结局愈发不可收拾。

北京的湘鄂情餐饮店

2012年底控制公款消费的“八项规定”出台，一时间公务、商务宴请市场骤然降温，在这样的背景下，湘鄂情的高端餐饮业务顷刻雪崩，收入呈断崖式下挫。上市公司2013年年报显示，收入由2012年的13.64亿元直降至8.02亿元，净利润也由前一年的盈利8 192.99万元变为亏损5.64亿元，其亏损程度之大触目惊心。

主战场的溃败令湘鄂情不免剑走偏锋，开始追逐市场热点大搞跨界并购的游戏。2013年“美丽中国”概念唱响资本市场，湘鄂情顺势提出转型环保产业。7月26日，公司宣布拟投资2亿元收购江苏中昱环保科技有限公司（简称“中昱环保”）51%的股权；5个月后的12月份，公司再度加码环保领域，拟出资现金5 100万元与合肥天炎绿色能源开发有限公司联合成立合肥天炎生物质能科技有限公司（简称“天炎生物”），湘鄂情持股51%。不过，对中昱环保的收购在2014年5月因财务核算和资质等问题而终止。

2014年，题材轮动到了影视传媒行业，湘鄂情自然火速跟进，在3月份一口气宣布了两宗影视资产收购案。3月7日，湘鄂情公告收购北京中视精彩影视文化公司51%的股权；3月13日，公告收购笛女影视传媒（上海）有限公司51%股权。然而，在公告发布半年多后，湘鄂情“认真分析市场形势和审慎考虑投资风险”，继而判定标的公司“未来全部实现目标利润存在不确定性”，于是在10月23日和11月25日先后终止了笛女影视和中视精彩的收购。在此期间，因与中科院计算所开展合作拟转型大数据领域，湘鄂情更名为中科云网科技集团股份有限公司。正如董事长孟凯在接受《中国企业家》杂志的记者专访时所表达的那样，[①]“收购环保企业是为了救急，影视是预收购”，“只是为了避免公司退市而做的收购”。

最终中科云网2014年62 120.58万元的营业收入中，并购的环保业务收入仅区区6 906万元，主要为天炎生物等子公司所贡献。显然，杯水车薪的环保收入并不能拯救中科云网，2014年公司继续巨亏6.84亿元，同时净资产为–8 641.77万元，因此，中科云网股票从2015年4月29日发布年报的次日起被实施退市风险警示。

2015年四季度，中科云网将酒楼、食品加工、快餐等亏损业务进行了剥离，并由此实现上市公司1 936.32万元的净资产和6 557.40万元的净利润。2016年5月16日，公司退市风险警示撤销。

然而好景不长，2016年中科云网再次亏损5 407.84万元，重新陷入亏损泥潭，且净资产又一次为负值：–3 209.47万元。2017年4月27日，公司二度戴上

① 陈曦，周夫荣．湘鄂情变身：不想玩大数据的厨子都不是冒险家［J］．中国企业家，2014（16）．

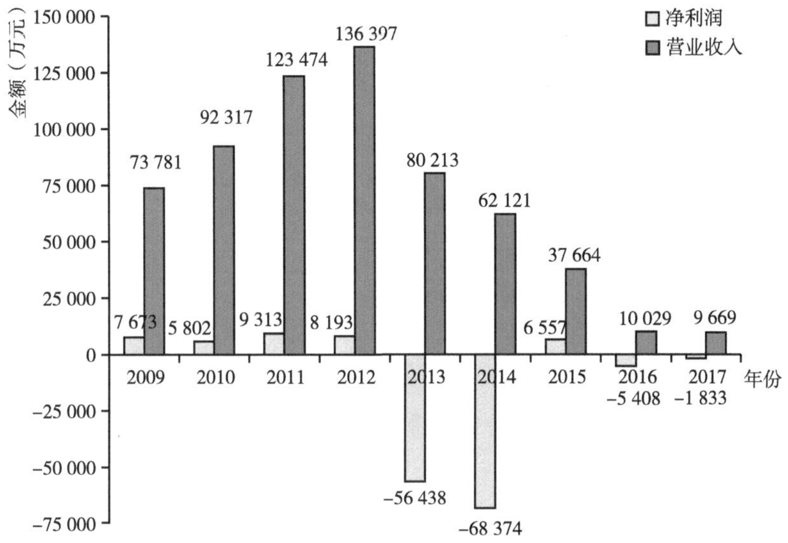

湘鄂情上市后的业绩情况（2009 ~ 2017）

数据来源：湘鄂情公告。

“退市风险警示”的帽子，股票名称变更为：*ST云网。这一年，屡败屡战的中科云网继续走在并购重组“保壳”的路上：4月底向外界公告拟以对价18亿元收购光伏建设商四川鼎成，宣布进军光伏产业。但8月份该雄心勃勃的收购计划便告流产，8月16日，中科云网发布公告称，因国内证券市场发生较大变化，光伏发电建设的市场未来存在较大不确定性，标的公司实际情况与重组预期存在差距等原因，决定终止发行股份购买资产并募集配套资金事项。令市场无语的是，这已是中科云网三年来的第四次并购“跳票”。

根据退市办法，如果2017年*ST云网的净资产依然为负值，那么公司将暂停上市，显然这是各利益相关方难以接受的，于是*ST云网在2017年岁末上演了一出“中国好董事”的感人戏码。2017年12月26日，中科云网发布《*ST云网:关于收到有关赠与告知函件的公告》，称上海臻禧企业管理咨询合伙企业（简称“上海臻禧”）决定向公司无附义务的无偿赠与现金1 500万元，其中300万元系代为公司董事长王禹皓支付，而上海臻禧的实际控制人则是公司董事陈继。三天后的12月29日，*ST云网公告称收到前述款项。

2018年4月24日，*ST云网发布的2017年报显示，尽管2017年亏损1 833.05

万元，但得益于陈继和王禹皓两位董事对公司捐赠款项的支持，年末净资产由负转正，达到1 524.73万元，公司暂停上市风险暂时解除，这也意味着*ST云网侥幸地再续命一年。

大事记

- 2012年底，政府出台控制公款消费的“八项规定”，公务、商务宴请市场骤然降温，湘鄂情的高端餐饮业务顷刻雪崩，收入呈断崖式下挫，2013年亏损5.64亿元。
- 2013年7月26日，湘鄂情宣布拟投资2亿元收购江苏中昱环保科技有限公司51%的股权，但2014年5月该收购因财务核算和资质等问题终止。
- 2013年12月份，湘鄂情加码环保领域的投资并购，出资现金5 100万元与合肥天炎绿色能源开发有限公司联合成立了合肥天炎生物质能科技有限公司，湘鄂情持股51%。
- 2014年3月7日，湘鄂情公告收购北京中视精彩影视文化公司51%的股权；3月13日，公告收购笛女影视传媒（上海）有限公司51%股权。但10月23日和11月25日先后终止了笛女影视和中视精彩的收购。
- 2014年8月，湘鄂情因与中科院计算所开展合作拟转型大数据领域而更名为中科云网科技集团股份有限公司，股票简称变更为“中科云网”。
- 2015年4月30日，中科云网因2014年继续亏损和净资产为负，股票被实施退市风险警示。
- 2016年5月16日，中科云网通过剥离酒楼等业务实现1 936.32万元的净资产和6 557.40万元的净利润，上市公司退市风险警示解除。
- 2017年4月27日，中科云网因2016年净资产再度转负，二度戴上“退市风险警示”的帽子，股票名称变更为“*ST云网”。
- 2017年4月底，中科云网公告拟以对价18亿元收购光伏建设商四川鼎成，宣布进军光伏产业，但8月份该雄心勃勃的收购计划便告流产。
- 2017年12月29日，中科云网收到上海臻禧捐赠的1 500万元现金，这使得上市公司年末净资产由负转正，暂停上市风险暂时解除，再次保壳成功。

第24章

从“坐庄”到“伪市值管理”：财务性并购从未缺席（2013 ~ 2015）

天若有情天亦老，人间正道是沧桑。

——网评金亚科技欺诈发行

以股权分置改革为分界点，股改之前，A股“坐庄”横行；股改之后，“伪市值管理”接棒风靡，无论是“坐庄”，还是“伪市值管理”，并购重组都是其最重要的工具之一，对热点题材的跨界收购更成为拉抬股价立竿见影、提升市值屡试不爽的利器。

坐庄，题材并购是主菜

从20世纪九十年代后半期开始，“股不在好，有庄则灵”的股谚在股市上广为流传，利用题材并购拉抬股价进而在二级市场获利的现象已十分普遍。这样的炒作常常发生在变更控股权的上市公司，因为股改前，绝大部分上市公司为国有企业，他们关注的重点是从证券市场融资，股价的涨跌很少关心。但在

“国退民进”的背景下，大批民营资本通过协议收购国家股、法人股等多种方式进驻上市公司成新控股股东或实际控制人，形成众多的民营资本“系族”，比如德隆系、格林柯尔系、中科创业系等。对于这些天然逐利的民营资本操盘手而言，通过二级市场股票价差获利的难度显然比经营实业小得多，于是，高比例的非流通股造就了其坐庄的天然优势，题材并购则成为其坐庄利器。

“德隆系”堪称A股坐庄鼻祖！在“创造传统行业的新价值”核心理念下，德隆不断发起并购，整合传统产业，同时不断地释放利好消息，将股价一步一步推高，其旗下号称“三驾马车”的新疆屯河（600737.SH）、沈阳合金（000633.SZ）和湘火炬（000549.SZ）从1996年起到2000年下半年，股价涨幅均在10倍左右（详见本书第6章《帝国崛起：“股权分置”下的并购盛筵（1996～2004）》）。

不可否认，借力并购整合达到坐庄目的的同时，“德隆系”在番茄酱、棉花及乳业、水泥、汽车制造及机电业和旅游业等领域创造了不同程度的产业价值。然而，与“德隆系”不同，A股历史上曾赫赫有名的超级庄家吕梁自编、自导、自演的中科创业股票操纵案中的多宗并购则无一不是毫无产业价值的财务性并购，且彻头彻尾地服务于赤裸裸的坐庄目的。

翻查康达尔A（000048.SZ）的股价走势图，1998年11月至2000年2月是其股价表现最疯狂的阶段。1998年10月，康达尔A月收盘价为14.25元，吕梁11月开始进驻，股价随之一路上涨，到1999年7月，康达尔A的股价已稳稳站在40元整数关口之上。2000年2月，康达尔A股价一度上涨到84元，仅仅用了一年零四个月的时间，该股票就实现了489.47%的最高涨幅。康达尔A因此一鸣惊人，成为当时与亿安科技（000008.SZ）相提并论的两大牛股。

后来的相关资料显示，吕梁的坐庄过程十分娴熟而且生猛，并购重组、媒体炒作、送转股票、吸筹拉升、自买自卖、倒仓对敲等场内外手段无所不用其极。①比如，1999年12月，为使企业听上去有点国家级企业的味道，借由聘请一位科技部官员在企业任职之机，曾经养鸡的康达尔更名为深圳市中科创业（集团）股份有限公司，转型高科技，股票简称则改为“中科创业”。15年后，湘鄂情更名“中科云网”的情况与其何等相似，炒作者们似乎对“中科”字号十分偏爱！

作为坐庄的最重要手段之一，从2000年3月开始，吕梁和他的中科创业便展开大规模投资与收购，二级市场上渐渐构筑成庞大的“中科创业系”。中

① 《财经》杂志编辑部. 黑幕与陷阱［M］. 北京：社会科学文献出版社，2003.

庄股康达尔A在2000年前后暴涨暴跌

数据来源：Wind。

科创业及其控股子公司上海中科创业投资有限公司等多个主体陆续成为中西药业（600842.SH）的第一大股东，胜利股份（000407.SZ）的第四大股东，岁宝热电（600864.SH）的第四大股东，同时参股鲁银投资（600784.SH）、莱钢股份（600102.SH）和马钢股份（600808.SH）等上市公司；此外，中科创业系也持有多家非上市公司股权，包括深圳市天威数据网络股份有限公司的13%股权、中联网电子商务有限公司的15%股权、上海中西新生力生物工程有限公司的85%股权等等。很显然，这些公司与中科创业原主营业务几乎没有任何联系，未来也不会有任何整合，但无论是生物医药、电子商务、网络，还是电力、钢铁均是能显著刺激股价上涨的当红题材。就这样，一波接一波的并购投资利好奔流而来，中科创业及系内其他上市公司的股价自然不畏浮云，扶摇而上。

然而祸起萧墙，2000年12月吕梁与其联手坐庄的最亲密合作伙伴、康达尔的早期庄家朱焕良发生内讧并最终导致这一号称“中国证券市场头号大案”的世纪庄局因中科创业连续9个跌停板而彻底瓦解。就在大量中小股东损失惨重的同时，朱却直接套现上亿元扬长而去，至今不知所踪；面对崩塌惨剧，自知无力回天的吕梁主动接受公安机关监视居住，数日后却也神秘消失成为一个至今未解之谜。不久之后，中科创业的公司名称变更为深圳康达尔（集团）股份有限公司，股票简称重新恢复为“康达尔”。

伪市值管理：坐庄 2.0

市值是股权分置改革破除A股二元股票结构后衡量企业综合实力的新指标，因此，市值管理的诞生与中国资本市场进入全流通时代有着必然的联系。一个普遍接受的定义是，**市值管理（Market Value Management）是指上市公司基于公司市值信号，综合运用多种科学、合规的价值经营方式和手段，实现公司价值创造最大化、价值实现最优化的一种战略管理行为**。[①] 其中价值创造是市值管理的基础，价值经营是市值管理的关键，价值实现是市值管理的目的。经过多年的理论探讨和操作实践后，2014年5月，国务院颁布《关于进一步促进资本市场健康发展的若干意见》，即业内所谓的新“国九条”，明确提出“鼓励上市公司建立市值管理制度”，中国上市公司市值管理进入全新的规范化和制度化阶段。

市值管理本意是上市公司建立的一种长效机制，致力于公司价值最大化和股东价值最大化，实现利润持续增长与长期市值提升的良性互动。然而，很多上市公司打着市值管理的旗号，迎合热点不顾主业，人为制造资产收购或肆意跨界转型，想方设法影响公司短期股价，终极目的只有一个：减持套现。显然，这与提升上市公司长期价值的市值管理理念背道而驰！假市值管理之名，大搞“股价管理”，称之为“伪市值管理”毫不为过，当市场以“坐庄升级版”、“坐庄2.0”来形容这样的市值管理时，似乎也相当贴切。

近年来，中小板、创业板上市的民营企业数量日益增多，“林子大了，什么鸟都有”，“伪市值管理”的案例层出不穷。题材并购无疑充当了伪市值管理的最重要手段之一，跨界跨出“天际线”的收购案例自然不在少数。创业板公司金亚科技（300028.SZ）追逐热点收购游戏资产进而操纵股价违规大量减持一案确乎为近年来中国资本市场“伪市值管理”的典型案例。

在2015年疯狂的杠杆牛市中，绝大部分A股股票在5～6月间创下历史新高，不过随后从去杠杆引发的暴跌开始，中国股市经历了长达三年多的惨烈下

① 施光耀，刘国芳，梁彦军．中国上市公司市值管理评价研究［J］．管理学报，2008，5（1）．

跌，到2018年的中美贸易战期间，个股仍迭创新低。截至2018年6月30日收盘，与2015年的最高价相比，A股已有23只股票的跌幅超过90%，其中不乏全通教育、乐视网、安硕信息等曾经市场上呼风唤雨的明星股，投资者可谓损失惨重。如果依此制作一个跌幅榜单，那么金亚科技则以95.62%的跌幅赫然列在该榜单的榜首，而2018年初连创11个跌停板的明星公司乐视网以92.04%的跌幅排在第十六位。

A股2018年上半年收盘价较2015年最高价下跌超过90%的股票

序号	股票代码	股票名称	最高价日期	最高价（元）	收盘价（元）	跌幅
1	300028	*金亚	2015-05-14	52.47	2.30	95.62%
2	600074	*ST保千	2015-06-12	29.89	1.52	94.91%
3	600654	ST中安	2015-06-12	46.97	2.45	94.78%
4	002018	*ST华信	2015-06-12	23.17	1.45	93.74%
5	002188	*ST巴士	2015-06-18	51.58	3.51	93.20%
6	300216	千山药机	2015-06-02	76.29	5.31	93.04%
7	300359	全通教育	2015-05-18	99.95	7.12	92.88%
8	600634	*ST富控	2015-06-05	38.94	2.79	92.84%
9	300004	南风股份	2015-06-03	53.92	3.92	92.73%
10	600571	信雅达	2015-06-05	105.21	7.69	92.69%
11	600807	*ST天业	2015-06-05	33.55	2.48	92.61%
12	002260	*ST德奥	2015-05-27	63.99	4.74	92.59%
13	600289	*ST信通	2015-06-02	32.59	2.42	92.57%
14	600193	*ST创兴	2015-06-08	33.10	2.53	92.36%
15	300380	安硕信息	2015-05-13	236.78	18.13	92.34%
16	300104	乐视网	2015-05-13	44.72	3.56	92.04%
17	300399	京天利	2015-05-13	127.05	10.28	91.91%
18	002312	三泰控股	2015-06-18	45.81	3.72	91.88%
19	002657	中科金财	2015-05-13	185.91	15.84	91.48%
20	600112	天成控股	2015-05-28	35.88	3.20	91.08%
21	000816	*ST慧业	2015-06-08	17.18	1.60	90.69%
22	600556	ST慧球	2015-06-12	36.98	3.48	90.59%
23	002604	*ST龙力	2015-06-12	20.80	2.05	90.14%

注：股价以前复权计算。

金亚科技的“市值不归路”

2009年第一批挂牌创业板的上市公司被媒体誉为“创业板28星宿”，作为“28星宿”之一，金亚科技登陆创业板可谓万众瞩目，无限荣光。头顶“创业板广电第一股”的光环，2009年10月30日上市首日，金亚科技收盘价格35元，涨幅高达209.73%，在28家企业中排名第一。

创业板首批公司上市仪式

上市后的头几年，公司经营倒也平稳，2009年至2011年的净利润分别为4 389万元、5 379万元和4 727万元。然而从2012年开始，公司的数字电视机顶盒产品由于受到IPTV和网络机顶盒冲击举步维艰，缺乏市场竞争力以及不断追加的期间费用逐渐压缩盈利空间，公司整体业绩巨幅下跌，在2012年盈利2 940万元后，2013年竟然巨亏1.21亿元，而其仅有的30多亿元市值也位居“28星宿”的最后几名。体内不足体外补，巨亏之下的金亚科技从2013年开始发力并购，寻求外延式发展的业务转型。

2013年以来，网络游戏规模持续数年的几何级数增长使其成为A股并购市场的大热门，具备互联网特性、商业模式清晰的游戏行业在利润及现金流等财务指标上表现非常迷人。金亚科技自然春心萌动，提出打造“以增值服务内容提供为主的游戏产业链，以内容运营为主的泛家庭互联网硬件产业链”的战略，游戏资产成为外延并购的主要方向。2013年通过全资子公司成都金亚软件技术有限公司出资3 000万元获得北京鸣鹤鸣和文化传媒有限公司——一家从事游戏视频节目制作、电子竞技赛事举办的综合性游戏传媒公司——35%的股权；2014年增资800万元获得从事3D动作类游戏内容制作的成都雪狐科技有限公司35%的股权。

不过，最重磅的收购则是发生在2015年的对天象互动22亿元的天价收购交易。

成立于2014年4月的成都天象互动科技有限公司在成立一年多后发行了热度超高且口碑极佳的仙侠类题材手游《花千骨》，这款同时拥有文学小说、电视剧多种形态的IP使游戏迅速成为2015年度最具影响力的移动游戏之一。因此，尽管2015年初《花千骨》游戏尚未上线，但良好的预期使天象互动的估值水涨船高，2015年2月，金亚科技发布公告称，公司拟以发行股份及支付现金的方式购买天象互动100%股权，总对价为22亿元，其中向天象互动实际控制人何云鹏等七人共发行8 793.60万股上市公司股份并支付9.90亿元现金；同时，向上市公司实际控制人周旭辉以及何云鹏非公开发行股份募集配套资金5.50亿元，用于支付本次交易的现金对价。

天象互动为此进行了业绩对赌，2015～2017年扣除非经常性损益后的净利润分别为：2.20亿元、2.64亿元和3.17亿元。显然，该盈利承诺远超过金亚科技的主营业务盈利，这对当时仅37亿市值的金亚科技而言，二级市场的股价无疑将得到巨大的提升。2月16日，公告交易预案后，金亚科技股票复牌，毫不意外地以涨停开盘，并展开连续上涨，到创下68.30元历史最高价的5月14日，3个月时间股价上涨了3.82倍，公司总市值达到180亿，其涨幅惊人。

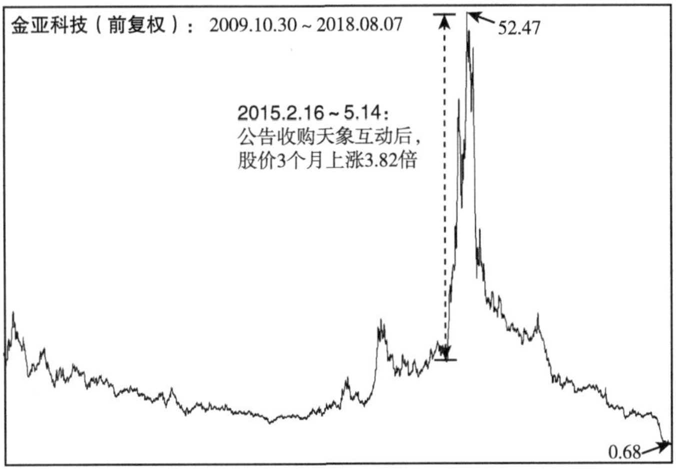

金亚科技上市后股价走势：2015年因并购重组暴涨

资料来源：Wind。

就在市值猛涨的同时，从3月18日起，上市公司实际控制人周旭辉连续质押其持有的上市公司股份，到5月18日止的两个月内，周旭辉累计质押了6 600万股，占其全部持股（7 403.94万股）的89.14%，而其中4 500万股都是在每股50元以上的高位完成质押的。按照创业板通常的三折质押率粗算，周质押股票所获的资金或将超出其认购配套资金的一倍以上。这似乎是一宗操盘颇为漂亮的市值管理案例，相关业内人士也表示，这笔收购交易是“目前市场上典型的冠之以市值管理名义的资本运作方案”，利用实际控制人的股权吞吐，上市公司仅支付很少现金，主要以股权对价就可以完成对一个盈利和估值都更为强势且题材更为“性感”资产的收购。①

然而，意外出现在周旭辉最后一次质押的半个月后，6月4日和6月5日金亚科技和周旭辉分别收到中国证监会《调查通知书》，因上市公司涉嫌证券违法违规被立案调查。按照《证监会关于行政许可实施程序规定》，在金亚科技接受证监会立案调查期间，其定向增发收购因不再符合重大资产重组条件被迫中止审查，一直要等到调查结论得出之后才能恢复。8月31日，金亚科技发布公告称，经交易双方协商决定，解除《关于发行股份及支付现金购买天象互动100%股权之协议书》及《关于发行股份及支付现金购买天象互动100%股权之协议书之补充协议》等相关协议，本次收购案夭折。

令人惊讶的是，证监会的立案调查原因竟是金亚科技的2014年年报乃为虚假报告。后来的事实显示，在2013年大幅亏损后，为避免连亏3年暂停上市，金亚科技歹心骤起，选择了财务造假这条“不归路”。2018年3月6日金亚科技收到证监会的行政处罚决定书，其篡改2014年年报的事宜被最终认定：通过设立两本账的方式，2014年的年报中虚增利润总额8 049.55万元，利润由亏损变为盈利，以2015年4月公司对外披露的2 577.28万元利润推算，公司2014年实际亏损达5 472.27万元。

2018年6月25日，金亚科技收到深交所发来的《关于通报金亚科技股份有限公司涉嫌犯罪案被中国证监会移送公安机关的函》，函称金亚科技因触及《深圳证券交易所创业板股票上市规则（2018年修订）》第13.1.1条规定的因涉嫌欺诈发行罪被依法移送公安机关。6月26日，证监会发布通报，金亚科技除涉嫌构成欺诈发行外，还存在伪造金融票证、挪用资金以及违规披露、不披露重

① 张学光．金亚科技曝市值管理灰幕 证监会挥刀合法坐庄［N］．华夏时报，2015-06-10.

要信息等犯罪嫌疑。同时，深交所正式启动对金亚科技的强制退市机制，并称“公司股票存在被暂停及终止上市的风险，金亚科技证券简称变为“*金亚”。

根据上市规则，6月27日开始，金亚科技进入30个交易日的过渡期交易，到8月7日，经过连续下跌的股价最低下探至0.68元/股，最终收于0.77元/股。8月8日，金亚科技停牌等待“暂停上市或中止上市”的宣判。

大事记

康达尔坐庄

- 1998 年 10 月，康达尔 A 月收盘价为 14.25 元。
- 1998 年 11 月，吕梁进驻康达尔 A，股价随之一路上涨，到 1999 年 7 月，股价站在 40 元整数关口之上。
- 1999 年 12 月，股票简称变更为“中科创业”。
- 2000 年 2 月，中科创业股价一度涨到 84 元，较 16 个月前上涨近 5 倍。
- 2000 年 3 月开始，中科创业展开大规模投资与收购，二级市场上渐渐构筑成庞大的“中科创业系”，同时，中科创业系也持有多家非上市公司股权。
- 2000 年 12 月，吕梁与其联手坐庄的合作伙伴——朱焕良——发生内讧并最终导致这一世纪庄局因中科创业连续 9 个跌停板而彻底瓦解。崩盘后，朱和吕均不知所踪。不久之后，中科创业股票简称重新恢复为“康达尔”。

金亚科技伪市值管理

- 2009 年 10 月 30 日，金亚科技成为首批登陆创业板的 28 家公司之一。
- 2013 年，金亚科技的数字电视机顶盒产品受到 IPTV 和网络机顶盒冲击而举步维艰，全年巨亏 1.21 亿元。金亚科技开始发力并购，寻求外延式发展的业务转型。
- 2013 年，金亚科技通过全资子公司出资 3 000 万元获得北京鸣鹤鸣和文化传媒有限公司 35% 的股权，后者是一家从事游戏视频节目制作、电子竞技赛事举办的综合性游戏传媒公司。
- 2014 年，金亚科技增资 800 万元获得从事 3D 动作类游戏内容制作的成都雪狐科技有限公司 35% 的股权。

- 2015 年 2 月，金亚科技发布公告称，公司拟以发行股份及支付现金的方式购买天象互动 100% 股权，总对价为 22 亿元。2 月 16 日，公告交易预案后，金亚科技股票复牌，毫不意外地以涨停开盘，并展开连续上涨，到 5 月 14 日，股价上涨了 3.82 倍，公司总市值达到 180 亿。
- 2015 年 3 月 18 日起，实际控制人周旭辉连续质押其持有的上市公司股份，到 5 月 18 日止，周旭辉将其全部持股的 89.14% 进行了质押。
- 2015 年 6 月 4 日和 6 月 5 日，金亚科技和周旭辉分别收到中国证监会“调查通知书”，因上市公司涉嫌证券违法违规被立案调查。
- 2015 年 8 月 31 日，金亚科技发布公告，因接受证监会立案调查而不再符合重大资产重组条件，收购天象互动被迫终止。
- 2018 年 3 月 6 日，金亚科技收到证监会的行政处罚决定书，其篡改 2014 年年报的事宜被最终认定。
- 2018 年 6 月 26 日，证监会发布通报，金亚科技除涉嫌构成欺诈发行外，还存在伪造金融票证、挪用资金以及违规披露、不披露重要信息等犯罪嫌疑。
- 2018 年 8 月 7 日，经过 30 个交易日的过渡期交易，金亚科技股价收于 0.77 元 / 股。8 月 8 日，金亚科技停牌等待“暂停上市或中止上市”的宣判。

致谢

ZHIXIE

作为读者，我常常对作品的“致谢”部分无感，而当成为一名作者时，我才深刻体会到它的真正意义之所在：这是作者的“主场”，是一块仅属于作者的“特权空间”，是作者向给予他（或她）关怀、支持和帮助的人们表达谢意的“专属平台”！

既然如此，那么接下来，我就在“我的地盘”上向厚爱我的人们道声感谢！

首先，我要对本书所描述案例的各个相关方表达敬意和谢意，正是他们的探索、尝试和实践，才有了中国并购市场的繁荣，才使得后来者能够学习、研究和再实践，才能使中国并购获得持续发展。

在日常工作中，我曾就诸多并购实操和重组政策向证监会、交易所的老师们请教并得到了清晰而明确的答复，这令本书在知识传播的准确度方面大为提升，我对他们给予一线并购实践者的无私指导表示感谢；过去数年，我还向很多券商、律所、会计师事务所和评估机构的专业人士求教求证，这些优秀的业内专家不断给予我指教和建议，我向他们表达谢意；在实际工作中，我经常和上市公司同仁、投资界人士、行业分析师以及媒体人士交流讨论，所获得的真知灼见在本书中均有所体现，对此我不胜感激。由于前述人士的工作性质而不便一一具名，只好再次致以衷心的感谢。

我要感谢本书的各位推荐人：高建教授、郝景芳博士、李竹先生、马方业先生、汤和松先生、王巍先生、肖星教授和徐井宏教授。每一位推荐人都十分繁忙，作为本书的第一批读者，他们肯拿出宝贵时间来阅读书稿，我不免受宠若惊；每一位推荐人都为本书提出了中肯的建议和积极的推荐，这令本书大为增色，在此向他们表达最真诚的敬意和最诚挚的感谢。

我要感谢我的老板和亲密战友杨圣辉先生，我并不是一个“拉群控”，但“我和他的共同群聊”竟超过300个，对我而言，恐少有人出其右了；本书尽管是一部业余时间的创作，但没有圣辉同学对我工作上的鼓励、支持和肯定以及“工作产品化”理念的影响，我想这部作品是难以问世的。我也要感谢跟我共事的小伙伴们，感谢他们在工作中的包容与支持。

感谢中国财政经济出版社的尉敏老师及其同事，感谢他们在整个出版过程中给予的耐心指导和热切帮助。我还要感谢那些直接或间接帮助过本书的人：张卫华老师、刘淳老师、何强先生、邢幼弢女士、杜许滨先生，以及诸多给予支持的前辈学长，他们让被“成人之美”的我感受到了这个世界的善意和温度。

为了能全面客观地写作本书，我阅读了本书案例所涉及的几乎所有的相关上市公司公告，也查阅了大量论文、书籍、报纸、杂志、统计数据以及其他相关网络资讯，对于书中引用的，均注明了作者和来源，我要感谢所有这些文字的贡献者。

还有，对那些在过往成长过程中给予我支持和帮助的师长、同学、同事、朋友及合作伙伴，我一直心怀感激，在此一并感谢。

最后，我要把最隆重的感谢送给我的家人，他们给予了我最无私的支持，他们深沉的爱是我坚持完成本书的力量源泉。感谢父母的养育之恩，他们的惦念始终让我内心温暖。感谢岳父母的操劳，他们对全家的照顾无微不至。感谢我的妻子王大为，我们携手从上个世纪走来，相濡以沫，同舟共济，万千感念，永铭于心。感谢我可爱而聪明的孩子们，每当夜晚陪女儿完成作业，开始我的写作时，她总会充满期待地问：“爸爸，什么时候写完？能给我做一本儿童的书吗？”我也经常缺席应该给予他们姐弟的亲子时光，希望未来加倍补偿，愿他们一生健康、智慧、幸福、勇敢。

丁建英
2018年11月
于北京